ZHUIYI YU SHOUWANG
WUDINGYU JIAOSHOU JINIAN WENJI

陈伟华 主编
龙其林 曹艳红 副主编

追忆与守望

——吴定宇教授纪念文集

吴定宇

中山大学出版社
SUN YAT-SEN UNIVERSITY PRESS
·广州·

图书在版编目（CIP）数据

追忆与守望：吴定宇教授纪念文集/陈伟华主编；龙其林，曹艳红副主编. ——
广州：中山大学出版社，2023.10
ISBN 978 - 7 - 306 - 07861 - 2

Ⅰ. ①追…　Ⅱ. ①陈…　②龙…　③曹…　Ⅲ. ①吴定宇—纪念文集
Ⅳ. ①K825.6 - 53

中国国家版本馆 CIP 数据核字（2023）第 139959 号

出　版　人：王天琪
策划编辑：徐　劲　王延红
责任编辑：王延红
封面设计：周美玲
责任校对：邱紫妍
责任技编：靳晓虹
出版发行：中山大学出版社
电　　话：编辑部 020 - 84111901，84113349，84111997，84110779，84110776
　　　　　发行部 020 - 84111998，84111981，84111160
地　　址：广州市新港西路 135 号
邮　　编：510275　传　　真：020 - 84036565
网　　址：http://www.zsup.com.cn　E-mail: zdcbs@ mail. sysu. edu. cn
印　刷　者：佛山市浩文彩色印刷有限公司
规　　格：787mm×1092mm　1/16　24 印张　484 千字
版次印次：2023 年 10 月第 1 版　2023 年 10 月第 1 次印刷
定　　价：86.00 元

编　委　会

主　编：陈伟华

副主编：龙其林　曹艳红

成　员：陈双阳　李同德　周文军　张贺敏　陈多友

陈伟华　曹艳红　李春梅　李广琼　邓　伟

肖向明　胡梅仙　李红霞　龙其林　沈永英

王　兰　石晓岩　许　德　赵梦颖　宋婷婷

谢　渝　梁　婵　谢桂如　李荣华　等

吴定宇教授

1957 年 1 月，初中时期

1963 年 3 月，高中时期

1963 年 9 月，大学时期

1973 年 10 月，在垫江工作时期

1981 年 11 月，研究生时期

1988 年，毕业留校任教初期

1998 年，中年时期

2010 年，退休后

1946 年，母亲钟仁秀女士怀抱吴定宇和弟弟吴定寰

1954 年 10 月，与母亲钟仁秀、堂弟吴岳生（后排右一）、弟弟吴定寰（前排左一）、妹妹吴蓉渝（前排右一）合影

1963 年 6 月，岳池县中学高六三级一班毕业照（第三排左三为吴定宇）

1965 年 1 月，与母亲钟仁秀、妹妹吴蓉渝、弟弟吴定寰合影（后排左一为吴定宇）

1966 年 2 月，与大学同学在一起
（前排左二为吴定宇）

1968 年 11 月，大学毕业被分配至垫
江农场与工友合影（第二排左三为吴定宇）

1974 年 7 月，与戴月女士结婚

1984 年 8 月，与母亲钟仁秀、妹妹
吴蓉渝、妹夫邱万钟、外甥女邱馨、妻
子戴月（后排右一）和儿子吴蔚合影

1984 年 11 月，吴定宇教授在中山大学
研究生毕业留校任教后，母亲前来广州
探望，全家合影

1985 年 9 月，吴定宇教授与儿子吴
蔚在中山大学惺亭合影

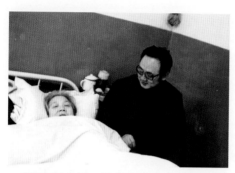

1986 年 1 月，母亲病重期间，吴定宇教授在病房照顾母亲

2007 年 3 月 24 日吴定宇教授生日，与妻子戴月女士一起接受学生的祝贺

2008 年 5 月，吴定宇教授与孙子吴斯悠合影

吴定宇教授在攻读中山大学中文系研究生期间与导师组陈则光教授（左）合影

1987 年 9 月，吴定宇教授参加（后排左三）中国现代文学与中外文化学术讨论会

1987 年 9 月，吴定宇教授（右）与
贾植芳教授（中）、陈思和教授（左）
在中山大学中区合影

1989 年 3 月，吴定宇教授与陈思和
教授（右）合影

1989 年 11 月 21—25 日，吴定宇教
授参加在上海举行的首届巴金学术研讨
会期间，前往巴金先生家中拜访。告别
时，巴金先生执意起身送客，吴定宇
（右二）等搀扶

1994 年 4 月，吴定宇教授（右一）、
杨义教授（右二）等学界友人在学术研
讨会上合影

2001 年，吴定宇教授（前排左二）与导
师吴宏聪教授（前排左三）、师弟陈平原教
授（前排右二）及部分研究生弟子合影

2002 年，吴定宇教授带弟子们在长沙参
加中国现代文学研究会第九届年会

2003 年 6 月，吴定宇教授与黄修己、刘纳、王富仁、邓国伟、林岗（前排左起）等教授参加博士论文答辩后合影

2005 年，吴定宇教授主持凌宇先生在中山大学中文系的学术讲座

2005 年，吴定宇教授主持东京大学小森阳一先生在中山大学中文系的学术讲座

2005 年，吴定宇教授与首届博士生陈伟华、李春梅在答辩会现场合影

2005 年 6 月 28 日，吴定宇教授与当年毕业的部分博士、硕士弟子在梁
銶琚堂合影（左起李春梅、黄凰、吴定宇、王兰、于影、陈伟华）

2007 年 3 月 24 日，吴定宇教授生日会后与妻子戴月女士及弟子们在中
文堂前合影

2007 年 3 月 24 日，吴定宇教授与妻子戴月女士及弟子陈双阳、李同德在中文堂个人办公室中留影

2007 年 11 月 24 日，吴定宇教授（前排左四）、戴月女士（前排左三）夫妇与师弟廖文中和毕振兴率领弟子与导师吴宏聪教授（前排左五）合影

2008 年，吴定宇教授在湖南大学参加学术研讨会

2008 年，吴定宇教授带弟子们参观湖南省第一师范学校

2008 年，吴定宇教授带弟子们在河北保定参加学术研讨会

2014 年，吴定宇教授在湖南大学参加学术研讨会

2014 年，吴定宇教授与弟子们在 70 岁生日会上合影

2014 年，吴定宇教授与妻子戴月女士、儿子吴蔚、孙儿吴斯悠及弟子们在 70 岁生日会上合影

吴定宇教授与余光中先生（左）合影

吴定宇教授与陈平原教授（左）合影

吴定宇教授与戴翊教授（左）、殷国明教授（右）合影

吴定宇教授与中山大学中文系同事合影

吴定宇著《学人魂——陈寅恪传》，上海文艺出版社 1996 年版

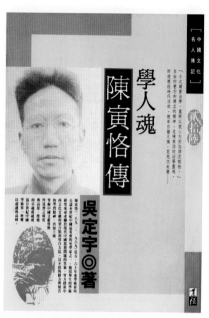

吴定宇著《学人魂——陈寅恪传》（繁体中文），台湾业强出版社 1996 年版

吴定宇主编《中华学府随笔·走近中大》，四川人民出版社 2000 年版

吴定宇著《抉择与扬弃——郭沫若与中外文化》，中山大学出版社 2004 年版

吴定宇主编《中山大学校史（1924—2004）》，中山大学出版社2006年版

吴定宇著《守望：陈寅恪往事》，中国社会科学出版社2014年版

目　录

至诚至善

至仁至义

至温至厉

至亲至爱

至真至性

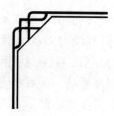

至诚至善

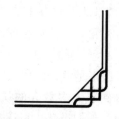

忆念吴定宇同志

曾扬华[①]

　　我和吴定宇同志虽然在中文系共事多年，但由于不在同一个教研室，且他不是在本系读的本科，有相当一段时间我们并没有多少接触和来往。直到上世纪90年代初，我和他都担任了中文系的行政工作，联系才逐渐多了起来。

　　几年的共事，他给我的印象是工作积极主动，认真负责，性子直爽，敢于发表不同意见。工作中碰到了问题，他也常来找我商量，力求把事情办好。他的这种精神，是他取得较好成绩的重要原因。

　　吴定宇先后任职其他工作。在担任《中山大学学报（社会科学版）》主编时，有一次他向我约稿，我交了一篇《论孟子的人格魅力》给他。一天，他顺路把这篇文章的清样带给我，并饶有兴味地和我谈起了孟子。孟子是我国古代著名的政治家、思想家和教育家，是一个非常有性格魅力的人。我国的许多优秀文化传统都可以从他那里找到渊源，特别是他的一身浩然正气，一直贯穿后世，孕育了无数中华英才。两千三百多年前，中国就产生了这样杰出的人物，实是中华民族的骄傲。孟子在实现他政治主张的同时，发表了许多精辟的言论，其中有不少作为至理名言流传至今。吴定宇特别推崇他的"四心"说，其原文是："恻隐之心，人皆有之；羞恶之心，人皆有之；恭敬之心，人皆有之；是非之心，人皆有之。"（《告子上》）看来孟子是十分看重这"四心"的，所以他又用另一种方式反复强调："由是观之，无恻隐之心，非人也；无羞恶之心，非人也；无辞让之心，非人也；无是非之心，非人也。"（《公孙丑上》）从这里我们可以感悟到，孟子所说的"四心"乃人生的大道理。作为人，就必须具备这"四心"，否则便是"非人也"。而这种"非人"的情状，在孟子之时便已存在，延续千年，于今犹存。有一些人为了名利和其他种种私欲，不择手段、罔顾一切，整天沉浸在个人利益的追求中，何曾有丝毫的"四心"可言？说他们"非人"，一点也不为过。眼光能贯穿古今，这正是孟子的伟大之处。孟子今天还受到人们的尊崇，说明他的那些闪光思想得到了大多数人的认同和共鸣。这也是光明之所在。"非人"之辈毕竟是极少数，他们虽然也可以捞到一些自以为的"好处"，并为之欣喜自得，但与此同时，他们失去了更多尤为珍贵的东西，只是因无知和利令智昏，自己不知道或即使知道也在所不顾罢了。吴定宇是真正能解悟到孟子这种思

[①] 曾扬华，中山大学中文系荣休教授。

想精髓的人。

在和吴定宇同志的接触中，我感到有两件事情对他影响很大，值得在此一说。

一是为了庆祝中大建校八十周年（1924—2004），校领导决定要编写一部《中山大学校史（1924—2004）》，并任命吴定宇为该书的主编，要求在短时间内尽快完成。以一般人的眼光来看，这未必是一项合适的任命。其一，吴之所学专业与这一任务不对口，他学的是现代文学；其二，从他到中大任职到受命编校史不过21年时间，对中大历史的了解未必充分；其三，他手头还有正在研究的课题，如果中断了，会有明显的负面影响……吴定宇自然也会考虑到这些，所以他起初犹豫过，不想接受这一任务。后来他又想到这是学校的一项重要工作，是一件光荣的事情，既然领导要求他来完成，自己就有责任和义务去承担它。于是，他就慨然答应了下来，而且毅然放下原来的工作，全身心投入到校史的编写中去。在和其他同志一起努力之下，经过大约两年半的时间，他们便完成了一部近百万字的中大校史。他作为主编兼撰稿人，自然付出了巨大的辛劳。在此期间，他因过度劳累几次住院治疗，便是证明。后虽治愈出院，但身体肯定受到了亏损。

二是还在读书时，吴定宇就听说过陈寅恪的事情，深受吸引。进入中大读研、工作后，他阅读了许多有关陈寅恪的书籍、资料，并撰写、出版了《学人魂——陈寅恪传》。当时这本书受到了广泛的好评，他也松了一口气。可是随后又陆续出现了不少有关陈寅恪的新材料，尤其是在编写校史的过程中，他见到了很多过去无法接触到的重要资料。这一切又激发了他的热情和斗志，决定要写一部新的陈寅恪传，以补过去有关陈寅恪资料的不足。他立即投身进去，不幸的是，他不仅又病了，而且是一场大病，动了大手术才把命抢了回来。这种情况显然表明，他的身体非常虚弱，应该加强调补休息。而写学术性文章是一项颇为损脑耗神的活动，长期超负荷运转，对身体很是不利。他自己何尝不懂这个简单的道理，只是一工作起来就难以自制而罔顾其他了。有一次晚饭后我在外散步，碰上他正匆匆往家里赶，说是刚从图书馆出来。看来，他真的是忙得忘记时间了。但也正是这样，他的第二部陈寅恪传《守望：陈寅恪往事》以多于前传三倍多的篇幅终于在2014年底面世了。但不幸的是，仅仅再过两年多，吴定宇君竟与世长辞了。这能说和他的过于劳累没有关联吗？

日月逝矣，定宇云亡。今天纪念逝者，未必要靠别人去说些"如何向他学习"。学习什么？最好还是各人自己去感悟吧。

2020 年 9 月 28 日

"双肩挑"的吴定宇

黄修己[1]

吴定宇先生和我相识、共事整整 30 年。他虽然比我年少九岁，我们仍可以说是同时代的人，只是在同时代里成长于不同的时间段。不过别小看这九年之差，这对于我们命运的影响可不算小。我们虽然一同经历过苦难的时期，但相比而言，我和我的同龄人的处境比他那一批人，多多少少还是要顺利一些的。我们读大学的时候赶上国家号召"向科学进军"，鼓励学生成为"又红又专"的专家、学者。但至少在"反右"运动之前，还有较多的时间用来钻研学问。可是到了吴定宇上大学的时候，已经是"以阶级斗争为纲"的年月，即使名义上成为大学生了，实际上已经学不到什么知识了。大好青春被接连不断的政治运动、思想改造、下厂下乡、超负荷的体力劳动等所淹没，人生最美好的岁月被白白荒废了。"文革"结束后，开始"以经济建设为中心"，这时需要知识、需要人才了，他们这一批被严重耽误了的青年，才有了改变自己命运的机会。即使这样，也还要付出加倍的努力，拼命地从社会的底层冲杀上来。这个过程的艰难困苦，是现在的年轻人所想象不到的。据吴定宇自述，他大学毕业后在四川一个偏僻山区的中学任教。正如他后来研究的一些川籍作家，他们都有过"冲出夔门"的经历，他也曾经过艰辛的奋斗才来到中山大学。他偶尔也跟我谈起他的过去。有一次，他拿出一本纸张已经发黄的笔记本给我看，那上面竟然有大段抄录的我的一篇论文。他对我说，当年在四川，因为闭塞，很难得到外界的信息，不知道文艺界有何动态。为投考中山大学研究生做准备，难得借到一本新出版的《文学评论》，看到上面我的一篇论文，题为《鲁迅的"并存"论最正确》。那时刚粉碎"四人帮"，为了给被打成"文艺黑线"的作家和干部平反，因认识的差异引起了一场争论。作为一家之言，我写成了那篇论文，那本是微不足道的。但是吴定宇说，那时他为考研到处搜寻学术界的最新动态，看到这篇文章，便当作重要的文坛动向，急急忙忙地抄了下来。从这件小事可以想见那时为了考研，为了跟随文坛前辈"冲出夔门"，他是如何在艰难的环境中奋斗着，生活于他是不轻松的啊！

也许就是这种艰苦奋斗的历练，养成了他能吃苦、肯负责、敢挑重担的品格。吴定宇毕业留校后，并没有放松对自己的要求，他的生活仍然不轻松。他是

---

[1] 黄修己，中山大学中文系教授。

很典型的"双肩挑"。所谓"双肩挑",是原清华大学校长兼教育部长蒋南翔在上世纪50年代提出的,意思是我们现在大学培养的人才,应该能够一肩挑专业,一肩挑政治工作。为此,他在清华建立了学生辅导员制度,挑选一些学生,使他们一面学习专业知识,一面学做思想政治工作。北大就没有这样做,不设学生辅导员,只是指定一些年轻教师当班主任。像吴定宇这样除了专业的教学、研究,同时肩负很重政治、行政工作的,还真是少见。我来中大时,他就是中文系的副主任,主管教学,而且同时还兼系党总支的委员。后来又到校部担任教务处的副处长,处理各种杂务,这些不知花掉了他多少宝贵的时间。之后又担任《中山大学学报(社会科学版)》[简称《中大学报(社科版)》]的主编,这项工作就更费神了。学报的学术质量往往能够反映一所高校在自然科学和人文社会科学研究上的成就和水平,好比一所高校的门面。吴定宇显然意识到这一岗位的重要性,决心要把学报办好。他上任后立即召开会议,邀请各学科的教师,听取大家对如何办好学报的意见,表现出高度的责任感。在他的努力下,《中大学报(社科版)》的学术质量有了进一步的提升。这期间,有一段时间他因为健康状况不佳住院了,但是他对学报的工作仍然牵肠挂肚,有时竟躺在病床上审读稿子。那时连外系了解情况的老师都说:吴定宇太累了。

吴定宇(右一)、黄修己(中)、王富仁在讨论学术问题

他在退休前接连地担任繁重的行政工作,同时并没有放松教学和科研,仍然承担授课、带研究生等教学任务,工作量也不轻。他的科研成果不但有现代文学

领域的，还跨出本学科，研究著名的学者陈寅恪，是至今为数不多的陈寅恪研究者之一。陈寅恪是国际闻名的学者，他的学术成就跨越文史领域，像一座巍峨的高山，一般人是爬不上去的。评论陈寅恪学术上的创造和贡献，给他立传，须花费更多的心血。这绝不是一条坦途。面对这样繁重的工程，吴定宇有勇气，敢去攀登，并且先后写出了两部评论陈寅恪的专著，这成绩的确来之不易。而他也利用了中山大学独具的优势——陈寅恪后期在广东执教，许多关于他的档案还保存在中大，这为写出更加可信的陈寅恪后期经历提供了真实可靠也更为珍贵的史料。中大人本应该在陈寅恪研究上贡献自己的成果，而吴定宇就是凭着一股勇气，敢于拼搏，终于为我国这位 20 世纪学术巨人的一生画了像。

我还要特别感谢他在教学、科研上对我的支持和帮助。20 世纪末，我承担了教育部面向 21 世纪课程教材的编写任务，这部教材的第一版是请了广东省几所高校的老师一起来编写的。在对执笔任务进行分工时，采用自报、商议的办法。没想到某校一位老师抢着表示他要写鲁迅，而这位老师不是教现代文学的，对鲁迅也没有做过研究。如果由他来写现代文学史上这位相当重要的作家，将会直接影响教材的质量。我只好提出因为鲁迅地位特殊，谁来执笔以后再来商量，大家也都同意这个提议。后来我把写鲁迅这部分任务交给了吴定宇。他认真负责，交出了让大家满意的书稿，使得这部教材顺利完工。该教材出版后得到好评，不久便再版。我趁这机会组成新的写作班子，请国内诸多名家参加。但鲁迅这部分，我还是留给了吴定宇，看重的就是他的敢担当、负责任的态度。

吴定宇还是一个重情义的人，对上敬重老师，对下爱护学生。吴定宇读研

1994 年，黄修己（左四）、吴定宇（右三）和现代文学专业的研究生们

时，师从吴宏聪教授。后来他留校，也成了教授，还当上了博士生导师，这时吴宏聪教授早已退休。据我所知，他对自己的老师一贯敬重、感恩。每一届招了新的研究生，吴定宇都要带着他们去拜见吴宏聪先生，看望"祖师爷"，听取吴宏聪先生的指导。他用实际行动为学生树立了尊师的榜样。

我怎么也想不到这位比我年轻的朋友会先我而去！这是很让我感伤的。作为耄耋之人，我当然知道老人活着不容易。吴定宇走出四川来到广州，又在这里奋斗了大半生，这里成就了他的事业，耗费了他的健康。是的，他太累了。但愿从今后，每个上进者都有广阔的出路，每个奋斗者都有健全的生活，已经走了的请安心地休息吧！

2020 年 7 月

"双肩挑"的吴定宇

这一代人的艰辛与努力

吴承学[①]

　　回想起来，我认识吴定宇师兄已经快 40 年了。2017 年 7 月，他去世时，我刚好在美国探亲，未能前去送别，一直感到遗憾。现在，要下笔写纪念文章，才觉得对他的了解实在太少。我是不善交际的人，和定宇师兄不敢攀称知己好友，我们在学习、工作上有过一些交集，但缺少很深入的交流。不过毕竟在康乐园中同学、同事近 40 年，总有一些特别的感受和印象。

　　1982 年，我本科毕业于中山大学。那时研究生招生名额很少，当年中大中文系只有中国文学批评史和现代文学两个专业招生。中国文学批评史的导师是黄海章、邱世友先生，现代文学史的导师是吴宏聪、陈则光先生。这一级只招四位研究生：现当代文学的陈平原、陈幼学，古代文学批评史的孙立和我。我们四人住在"广寒宫"的同一间宿舍。高年级的师兄有现代文学的吴定宇、邓国伟等，他们住在另外的宿舍。他们是"文革"前入学的大学生，大学期间遇到"文革"，毕业后即到中学任教。1979 年全国恢复研究生制度，他们就是在那一年考入中山大学中文系的。他们进入中大时，我们在读本科二年级。我们考上研究生时，他们已是研究生三年级了。这样，我们就有了在康乐园里半年同学之缘分。吴定宇、邓国伟生于 20 世纪 40 年代，我们生于 50 年代，相差十多岁，严格来说是两代人。但从学术传承来讲，我们又是一代人，因为同样经历过"文革"，并得益于改革开放，所以在价值观念与学术观念上比较相近。同学之间，都以师兄弟相称，或直呼其名，更熟悉的则称为老吴、老邓。

　　我们在校同学时间很短，又不住在一起，专业也不同，我和两位师兄只能算点头之交。国伟兄研究鲁迅，是广州人。定宇兄研究巴金，是四川人。在当时的印象中，他个头不高，脸盘方而微胖，戴一副黑框眼镜，样子倒和巴金有些神似。有时路上偶遇，看到他走路慢腾腾的，表情严肃，显得矜持、稳重而深思熟虑。

　　1982 年 7 月，定宇与国伟师兄硕士毕业，都留在中文系现代文学研究室（鲁迅研究室）任教。1984 年我们硕士毕业，同年级的陈平原北上读博士，孙立和陈幼学留在中大中文系，我则留在古文献所工作。那时，古文献所和中文系是并列的机构。两个单位之间虽相隔不远，但很少来往。1987 年，我到复旦大学

[①] 吴承学，中山大学中文系教授。

读博士。1990 年毕业，分配到中山大学中文系，这才和定宇成为真正的同事。80 年代末期，曾扬华教授任中文系主任，定宇是三位副主任之一。这一届任满之后，他就到学校教务处兼任副处长。

我从读研究生开始，就住在校外，除了上课、开会之外，很少回学校。到了2000 年，才搬进校园里住。之后见到定宇兄的机会多了起来。但由于不同专业方向、不同教研室，因此交流不多。我感觉他为人比较清高和矜持，不苟言笑，似乎不是很随和。不过，他对我比较热情，会主动和我交谈。比如，看到我在《文学评论》《文学遗产》上发表的论文，他路遇时会停下来谈谈读后的感觉，加以鼓励和肯定。他出版的主要著作也主动送给我。接触多了，才发现他的性格是比较直率的，爱憎分明，且喜怒形于色，对人也颇热情，遇到需要帮助的事情，都会尽力帮忙。

90 年代是定宇兄学术与事业最为辉煌的时期。他出版了几本有代表性的著作，被聘为教授，又开始指导博士研究生。1998 年，定宇兄兼任《中山大学学报（社会科学版）》主编、学报编辑部主任和广东省高校学报研究学会会长。编辑部主任同时要管理文、理、医三版学报的行政事务。这是比较重要而繁重的工作岗位。

在定宇兄去学报之前，社科版原来的主编兼编辑部主任廖文慧老师去世后，两个位置空缺，由社科版副主编洪哲雄老师代行管理工作。这种情况持续了一两年之久。定宇到任后，抱着高度热情和责任感全力投入。一位女编辑回忆道：吴老师任职之初，即找各位老师谈话，她是下班后被约谈的，谈话是在回家路上进行的。当时她怀孕几个月，别人并不知情。他们绕着中大中区的大草坪边走边谈，结果走了三圈，回家后腿肿了，所以印象很深刻。为了提高学报质量，他组织召开文科教师座谈会，听取大家对办刊的建议。他到学报编辑部之后，办了许多实事，包括完善学报编辑部工作制度汇编，各个版的编辑工作以及行政工作有了统一的规范。定宇对于如何提高《中大学报（社科版）》的学术质量颇为重视，确定了匿名双盲审稿制度，发动编辑去组稿，开设一些由名家主持的有影响力的专栏。还组织一些重要特刊，比如 2004 年第 6 期是中山大学建校 80 周年特刊，2005 年第 4 期是创刊 50 周年特刊，这些都是他着意经营和成功策划的。那时，高校的经费很紧张，加上学报是比较边缘的机构，办刊经费往往捉襟见肘，编辑和作者的积极性受到一些影响。定宇积极与学校领导沟通，使学报的经费有了较大幅度的增加，使编辑部的办公条件得以改善，编辑出差、开会、培训等也得到鼓励。即便如此，学报的办刊经费还是很紧张，因此，除了办刊之外，还要考虑合理"创收"，对于书生本色的定宇师兄，个中辛苦可想而知。但定宇应变自如，工作卓有成效，真让人佩服。

定宇任主编之后，多次向我约稿。我在《中大学报（社科版）》发表了 5 篇论文，并主持过一个"中国古代文体学之内涵与前景"专题研讨，载《中大学报（社科版）》2005 年第 3 期。这个专栏的几篇论文同时被 2005 年第 21 期的《新华文摘》转载。学报很重视此事，杨海文与李青果两位编辑特别请我到中大附近的餐馆聚了一次，以表示庆贺和感谢。我到《中大学报（社科版）》之后，曾和社科版编辑约定，我任主编期间，不在《中大学报》上刊发本人和本人所指导研究生的论文。所以自 2005 年之后，我已有十多年没有在学报上发表论文了。

大约在 2005 年 2 月，定宇不再担任学报编辑部主任（属于行政职务），仍任社科版主编（属于学术职务）。5 月他动了大手术，后来又出现并发症，在中山大学附属第一医院（简称"中山一院"）住院两年多。好几次病情很危险，医院还下了病危通知。我和中文系潘智彪、王坤和彭玉平几位老师一起去看过他几次。面对病情，他非常坚强，努力配合医生治疗，终于战胜病魔。他住院时期仍兼任《中大学报（社科版）》主编，需要处理许多编务工作。当时社科版编辑杨海文和李青果把每期稿件大样送到医院，定宇兄是在病榻上审定的。

2007 年 6 月，定宇兄因年龄原因，不再兼任《中大学报（社科版）》主编。我受学校领导之邀，兼任《中大学报（社科版）》主编。到了学报工作以后，才对定宇兄有了进一步了解。

一代人有一代人的特点，也有一代人的难处。定宇这一代和我们同样经历过十年"文革"，差不多一起进入学术界，起跑线相近，但他们年龄偏大，困难也更大。定宇 35 岁才读硕士，才开始接受系统的学术训练。硕士毕业时，留校当讲师时，已经近 40 岁了。那时有个很励志的说法："要把被耽误的青春夺回来！"大家都极为刻苦，忘情投入，但时间如流水，是不可再生的。把时间夺回来的代价，便是很多人透支了健康。当时，高校教师的生活条件非常艰苦，尤其是年轻教师，工资收入很低，住房也很狭小，多数是十平方米左右的筒子楼单间，洗手间和厨房都是集体使用的。他们晋升职称也非常不易。那时好几年才评一次职称，错过这班车，便错过几年，所以竞争异常激烈，教师的压力极大。定宇这一批人前面有老一辈的教师，后面有年轻的教师。按当时的倾斜政策，老教师需要照顾，年轻人需要扶持。他们这一代人夹在中间，处境比较无奈和尴尬。定宇 1982 年 7 月获硕士学位并留校任教，一直到 1996 年晋升为教授，那年他已 52 岁了。在他们同一批人中，他还算晋升比较快的。

直率地说，从纯学术研究而言，我们这一代学者与前辈、后代学人相比，前前后后被耽误的时间太长了，无论先天还是后天，都有明显的不足。这是一种时代的局限。但其中有一些人在磨难中成长，在混沌中觉醒，所以具有敏锐的学术感觉和独立思考的能力。这是拜时代之所赐。定宇上大学时是学俄语的，在"文革"中毕业，此后，又在中学任教近十年。无疑，学术研究的起步是比较晚的，学术积累上也有所不足。但他完全凭借爱好、悟性和执着，不断地补充知识，不断地求索，终于找到一条适合自己治学的独特路子。他的《学人魂——陈寅恪传》《守望：陈寅恪往事》《巴金与无政府主义》《抉择与扬弃——郭沫若与中国文化》等，都体现了他善于把现代文学、中外文化和现代学术结合起来的治学特点。这是一种宏观、大气的研究，也具有很大的挑战性，需要具有理论探索的大勇气。

2005 年以后，定宇身罹重病，他以坚强的意志和坚定的责任感，带病工作，带病著述，没有中断行政工作与学术研究。2006 年，他主编的《中山大学校史（1924—2004）》一书，就是一部很有特色和价值的中山大学通史，是中大校史研究的必读书。后来，我和彭玉平教授受学校之托，主编《山高水长——中山大学文化研究》，就参考过这本厚重的书。他退休之后，仍抱着病体坚持著述，充分利用中山大学独特的档案资料和许多相关的文献，在《学人魂——陈寅恪传》的基础上，又写出《守望：陈寅恪往事》一书，把原先的研究推进了一步。定宇晚年的著述，不带任何功利目的，纯粹出于学术使命感，可谓视学术为生命，以研究为乐趣。这种境界令人敬佩。

四十年转眼即逝。当年同在康乐园读书的定宇、国伟两位师兄，现在都已故去。他们的同学、同事，很多已经退休。我回忆起他们，有些具体的事情与时间开始变得模糊。这些年，新来的年轻教师和学生对他们更是相当陌生。这不免令人感喟。

好在，书比人长寿。以生命书写的学术精神，薪尽而火传。学者若有传世的著述，他便能寄身书中，长久为人所惦念。

2020 年 9 月于波士顿

（本文以《书比人长寿》为题发表于 2022 年 7 月 19 日《羊城晚报》A10"花地"版）

他为中山大学的底蕴献出了自己的那一份

王　坤①

一

吴定宇老师是经历过大阵仗考验、经得起大阵仗考验的人。

人的一生难免会遇到各种沟沟坎坎。生病住院，尤其是大病住院，是人生的一道大坎。躺在手术车上被推进手术室时的忐忑不安、麻醉生效前对手术室的清醒打量、手术结束后随着麻醉效果消退而增长的疼痛感；夜深人静之时，整个病区，除了走廊上的灯光，除了值班护士轻轻飘过的身影，就是病房里的暗黑与寂静，以及病人身体的各种术后反应……那种时刻，只要意识清醒，患者无不想着如何积极配合医生、早日治好威胁生命的疾病，早日健康地走出医院；文化程度高的患者，在那个时候更会正式地思考平时也许不大关注的生死问题，生发对生命意义的反省、对生命价值的追问。凡经历了这道坎的，也就是经历了生死大关的考验。吴老师不仅是经历了这道大坎考验的硬汉子，更在经历这道大坎的过程中，表现出非凡的毅力和刚强。

吴老师在大病住院期间，兼任《中大学报（社科版）》主编的工作仍照常进行。他如何处理学报编辑部的事务，我不知道。但是，他在住院期间仍照常指导硕士生和博士生的事情，我却是见证人和参与者。按照学校研究生院当时的规定，研究生入学考试的面试小组成员，连导师在内不得少于三人。我和现当代教研室的陈希老师多次到中山大学附属第一医院吴老师住院的病房，参加他的研究生入学面试，以及在校研究生的开题报告和预答辩。那情形，不仅相邻病房的患者，连医生、护士都十分惊讶、感动。还记得当时有医生、护士喃喃自语：第一次见到病人在病房里面试研究生哟。前来面试的考生或开题、预答辩的学生，对此情此景更是终生难忘。我现在不记得面试考生和开题、预答辩同学的姓名了，但她们的学位论文进行答辩时，我是答辩委员，在论文的后记里，她们都详细记录了这一感人至深的场景。

一般来说，经历了生死大关考验的人都会看淡一切的：对自己之前的追求，只要与身体保健无关的，多少都会放下一些。

吴定宇老师不一样。尽管他的住院时间，是以年为计算单位的，但他出院之

---

① 王坤，中山大学中文系教授。

后，我感觉，住院经历竟然丝毫没有影响到他对学术研究的执着。

我们都住在中大西区的蒲园区，他家更靠近西门，我家在蒲园路南边。他去图书馆，我家门前是必经地之一。从他刚开始出院那会儿，一直到后来惊闻他去世的消息，这一段时间内，我经常在门口的路上碰到他：不是去图书馆就是从图书馆回家。而且，在我的印象里，他的身体一直在向好，气色、神情，越来越好。每次相遇，我们必会聊上一阵，时间或长或短，除了他的身体，我们聊的主要就是各自近日的研究工作以及研究计划。

我之所以说吴老师经历过大阵仗考验、经得起大阵仗考验，主要指他出院之后，仍旧坚守对学术的追求，没有丝毫的动摇。他性格中的刚强、坚毅，在这方面体现得非常突出。大学里有一些人，总是始终如一地执着于学术研究并能够获得丰硕成果。吴老师最佩服这些人了。他在我面前经常赞不绝口的，校外有武汉大学（简称"武大"）中文系的龙泉明教授；本校中文系，他称赞最多的有三位老师：黄修己教授、吴承学教授和彭玉平教授。对黄修己老师，他总是尊称为"黄先生"，对黄修己老师所取得的学术成果和所达到的学术高度十分敬佩，盛赞不已；对黄老师南下中大，领衔为中文系成功申报中国现当代文学博士点的功绩敬重不已、感佩不已。"50后"的吴承学老师是我国古代文学领域的第一位长江学者，"60后"的彭玉平老师过了几年也紧随其后进入长江学者行列。记得消息公布后，吴老师笑眯眯地对我说：我看人准吧。而且，还有更令人称奇的事：吴承学老师和彭玉平老师，竟相继成为他兼任多年的《中山大学学报（社会科学版）》主编的继任者。

二

吴定宇老师平常见到我，总是先点点头，微微一笑，那笑容，温和之中带着忠厚；但他的眉眼之际又隐隐蕴含着一种刚强、坚毅的神情。每每回想起吴老师，脑海中最先展现出来的就是这幅画面。有时，我还会下意识地把吴老师的笑容与武大龙泉明教授的笑容进行比较。

我是1998年9月17日到中山大学人事处报到的。其时恰逢新生军训结束，中文系安排我兼任98级的班主任，吴老师正好给98级上课；班主任要在任课教师与班上同学之间进行沟通，我认识吴老师就很自然了。但是，我与吴老师熟络起来，还是因为武大的龙泉明教授。来中大之前，我在武大中文系任教三年，与龙泉明教授交往多一些。

一般来说，单位来了新人，大家都会有意无意以各种方式进行观察。吴老师观察我的方式，我是后来才悟出来的（尽管从未向他求证过），那就是"不知其人视其友"。原来，吴老师与龙泉明老师不仅是同乡，还是亲戚，两家连住处都相隔不远。吴老师是 40 年代生人，龙老师则是 50 年代的。龙老师的笑容，也像吴老师一样，温和而亲切，但仔细辨别的话，龙老师的笑容中还透露出一点农村小伙子的憨厚来。龙老师是上世纪 90 年代初崭露头角的学界新秀，与吴老师相比，他的神情中多了些年轻新锐的激情飞扬。知道我与龙老师的关系后，吴老师对我的态度就不再是对新同事的客客气气、亲和但保持距离，而是把我当朋友对待了。估计龙老师在吴老师那里说过我的好话，虽然我也没有向吴老师求证过。

吴老师不是把我当作一般朋友对待，而是当作知心朋友对待：他对我说的是那种非常实在、对我有好处的真话。有一阵子，中文系安排我兼任了一点行政工作。吴老师知道后，非常真诚地对我讲："君子务本，一定不要把学术耽误了。"我一直感激吴老师在那个时候对我讲这话，并时刻牢记。而且，从本心来讲，选择到高校任教，就是选择了将学术作为立身之本。吴老师深知我的想法，才会特地提醒我。

在涉及学术的具体问题上，吴老师对我亦多有鼓励。抛开现在通行的各种考核标准，老师们自己心中对学术的内涵和展现是有着大致相同的观点的。比如，大家都明白应当努力发表比较好的论文，而且是将其发表在比较好的刊物上。至于报纸，是少有人会投稿的，除非是全国闻名权威大报的理论版，否则，会被同行看低。2014 年，我曾给一家大报的理论版投稿，但后来却被发表在文学版上，而且从内容到标题，编辑都做了一些改动。

文章发表后，好多网站都转载了，《半月谈》的"网校·公考时政热点"还将其列为当年公务员考试的备考知识点。有一天吴老师碰到我，笑眯眯地说："你在大报上发文章了？我看到学校新闻网转载了。"我这个人，平时就不大喜欢解释的，知道吴老师是出于对我的关心才说起此事，就跟他细聊了起来。他听完后说："这种事我也遇到过，编辑把我的文章改得一塌糊涂，甚至有些地方几乎与原意相悖了；不必在意，别当回事就好。"而且，他还特别称赞了我的"不解释"态度，连说了几个"好"："不解释，就对了，好！好！因为你完全没有必要去跟谁解释。"再后来，《广东社会科学年鉴》2014 年卷收入此文，乘此便利，我将原稿交给编辑刊出了。

吴老师一直在关心我的学术。我来中大后一阵子，知道吴老师正在兼任《中山大学学报（社会科学版）》的主编。后来才了解到，他还在中文系和学校教务处兼任过行政工作。从 2002 年到 2006 年，我每年都在《中大学报（社科版）》上发表一篇文章。在 2006 年学报的第 3 期上，吴老师还让我出面主持了一个"新世纪文艺学建设笔谈"专栏，专栏的作者有朱立元教授、王岳川教授、王一川教授；我沾了主持人的光，也忝列其中。为了办好那期专栏，我去了吴老师家不止一次，所以记得他家的房号是 406；每次进屋后，吴老师的夫人戴月老师都笑眯眯地出来给我倒茶，然后再去忙她自己的公务。以《中山大学学报》在全国学界的影响，我能以专栏主持人的身份露面，这是一份莫大的荣誉呀。

三

论辈分和年资，吴定宇老师都是我的长辈，但他对我从未流露出丝毫的长辈神情，从来都以一个和蔼、真诚的兄长的态度待我。得知吴老师遽然离世的消息时，我惊愕不已：几天前他去图书馆路过我家门口，我还与他闲聊来着！就在今年的 8 月份吧，我无意中看到吴老师的学生沈永英朋友圈的信息，更惊觉转眼之间，竟已三年了！眼前瞬时浮现出吴老师追悼会上的一个场景：陈希老师将我与潘智彪老师介绍给现场采访的记者，我俩当时还没反应过来，就在人流的推拥中，与记者分开了。看到沈永英发布的吴老师纪念文集的征稿启事，我当即就给她发了微信，请她到时候提醒一下，我一定要写点文字纪念吴老师。

吴老师离去几年了。在去中文系的路上，在曾经遇到他的路段，我有时会自觉或不自觉地稍微停顿一下，总觉得他还会路过这里，去图书馆或者从图书馆回家。他的笑容、他的背影，久久在脑海里回旋，我总感觉有一种沉甸甸的东西蕴涵其中。提笔写下这篇小文的过程中，我边写边思索，不断地在心中回味着，总想把那个东西捕捉到并清晰地表达出来。然而久久未得，以致思路阻塞、思维迟钝，屡屡搁笔。征稿启事标明的截止日期已过，一种紧迫感压在心头之际，才慢慢回过神来，理出头绪，终于意识到，这个沉甸甸的东西，就是一种精神、一种底蕴，那就是大学精神、大学底蕴：不为时尚所惑，不为势利所动，唯学术是举。

中山大学作为具有世界影响力的百年名校，底蕴深厚；其中的内涵十分丰富，主要元素之一就是以学术为核心价值观。无论社会风气如何变化，时代价值观如何更新，广大教师始终都在坚守与弘扬以学术为根本的精神，这使得中山大学的底蕴越来越深厚，能够做到任凭风浪起，稳坐钓鱼台，从而扎扎实实地不断向前行进。

吴定宇老师以他的人生追求，为中山大学的精神和底蕴献出了自己的那一份力量。

2020 年 10 月

长记春风拂面时

彭玉平[①]

初冬的广州，虽有一点似有若无的轻寒散漫在空中，但真是未见凄清的。阳光已不再灼热，只余温和静谧，更见一种亲切的雅致。或许是过了花柳争春的季节，大片的鲜花虽然依旧轻挽在一树一树的枝头，摇曳自放，但如此地不知疲倦，即便是审美疲劳，也不能不令人感动。不用说，这是属于岭南最好的时光了。

身在岭南最好的季节，而我想到的却是：吴定宇老师离开这个世界居然三年多了。

我在陀螺一般的工作节奏中，会淡忘或冷漠了很多人很多事。但不经意间，吴定宇老师总会出现在我的眼前，言笑晏晏，亲切而温暖。每次往返康乐园中区与西区，经过那一片郁郁葱葱的竹林，脚步也总是不自觉地会放慢一些，因为在吴老师生前，若是路上偶遇，就会自然而然地到那片竹林中小坐、谈话。吴老师很少谈他的病情，其实他病得很重，换肾后的不适应、感染都持续了很长时间。在我没有出任系主任之前，他的嘱咐主要是希望我"君子务本"，专心学术，把学术的格局做大做好，鼓励我做那种既有挑战性又难以被替代的学术；2017年初我就任中文系主任后，他的告诫便转向如何调整学科方向，凝聚团队合力，把学科做强、做出特色方面。仔细回想一下，我从1995年末来此工作，便一直享受着他的关注与关怀。这样一种从未间断、持续了20多年的关怀，如今想来，真是我的一种福分。

而面对这样一种难得的福分，我居然没有任何报答的机会。

第一次见到吴老师，便有春风拂面的感觉。那时的中文系还在一栋民国建的小楼中，门前一左一右是两棵高大的榕树。大概是在1996年初，一次参加完中文系教工大会之后，吴老师在榕树下见到我，握着我的手说："我们系的江苏人很少，你加盟后，中文系更有'五湖四海'的感觉了。"这个开场白让我有点意外，因为我的"江苏人"身份，在当时并不为很多人所知。吴老师的脱口而出，对于初到岭南的我来说，一下子就拉近了我与他的距离。从此我记住了这个来自四川、比我年长20岁的前辈学者。因为同住一个校园，此后见面的机会还是很多的。每一次，我都是先看到从远处浮现的吴老师的笑容，随之便听到他亲切的

---

① 彭玉平，中山大学中文系教授、系主任，《中山大学学报（社会科学版）》主编。

话语。我以前经常感叹中文系的特点就是一人一世界，但其实人与人的世界，也颇多彼此相通者。用王国维的话来说，这种交叉的世界就是"境界"。

吴老师长期在中山大学担任行政工作，从中文系副主任、教务处副处长、学报主编到创建期刊中心。吴老师每到一处，都留下了许多为人津津乐道的功绩。上世纪 90 年代后期，学校的文化建设、文化活动还比较少，吴老师在教务处副处长任上办的一件大事，就是创办"中外优秀文化讲座"。广延海内外学者，为中大学子开坛设讲，这使得这一全校性的讲座备受追捧，深具影响。我不仅应邀主讲过两次，也遵嘱组织过一个学期的十讲系列。以我当时的"青椒"身份，其实难当此大任。但面对吴老师的信任，我居然忘了自己的无能和无知，现在想来，还真有点后怕。

2005 年 6 月，吴定宇教授在中山大学学报编辑部办公楼前

数年前我受命兼任《中山大学学报》（简称《中大学报》）编辑部主任、社会科学版主编，而吴老师就是我的前前主任和前前主编。我十多年前开始倾力研究晚清民国词学，尤其关注王国维的词学和学缘，前前后后发了六十多篇相关文章。而我研究王国维的第一篇文章，考论王国维的"三种境界"说，就是应吴老师之约发表在《中大学报（社科版）》上的。这是我研究王国维的肇端，能在《中大学报（社科版）》的平台上发表，是我的荣幸，更对吴老师的不弃深怀感恩之心。这也在一定程度上鼓励了我后来持续十年的相关研究。而今我忝任主编之位，当然欢迎名家名作，但也十分关注年轻学者的优秀文章，这多少是受了吴

老师善待和提携后进的影响。

吴老师硕士阶段师从著名学者吴宏聪先生，专研中国现当代文学。他视界新颖，成果丰硕，在学界影响深远。我曾读过陈平原、陈思和等先生对吴老师学术的评论文字，他们对吴老师学术的高度评价一直印在记忆中。华东师范大学殷国明教授评价吴老师的治学特点说："在漫长而充满困惑、艰辛和挑战的学术研究道路上，吴定宇所寻找的不仅是文学的真谛，而且是自己的心灵家园及其慰藉。"我觉得此语深得我心，与我对吴老师其人其学的感觉十分相似。

我其实并没有通读过吴老师的系列专著，但也有幸获赠他论述巴金、郭沫若、陈寅恪等的专著。尤其是他的《学人魂——陈寅恪传》一书，我曾经一再捧读。我在研究王国维与陈寅恪之因缘时，深感如今读书界对王国维的人生和学术定位，其实根源于陈寅恪之言。从这一意义上说，没有陈寅恪，就没有大众认知中的王国维。我沉潜含玩吴老师大著，深感吴老师是与陈寅恪心灵最近的人之一。

陈寅恪的最后二十年在现今的康乐园中度过，其故居也在多年前整修一新对外开放，成为众多踏访中大之人的打卡之地。我几乎每天都行走在陈寅恪故居北面那条具有传奇色彩的白色小路上，真是一日一经行，常望常低首。但作为一个深邃博大的历史学家，其文言文语体的撰述特点、荟萃诸多材料而以简要之语点醒材料精神的写作方式，实际上为非专业的读者设置了很大的障碍，真正能读通读透的人并不多；而在一般的读者中，能对中古史了然在心的应该更少。很多人对陈寅恪的感觉更多地停留在一个有个性、有风骨的史学大师的印象上。吴老师则透过众多材料，带领读者深度触摸陈寅恪和那个时代的脉搏，令人随之抑扬，唏嘘不已。我当然没有亲见吴老师的写作过程和具体状态，但我能想象到他在走近陈寅恪时，那种或深沉或澎湃的心境，这也多少印证了学境亦心境的说法。

一个学者的学术生命终究是有限的。尤其像吴老师这样的学者，35岁才从俄语专业转读中国现当代文学专业研究生，晚年又一直被各种病痛困扰，其对学术生命的珍惜就更为紧迫。他在患病期间坚持对《学人魂——陈寅恪传》进行修订，几乎以新写的方式完成《守望：陈寅恪往事》一书，就足见学术在其生命中的厚重分量。当一个学者把学术视为第二生命的时候，我相信其学术不仅会在当世灼灼其华，也会在身后熠熠生辉。而在我印象中如春风一般的吴定宇老师，当然就更是如此了。

2020 年 12 月 20 日

情深如海，葳蕤生香

陈　希[①]

　　"青青陵上柏，磊磊涧中石。人生天地间，忽如远行客。"时光荏苒，转眼敬爱的吴定宇教授离开我们三年了。吴定宇老师是我终生难忘的良师益友，他的为人为学、言行举止、音容笑貌，山高水长，永远铭刻在我们心中。深深感谢吴老师对我海一样深情的关爱和教导。

　　人生无常。吴定宇老师在广州家中突发心肌梗死猝然离世。惊悉噩耗时我在外地开会，眼泪夺眶而出，请假连夜赶回广州。翌日上午怀着悲痛的心情，含泪去中大蒲园吴定宇老师家中灵堂祭拜吊唁。当时正值暑期，系领导出差在外，学校职能部门放假，我主动请缨，分担一些丧事事务，帮助处理后事，譬如撰写讣告、联络学界、布置会场、起草悼词、接待媒体、照顾外地客人等，以表达敬重和哀思。

　　"人生友情泪沾臆，江水江花岂终极。"我平时很少流泪，但是在吴老师的追悼会上，悲不可抑，无法自持。凝视他的遗容，回想他对我的关怀和栽培，回忆他对我的鼓励和督促，浮现忘年交往结成的深情厚谊，以及他的温润而刚正、睿智而严谨的高风亮节，情不自禁，潸然泪下。

以文会友，温润严谨

　　我1999年负笈南下求学中大之前，早闻吴定宇老师的大名，并读过吴老师关于巴金、陈寅恪的《巴金与无政府主义》《学人魂——陈寅恪传》以及《西方忏悔意识与中国现代文学》等论著，但在中大师从黄修己教授攻读博士学位期间，与吴老师接触较少，无缘拜见，仅听过他的一次学术研讨会发言。

　　与吴定宇老师相识，属于"以文会友"，始于博士论文答辩会。吴老师是答辩委员，对我的论文赞赏有加。我的论文是关于象征主义的研究，但不是沿袭旧题论析中国现代文学对西方象征主义的接受，而是探讨对其的变异。吴老师认为这个研究另辟蹊径，改趋同为求异，推进中西文学关系研究向深层迈进，相信会有一批学者跟进，出现"意识流文学的中国化""超现实主义的中国化""魔幻现实主义的中国化"等方面选题的新成果。答辩会结束后，吴老

[①]　陈希，中山大学中文系教授。

师专门约我聊了学术积累和创新问题，肯定我的选题价值和意义，进一步指出新时期的中国文学深受西方现代主义、后现代主义文学的影响，但外来文学在作家创作思维里发生影响的审美创造机制并没有得到深入而全面的研究，说我的博士论文解决了这一难题，不仅拓宽了比较文学研究的领域，也解除了中国作家的"影响的焦虑"。

"望之俨然，即之也温，听其言也厉。"吴老师的这些话，更多的是对后学的鼓励和鞭策。博士论文注重变异研究，虽然具有一定新意，但我深感"心有余而力不足"，问题复杂而艰难，个人才疏学浅，积累不足，眼高手低，付诸实践、实现初衷不易。文中对象征主义接受历史的梳理篇幅过长、压占和遮蔽了"变异"内容，原因是舍不得那些苦苦寻觅的史料，实为敝帚自珍。论从史出，有得有失。吴老师会心地笑了，说"舍得舍得，有舍方有得，学术研究应该能入亦能出"，"能出"包含去粗取精、去伪存真，概括、提炼和升华这样的研究过程，不断磨砺自己，不断充实和提升自己，使自己脱胎换骨，涅槃重生。

但吴定宇老师推崇第一手史料的搜阅和发掘，举引顾炎武做学问"采铜于山"的说法，肯定堆满"干货"的原创性研究。吴老师特别强调坚实深厚的基础和深邃广阔的视野，结合自己正在撰写的《抉择与扬弃——郭沫若与中外文化》，语重心长地对我说："不要急于发表文章，把基础打扎实了，将来文章是写不完的。"欢谈融洽，受益匪浅。这次恭聆教诲给我另外的收获和鼓舞是，吴老师代表《中大学报（社科版）》向我约稿，并特别提及关于李金发象征诗歌的论述，认为既要注重审美语境，又要立足文本细读和比较；既有新史料发掘，也有诗美阐发。① 我惊讶于吴老师的学术敏锐和体察细致，同时感激他对我的关爱和栽培。我之前发表过一些论文，但是约稿还是头一回，这给了我极大的激励。后来《中大学报（社科版）》的责任编辑陈寿英老师对我说，这也是中大学报近年来首次向博士生约稿。

吴定宇老师治学严谨，办事认真，自1998年至2007年担任《中山大学学报（社科版）》主编，具有强烈的事业心和高度的责任感。任职期间，《中大学报》取得了优秀的成绩：哲社版和自然版的转载率、被引频次、影响因子一直在全国高校学报中名列前茅，这很大程度上归功于吴老师的严格要求和精益求精。曾有位高权重、炙手可热的领导在职读某校 EMBA，托人送来一篇论文，想在《中大学报》发表。吴老师审阅论文，认为不适合，予以退稿。对方答应修改，找熟人说情，多次请求拜访，吴老师不肯通融，婉言谢绝。吴老师对我说，学术刊物发表高水平的文章，这是正常的，但刊登低水平文章，是不正常的。一个刊物的水准，不是由好文章体现，而是由差文章反映出来的。发表出来的文章不可能每篇

---

① 陈希：《选择与变异：论李金发对象征主义的接受》，载《中山大学学报》2002 年第 5 期。

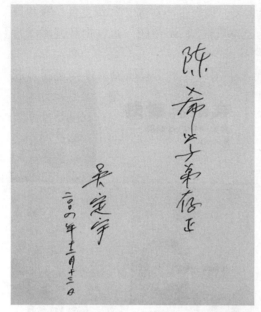

抉择与扬弃
——郭沫若与中外文化
吴定宇 著
中山大学出版社

吴定宇老师题赠当年的新作给陈希

都是优秀，但不发差文章，这是学术刊物的底线，应该严格坚守。

温润与严谨，是吴定宇老师为人为学的体现。其对真理和美好的追求，不乏浓情和爱意；对谬误和邪恶的批判，显示睿智和刚正。最使我感佩的是他长期担任不同部门的领导，公务繁忙，身体不好，疾病缠身，但他一丝不苟，孜孜以求，始终保持对学术的执着、热爱与敬畏，体现赤子情怀和浩然正气。

吴定宇老师与业师黄修己教授是至交，性情相投，理念相近。20 世纪 90 年代中期，他参与黄修己老师主编的《20 世纪中国文学史》的编写工作。参与编写工作的，既有在学林声望很高的资深专家，亦有周围的朋友和同事。其中一位作者是某高校正职领导，专业水平很高，具有一定的影响力，希望挂一个副主编的头衔。但这位领导公务繁忙，难以抽身专心编写，迟交来的稿子有些地方不合乎要求，黄老师不苟且，退回修改，往返多次。黄老师实事求是，毅然取消了他副主编的名义，出版时把他列为普通作者，以示严肃。那位领导为人爽朗，深知自己没有起到副主编的表率作用，坦然接受。吴老师支持和拥护黄老师以行动维护学术尊严，经常在我面前提及此事，赞不绝口。2014 年黄修己老师八秩初度，吴老师应约撰写一篇长文庆贺，其中特地写到这件事情。《羊城晚报》准备刊发吴老师的这篇文章①，事前我建议吴老师修改撤换有关的内容，有些细节似乎不

---

① 吴定宇：《走近黄修己先生》，见陈希、姚玳玫《一个人与一门学科》，中山大学出版社 2015 年版，第 240–246 页。原载《羊城晚报》2014 年 8 月 28 日。

宜公开，以免得罪人。吴老师听了哈哈大笑，说对事不对人，文章主要是写黄修己老师坚守学术标准，弘扬正气，不是"拉仇恨"；那位领导也推崇和遵循学术至上的原则，不会介意他这样写的。

我博士毕业留校任教，与吴老师同在中国现代文学教研室，接触逐渐多起来。我们经常聊天，话题不限：校园动态、岭南美食、风土人情、家庭教育、时事政治、京剧艺术等。吴老师是京剧爱好者，喜欢余派老生艺术；我则是京剧票友，研习裘派花脸，有共同兴趣。有时我邀请吴老师观看京剧演出，感受国粹之美，分享艺术人生。

2005 年 7 月 23 日，吴定宇老师（前排右）、黄修己老师（前排左）与陈希（后排右）、陈伟华（后排左）聚叙

有一次吴老师打电话，问我家里是不是出了什么事，这段时间没有看到我撰写和发表文章。我如实相告：母亲生病，脑梗复发，庸医误诊，前后住院半年，现在回家治疗，我全身心照顾。吴老师关切地询问病情，给我出主意。后来病情反复，母亲成为植物人。焦虑、劳累和熬夜，我头发全白了。在料理老人两年多的时间里，吴老师经常来电，给了我莫大的安慰。

但吴老师与我聊得最多的还是学术话题。每当读到好书和好文章，发现新史料与新看法，他都第一时间打电话给我，褒贬臧否，交流探讨。有一次在校道相遇，吴老师兴奋地告诉我，新发现关于北洋政府文化政策方面的新史料，可以写多篇好文章。而如今，那些珍贵的史料却静静地躺在吴老师的电脑里。

无论是面叙、雅集还是电话，吴老师总是勉励我专心学术，不负韶华，力争成大器，做大学问。实际上，我个人资质平平，心气浮躁，而且与时俯仰，杂乱无章，之所以取得微不足道的成绩，很大程度上得益于师友的指教和鼓励，其中吴老师的期待和督促润物无声，给了我信心和动力。

2003年秋，吴老师参加学术会议回来，喊我去他家聊天。他不满于会议期间有人说"中大现代文学无人"，认为外界不甚了解中大现代文学学科的历史和现状，吴宏聪、楼栖、陈则光、饶鸿竞、金钦俊、王晋民、黄伟宗、李伟江、王剑丛等在鲁迅研究、郭沫若研究、港台文学研究、新诗研究、现代文学史料研究等方面取得令人瞩目的成绩，但这些老师大多退休，有的已经去世；目前中大在职的有德高望重的黄修己老师（吴老师没有提自己，其实吴老师成果突出，有口皆碑，深受学界敬重），中坚力量有艾晓明、程文超老师，年轻人也开始成长起来，成果不少，怎么说无人呢？吴老师话锋一转，指出由于历史原因，中大现代文学确实存在青黄不接的局面，年轻一代要多努力。吴老师如此在意和关心中大现代文学学科的发展，不是出于私心，更不是"意气之争"，而是出于学术公心，着眼未来。吴老师拿出著作赠送给我，嘱咐我专心致志，"接上来，争口气"，"寄希望于年轻一代身上"。他强调小心做人、专心做事，但不要拘泥于小天地，围着狭窄的圈子打转，要有大胸襟、大格局，树立更高的自我期许和学术抱负，为学术发展做出贡献。

心理学家威廉·詹姆斯指出，人性最深切的渴望就是获得他人的赞赏，这是人类有别于动物的地方。每个人在生活中都会接受这样或那样的期待和暗示。如果这些期待和暗示者对对象寄予厚望、积极肯定，通过信任的眼神、赞许的笑容、激励的语言来滋润对象的心田，则被赞美和期待者会感觉被支持，自我价值增强，变得自信，获得积极向上的动力，并尽力达到对方的期待。古希腊塞浦路斯王子皮格马利翁，爱上了自己雕刻的美女像加拉泰亚。在深切的期待和阿芙洛狄特的帮助下，雕像变成真人与他结为伴侣，使他美梦成真。心理学家由此总结：期望和赞美能产生奇迹。后来，美国心理学家罗森塔尔通过"小白鼠走迷宫"实验和对学生进行"预测未来发展测验"证实，只要对学生充满期待、积极肯定，学生的表现就会越来越好，实现预期。这就是"皮格马利翁效应"（Pygmalion Effect），因为是罗森塔尔提出实验验证的，后又被学界称为"罗森塔尔效应"（Rosenthal Effect）。

吴老师就是这样一位可爱、可敬的激励者和引路人，身上呈现出温润而睿智、正大而光明的气象。宋代马永卿笔记小说《懒真子》中有"足外无余地"的典故，在当下可畏而不可敬的学界，吴老师正是教研室的"余地"，是我们可以从容地安身立命而不乏余地的基座。人生道路上，遇到这样的良师益友，产生"皮格马利翁效应"，是何其幸运。因为被期待，被寄予厚望，作为新生代，只能不断磨炼自己，不断充实和提升自己，砥砺前行，从而完成破茧而出的全新过程。

通今博古，论从史出

吴定宇老师自己以身作则，专心学术研究，成果丰硕。吴老师出生于四川省岳池县知识分子家庭，幼承庭训，爱好文艺，大学本科毕业于四川外语学院俄罗斯语言文学系，硕士研究生毕业于中山大学中文系现代文学专业。吴定宇老师天分极高，敏学好思，文史基础坚实，学殖湛深，通今博古，视野开阔，论从史出，学风朴实严谨。

吴老师以研究巴金步入现代文学领域。1982 年他的硕士论文《论巴金小说的艺术风格》，以观点的独到和论述的详审引起文学研究界瞩目。巴金的创作在中国现代文学史上一直拥有较高的地位和肯定性的评价，这与过去高度的意识形态化有密切关系。但意识形态化的阐释存在遮蔽性，对巴金创作的整体性艺术追求和深层的意蕴很难客观把握和深入研究，巴金另外一类风格的作品譬如《灭亡》、《新生》、"爱情三部曲"、《复仇》、《电椅》、《砂丁》、《雪》等长期得不到公正的评价，因为其基本内容与无政府主义信仰和运动有关。吴老师率先论述巴金创作中的无政府主义问题，认为巴金为了追求社会解放的真理，经过了艰难曲折的思想发展历程。他信仰过无政府主义，并且用来作为反抗黑暗现实的思想武器。《灭亡》等可以看作巴金对无政府主义信仰和实践的追悼。① 巴金是"五四"第二代作家，薪传五四文学爱国反帝反封建、人道主义等精神，但还有前卫激进思想和另类追求，溢出五四传统，无政府主义、民粹主义等即是。这显示了中国文学从传统向现代转化的复杂性。

吴定宇老师发掘和关注这种复杂性，进一步反思和探究中西文学的文化特质。吴老师比较古希腊文学和中国先秦文学两种不同的传统，分析西方忏悔意识与儒家内省意识的差异：忏悔意识是以个体为本位的宗教观念，内省意识是以群体为本位的伦理观念，认为中国古代文学缺乏忏悔意识，而现代文学受到西方忏悔意识的影响和启发。忏悔意识的发展，使西方文学家焕发出新的自我创造力量。内省意识的僵化，使中国历代作家的创造力受到束缚。中国现代作家受西方忏悔意识的影响，形成中国式的忏悔意识。新的反省机制的确立，使中国现代文学的文化特质发生变化，出现了题材、形式的革新，推动中国文学从传统向现代的发展。② 恩斯特·卡西尔在《人论》中指出："人被宣称为应

---

① 吴定宇：《巴金与无政府主义》，载《中国现代文学研究丛刊》1984 年第 3 期。
② 吴定宇：《西方忏悔意识与中国现代文学》，载《中山大学学报（社会科学版）》1989 年第 3 期。

当是不断探究他自身的存在物——一个在他生存的每时每刻都必须查问和审视他的生存状况的存在物。人类生活的真正价值,恰恰就存在于这种审视中,存在于这种对人类生活的批判态度中。"忏悔意识很重要,人类(包括个人)应该而且必然具有这种"不断探究他自身"的忏悔意识,因为它是"人类生活的真正价值"的体现。① 1980 年代,关于忏悔意识的探究成为一时之显,而吴老师的论述高屋建瓴,融汇中西,既有理论阐发,也有文本分析,深刻独到,是当时相关领域最为重要的论述之一。

1990 年代社会转型,学术研究进入一个反思的年代。在重估 80 年代的学风之际,以陈寅恪为代表的一些新中国成立前即已成名的学者,沉寂 40 年后,到 90 年代初,在学术界重新得到定位和尊崇,构成"知识精英"的想象性图景,进行了多重意义的解读和转换。读懂了陈寅恪,就读懂了 20 世纪中国学术文化史。1996 年,吴老师的专著《学人魂——陈寅恪传》由上海文艺出版社出版,是国内较早关于史学大师陈寅恪的传记著作。鉴于吴老师在陈寅恪研究领域的巨大影响,2001 年中央电视台"百家讲坛"特邀吴老师主讲"一代宗师陈寅恪"。2014 年,在《学人魂——陈寅恪传》的基础上,经过十多年的搜阅、积淀和潜心研究,退休多年的吴老师补充增加了近一倍的文献材料,由中国社会科学出版社推出皇皇巨著《守望:陈寅恪往事》。该书近 40 万言,获评中国社会科学出版社年度好书。吴老师坚持论从史出的理念和方法,发掘很多鲜为人知的珍贵史料,如档案、书信、日记等,从大量的历史细节中,以第一手资料揭秘显隐,澄清坊间一些似是而非、言之无据的传闻,将被象征化、符号化和神化的陈寅恪还原为真实的存在。该书回溯陈寅恪往事,展现他非同寻常的求学经历、艰苦的治学生涯、独特的治学方法,终身守望"独立之精神,自由之思想"的嶙嶙风骨和辉煌的学术成就,并从陈寅恪一代人的遭遇展示 20 世纪中国学术文化发展的艰难历程和中国学人的命运。②

郭沫若是 20 世纪的文化巨人,在历史学、考古学、古文字学、古器物学、文学、艺术等方面都有很高的造诣。郭沫若与陈寅恪有交往,"壬水庚金龙虎斗,郭聋陈瞽马牛风",这副流传至今的对联,是 1961 年两人会晤、研讨弹词《再生缘》时郭沫若所拟,包含着两位大师的生辰、属相、生理特征,也反映了那个年代的某些时代特征。但与陈寅恪声誉鹊起、被褒扬和神化不同,郭沫若晚年受到的评价褒贬不一。对郭沫若的贬抑和批评,有的符合事实,有的歪曲事实,采取轻薄的态度。如何在新的历史条件下对郭沫若这样一位复杂的存在者进行客观而公允的评价,如何在"尊陈(寅恪)贬郭(沫若)"语境下对郭氏在文艺与学术

① [德] 恩斯特·卡西尔著,甘阳译:《人论》,上海译文出版社 2013 年版,第 11 页。
② 吴定宇:《自序》,《守望:陈寅恪往事》,中国社会科学出版社 2014 年版。

等成就与缺失进行深入的探讨，就成为一个棘手和重要的问题。吴老师的新著《抉择与扬弃——郭沫若与中外文化》，从独到的文化史角度探讨郭沫若文学创作和学术成果的特质与文化价值，对郭沫若对中外文化的"抉择"与"扬弃"进行了富有学理性的深入论述。吴老师阐释陈寅恪侧重的是心传，而探讨郭沫若侧重的是学述。譬如，郭沫若何以能够从"中西合璧"的泛神论自觉而又复杂地发展到"儒马对接"的人民本位观，吴老师首先梳理和挖掘泛神论的来源和构成，认为郭沫若的泛神论不仅受到西方斯宾诺莎泛神论（通过歌德）和古印度《奥义书》以及中世纪印度教虔诚派伽毕尔"梵我如一"思想（通过泰戈尔）的影响，而且经过王阳明心学的导引，深受孔子、庄子等儒家、道家思想的启发。郭沫若1924年回国后，翻译日本经济学家河上肇的《社会组织与社会革命》，转向马克思主义，"虽然不再把泛神论奉为圭臬，但也没有将之扫地出门，只不过将其从思想意识中心，挤向边缘"①。泛神论与马克思主义有"弱联系"，儒家思想与马克思主义有"强联系"，因而，郭沫若从"中西合璧"的泛神论自觉发展到"儒马对接"的人民本位观。吴老师的论述"尽量不先入为主、不带感情，以免影响价值判断，力图勾勒出郭沫若的文学作品和学术成果的文化风貌，总结其在中外文化整合中的经验教训"，无疑大大推进了郭沫若研究，既有重要的学术价值，也有深刻的现实意义。

在中国现代文学研究领域，由于专业划分和学科壁垒，很少有贯通古今、中西融汇式的学者，而吴老师没有局限于狭小领地，是殊为难得的通才学者。温儒敦厚的吴老师将人本与文本结合，将文史打通，将文学研究与教育史、学术史融会——他编撰有《中山大学校史（1924—2004）》②，注重中国现代文学与传统文化关系的研究，视野宏阔，学养深厚，卓有建树。正如中国社会科学院学部委员、澳门大学讲座教授杨义老师所言，吴老师研究巴金而发现文化之脉，研究陈寅恪而发现学人之魂，研究儒家文化而贯通中国之过去、现在与未来，嘉惠学林。③

温而厉，古而直

吴定宇老师是著名学者、教授，而我认为他首先是一名深受学生敬爱的好老师。他一辈子当教师，乐于教书育人。教师从两方面育人，一方面是传授精湛的专业知识技能，另一方面是用自己的言行品德影响学生，对学生有高度的责任心

---

① 吴定宇：《抉择与扬弃——郭沫若与中外文化》，中山大学出版社2004年版，第143页。

② 吴定宇主编：《中山大学校史（1924—2004）》，中山大学出版社2006年版。

③ 贺蓓：《守望学术，躬行道义——中山大学吴定宇教授猝然辞世》，载《南方都市报》2017年7月28日第A13版。

和深切的爱心。经师易求，人师难得。吴老师是难得的人师，他在学术上要求非常严格，内心十分关怀学生。我虽然不是吴老师的及门弟子，但我一直将吴老师当作自己的老师，而吴老师从一开始就将我纳入导师组成员，实际上是便于交流研讨，因此，吴门的招生面试、教学研讨、开题报告、毕业答辩，我都全程参与。所以，我作为私淑弟子与吴门入室博士、硕士相识相知，后来都成为很好的朋友。

吴老师教学甚严。有的研究生刚入学，心理难免有些放松，上课迟到，甚至课堂上打起了盹。十几人的小班课，吴老师就在学生的对面一声"棒喝"，要求打盹的同学出去。这下子学生一下警醒，立马精神起来，不敢迟到和在课堂上睡觉了。吴定宇老师于事严，待人则宽，几分钟后就将清醒过来的学生请回教室。以后并未批评和难为打盹的同学，课程结业成绩据实给优秀与否。

吴老师古而直，带着几分可爱。我指导的研究生陈亮和官铭超等上过吴定宇老师的专业课，微信群聊天时深情回忆吴定宇老师当年的教学点滴。有一次，官铭超与陈亮在校园散步，议论起吴师之严，官铭超直呼其名。背后忽然传来一声："是说我么？"回头一看正是吴定宇老师。陈亮和官铭超慌乱无措，说声"老师好"，就落荒而逃。事后想起只有莞尔，并无多少惧怕。陈亮和官铭超感慨，"'默而识之，学而不厌，诲人不倦，何有于我哉？'吴老师要求我们多读书，是一个温而厉、充满大爱的至仁至诚之师"。

多读书，是吴定宇老师的要求。吴老师指导学生，认真负责，从研究生入学进门开始，就制定严格的学习制度和研究计划。每学期开好必读书单，每周上课交流和讨论读书心得体会，每月布置小论文或读书报告，经常在清早或者晚上打学生宿舍座机"查岗"。在吴定宇老师的追悼会上，2007级博士生龙其林作为学生代表缅怀恩师，数度哽咽："想到以后再不会有人严厉地批评我读书太少、下笔太快，再不会有人通过微信、网页和朋友时时关注我的动态，再不会有人告诫我、督促我小心做人、专心做事，早日写出成名作，不觉'悲中从来，不可断绝'"。读博三年，龙其林没有上街看过一次电影，没有外出旅游过一次，但发表了十多篇论文，出版著作两部，博士论文获得好评，很快在学界脱颖而出。很多吴门弟子，像陈多友、肖向明、李青果、陈伟华、邓伟、黄群、石晓岩、李广琼、胡梅仙、曹艳红、沈永英、王兰以及陈双阳、李同德、周文军、张贺敏、文晖、方玉彪、张碧儿、陈璜、谢渝等成为学术翘楚或业界精英，取得瞩目成绩，这除了他们自身的努力之外，还与吴老师的栽培关系极大。

吴定宇老师古风犹存，极重情义，常说师生情、同学情是凤世的缘分。吴定宇老师是"敬师如父，爱生如子"的典范。吴定宇老师尊师重道，非常敬爱自己的导师吴宏聪教授，照顾耄耋老人，周全细致，极为用心。每年教师节、中秋节，吴定宇老师都会带上学生去看望吴宏聪老师，学生亲切地称吴宏聪老师为太老师。吴宏聪老师晚年身体衰弱，视力听力均下降，吴定宇老师每个礼拜都去探望，嘘寒问暖，"同他聊天，解闷"①。

吴老师视生如子，尽心尽力，诲人不倦。吴老师身体不好，患有高血压、糖尿病、肾病、心脏病等，痼疾缠身，治疗不断，痛苦不堪。课堂教学间隙，有时自主治疗，自己打胰岛素针。即使生病住院，也不耽误教学。即便在这样的情况下，从研究生教学到论文开题、从论文写作指导到毕业答辩，依然事必躬亲。作为导师组成员之一，我多次参加吴老师设在医院的课堂讨论和开题报告会。吴老师有时浑身插满管子，边打点滴，边听学生汇报边指导，令医生、护士感佩不已。②

有一次，吴定宇老师的及门弟子对我说："我对吴老师又爱又怕。"我笑问："那到底是怕多还是爱多呢?"弟子脱口而出："当然是爱多，吴老师是为了我们好啊。"

由于吴定宇老师的言传身教，他的弟子耳濡目染，经常回校探望导师。尊师重道，成为温馨的传统和靓丽的风景。

陈希（前排左三）与吴门弟子雅集

"人生忽如寄，寿无金石固。"耳提面命，师恩浩荡；道德文章，光耀千秋。

---

① 黄天骥、金钦俊等编：《烨烨师光：吴宏聪教授纪念文集》，花城出版社 2013 年版，第 69 页。
② 贺蓓：《守望学术，躬行道义——中山大学吴定宇教授猝然辞世》，载《南方都市报》2017 年 7 月 28 日第 A13 版。

可敬可爱的吴定宇老师永远离开了我们。"昔我往矣，杨柳依依。今我来思，雨雪霏霏。""我心伤悲，莫知我哀。"呜呼！

吴定宇老师永远活在我们心中。

2020 年 8 月于广州中山大学

（本文以《情深如海，葳蕤生香——怀念吴定宇教授》为题发表于《粤海风》2021 年第 2 期）

吴定宇先生学术琐记

张 均[①]

2017 年 7 月 22 日，吴定宇先生遽然辞世，其时我正在湖南参加学术会议，未能赶上见最后一面。每念及此，常感愧怍。我 1999 年到中山大学读博，2002 年留校任教，无论是作为学生，还是作为教师，都是吴先生的晚辈，日常又时有接触，多受教益，不想转瞬之间，已是阴阳相隔。抚今追昔，不胜伤感。

中山大学的现当代文学研究以吴宏聪、陈则光等学者为筚路蓝缕之人，吴先生这一代则是承上启下的一代，他与金钦俊、王晋民、邓国伟诸位前辈一起，代表着中大现当代文学研究的一个重要阶段。我有时想，我们这些晚辈，作为他们"启下"的下一代学者，又从吴先生这一代学者身上看到了什么、学习到了什么呢？以我自己的感觉，这恐怕是来自"八十年代学术"的启发。

20 世纪 80 年代已成"遥远"的过去，但它所独有的思想气质、时代品质却成为当代学术史上难以被复制的一个时代。"八十年代学术"在吴先生身上最直接的表现，即重视经典作家的研究。吴先生重点研究的经典作家都是现代文学的早期作家，如鲁迅、胡适、郭沫若、巴金等。尤其在郭沫若研究方面，用力甚多，《抉择与扬弃——郭沫若与中外文化》一书，是郭沫若研究中具有代表性的著作。用中山大学中文系彭玉平教授的话说，这些文化巨人都是研究中的"硬骨头"，"有的很复杂，有的有争议性，他都来研究，这种学术研究的勇气和胆识，很值得尊敬"。而且，和"八十年代学术"眼光宏阔的趋向一样，早年的吴先生对饾饤之学没有兴趣，而是有着强烈的文化情怀。他之论巴金、郭沫若乃至鲁迅、胡适，都倾向于从文化视角着手讨论。在他看来，现代文学的第一代作家如胡适、周氏兄弟、郭沫若等，都是学通古今、中西兼融之人，只有用文化学而非政治经济学的观念和方法，才能准确地与这些或伟大或复杂的灵魂对话，才能比较准确、深刻地捕捉到他们作品的丰富意蕴和现代文学的独特价值。这种文化视角，在吴先生研究中更具体地体现为从中西文化整合的视野来思考作家主体人格的形成与艺术世界的建构。《抉择与扬弃——郭沫若与中外文化》一书，即从文化整合角度，将郭沫若的个体心路历程与文学创作，放置在中西文化交织碰撞的历史语境中，细致发掘他与儒家、道家、墨家等传统思想以及域外文化文学之间的源流关系，并剖析作家对于这些文化思想的吸引、融合与转化。譬如，对于郭

---

① 张均，中山大学中文系教授、中文系副主任。

沫若的泛神论思想，吴先生即穷究其与阳明心学、斯宾诺莎泛神论、古印度《奥义书》等不同文化来源之间的融合与创造性转化之关系。这种融中西之会、通古今之变的大视野，既符合研究对象自身的特征，也更见"八十年代学术"的胸襟与情怀。比较起来，受1990年代"从思想到学术"的风气的影响，今日学人已较少从事文化学的经典作家研究，"鲁郭茅巴老曹"所受关注日渐减少，年轻学者为新的学术生长点而纷纷转向作为"外部研究"的文学制度研究，或原本边缘的小报小刊、不知名作家之研究。这种学术转移当然可以说是"一代人有一代人之学术"的表现，但我们这个时代并非没有难以面对的"大问题"，现当代文学中也并非所有"硬骨头"都已被解决，故当我们舍"大"逐"小"、陷入琐碎枝蔓之时，吴先生这种立意高远、敢于面对争议与挑战的学术态度，实在是很好的提醒。吴先生自己将此称为学术的"魂"："没有灵魂的学术文化，肯定不是真的学术文化"，这实在是肺腑之言呵。

不过，到我认识吴先生、得以受教的时候，他的研究重心已从郭沫若转向陈寅恪。关于陈寅恪，他写过两本书，一是《学人魂——陈寅恪传》，一是《守望：陈寅恪往事》。后者系从前者修订而来，但名为修订，实际上增加了二三十万字，增添了大量珍贵的档案、日记、书信等一手资料。本来吴先生还计划写第三本书，孰知天不假年，竟成遗憾。《学人魂——陈寅恪传》出版以后，引起广泛的反响，被评为1996年度上海出版业十大优秀图书。依我看，这部著作之所以能赢得学界好评，是因为它仍然承"八十年代学术"而来，而且也参与了后革命时代知识界重建自身"道统"的事业。吴先生跨出文学领域，而对史学家陈寅恪产生研究兴趣，当然有资料占有上的优势（陈寅恪最后20年是在中山大学度过的，他的相关档案资料也主要收藏于中山大学），但我想更重要的是，80年代思想解放的时代吁求，与陈寅恪身上的知识分子之气节、之魂魄正好发生了时代性的遇合。"学人魂"者，无疑是借陈寅恪而展开的对于知识分子立身境界、学术精神的深切思考。《学人魂——陈寅恪传》重点阐发陈寅恪的一段话："士之读书治学，盖将以脱心志于俗谛之桎梏，真理因得以发扬。思想而不自由，毋宁死耳"，"惟此独立之精神，自由之思想，历千万祀，与天壤而同久，共三光而永光"。陈寅恪所谓"俗谛"，自是指各种流行的意识形态，其中，尤以国家意识形态为士大夫辈所必须"脱出"的对象。陈氏自青年时代即与友人相约不参与政治，1950年代又数次拒绝北上，如此种种，应该是深深吸引了吴先生。所以，对于陈氏提出的与当世政权"不夷不惠"的关系，他也是心有戚戚焉。"夷"者，伯夷也，"惠"者，柳下惠也。孟子曾说："伯夷隘，柳下惠不恭"，皆有偏失，"不夷不惠"之意就是既不狭隘地自命清高，拒当世政权于千里之外；也不玩世不恭，完全混迹于流俗而失掉自己。所以，陈寅恪并不反对政治，而是超越政治。其人生定位，在于理性的学术独立，在于基于"文化本位观念"

的文脉传承。吴先生的陈寅恪研究，以"学人魂"概念凝练了陈寅恪这一代民国学者在历史大变局中的自我承担，并为当代知识分子刻画出了可为后世典范的"学人"形象。这可谓适逢其时，也是"八十年代学术"本身"道统"重建诉求的体现。

读吴先生的书与文章，可以实实在在触摸到"八十年代学术"的温润气息。在出版《守望：陈寅恪往事》一书时，吴先生在学术方法上表现出与时俱进、兼容并包的一面。我之所以有此感触，是因为近年现当代学术界出现了对史料与史料化的争议，乃至抵触。吴先生则不然，《守望：陈寅恪往事》一书，其实已有将"八十年代学术"中的文化阐释与21世纪以来的"新朴学"结合起来的趋势。吴先生在著此书前将陈氏作品集通读七遍，用力之勤、之深，非一般学者可及，这更使这部著作建立在扎实、可靠的历史考订基础之上。《守望：陈寅恪往事》一书收集了大量档案、日记、书信、笔记、口述史料，其中多有稀见史料。就我而言，许多史料是第一次读到，而且充溢着历史深处的真切气息。譬如，陈寅恪去世以后，外地友人多不知信息。当时在西南任教的故人吴宓曾于1971年9月8日致信中山大学革命委员会，希望了解陈氏夫妇的实况，其中文字，今日读来，令人唏嘘。文曰："广州国立中山大学革命委员会赐鉴：在国内及国际久负盛名之学者陈寅恪教授，年寿已高，且身体素弱，多病，又目已久盲。——不知现今是否仍康乐园生存，抑已身故（逝世）？其夫人唐稚莹女士，现居住何处？此间宓及陈寅恪先生之朋友、学生多人，对陈先生十分关怀、系念，极欲知其确实消息。"这封书信，当时吴先生从中山大学档案馆手录而来。类似的新史料，吴先生发掘甚多。而以这些史料为基础，他无疑为我们还原了那些被淹没的却珍贵的时代面影，也为"道统"重建提供了坚实的史实基础。此外，难能可贵的是，在20世纪90年代以后陈寅恪声誉日隆的情形下，吴先生又恪守了陈氏"脱心志于俗谛之桎梏"的学术要求。此处所谓"俗谛"指自由主义意识形态，表现在吴先生的著作中，则是敢于"破坏佳话"：他通过翔实、可靠的史料爬梳，澄清了关于陈寅恪的两个传闻：一是传闻斯大林曾引用过陈寅恪的文章，二是传闻陈寅恪入职清华大学是由梁启超破格推荐的。后者长期在坊间流传，并被目为学术佳话，且极有利于自由主义之于知识分子"道统"的建构，但吴先生不为时所趋，仅据材料考订，认定陈寅恪之入职清华系由故交吴宓推荐。学术之理性与独立，于此可见一斑。

以上都是关于吴先生学术劳作的点滴琐记。不过在日常生活中，吴先生倒是很少谈及自己。他对于学生的严格，在中大中文系往往被传为美谈，如打学生宿舍电话"查岗"、打点滴上课，等等。他所指导的博士生，如我所熟识的陈伟华兄、龙其林兄，现在都已是同龄学者中的翘楚。他们能够如此优秀，显然与吴先生的严格要求分不开。我自己与他直接接触的机会不算很多，但作为晚辈，开会、路谈、探病，包括给他投稿（吴先生曾担任《中山大学学报》（社会科学版）主编），仍时有机会得受教益。对于我们的请益，他往往言简意深，言辞值得深深体味。印象最深的一次是2002年6月底的一天。那天，我刚办完留校任教的手续，从总务处拿到住房钥匙，但到住房一看，是建于上世纪五六十年代的简易筒子楼，20多平方米的小房子，简陋、破旧，厨卫墙壁斑驳掉落。心情顿感沮丧，如只是我自己住倒也无妨，但当时成家不久，该如何向妻子开口，实在感到困难。路上边走边犯难，广州的天气，忽然间就暴雨倾盆，我赶快就近跑到怀士堂的廊檐下躲雨。站定一看，吴先生也在那里躲雨呢。吴先生问我做什么事，我说刚看完学校分的住房，条件很差云云。吴先生听完我的话，沉吟片刻，说："我们那时做学问，不太注意这方面的事情。"我一听，很感赧然。这一小事，已是18年前的往事，但时至今日，仍历历在目。虽隔了许多年，但我越来越意识到自己与"八十年代"学者的区别。在吴先生这一代学者的心中，学术乃是与真理相关的神圣事业，值得用全部身心去奉献。而对于我来说，学术更多的是"情之所钟"，属于"个人的事"，与真理关系不大，与"经国之大业"更无关联。这种看法，我自己并不能确认是否合理，但每每读到"八十年代"孕育出来的学者的研究成果，总为其中的"学者的人间情怀"而景仰不已。吴先生的为学与为人，无疑属于这令人心驰神往的"八十年代"的一部分。

2020年

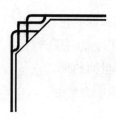

至仁至义

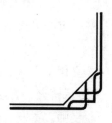

怀念定宇

柏正伟[①]

没有永不凋谢的花，
因它孕育了今秋的果；
没有永存世间的果，
因它贮藏着明春的芽。

没有不变的山，
没有不变的海；
怀念你啊，定宇！
变得更醇的是同窗诚挚的情谊！

总记得对知识的渴望，
总记得青春的激昂；
忆艰辛而唏嘘，
为成功而欢畅。

重逢白首，
感躯体渐衰而多病；
相聚愈欢，
觉心灵更洁净而升腾。

立德、立言、立身、立业，
传承薪火，著述等身追先贤；
良师、益友、佳偶、慈父，
胸怀坦荡，肝胆相照沥真情。

---

① 柏正伟，吴定宇教授岳池中学高 63 级 1 班同学。

猝然而逝，不愿是真！
更相信那古老的传说：
　　告别世间，
就成了，天上的星星！

2020 年 7 月 30 日

我的中大师兄

陈平原①

　　我的硕士专业是在中山大学念的，导师为吴宏聪（1918—2011）、陈则光（1917—1992）、饶鸿竞（1921—1999）三位教授，那时强调集体指导。1982 年春天我开始进入硕士课程，马上有了四位师兄——吴定宇、邓国伟、王家声、罗尉宣。可惜五个月后，中大中文系第一届硕士生就毕业了。四位师兄，两位留在中大任教，两位到出版界工作。先后出任广州出版社副总编辑及《同舟共进》杂志主编的王家声，因约稿多有联系；但接触最多的，还是留校任教的吴定宇。

　　三年多前，定宇兄不幸去世，我在唁电中称："犹记 1979 年秋天，作为二年级本科生，我接待新入学的第一届研究生，曾帮定宇兄扛过行李。日后因师出同门，虽南北相隔，来往依然密切。近四十年来，师兄弟不时交流读书心得及著作，何其幸哉！"② 之所以四位师兄中，与吴定宇来往最为密切，仔细想来，有以下几个因素。首先，八十年代后期，吴定宇兄住在陈则光先生家隔壁楼，我每次回中大探访导师，都会顺便到吴兄家坐坐。记得有一次定宇不在家，他那聪明伶俐的儿子，那时才四五岁，倚门而立，摇头晃脑地答道："断肠人在天涯。"我大吃一惊，还专门向定宇兄建议：让小孩背诵古诗词是好事，但最好挑明亮点的。后来发现是我多虑了，孩子半懂不懂，随口而出，情绪一点不受影响。

　　另一因素是，他指导的首批博士生陈伟华，日后到北大跟我做博士后。关于他的导师吴定宇以及导师的导师吴宏聪的故事，是我们聊天时的绝佳话题。至于师兄的身体状态以及两次撰写陈寅恪研究著作③的具体经过，更是被他的弟子时常念叨。我因而也对早就远去的康乐园生活以及中大近年的学术发展，有了更多贴近的体会。

　　我的三位中大导师中，吴宏聪先生最为长寿。就近照顾耄耋之年的吴先生，成了定宇兄的重要责任。每回电话联系或登门拜见，吴先生总是对定宇兄及其弟子的尊师重道大为赞赏。有此古风犹存的师兄，让我这远在天边无法执弟子礼的老学生，不禁心存感激。说实话，这也是我与定宇兄比较亲近的缘故。

---

　　① 陈平原，著名学者，北京大学中文系教授，广东潮州人。
　　② 参见贺蓓《守望学术，躬行道义 中山大学吴定宇教授猝然辞世 研究中国文学文化成就斐然，引领中大学报跻身同类期刊前列》，载《南方都市报》2017 年 7 月 28 日第 A13 版。
　　③ 吴定宇：《学人魂——陈寅恪传》，上海文艺出版社 1996 年版；吴定宇：《守望：陈寅恪往事》，中国社会科学出版社 2014 年版。

当然了，最重要的还是我俩学术兴趣相近：都不满足于研究中国现代文学，日后拓展到学术史、教育史等，故有许多共同关心的话题。二十年前，定宇兄编《中华学府随笔·走近中大》①，给我提供了撰序的机会。那时我正热衷于谈论中国各大学的历史及精神，涉及中大时有点犹豫。因为，"我对中大的了解，基本上限于就读康乐园的直接经验"；依赖直接经验者容易一叶障目，"念及此，我方才有意识地在关注母校现状的同时，收集、阅读、辨析有关中大的历史文献"。恰在此时，定宇兄布置作业，使我有机会好好补课，日后再谈母校，才不至于荒腔走板。②

北大百年校庆前后，我选编《北大旧事》③，并撰写《老北大的故事》④，这既为我赢得了不少社会声誉，也带来了许多困扰——尤其是在校内。无论什么时代，大学的生存与发展，都与整个社会思潮密不可分，必须将政治、思想、文化、学术乃至经济等纳入视野，才能谈好大学问题。在《大学有精神》⑤的"代自序"《我的"大学研究"之路》中，我谈及："必须超越为本大学'评功摆好'的校史专家立场，用教育家的眼光来审视，用史学家的功夫来钩稽，用文学家的感觉来体味，用思想者的立场来反省、质疑乃至批判，那样，才能做好这份看起来很轻松的'活儿'。"这句话埋藏很深的感慨，但略有瑕疵，因为，好的"校史专家"同样能从思想史、教育史、学术史的夹缝中破茧而出——此事端看个人道行。

没想到师兄比我更勇猛精进，居然承担起主编校史的重任。中大八十周年校庆众多纪念图书中，我最欣赏的是黄天骥的《中大往事：一位学人半个世纪的随忆》⑥、金钦俊的《山高水长：中山大学八十周年诗记事》⑦，以及这册《中山大学校史（1924—2004）》⑧。比起此前的梁山等编著《中山大学校史（1924—1949）》⑨、黄义祥编著《中山大学史稿（1924—1949）》⑩，吴定宇主编的《中山大学校史（1924—2004）》一直写到当下，实在是勇气可嘉。中大校史上的敏感话题比较少（相对于北大），这固然是一方面；时任领导的信任以及环境氛围相对宽松，也是毋庸讳言的。

李延保书记在《中山大学校史（1924—2004）·序》中提及这所名校曾组

① 吴定宇主编：《中华学府随笔·走近中大》，四川人民出版社 2000 年版。
② 参见陈平原《不该消失的校园风景——〈走近中大〉序》，载《万象》第 1 卷 7 期，1999 年 11 月。
③ 陈平原、夏晓虹编：《北大旧事》，生活·读书·新知三联书店 1998 年版。
④ 陈平原：《老北大的故事》，江苏文艺出版社 1998 年版。
⑤ 陈平原：《大学有精神》，北京大学出版社 2009 年版。
⑥ 黄天骥：《中大往事：一位学人半个世纪的随忆》，南方日报出版社 2004 年第 1 版，2014 年增订本。
⑦ 金钦俊：《山高水长：中山大学八十周年诗记事》，中山大学出版社 2004 年版。
⑧ 吴定宇主编，陈伟华、易汉文副主编：《中山大学校史（1924—2004）》，中山大学出版社 2006 年版。
⑨ 梁山、李坚、张克谟：《中山大学校史（1924—1949）》，上海教育出版社 1983 年版。
⑩ 黄义祥编著：《中山大学史稿（1924—1949）》，中山大学出版社 1999 年版。

织过多次讨论，确认中大人三个明显特征：民主精神、务实作风、爱校情结。"她因特殊的历史文化背景，蕴含着非同寻常的文化。要理清中山大学的自我发展体系，要整理其中的精神气韵，确非易事。"① 所谓"特殊的历史文化背景"，既呈现为贡献与辉煌，也包含失落与沮丧。我在《大学故事的魅力与陷阱——以北大、复旦、中大为中心》中提及，"讲述或辨析大学故事，虚实之间的巨大张力，固然是一个障碍；但这属于技术层面，比较好解决"；真正困难的是如何面对"校史坎坷的另一面"——"大学故事若彻底抹去那些不协调的音符，一味风花雪月，则大大降低了此类写作的意义。"②

我的导师吴宏聪先生长期担任中大中文系主任，对中大历史上的坑坑洼洼洞若观火。因此他给《中山大学校史（1924—2004）》撰序，称"我觉得1949年至1976年这一段校史最难写"。吴先生表扬该书第四编第四章"该章对其利弊秉笔直书，可以看出编撰者的史德，同时也有利于总结经验教训，提供认识"③，那是真正读进去了。其实"文革"十年相对还好写些，因有《关于建国以来党的若干历史问题的决议》作为准绳；反而是五六十年代一系列政治运动对高等教育以及知识分子的戕害，不太好描述。如第四编第二章"雨霁风清"的第三节"教学与科研"④ 以陈寅恪为中心展开论述，且全文引用《陈寅恪自述——对科学院的答复》，很能体现编撰者及审读者的胸襟……

编撰校史需搜集及鉴定大量史料，不过这只要肯下功夫就能做到；反而是既体现对于本校历史及传统的呵护，也敢于直面惨淡的人生，如此学术立场及趣味，很难实现。该书属于集体项目，各章节水平参差，功劳及过失并不全归主编；但定宇兄工作十分投入，逐章逐节修改，还是下了很大功夫。⑤ 我翻阅过不少中国大学的校史，深知此事大不易。作为一个现代文学研究专家，吴兄能有如此业绩，值得铭记。

2020年10月4日于京西圆明园花园

（原载《南方都市报》2020年10月18日第A11版）

---

① 李延保：《序一》，见吴定宇主编，陈伟华、易汉文副主编：《中山大学校史（1924—2004）》，中山大学出版社2006年版，第5页。

② 陈平原：《大学故事的魅力与陷阱——以北大、复旦、中大为中心》，载《书城》2016年第10期，第28页。

③ 吴宏聪：《序二》，见吴定宇主编，陈伟华、易汉文副主编：《中山大学校史（1924—2004）》，中山大学出版社2006年版，第7—8页。

④ 吴定宇主编，陈伟华、易汉文副主编：《中山大学校史（1924—2004）》，中山大学出版社2006年版，第263—271页。

⑤ 参见该书《后记》。

留我独悼学人魂

陈思和[①]

　　定宇去世于 2017 年 7 月 22 日，我是第二天才接到他的夫人戴月的短信，当时心里的暗淡与抑郁无以排遣，满腹想说的话都说不出来，就匆匆拟了一副挽联，通过年轻朋友龙其林传递过去，希望能够赶在举行追悼会之前，用这副挽联与定宇做最后的告别。那挽联写的是：无人再谈乌托邦，留我独悼学人魂。外人读上去可能觉得过于简单，但就我的内心而言，我与定宇的私交与感情，都浓缩在这短短的十四字中了，定宇是懂得我此时此刻的心思的。

　　那天的日记里，我记着：2017 年真不是好年头，这已经是我拟的第五副挽联了……到了年底，亲朋好友中离世的数字已经增加到近八名之多，我在年底辞岁诗里，忍不住写了一句："忍伤师友登仙列，惟剩诗文作挽联。"我与定宇最后一次见面是在 2014 年年底，他风尘仆仆从广州到上海，参加纪念巴金 110 周年诞辰的系列活动，因为来往的人很多，我们也没有时间深入交谈——像我们年轻时候那样无话不谈，无所顾忌。记得我问他，这次来上海，除了开会，还有什么事需要办的吗？他认真地回答说，他想去上个坟。见我惊愕，他又补充说，要去戴翊的墓地看看，以后就很少有机会来上海了。戴翊是上海社科院文学所的研究员，也是研究巴金的学者，他在前一年（2013 年）患病去世，似乎已经淡出了我们的话题范围，但我没有想到，定宇却是怀着一颗单纯的思念朋友的心来到上海，准备去扫墓。后来他确实去了，回广州后给我写信，说他这次来上海见了许多老朋友，他的心就安了。我想他的"老朋友"中间，包括了早早去世的戴翊先生。

　　我已经记不得在哪一篇文章里写过这样的意思：根据我的亲身经历，在 80 年代的学术圈子里，一般多多少少都会有些隔阂与矛盾，但是在我所亲历的巴金研究的圈子里，学者们彼此之间岂止是团结的，他们互相之间有一种虽未谋面、心向往之的亲热感。这种感觉可以用"知音"来形容。——我是说 1980 年代那个时代的学术氛围，我不敢肯定，是不是因为研究者都受到巴金作品所洋溢的真诚、热情的精神鼓舞，使人与人之间的关系变得真诚而单纯。我至今还怀念那时代的巴金研究领域的学术风气，我们彼此间从不封锁资料，都是互相信任，倾心相交……仿佛研究巴金就是一个标志，标志着我们都是志同道合的同志。我更愿

――――――――――

　　① 陈思和，复旦大学中文系教授。

意相信，巴金的人生理想和信仰多少会影响他的研究者和追随者，尤其在做人道德方面，他们会更加严格地要求自己。定宇心底有他一辈子不会忘记的东西，那就是一辈子做个好人，做个正直的人，不谋私利，多为别人着想。他有一段时间担任过中山大学中文系的副主任，记得那时他很认真地对我说，他接受这项工作时向系里老师承诺，他担任副主任期间，不要学校给他分房子，也不要任何利益和荣誉。他说了一句我至今难忘的话，他说：我不要让老师们以后用手指戳我的脊梁骨。现在回想起来，一个系的副主任究竟能支配多大的权力？可是定宇不因为官小职低权少而放松了自己的道德原则，可见他为人的方正和认真。我还能想起一件与他有关的事。研究巴金的圈子里有一位学者，山东宋曰家先生，先前我们也都认识，但不相熟。90年代老宋的儿子宋明炜在山东大学念本科，已经是个小有名气的先锋诗人，毕业时被大学推荐直升硕士研究生。老宋也真是个谦谦君子，他希望儿子能跟随我读硕士学位，但又不好意思开口。正在犹豫中，定宇知道了，就主动来找我，告诉我老宋的心思。当然这件事很容易地解决了。宋明炜凭着他的优异成绩顺利进入复旦大学攻读硕士学位，还写了一部张爱玲传记，在海峡两岸出版，获得海外专家的好评。考博的时候他申请到海外留学，同时获得美国七所名牌大学的录取书，随后跟随了那时还在哥伦比亚大学任教的王德威教授。名师出高徒，现在明炜已经是海外非常成功的青年学者了。圈子里都知道宋明炜是王德威和我的学生，但是谁也不知道在他的人生路上，定宇在关键时候的仗义相助，推了他一把，把他推上了学术的顺畅大道。古人说，勿以恶小而为之，勿以善小而不为。这两方面，定宇的为人处世都做到了。所以我要说，这是一个人格高尚的人，也是我在挽联上句所写的意思。

接下来我简单说说挽联下句的意思，学术界都知道，定宇后来不是以研究巴金著名，而是以研究陈寅恪而著名，进而转向研究"传统文化与二十世纪文化"方向。这件事与我也是有点关系的。上世纪90年代学风普遍低迷的时候，我与台湾学界的几位朋友一起携手合作做过一些工作。其中一项就是在台湾业强出版社编辑出版"中国文化名人传记丛书"。那时候两岸文化交流还不像后来那么频繁，但接触已经开始，有一点民间破冰之旅的味道。丛书主编有三位，都姓陈：陈信元、陈子善和我。我们都是研究现代文学的学者，丛书一开始自然先推出现代作家的传记，第一本就是王晓明兄的《无法直面的人生——鲁迅传》，但我一直认为，既然是以"中国文化名人"为题目，那就不能仅仅限制在文学领域，应该朝"文化名人"的方向去约稿。几经商量，初步定了冯友兰、熊十力、弘一、陈寅恪四位大师级人物的传记选题。前三位约稿都很顺利，唯有陈寅恪先生的传记，约了几次没有成功，于是我想到了定宇，最初想法仅仅是定宇在中山大学任教，有些人缘，比较容易找到有关陈先生的资料文献。但我深知陈先生学问大如天，研究其平生传记谈何容易，只是编辑责任在肩，不管不顾地把定宇推上险境。却没想到定宇对陈先生的人格学问神往已久，陈先生的著作也读过几遍，我一提出约稿，他便很高兴地答应了，于是就有了那本在海峡两岸同时出版的《学人魂——陈寅恪传》。陈寅恪先生的身后名望在上世纪90年代如日中天，这本著作受到重视、引起争论都是必然的现象。定宇去世后，我从网络上阅读到一篇文章，才知道发生过如下一件事：当时一位读者写信给报社，指出这本书中有些错误。报社把读者来信转给出版社，出版社又转给作者。那位读者也是研究陈先生的学者，后来在一次会上两人相逢，定宇主动上前招呼，感谢他的批评。那位学者比定宇年轻，但定宇不以为忤，反而表达了真诚的感谢，其人之忠厚可见一斑。作为当年的丛书主编之一，书中有错误（有不少是印刷校对错误），我的粗疏之责不可推却。我觉得对不起老友，惭愧之意，久久盘踞在我的心中。定宇晚年在《学人魂——陈寅恪传》的基础上又著述了《守望：陈寅恪往事》一书，材料篇幅比原先的《学人魂——陈寅恪传》多出数倍。记得他给我寄书时，写了一封长长的信，诉说了许多心中委曲。今天写这篇文章时，我本来想找一下这封长信，但是催稿在即，一时无从找起，只好暂时不提这些研究学问的细节，以后有机会再细细写出吧。回到那副挽联，上句"无人"对下句"留我"，人自然是指定宇，斯人已逝；留我寂寞地阅读着他的著作，以释我满怀的哀悼之情。

2020 年 10 月 12 日

（原载 2020 年 10 月 22 日《南方周末》）

悼定宇

程贤光①

张良春教授来电告知定宇突然去世，惊愕伴着悲痛使我一时无法相信。去年一见竟成永诀，令我这个八十四岁的老人潸然泪下、夜不能寐。

吴定宇是中山大学的资深教授，我国近现代文学著名学者。他的早逝不仅使我们失去了一位好朋友，也使学界蒙受了重大损失。

定宇人品高尚，著述丰

与吴定宇等合影

厚。虽然疾病缠身，依然笔耕不止。每每成书，总要赠我"指正"。虽然定宇曾经是我的学生，但早已青胜于蓝，然在与我的书信和电邮往来中，总称我老师、先生，落款都是"学生吴定宇"。只此一点可见其为人。我一直以他为我的好朋友。他每次回四川老家或来重庆，都要来我处探望。多年来他一直邀请我和太太去广州和珠海他家避寒。去年他又一次来家看望，又一次邀请。虽未成行，但情义之深令人感动。

去年定宇、良春等我们几个好朋友聚在一起，从现实问题、学术问题到市井笑话，海阔天空、高谈阔论的情景还历历在目。突然之间传来噩耗，犹如晴天霹雳，实在难以接受。人固有一死，但定宇走得太早，令人惋惜。愿定宇在天国不要像在此世这般忘命。等我们几个到时候去了，不要再做师生，一定再做朋友，再在一起畅聊天堂、人间，再在一起享受无忧无虑的生活吧！

2017 年 7 月 24 日凌晨

---

① 程贤光，四川外语学院教授。

悼亡友诗词三首

苟锡泉[①]

江城子·追忆吴定宇

兄台西去已三秋。月如钩，照岗丘。故地依然，今夜自重游。环顾周遭孤独影，思旧友，念君尤。

兄台与我趣相投，替民愁，急时忧。谦俭温良，疾恶视如仇。隐忍沉疴挥洒墨，书洞见，写春秋。

浣溪沙·学人魂

鸿儒[1]年暮双目矇，依然喜赏杜鹃红[2]，五层楼下议时风[3]。
后辈访寻甄往事，心灵交会两相通，学魂回复学人容。

五绝·与友论诗

诗歌贵在神，
未必尽求真；
音韵文辞美，
才情炼铸魂。

[1] 指陈寅恪（1890—1969），江西修水人，晚年为中山大学历史系教授。曾在清华、西南联大、燕京等高校任教。我国近代最著名的大学问家之一。

[2] 陈寅恪先生经常在夫人陪同下，去林间散步或观赏杜鹃花。

[3] 五层楼是越秀山上颇有代表性的一座建筑，"五层楼下"则是当年《羊城晚报》头版下方一栏目，专就当日广州市内发生的大事小事发表评论。陈寅恪先生每晚都要家人给他念报，尤其此栏目，发表自己的意见。

① 苟锡泉，中山大学外国语学院教授，享受国务院特殊津贴专家，2011年10月获得"资深翻译家"称号。曾参与过联合国文件的翻译。

星光依旧璀璨

顾宝炎①

亲爱的定宇兄离开我们已经整整三年了。

我和定宇都是"文革"后早期毕业的研究生。我从中国人民大学来到中山大学经济系，和当时新入职的研究生毕业的新教师们都住在西区的教四宿舍，很快就认识了快人快语的吴定宇。定宇是中大的研究生，师从中文系主任吴宏聪老先生，毕业即留校。

当时我们这批人，大都30多岁，都是"文革"开始前后毕业的本科生，长期在偏远基层打拼。在小平同志改革开放方针的指引下，有了宝贵的机会再进高等学府在名师指导下深造，又有机会进入著名的中山大学当一名大学老师，其心情是何等的兴奋，真是风华正茂、踌躇满志。

改革开放初期，全校上下热气腾腾，拨乱反正，加快校内的教育改革步伐，积极扩大开放，积极发展和校外的各种合作关系。我们这批新老师身逢其时，在前辈老师的领导和指导下，努力投身其中。

当时学生大批涌入中大，可以说校内校外对老师教课、增加学习机会都有很大的需求。师资短缺是突出的问题。校内要开出大批系列的课程，校外也有很多的培训班、函授班。我们这些大学课堂上的新老师，都是积极备课，斗胆上马，努力多上课、多开新课、认真上好每一堂课。同时，自己也要继续不断充电，投身学术研究，学习新的学术成果、参加各种学术会议，以不断更新的学术进步奉献给我们的学生。可以说进了中大以后，我们这批新老师，一直处在马不停蹄、夜以继日的繁忙中。

定宇是一个非常认真负责的人，他担任过中文系的副系主任、学校教务处的副处长，还担任过《中山大学学报（社会科学版）》的主编。在他的努力下，《中大学报》成为多年跻身全国排名前十的优秀期刊。我从和他的交谈中了解到，他和学报的很多作者、投稿者都保持着非常良好的关系，对这些作者和他们发表的前后文章都了如指掌，如数家珍。一家大型学术刊物的主编能这样尊重作者，我是非常感动的。作为一个老师，定宇认真对待每一堂课，讲什么，为什么要讲这些，怎么讲，他都有自己的想法，绝不是简单的"照本宣科、到点走人"。

---

① 顾宝炎，曾任中山大学管理学院院长、教授、博士生导师。现为上海理工大学管理学院退休教授。

定宇是一个非常努力勤奋的人。在担任繁重的行政和教学工作的同时，在中国现代文学研究上硕果累累、著作等身、在学术界影响很大。他刻苦努力，对巴金、郭沫若都有比较深入的研究专著论述。尤其是通过对大量陈寅恪史料的研究，于1996年和2014年先后出版了关于陈寅恪的两部传记。2006年定宇主编出版了《中华学府随笔·走近中大》，又于2006年主编出版了《中山大学校史（1924—2004）》。两部陈寅恪传记和两部中大史，倾注了他大量的精力，是他重要的学术成果，也是他对中大重要的贡献。

定宇是一个非常热情、讲情讲义的人。为人正直，生活简朴，两袖清风。待人宽厚、谦恭、儒雅，和蔼可亲、平易近人，没有架子。和他聊天如沐春风。

我和定宇在中大一起相处了20年，我离开中大也有20年了。我们经常在一起聊天。我回中大总会去看望他。记得2016年我们还在康乐餐厅一起用早茶。他穿戴得十分整齐，我们还在酒培中心门口合影留念。没想到这竟是我们的最后一面。2017年7月22日晚我在上海知道定宇突然去世的噩耗，非常震惊、非常难过，马上致电戴月同志了解情况，表示哀悼。定宇怎么突然就走了呢？我们还有好多话要说，我们总觉得还有机会谈，谁知道天不假年，我们再无促膝谈心的机会了！我真是十分悲痛！

定宇的一生充满爱心！他深深地爱着我们伟大的祖国，他对中大的一草一木充满感情，对他钟爱的中国近现代文化研究恋恋不舍，他深深地眷恋着他的老朋友和喜爱的学生，还有他日夜牵肠挂肚的家人！

定宇的一生，是我们这代人的缩影，更是我们这代人的楷模。定宇走了，定宇的学术思想、学术道路、学术方向和未竟事业会由他的弟子们继续传承、发扬光大、不断推进。定宇精神常在！

定宇走了，星光依旧璀璨，我们永远怀念！

2020 年 8 月 23 日

忆与吴定宇教授的交往

寒山碧①

　　我先认识广州中山大学中文系邓国伟教授，20 世纪 90 年代初我在广东鲁迅研究学会认识的他，他当时兼任广东鲁迅研究学会副会长。1999 年初我因筹办《文学与传记》杂志，向两岸学者广泛约稿，在邓国伟的牵引下造访广州中山大学，并在校园的中餐厅会晤了中大中文系包括吴定宇在内的几位教授，获知吴定宇是中文系副主任兼《中山大学学报（社会科学版）》主编。我概略地说明来意、《文学与传记》的宗旨和希望大家赐稿的意愿之后，大家便随意地聊起来。文人交往很容易就熟，因为大家有许多共同话题。记得吴定宇教授说，他正研究陈寅恪，问写陈寅恪可不可以，我说欢迎。不久，吴定宇等人的稿子陆续寄到。1999 年 5 月 15 日出版的第二期，我把陈其津的有关岭南大学校长、暨南大学校长陈序经的长文和吴定宇的《陈寅恪与吴宓的毕生情谊》《陈寅恪与周恩来》一起发表，三文都是谈中山大学的陈事旧迹。

　　陈序经是海南文昌人，著名的教育家、历史学家和文化史家，毕生治学，夙受我父辈及乡亲崇敬。陈序经曾多次拒绝官位，是中国现代少数几位大师级学者，历任岭南大学校长、中山大学副校长、暨南大学校长、南开大学副校长。其时陈其津教授正在为他父亲陈序经撰传，我央他抽出部分让我先行发表。陈序经与陈寅恪知交甚深，把有关陈序经的这篇长文跟吴定宇的两篇谈陈寅恪的文章一起发表，自成一辑。吴定宇教授也许工作忙碌，向我供稿不多。我第二次见到吴定宇教授是 1999 年秋季，《文学与传记》《春秋杂志》《香港传记人物》等杂志与夏菲尔国际出版公司联合筹备举办香港传记文学学术研讨会，我当时任筹委会主席，便赴穗邀请吴定宇教授和广东社会科学院文学研究所所长张振金教授提供论文并出席会议。吴定宇提供了《熠熠闪光的双子星座——陈寅恪与王国维》和《劫灰满眼看愁绝——陈寅恪与香港》两篇论文。研讨会 1999 年 9 月 18、19 两日在跑马地香港崇正总会礼堂举行，与会嘉宾 9 月 17 日报到，入住湾仔南洋酒店。由于在会议期间吃住都在一起，我与吴定宇教授也有了较多的接触，我觉得他为人朴实、诚恳、低调，是可以深交的人，所以日后交往较多。

　　2001 年 8 月，我的长篇小说《狂飙年代》三部曲第一部《还乡》出版了，我携书到中大探访他。《还乡》是反映 1947 年至 1962 年大陆社会变迁的作品，

---

① 寒山碧，香港艺术发展局委员、文学组主席。

48

我希望知道内地人特别是年青人看后的感受，希望介绍给他的学生看看，写个评论。吴定宇自己没有写，却让他的硕士研究生陈伟华写了一篇《珠圆玉润，以"俗"脱俗——读寒山碧新作〈还乡〉》。其时陈伟华很年青。但文章有见地，文笔也老练，我拿到香港杂志发表，并收入《寒山碧作品评论集》（文思出版社2006年8月出版）和《寒山碧〈狂飙年代〉三部曲评论集》（东西文化事业有限公司2018年版）中。

吴定宇教授在学术研讨会上发言

与吴定宇教授在研讨会上合影

吴定宇教授还为我组织了一次《还乡》漫谈餐会，地点在中山大学餐厅，有十多位学生参加，其中有博士、硕士研究生，也有本科生，他们都看过《还乡》，见到作者便七嘴八舌地谈起来。我不太记得细节，大概他们觉得《还乡》的写法跟内地作家的表现手法很不一样，觉得小说反映了生活真实。这次漫谈会陈伟华不仅在座，而且起着桥梁的作用，这让我有机会与陈伟华结缘。

有一次，我为了研究中山大学校园永芳堂的风水摆设来中大，陈伟华陪我到处参观拍摄。当时已无人写信，改用电邮，再后来就用智能手机，吴定宇当时不会用电脑，这一来我跟他的联系便日少，反而跟陈伟华长期保持联系，年间会通一两封电邮相互问候。正因为这样，陈伟华由硕士而博士、由副教授而教授而博导，我都能获得信息。2014年陈伟华来港参加学术研讨会，我们曾见过面。他说路经广州返湘时会去探望吴定宇老师。我还说，将来约个时间大家在广州聚头，那时我的《狂飙年代》三部曲第二部《逃亡》、第三部《他乡》也已出版，正想送给吴定宇教授，不料不久就传来他病逝的消息。吴定宇比我小几岁，逝世时虽也年逾七旬，但以现代人的平均年龄看，他也不算长寿。人活一世，草木一春，吴定宇教授桃李成林，无须发违心之言，做违心之事，而亦能治学度日，安享晚年，也算有福了。

2020年7月28日

难忘的友谊

胡光贤[①]

　　吴定宇先生离开我们已经三年了，但他的音容笑貌，幽默的谈吐、友善的笑容却清晰地留在我们的记忆里。他的离世，把无尽的悲痛和思念留给了深爱他的亲人们；也把深长的幽思留给了无比敬重他的朋友和同学。

　　吴定宇和我的已故丈夫张明理及我，同是四川外语学院俄语系六七届的同学。他们二人同班共读五年。大学期间，正是那种时时事事都讲阶级斗争的年代，大家都谨言慎行。而他们俩是对对方从不设防、什么话都可以互相倾诉而不担心会被对方打小报告的挚友。

　　他们二人对中外文学都有共同的兴趣，他们勤学、刻苦且互相帮助。当年，川外、西师的图书馆、阅览室里，无论是节日还是寒暑假，都能见到他俩的身影。寒窗苦读为他们的学业打下了坚实的基础。这种认真刻苦的学习态度和他们在学习中总结出的"四动"（即眼动、脑动、手动、口动）的科学的学习方法，及掌握知识、应用知识解决问题的能力，让他们终生受用。缙云山麓、北温泉的林荫小道上曾留下过他们边散步、边背单词的足迹。这是他们友谊的见证。

　　除了学习之外，生活上他们还相互关心。他们都出身草根家庭，四川外语学院一向比较关心贫困学生，他们靠助学金才得以完成了本科学业。1963 年的冬天，山城重庆特别寒冷。他们二人睡上下铺，被子都很薄，晚上冷得难以入睡。为了不向学校伸手，他们想了个办法。二人合铺，把两床被子加在一起。这样稍微暖和一些。但两个大汉同睡一张窄床，翻个身都难，岂能舒服？他们只得苦中作乐，互相调侃，你不要嫌我脚臭，我也不嫌你体胖。这样总算熬过了那个阴冷、潮湿又寒气逼人的冬天。

　　他们二人生日在同一个月，只隔几天，每年他们都在一起过生日。或明理花一角八分钱请定宇在三花石餐厅吃碗小面；过几天，定宇又请明理到北温泉小餐馆吃两个醪糟蛋。边吃边谈心，花钱不多，却过得很开心，也有情趣。

　　正是这种在艰苦的学习、生活环境里结下的深厚情谊，多年来，虽因学习、工作使他们天各一方，但他们一直书信不断，彼此牵挂。

　　1971 年春节，我和明理结婚，时值"文革"期间，物资极度匮乏。所有东

───────────

　　① 胡光贤，吴定宇教授四川外语学院 63 级同学，曾任重庆市合川瑞山中学教务处主任、中学英语高级教师。

西都凭票供应。定宇很有心，提前几个月就把糖票攒下来，还向同事借了一些，凑足了三斤票。从垫江给我们寄来了三斤水果糖和一对枕巾。这在当时是一份十分珍贵的厚礼，是无法用钱买到的。这为我们的婚礼增添了不少喜庆。他还专门写了一首诗《心潮曲》，随贺礼一并寄来，以示祝贺。这首诗我一直珍藏至今。它是我和明理婚姻的证物，也是定宇和我们友谊的见证。

这年春节，定宇回岳池老家过年，绕道合川，亲自给我们送来祝福。他和明理相见无间，促膝长谈，彻夜未眠。三年多未见，他们有说不完的离别情，也有对未来的打算和希望。他们下决心，要在自己的事业上、工作中做出成绩，绝不辜负党和人民的培养，不负川外的教育之恩。及至后来，定宇在事业上、学术上有了可喜的成就，而明理在管理和领导岗位上也有不俗的表现。这些都是他们对当初理想和信念坚守的成果，也是他们相互鼓励、支持的结果。

1991 年明理因积劳成疾，不幸病故。定宇在繁忙的工作之余，不忘经常给我和两个儿子写信，关心、安慰、开导我们。在我们失去亲人最悲痛的日子里，给了我们生活下来的勇气。最令我们感动的是 2000 年和 2009 年，定宇先后两次，利用回岳池老家的机会，专程到合川看望我和两个儿子，还到明理墓前献花，缅怀斯人。他还留下 1500 元钱，让我代他，每年清明节，给明理墓前献上一束花。这样的真情让我们十分感动。这样的友情弥足珍贵。我们将永远深藏于心。

定宇秉性里最令人钦佩的，是他对同学、对朋友的笃诚和一往情深。他的离去，让我们失去了一位教授、一位好友。但他那极难得的对朋友的理解、宽容和始终如一，是极富有魅力的人品。我们在心灵深处自会珍藏。他的真诚和友谊将赢得我们对他永远的敬重，并向他学习。

定宇好友，安息吧！九泉之下有明理和你做伴，你不会孤单。你将永远活在我们心里。

2020 年 9 月 14 日于重庆合川

四载同窗，半世砥砺

黄柱宇[1]

与定宇的交往始于大学期间。我们都在 1963 年 9 月考入四川外语学院俄语系，是同年级同学，但不在一个班里。他爱好文学，我们有共同语言。他常向报刊投寄一些小文，但好像没有发表过。他也不在乎，还把稿子和退稿信给我看。其实我们都不懂得，当时的投稿是否发表，并不完全取决于文章的好坏。定宇痴迷文学，便有"白专""个人奋斗"之嫌，常有人找他谈话，帮助他"端正专业思想"，做到"又红又专"。

1966 年，三年级上学期，学校"停课闹革命"了。1967 年，学生们一看形势不对便四散回老家。形势稍缓又互相报信，纷纷返校。在学校里，大家无所事事，无聊度日，或四处游玩，或在寝室里打扑克。一次偶遇定宇，他说与几位同乡在校园里找了一座荒弃小屋，闭门读中外经典文学作品。书是从毁于武斗的图书馆捡来的。他们离群索居、闭门读书那座小屋，被大家戏称为"地主庄园"。

1968 年年底，学生草草分配，"四个面向"，各奔西东。定宇去了川东的垫江县；我则西进深山，一路到了石达开的覆没之地。我们从此失去联系。

1974 年 8 月，我在大渡河畔一所乡村中学教书，意外收到定宇的来信。他说："川外毕业分手，转眼又是六七年的时间了。其间我们虽然没有通信，但求学时的往事却依然历历在目，我也经常怀念过去的同学和朋友。最近在万县与林亚光老师邂逅，从他那里知道了你一些情况，感到十分欣慰，因而给你写信联系。"这封信写得很长，详细叙述了他离校后的坎坷生活。语言坦诚，感情真挚。

在后来的通信中，他深情地写道："读念你热情洋溢的来信，勾起我对久逝的往事甜美的回忆……我正记得，八年前我们客居蓉城，邂逅在杜甫草堂的翠竹茶舍里。我们啜茶清谈，从学校到社会，从文艺至四川当时的局势，从古今中外的名人学者到自己的抱负，尽在话题之中。数天畅谈，仍觉意犹未尽……我们在九眼桥一家酒店里倾怀畅饮，我的酒量虽然很小，但在欢乐的气氛中也大醉酩酊……"

确有聚饮至醉之事，地点却不在九眼桥，而在东门大桥头一家破陋小馆。正值中秋时节，我们啃板鸭，饮散酒，尽兴而谈。最后顶着一轮皎月，趔趔趄趄各回住处——他东去九眼桥的川大，我则西往同学家。时间大概是 1967 年。那是

---

① 黄柱宇，西南财经大学教师。

个非常时期，重庆武斗频仍，我们都在成都避难。

定宇后来在垫江一所中学执教。他从来没有忘记自己的理想。在来信中，他说："一个人生活了一辈子，总得在活着的人们的记忆中多少留下一些值得纪念的东西。我每天无论再忙也要看几页书，写一点东西，就是不使自己的生命在无聊之中虚度过去，就是想在人们的精神仓库中多少增添一些东西。我正是抱着这种信念生活、学习、工作的。

"空闲时我埋头读了不少书，并自修完了大学中文系的全部课程，写过几篇小说，几首像样的诗歌，两篇论文。正准备写一个以反映农业学大寨为题材的五幕剧本。几年前搜集了一些材料，打算写一篇《普希金新说》，后经别人劝阻，自己也觉不合时宜便作罢了。我这些东西只是孤芳自赏的习作，绝无争市邀宠之意，因此也没有拿去投稿：为了不至于惹起不必要的麻烦，我尽量不使人注目。在这里几年，还没有人知道我喜欢摇笔杆子。不过这和我当学生时的抱负与打算相差很远，因此尚有虚度年华之感，自恨自己不成材，如同奥勃洛摩夫似的懒汉。

"近年来，我也一直渴望能有个再读书的机会，无奈这个愿望总如海市蜃楼般的幻景，看得见，达不到。……过去当学生时我对英语并不很重视，到了中学改教起它来，逼得自己花功夫去自修。这几年来我基本养成了这样一种习惯，几乎每晚都要坚持听一阵业余英语教学广播讲座才能入睡（湖北、湖南、云南、陕西、安徽、福建、上海、河南、青海等省市的广播电台每晚都要播送），买了些英语唱片来听，以修正语音语调；还买了些大学英语系教材和一些诸如英语语法手册及英语读物来增加词汇量和语法知识；碰到疑难之处或书信或利用寒暑假回家路过重庆时到川外找老师请教。这几年虽花费了不少精力去钻研，但由于不是有系统地学习，所学到的知识很零乱，广而不深，这是我一个很大的缺点。另外，我在自修英语时，放松了俄语的学习，教训极为深刻；好在三年前察觉了这一点，虽经补救，但对俄语的学习仍抓得不够紧，致使现在我的俄语水平还停留在八年前毕业时的阶段；即使有点进步，也是微不足道的……"

他知道我虽僻居深山，依然没有放弃俄语学习，便总是在来信中给予鼓励，施以援手：

"俄语仍是我喜爱的语言之一……我深信，这种语言并不像某些世俗那样认为是'冷门'，没多大用处。'冷'到一定程度，它又会'热'起来的，历史的辩证法从来就是如此，信中所谈到的《星火》杂志，至今还有两大本在我这里，邮寄是不行的，邮局根本拒绝邮送这种书，只有以后有机会把它带到重庆，再想办法转交给你。"

1978 年恢复高校招生，他告诉我：

"今年我也报考了中国社会科学院文学研究所近现代文学专业研究生。初试早已结束，共考了五门课，自觉考得还不算太坏，但该所对考生要求高，且投考的人多，招的人少，究竟有多大的把握，现在还很难说。如能获得下月在成都参加复试的资格，就有考取的希望；若不能参加复试，我已下定决心，明年再上考场。"他问："你报考的是哪几个单位？考得如何？盼告。愿我们在前进的道路上共勉。"

1978 年的考研，我们都未能如愿。定宇把他的专业考题凭记忆写给我参考，并附上他的经验之谈：

"总结这次失败的教训，我认为明年报考要注意下列几个问题：a、不要热衷报考名牌大学，名牌科研单位，不要热衷报考热门专业。b、知识面既要广，也要深，要敢于突破'禁区'，大胆地标新立异，要有自己的独到见解，不要去拾人牙慧。c、要有几个志同道合的朋友共同切磋，互相勉励，相得益彰；孤军奋战，获益有限。d、要有充足的资料。"

并向我提出建议：

"从你今年的译作被冷落的遭遇，我建议你是否暂停笔译，把精力和时间倾注在钻研苏联（俄罗斯）文学史和有关该国的历史、地理、政治等问题上？译作再多再好也仅作参考，试卷上的分数是主要的，同时还建议你明年改报人民大学设的苏联问题研究专业，或苏联（俄罗斯）文学专业。我初步确定明年还是报考中文系中国现代文学史或文艺理论研究专业。"

这个建议无疑是正确的。我在为第二年考研做准备的时候，认真考虑了他的意见，受到他的鼓励，信心更足。

1979 年秋，我们都如愿以偿，考上研究生，回到了自己喜爱的专业上。从此以后直至退休，我们在各自的领域努力耕耘，从事教学与研究。定宇著作甚丰，学术性强，在近现代文学研究中颇有建树。但他仍感到做得太少，有负于自己的理想和亲友的期望。他曾反躬自问："年华易逝，吴定宇你究竟为国家，为人民干了些什么？""国家这么急需人才，我们这一代人不努力不行啊！我们不努力，后来者就会追上我们，时代也会把我们淘汰掉。"2009 年，他写信说："我在叹息时光过得太快和人生易老之外，也在反省：这辈子究竟做过几件像样的事情？退休后还能干些什么？"

在一场因积劳成疾而几乎夺去生命的大病之后，他对自己的生活方式有所反省。他称我是"外道内儒和儒道互补"，并解释说："所谓外道，就是生活潇洒飘逸，在大自然中寻找野趣野乐；所谓内儒，就是内怀强烈的事业心，埋头翻译，将俄国文学中的精品译介到中国来。所谓儒道互补，就是将事业心与休闲结合，翻译累了倦了，便外出寻幽探胜，然后再轻松愉快投入新的翻译之中。真正是道家的生活境界儒家的功夫成就。"而对自己，则称"我是儒家书虫，口里也说什么儒道相济，但实际上却是只儒不道，到老疾病缠身，教训深刻。"

其实我哪里是什么"外道内儒""儒道互补"啊！无非远不如定宇的专注和努力罢了。定宇是把全部生命都献给了教学和学术研究。谈到他治学的勤奋和严谨，我们同学没有不由衷佩服，肃然起敬的。

他开始注意健康："我自退休后心态与以前大不相同，在生活中现在追求的是健康、闲适和格调。每天早上饮一杯虫草水，早餐是用自磨的小米、玉米、淮山、黄芪、红薯、高粱、莲子、芡实、糙米、薏米等杂粮粉调制的稀糊糊，餐后饮一杯龙井或其他高档绿茶，出门散步两小时，行约 11000 到 15000 步，10 至 13 华里，午睡后又泡一杯普洱茶，或看碟或听音乐或上网，悠哉游哉，十分惬意。"

但他仍然没有成为潇洒随性的道家，仍然"旧习不改"，辛勤伏案，加紧写出最后一部分量厚重的学术专著《守望：陈寅恪往事》，令人钦佩不已。

定宇每来成都，必定约老同学一聚。每次都盛邀我去广东小住，安排去他珠海校区的住宅看海，还热心推荐我去中大外语学院任教。我因不愿动窝，都未成行。

我们在往来书信中，总要互相勉励鼓舞。我们这代人因种种干扰，学力不足，治学的同道更是稀罕，因此一言一语的理解和支持都是一种无以替代的砥砺。定宇珍视友情，在《守望：陈寅恪往事》后记的感谢名单中，也不忘提到我的名字，这是他对老友情感的真诚表露，也成了我终生难忘的纪念。

2016 年 7 月，定宇伉俪来蓉。11 日，同几位老同学一聚。我们像过去一样在茶园叙谈种种，兴致益然。大家都为他病后的康复感到高兴，他却更多谈到未来的写作计划。谁也没有想到这次相聚竟是永诀。2017 年 7 月 22 日，一年之后，噩耗传来：定宇遽然离世。我们深感意外，却无回天之力。翻看旧札，感慨万千。现在只能写点文字来纪念他，以表达对他的深切怀念，并感谢在我寓居僻地、内心孤寂无助的时候，他向我敞开那颗关切的心。

2019 年 12 月 4 日

想定宇

李尚德[1]

在我们研究生同学里，我和定宇相识较早，但不同届，又非同一专业。上世纪 80 年代后期，我受托组织一个"中山大学青年教师文化研究学会"，在领导层里，中文系推出了吴定宇，这便是我们初识的契机。从此，我们在业余时间常常磋商研究会的运作。在学会活动的几年时间里，我们共同安排过青年教师的学术讨论会，开展了优秀论文的评选工作……我们在一起齐心协力，致力于扩大中大青年教师学术研究的空间，营造中大青年教师的研究氛围，同时也陶冶了我们自身对学术研究的热爱。那时，定宇常常和我说：中大党委这么关心我们青年教师的学术成长，实在难能可贵。多少年过去了，我们谈起来，他深有感触地说，他后来从事不同岗位的行政领导职务，与那时初出茅庐的锻炼分不开。我没想到，三十多年前，一个不起眼的青年教师学术研究学会，竟然引起他那么大的兴趣，他默默地做着他应该做的一切，又从中不断地汲取着完善和充实自己的营养。我看出来，他是一个踏实而进取的人，从那时起，我们的交往就没有间断过。

有一天，定宇兴致勃勃地找我，是为了送我一本他出的新书《学人魂——陈寅恪传》，实在地说，当时我并没有重视这本书，直观地认为，定宇是搞中文的，怎么会去写一个历史学家、国学大师的传记，这不应该是他的专业。闲暇工夫，我开始慢慢地翻读该书。因为我知道，陈先生的最后二十年，就在中山大学历史系任教。

当我用了三个月的时间，认认真真读完定宇的大作之后，一下子明白了，他做陈先生传记的恒心。早在上世纪 60 年代，从吴宓先生那里听到陈寅恪的大名之后，他就迫不及待地想更多地了解陈先生。可巧 70 年代后期，他考上了中山大学的研究生，正好这是陈先生教学、研究的地方，这便推动他坚定地研究陈先生的决心。我明白，这是他研究陈先生的地域情结。

后来，很多人在评价他这本书时，更多的是注重他客观地评价了陈寅恪先生的"学人魂"："士之读书治学，盖将以脱心志于俗谛之桎梏。"定宇通过翔实、准确的事实，将陈先生坚持"自由的意志和独立的精神"的治学灵魂阐述得十分清晰。北京大学季羡林先生曾评价该书"……独有大作，言简意赅，透彻明白，甚佩，甚佩！"北大的周一良先生也肯定：此书将生活与学术糅合起来写，

---

① 李尚德，中山大学哲学系教授、博士生导师。

颇为成功。我服了定宇，搞文学的写历史学大师，竟获得各位大家如此高的评价，足见他的文学功底和研究能力的高超。

后来，我听说定宇患病了，而且住院时间很长。那时我们很少见面，但我仍惦念着他。有一天，他突然站在我的面前，面容红润，我真高兴。他告诉我，手术过后，他就回家休养了。从此，我们隔三岔五一起散步、聊天。他乐观的情绪、与病魔斗争的决心，深深地感染了我。2017 年，他走了，他的音容笑貌常常浮现在我的眼前！三十多年的交情啊，怎能不想他呢……

2020 年 10 月 22 日

吴定宇先生印象记

李宗桂[①]

吴定宇先生是我国知名的现代文学研究专家，是我敬重的纯正质朴、友善厚道的学长。我们的友好情谊从 20 世纪 80 年代中期算起，至今已有 30 多年。其间，曾经有约 10 年的时间，我们同住一栋楼，他住四楼，我居一楼，经常串门，开心交谈，国家社会、家庭人生，海阔天空，无所顾忌，各得其乐。因此，值此《追忆与守望——吴定宇教授纪念文集》征稿之际，我乐于把我心中的吴定宇先生的印象叙述出来，聊表怀念之情，也给有兴趣者提供一点资料。

缘起乡情

我和吴定宇先生认识于上个世纪 80 年代中期。见他的第一次，是 1984 年冬天，在中山大学他的寓所。其时，他是中文系教师兼 1981 级本科生的班主任，我是尚未毕业的哲学系在读研究生。他担任班主任的那个年级里，有和我相熟的四川籍学生。那两个学生说，她们的班主任吴定宇老师，研究巴金，长得也有点像巴金。我有点好奇。不久，学校电影院（梁銶琚堂）放映根据巴金小说《寒夜》改编的同名电影，我和中文系的两个四川籍老乡一道去观看。记得那是深冬的夜晚，比较冷。从电影院（梁銶琚堂）出来，我们都说看了《寒夜》，更加感到今晚天冷，是真正的寒夜。顺此话题，她们又谈到吴定宇先生的巴金研究。说巴金是四川人，吴定宇老师是四川人，四川人研究四川人，比较有意思。你也是四川人，想不想认识一下吴老师。我当即表示很乐意。于是，她们跟吴定宇先生沟通后，约了一个日子带我去见面。

吴定宇先生当时住在中山大学靠近西大球场西面的教工宿舍里，一楼，宿舍比较小。见面后，他很热情，态度和蔼坦诚，没有想象中的大学教师的威严，也没有某些大学教师故弄玄虚、卖弄学问的做作。我在略有拘束地跟他交谈二十来分钟后，便礼貌地告辞了。他把我们送到楼外，一再说欢迎多来聊天，有事随时联系。我当时并没有注意他是否长得有点像巴金，只是直觉地认为，此人属于古书上说的天庭饱满、地角方圆之相，是正人君子之相。关键的是，他的谈吐平实诚恳，气象可观，值得交往。

[①] 李宗桂，中山大学哲学系教授。

第二年（1985）7月，我毕业留校工作，住在教工集体宿舍，与他偶有联系。1987年11月，我搬到了蒲园区623栋东面单元的一楼。令我感到意外之喜的是，吴定宇先生搬家了，就住在同一单元的四楼，我们成了近邻。于是，我们开始了频繁而又逐渐深入的交往，最终成为无话不谈的真诚至交。

敬畏学术

对学术有敬畏之心，是从事学术工作的人应有的态度和操守。吴定宇先生就是一个对学术深怀敬畏之心的学者。

我所从事的教学科研工作的专业是哲学，研究方向是中国古代哲学、中国传统文化与现代化、当代中国文化，与吴定宇先生从事的文学专业及其中国现代文学是不同的专业、不同的方向。但从更为广阔的视野看，我们从事的都是广义的中国文化的研究，在一定程度上有交集。因此，我们经常交流各自所在学科专业的动态，特别是一些活跃在学科前沿的学者的见解和情况。

就我所知，吴定宇先生的现代文学研究，比较集中的人物研究有陈寅恪、巴金、郭沫若。毫无疑问，这几个学者都是中国现代学术史上的重要人物，是做现代学问者不可回避并且需要认真研讨至少高度关注的人物。吴定宇先生选择这几个人物进行研究，清晰地展现了他做学问的方法论和价值观。简捷地说，吴定宇先生做学问是先立乎其大，从宏观着眼，从现代中国发展的社会进程和文化转型层面审视研究对象，把握其在现代思想文化进程中的地位和作用。同时，从微观入手，从具体问题切入，努力阐明研究对象的特质，揭示其所以然。他的论著，无论是上海文艺出版社1996年出版的《学人魂——陈寅恪传》，还是中山大学出版社2004年出版的《抉择与扬弃——郭沫若与中外文化》，以及中国社会科学出版社2014年出版的《守望：陈寅恪往事》，从选题到写作，从材料提炼到观点阐发，无不显示出一个严谨学者的治学风貌，生动地体现了他的治学方法论和学术价值观特点。

据我所知，吴定宇先生撰写研究陈寅恪的著作，充分利用了中山大学的有利条件。图书馆自不必说，校史馆特别是档案馆的相关材料，他应搜尽搜，取精用宏。跟陈寅恪先生接触较多的人，陈寅恪先生的家人，他都尽力拜访了解，搜罗资料。值得特别指出的是，吴定宇先生研究陈寅恪，完全是因为他的专业兴趣和职业志趣所致，而不是像社会上和学术界某些人那样为了追风或者猎奇。实际上，他开始研究陈寅恪的时候，陈寅恪热还没有真正起来。他为陈寅恪立传，书名用的是《学人魂——陈寅恪传》。"学人魂"三字，既精准地揭示了陈寅恪在现代中国学术史上的地位，又理性地表达了作者对陈寅恪的敬仰之情。平心而论，《学人魂——陈寅恪传》是一部严肃的学术著作，作者是一个严肃的学者。

记得他在写作过程中曾经跟我说过，研究陈寅恪，写陈寅恪传，真的有一种临深履薄之感。几年前，他出版了《守望：陈寅恪往事》一书。该书是在既往的《学人魂——陈寅恪传》的基础上，进一步拓展、深化，增加了一倍以上的材料，揭示出陈寅恪独特的治学方法，特别是陈寅恪对"独立之精神、自由之思想"的学术真理的坚定守望，自然而然地表达了对陈寅恪学术成就特别是其精神境界的仰慕。他在该书自序中说，读懂了陈寅恪，就读懂了 20 世纪的中国学术文化史。在我看来，这并不是过誉之词，而是发自肺腑的由衷之情，是作者对 20 世纪中国学术文化史坎坷历程和学人命运的深刻领悟后的如实评价。我觉得，"读懂了陈寅恪，就读懂了 20 世纪的中国学术文化史"，这是一个颇具思想力度和文化建构深度的命题，从一个侧面体现了吴定宇先生为学为人的精神旨趣，使得我们可以更好地理解他对学术的敬畏之心。

一个学者对学术的敬畏之心，不仅表现为对学术工作的严肃认真，而且表现为对学术人物和学术史实的理解、尊重，特别是在对其评价问题上的客观理性，不随波逐流，坚持独立之精神、自由之思想。在这方面，吴定宇先生显然值得钦佩和学习。

在相当长一个时期中，学术界对于陈寅恪和郭沫若的评价大相径庭。褒陈贬郭，一度成为"时尚"。不赞美陈寅恪，似乎就不懂学术，就没有文化；不贬斥郭沫若，似乎就没有"良心"，没有"是非"。凡是陈寅恪说的，似乎都是正确的、高尚的、优美的，凡是郭沫若说的，似乎都是错误的、卑劣的、污浊的。在郭沫若被严重污名化、陈寅恪被高度美化甚至神化的时候，吴定宇先生秉承陈寅恪先生独立之精神、自由之思想的遗训，坚持实事求是的原则，对郭沫若的思想、人生及其学术贡献做了阐精发微的工作，给郭沫若的学术贡献以高度评价。他发表了《现代中国史学的双子星座（之一）——论郭沫若与陈寅恪》，旗帜鲜明地高度肯定郭沫若在中国历史研究方面的重大成就，直截了当地把郭沫若与陈寅恪相提并论。他发表了《开辟研究中国上古文化的新天地——论郭沫若对上古历史文化的究本究源》一文，充分肯定郭沫若研究上古历史文化的开创性贡献。他还发表了《论乡土文化对郭沫若文化心理的润泽》《论郭沫若爱国主义思想的文化内涵》等文，以及郭沫若与儒家文化、道家文化、墨家文化，甚至与屈原、东方文学、克罗齐、伯格森等相关的论文，多角度多层次地研讨郭沫若与现代中国文学、与中国文化的关系。他出版了专著《抉择与扬弃——郭沫若与中外文化》①（中山大学出版社 2004 年版），从文化学的视角探讨郭沫若的文学创作，阐释郭沫若学术成果的特质与文化价值，揭示中外文化对郭沫若的思想形成、性格特征、创作风格和学术研究等方面的关系。可以说，吴定宇先生的郭沫若研

---

① 吴定宇：《抉择与扬弃——郭沫若与中外文化》，中山大学出版社 2004 年版。

究，在一定程度上是对那些年褒陈贬郭风气的拨乱反正。时至今日，史学界的研究表明，郭沫若对于中国历史中国文化研究的贡献是不可否认的。郭沫若的甲骨文研究、上古史研究、思想史研究、文学创作（诗歌、小说、戏剧），是在学术文化史上有着崇高地位的。有鉴于此，我深深认为，吴定宇先生的学术研究坚持了价值理性，真正体现了一个严肃学者对于学术的敬畏之心。

洞见先机

做学问，毫无疑问需要长期的潜心钻研，需要勤奋努力，但仅仅这样是不够的，还需要有学术敏锐感，有洞见先机的真知卓识。吴定宇先生便是具有真知卓识而能够洞见先机的学者。

自五四新文化运动以来，直到 20 世纪 80 年代改革开放时期，中国在现代化的道路上奋力前行，社会转型和文化转型并进。在文学界，对于从五四以来到改革开放新时代的中国文学如何界定、如何评价，有各不相同的看法。吴定宇先生博采众长、独出机杼，较早明确提出"转型时期的中国文学"的概念。在其《为"转型时期的中国文学"正名》一文中，他对这一概念做了史论结合的阐析。我觉得，他提出的这一概念及其所做的论证，符合五四新文化运动到改革开放新时代的历史实际和逻辑要求，确有新意而又经得起推敲验证。尽管会有不同见解的讨论，但"转型时期的中国文学"概念的提出，对于五四新文化运动以来的中国文学的研究和发展，无疑具有方法论和价值观方面的提升意义。

今天，我们回首百年来的中国文学的发展历程，审视其特质和价值，会明显发现这个时期的中国文学远远不是用"现代""当代"或者"现当代"就能概括的。而"转型时期的中国文学"既能够从历史维度概括这个时期的中国文学，又能够从价值维度提供开放而广阔的空间。更为重要的是，"转型时期的中国文学"彰显了这个时期中国文学的时代性、传统性、多元性、民族性，以及不可回避的复杂性、艰难性。时至今日，对于百年来的中国文学，人们无论感受到的是中国文学的愉悦、欢畅，还是体味到的是痛苦、悲伤，或者是别的什么感受，都不能不正视"转型时期的中国文学"这一概念（甚或是命题）的合理价值，不能不承认其学理上的正当性。实际上，很多人对于百年来的中国文学的理解，是在"转型时期的中国文学"这一视域、框架中实现的。因此，"转型时期的中国文学"概念的提出，确实是洞见了当代文学研究的先机。

吴定宇先生在学术研究方面的远见卓识，还表现为他在现代文学研究方面的思维方式和研究方式的自觉转型。他很早就高度重视哲学界和史学界的传统文化研究，关注动态，吸取营养。早在 30 年前，他就在上海的《社会科学》杂志

1990 年第 3 期发表了研究巴金文学创作的论文，题目是《巴金创作的文化意义》。他重视文化对于文学家及其作品的影响，重视从民族文化的视角切入研究中国文学问题。他在 20 世纪 90 年代前中期，就在《学术研究》杂志上发表了《中国现代文学的文化特质与文化研究》一文，鲜明地表达了自己对于中国文学与文化研究关系的看法，彰显了文化研究对于文学研究的意义。他发表的相当数量的现代文学研究的学术论文，都是从文化研究的视角进行阐释的。这些论文，其视域甚至方法是文化学范畴的，但其具体内容和问题意识，又确实是文学的。后来，文学界大量的学者、大量的论著，都出现了重视文化研究或者从文化层面进行研究的情势，可以说，吴定宇先生至少是这一新路的先行者之一。

1989 年是五四运动 70 周年。当时的国家教委为了隆重纪念五四，弘扬五四精神，决定在北京大学举行纪念五四运动 70 周年的大型学术会议。为了保证质量，国家教委成立了一个人数众多、档次甚高的评审团，要求全国高校积极参与、积极投稿，以文参会。全国高校积极行动，中山大学也不例外。中山大学组织了 20 多篇论文，经校内评审后，择优报送了 8 篇给国家教委评审部门，最终 4 篇入选，作者分别是吴定宇（中文系）、周兴樑（历史系）、桑兵（历史系）、李宗桂（哲学系）。吴定宇先生提交会议的论文是《五四：作家文化心理的嬗变与新文学的走向》，后来收入吴宏聪先生主编的《中国现代文学与民族文化》，由首都师范大学出版社于 1994 年出版。国家教委主办的全国高校纪念五四运动 70 周年会议，是 4 月中旬在北京大学举行的。北京大学罗荣渠教授在开幕式上做了"从西化到现代化"的主题发言，畅谈五四以来中国文化的发展趋向和道路选择，反响强烈，广受欢迎。与会学者对文化问题的重视，激励了吴定宇先生从文化层面研究中国现代文学的决心，引发了他进一步通过中国文学而拓展文化研究的热情，经过多年坚持，取得了可喜的成果。由此可见，吴定宇先生是文学界最早具有文化自觉意识、从文化发展和文化建构的思想高度开展现代文学研究的学者之一。

学术期刊是学术研究成果的重要载体，是推动学术进步的重要园地，也是反映大学学术水准和学术地位的重要标尺。其中，大学特别是全国重点大学的学报，更是为人们所特别关注之处。跟国内绝大多数大学学报一样，由于诸多条件的限制（比如稿源基本上来自校内，而很多好文章都投到了北京、上海的名刊），《中山大学学报》一度发展受困。学校为了扭转局面，使学报质量更上层楼，商请吴定宇先生去主持学报工作。最初，吴定宇先生比较为难，一方面打算接受任务，一方面又有顾虑。他觉得在熟人社会、在本校范围内，要把学报办得很好，是一件极为困难的事情。搞得不好，辜负了领导的信任，得罪了同事朋友，杂志又没有办好。当他把他的为难告诉我的时候，我斗胆建议他接下任务，迎接挑战，做出好成绩。我的理由很简单，出于体制机制的原因，包括中山大学在内，当年全国的大学学报普遍办得不好，类似我当知青时候生产队的"低产田"。但正因为是低产田，就具备大有作为的空间。一个生产队队长干得好，水稻高产，亩产 1000 斤，当然很不错。继续努力，每亩增产 100 斤，增长率是10%，已经比较困难。如果要增长 200 斤，达到 20% 的增长率，则是难上加难。而干得不好的生产队队长搞得水稻低产，亩产只有 400 斤。但如果努力，目标正确，方法对头，亩产增加 100 斤，实现目标的可能性很大。而增产 100 斤，就是增长了 25%。如果增长 200 斤，达到亩产 600 斤，并非完全空想，就是增长了50%！所以，低产田固然难搞，但如果搞得好，容易出成果，容易展现自己的能力，会有较好的成就感和自我价值的实现感。大学学报固然难办，但既然中大主管领导和教师有改变现状的愿望，我觉得可以尝试尝试。经过我的一通胡侃，使劲打气，他坚定了接手主持学报工作的想法。他上任以后，在学校主管领导的大力支持下，兢兢业业工作，采取了一系列改革措施，广泛征求意见，四处"求神拜佛"找好稿源，最终使得《中大学报》旧貌换新颜，转载率、下载率、引用率都远非昔比，在学术界的口碑日益见好，成为教育部认可的优秀期刊，获得不少荣誉，成为"中国期刊方阵双效期刊""中文社会科学引文索引（CSSCI）来源期刊""全国中文核心期刊""中国人文社会科学核心期刊""全国双十佳社科学报""中国人文社会科学核心期刊"。当然，实事求是地说，中大学报后来有很大进步，跟上个世纪 90 年代邓小平南方谈话后新一轮的改革开放的历史大趋势密不可分，跟学校领导的有力支持、学报全体工作人员的协同努力密不可分，跟校内外学者真心实意的支持密不可分。但是，吴定宇先生能够在有人视为畏途、不敢下"低产田"去争高产的时候，毅然接手主持学报工作后做出的巨大努力，这也是他后来取得显著成就的不可否认的重要因素。

说吴定宇先生能够洞见先机，还有一个具体的事例。上世纪 80 年代末 90 年代初，大学里的学术风气一度比较冷落，但学生们特别是本科生们渴望活跃学术空气，更为广泛地学习和了解中外文化的愿望更加强烈。此时，担任中山大学教务处副处长的吴定宇先生想出了一个好点子：在全校开设中国优秀文化讲座。经过一番准备，最后开出了面向全校的系统的中外优秀文化讲座。这在刚刚经历了20 世纪 80 年代具有明显"向西走"特征的激烈批判中国传统文化的那个特定时期，不仅需要勇气，而且更需要智慧。这个智慧，就是要通过系列讲座的开设，让学生了解人类文明的精华所在，理解中华优秀传统文化的历史发展、时代转折及其现代价值，彰显中华文化的优长之处，坚定民族文化自信，传承中华文脉，创建当代中国新型文化，推动中华文明的伟大复兴。要达成这样一个目标，依靠简单的甚至僵化的宣教式灌输，使用空洞的道理和过往的教条，显然不行。吴定宇先生通过组织动员全校的力量，让优秀教师上讲台，请校外同行名家上讲台，各擅所长，从不同学科领域、不同学术视角、不同问题意识出发，最终汇聚到增强中华民族凝聚力、建设中华民族共有精神家园，为振兴中华而团结奋斗的时代主题上来。如果说，在吴定宇先生开辟中外优秀文化讲座的当初，还有人不能理解他为什么要费那么大工夫去做这样一件事情，去大谈特谈中国和外国的"优秀文化"，那么，20多年过去后的今天，在朝野上下都在大力弘扬中华优秀传统文化之际，在承认中华优秀传统文化是中华民族的根与魂、是社会主义核心价值观的精神滋养的当下，在大力倡导坚定文化自信的时候，吴定宇先生当年攻坚克难、力主开设系统的中外优秀文化讲座的良苦用心及其文化价值所在，就不言自明了！而吴定宇先生对于时代脉搏的把握、对于学术文化发展的先机的洞见，也就昭然于世了。

见贤思齐

见贤思齐是中华优秀传统文化的重要成分，是中国人喜闻乐见的做人原则。遗憾的是，在社会发展的实际过程中，在利益纷争的时候，它往往被扭曲甚至被抛弃了。所谓同行是冤家的俗语，便是明证。但吴定宇先生不是这样。他不仅对名家大家历来崇敬有加，而且对同辈同行也真诚佩服，以诚相待，以心相交。

吴宏聪教授是吴定宇先生攻读硕士研究生时期的导师。自毕业留校后，吴定宇先生跟吴宏聪教授长期保持着热络的联系，对其尊敬有加，不仅执弟子礼，而且情同父子。他在经常向吴宏聪先生请教学术方面问题的同时，关心吴宏聪先生的身体状况和生活情况。他由衷佩服吴宏聪先生的学术造诣和成就，自觉学习吴先生的组织能力、协调能力和学术交往能力。他真心钦佩杨义先生的学术功底，叹服其卓越的成就。多年前（记得好像是1990年代后期），人民出版社即将出版7卷10册的《杨义文存》的信息，就是他告诉我的。他说，人民出版社给杨义这样50来岁的学者出这种规模的文集，还是第一次。他说的时候，脸上流露着真诚的钦佩神情。他对杨义有着一个同辈兼同行难得的高度评价。几年前，我和杨义先生在一个全国性的传统文化学术会议上相遇，闭幕式大会发言由我主持，杨义先生是第一个发言者。我在主持中介绍杨义先生的时候，提到了吴定宇先生对他的尊崇，他略感意外，说：没想到老吴居然这样跟你说！可见，吴定宇先生没有在杨义先生面前直接表示过对他的崇敬和赞美，他对杨义先生的评价是真诚的。

吴定宇先生同情、理解遭受过苦难的学者。复旦大学的贾植芳教授，是吴定宇先生经常跟我提起的人物。我知道贾植芳先生，是从吴定宇先生的评介而来。在我们国家发展不正常的年代，贾植芳先生曾经遭遇过很长时期的不公待遇，贾植芳先生没有在磨难中倒下，而是挺直脊梁坚持正道。贾植芳先生去世后，他的遗像两边挂的大幅挽联，是他的学生陈思和教授写的："从鲁迅到胡风，冷眉横世热肠扶颠，聚悲智良心傲骨侠胆为一腔正气；由社会到书斋，大写做人中道敷文，融创作翻译学术育人开八面来风。"贾植芳先生的好友何满子、吴仲华夫妇的挽联写的是："受屈常将屈辱视为特种幽默故能历劫坚挺，做人要把人字写得格外端正诚乃匡世嘉言。"陈思和教授在致悼词时说："先生的一生，为我们做出领略'人'字内涵的辉煌示范。"吴定宇先生十分赞同这些评价，这不仅仅是因为他崇敬贾植芳先生，跟陈思和是好友，我觉得关键的原因是他有过父亲受到不公正对待的经历，因而对贾植芳先生的坎坷人生充满同情和理解，尤其是对贾先生的风骨和襟怀有高度的认同。正因为如此，吴定宇先生才能够在改革开放的新时期心平气和、始终情绪饱满地从事自己热爱的学术研究事业。从这个意义上讲，吴定宇先生的见贤思齐不仅体现在专业学养方面，更体现在精神境界和人格修养方面。

此外，钱理群、王富仁、陈思和、陈平原等人，都是他经常跟我谈到并且由衷钦佩的现代文学研究学者。我没有听到过他议论同行的不是，没有听到过他贬低文学界确有水准的任何专家。这种心态这种境界，没有足够的历练和情怀，是绝不可能达到的。

感恩时代

吴定宇先生十分感恩他的导师吴宏聪先生，更感恩改革开放的伟大时代。

跟改革开放后上大学、读研究生的其他人一样，吴定宇先生对于我们这个时代，对于既有的工作和生活，有很高的认同感和获得感。他多次跟我说，在"文革"前和"文革"中，哪里能够想到会有今天的日子！他说，如果不是改革开放，他根本不可能读研究生，不可能当上大学教师，不可能在广州工作生活。这都要归功于邓小平！所以，他对于反对邓小平、污蔑邓小平、反对改革开放的人，极其厌恶，甚至是深恶痛绝。我说，是啊，所以说我1978年进大学后，我们全体同学都自觉学习周恩来总理，"为中华之崛起而读书，"他说，现在应当是你我都为中华之崛起而工作。我深以为然。

正因为有感恩时代之心，所以吴定宇先生长期坚持在学术研究的第一线，甚至在重病期间仍然坚持学报主编的工作，认真履行职责，并以高度负责的精神指导博士生和硕士生，为国家培育人才。改革开放的伟大时代为吴定宇先生提供了广阔的发展空间，吴定宇先生感恩伟大的时代而竭心尽力做出了应有的贡献。如果要用一个词来描述这种情景，那就是：圆满！

2020 年 10 月 13 日

来自家乡同学的怀念

主创：廖克斌　黄祥颀　唐善民　柏正伟　罗应立等[①]
执笔：蒋永文

天于绝代偏多妒，时至将离倍有情。

光阴荏苒，岁月无情。转瞬间定宇离开我们已经三年有余。当初噩耗传来，犹如霹雳天降，无不为之震惊惋惜，直叹天道不公，好人命蹇！噩耗不胫而走，聊天群一片唉声叹气，原团支部书记与班长紧急征求意见即刻派出向富国同学代表大家直飞广州中山大学参加隆重的悼念活动并慰问亲属。此举包含了无尽的思念与难以割舍的同学情谊。时间虽已过去一千多个日日夜夜，定宇的音容笑貌依然鲜活地呈现在我们每个人的记忆中，一切都恍如昨天。得知中山大学出版社即将编辑出版吴定宇先生的纪念文集，我们甚感欣慰也深受鼓舞。借此机会，原岳池中学高63级1班的同学及嘉宾、好友，谨在此奉上一瓣心香，以表达我们对定宇先生无法忘记的怀念。

一位勤奋严谨学者的成功之路

20世纪60年代初，中华大地经历了一段非常岁月，各个方面都变得异常困难，甚至吃饭都成了大问题。而我们这些青年学生正处在高中三年的关键时期，定宇同学就在此时插班到高63级1班学习，准备迎接决定命运的高考。当时的定宇性情沉稳，少年老成，多数时间似乎都在沉思默想中，言语不多，但待人和气，读书之外无心其他事情。据李华菊同学回忆，小时候在县图书馆自己还只知道看连环画小人书时，定宇却开始在图书馆大量阅读文学作品……当时虽然不知道这个专心致志阅读的帅少年的名字，但都知道他是岳师附小钟主任的儿子。定宇功成名就非一日之功，乃自幼就志存高远，坚韧踏实的结果。定宇的父母又都从事学校教育，其母钟仁秀还是班上好几位同学所读小学时的教导主任，后来成为该小学的校长，是一位极负责又极严格的优秀教师。家学渊源加上自身天赋，定宇的好学精神和优异成绩（尤其是文科）很快让全班同学深为叹服，成为大家学习看齐的榜样，认定其高考时必能上榜夺魁。让人深感意外的是，一个对中

---

① 吴定宇教授岳池中学高63级1班同学及朋友。参与人员还有：向富国、李贵方、邓明宇、陈建伦、李华菊、杨发英、张世碧、杨天永、李富江、杨顶甲、诸卫民、詹玉涛、刘先高、尹世用、汤宜昌、蔡艺、曾应霖、邓应高、汤仕清、胡明忠。

华传统文化尤其是中国文学宝库充满热爱而执着追求的热血青年，却因时代原因，最后只好放弃初衷去改学外语！这对青年定宇的"少年志"无疑是一次不小的打击。但他平静地接受了这一现实。一声"毕业"如风飘絮，三年同窗星散四方。此后长达数十年中，尤其"文革"开始后，多数同学与定宇的联系中断了，只有少数几人知道定宇从外语学院毕业后被分配到垫江县一所中学任教。1978 年恢复高考后定宇考上了研究生，去了中山大学。

2013 年是我们高中毕业 50 周年，原岳池中学高 63 级各班一百余位同学相约回到家乡母校举行了一次纪念聚会，定宇应邀参加了这次活动。此时重见的定宇已是中山大学教授、博士生导师、《中山大学学报（社会科学版）》主编，先后任过中文系副系主任、教务处副处长等教学管理职务，还是中国现代文学研究会、郭沫若研究会、广东省高校学报研究会等众多学术研究组织的理事或主任，集教书育人、著书立说、社会服务于一身。其后不久，汤仕清等热心公益的同学牵头搭建了一个名为"丘山银池"的群聊平台（丘山即"岳"字，岳池盛产大米，故名银），后因群聊内容太丰富，特别集中的聊天内容是养生，又增加了"生命坛论"微信群，罗应立等七位同学相继发起创立了生命论坛维持金，用以开展重病住院同学的日常关爱活动与生命论坛交流资料的印制。组群的目的在于加强联系，互通信息，探讨一些时事社情及养生保健、老年健康等共同关心的问题。并于每年国庆长假后的秋凉时节，在同学相对集中的地方，轮流举办一次聚会活动，定宇应邀又先后参加重庆、西昌进行的几次活动，班上的同学及部分朋友才又有了与定宇多次相见相聚的难得机会。2013年的见面，让大家钦佩不已的是，定宇饱含深情谈及对家乡的情、对母校的爱、对师长的恩，而对自己在学术研究和事业与工作中的成就，却自始至终只字未提！直至后来的接触交谈中，大家才陆续对定宇有了更多了解。"鹏之徙于南冥也，水击三千里，抟扶摇而上者九万里，去以六月息者也。"（庄子《逍遥游》）定宇可没有这般乘风驭气追求功名的幸运顺畅，而是逆势奋进，尽力搏击，花的时间也不是"六月而息"，而是四十余年或者说是一辈子。借助对中华文明尤其是对儒家文化研究的深厚功底，重视儒学文化对中国现代文学特殊的影响与传承，定宇先生创造性地开辟出一条现代文学研究的新思路，把自己的研究课题、研究对象与中华文化中国文学的传承和发展紧密地联系起来，从而使自己的研究不落窠臼，不走老路，其研究成果与一批专著受到业界的高度赞誉。大家为同班同学中出了定宇这样一位学术界的著名学者而倍感自豪，对其为此而付出的毕生精力与艰辛而由衷敬重，夸赞定宇同学的"一骑绝尘""一鹤冲天"。

2013 年，高 63 级 1 班毕业 50 周年聚会合影（后排右三为吴定宇）

2013 年，高中毕业 50 周年聚会（左一为吴定宇）

2013 年，高中毕业 50 周年聚会。左一吴定宇、左三（重庆建工学院）张世碧、左四（川农）李华菊、左五（岳池审计局副局长）严开秀

2013 年，高中毕业 50 周年聚会。左起：（凉山州公路局纪委副书记）柏正伟、（成都工学院）黄祥频、（清华大学）罗应立、（四军医大学）诸卫民、吴定宇、（兰州铁道学院）廖克斌、（部队转业到军工厂劳资处）向富国

为了阅读和研究工作的需要，定宇下决心重修和新学了英、法、日、俄等多门外语并能熟练运用。为方便工作，年届古稀的他开始学习电脑知识。在尚不能随心操作的情况下，一部五十多万字的学术专著，竟全凭两根手指夜以继日地在电脑上一个字一个字地敲成书。试想要完成上面这些"作业"，一个人要付出多少时间、精力和心血！更何况还有那么重的研究课题和那么多的社会活动，更有多种重大疾病缠身的病痛折磨，何等的学者境界，真的让人肃然起敬！最难能可贵的是，定宇并不把自己的研究课题神秘化而独自躲在象牙塔里冥思苦索，而是通过广泛的交流以集思广益，共同探寻。据廖克斌同学介绍，定宇多年前就试着在部分拥有电脑的同窗中搭建一个既可探究学问、又可倾吐心声的电脑网络平台，将自己的研究心得体会、阶段性成果及久思不得其解的疑虑等发布在平台上，在网络上进行交流。从 1993 年起先后发给刘先高同学的交流视频文件即达370 多个，1999 年起发给廖克斌的视频信息文件等也有 200 多个。还有许多同学也都收到过类似的资料。这不仅是同学情谊，更体现出定宇对学术研究目的、作用的深刻理解，即做学问不是为孤芳自赏，不是个人沽名钓誉的途径或工具，而是国家和人民的需要，是对社会发展进步的一种责任担当！

大学问家王国维先生，曾借古人的诗词形象地总结了古今成大事业、大学问者必经的三种境界："昨夜西风凋碧树，独上高楼，望尽天涯路"；"衣带渐宽终不悔，为伊消得人憔悴"；"众里寻他千百度，蓦然回首，那人却在灯火阑珊处"。三种境界不仅是一个依次递进、不断深入深化的过程，更是一次看似容易却艰辛的漫长寂寞的旅途。定宇对此有深刻领会和切身感受，故此才有别人不敢走的路他走过来了，别人做不到的事他做出来了，别人视为畏途的高峰他攀登上去了。这就是定宇，这就是定宇不同凡响之处，这也就是定宇攀登学术高峰的成功之路。

一位讲情重义的普通朋友

定宇的一生，称得上是不负韶华，功成名就，无论在师生同行内，还是同学朋友中，都获得了崇高的赞誉。然而在为数不多的几次同学聚会中，出现在同学面前的定宇，既不见"成功人士"的刻意打扮，也望不见"大学问家"的做派。除因年事增高两鬓微霜而略显发福外，一切都显得朴实无华，儒雅清淡，与人相处依然热情随和。一身防雨避风的便装紧裹着满腹经纶的躯体，一顶中式便帽遮盖住头顶众多的光环，内在的充盈与外在的纯朴在定宇先生身上显得那么的和谐与自然，褪去光环始是真。同学们从内心感受到：眼前大名鼎鼎的"定宇先生"，仍然是 50 年前那个可亲可近的"定宇同学"，一位成就斐然的学者，依然是一位生活中的普通朋友！

1963 年，高中 63 级 1 班集体照。第三排左起廖克斌、黄祥颇、吴定宇……

吴定宇与廖克斌在母校王字楼正校门留影

2013 年首次参加岳池聚会的定宇，曾饱含深情地留下两首小诗：

　　云山迢遥少音尘，城阁已非江山新。
　　五十年后惊回首，读书郎成白发人。

　　相逢无语泪泫然，别时容易见时难。
　　升沉荣辱等闲过，唯有情谊留青山。

　　这两首诗可谓发自肺腑，深刻展示定宇内心世界的许多方面，对岁月流逝、人生易老的感慨，对名利地位、升沉荣辱的淡漠，对云山阻隔、音尘难通的无奈……唯有对同学、朋友那种挥之不去、念念不忘的情谊日久愈浓，如青山不老，江水长流！学术大家也是性情中人。同学情、朋友信、历史过往事……在定宇先生的内心世界占有极为重要的位置，日常生活中更是时时事事让人感动难忘。原班长黄祥颛满怀深情地回忆：从上世纪 90 年代起，曾先后三次在广州与定宇见面。当时定宇尚未退休，学术研究及各种事务很多很忙，得知"有朋自远方来"的消息后，除热情接待宴请外，竟抛下手中的所有事务，相陪品茗，闲聊整整半天。天下大事、别后经历、生活甘苦、人生命运、儿女子孙教育等，海阔天空，无所不谈。临别还不忘叮嘱转告子孙辈，学习要专心刻苦，持之以恒。这种长辈以亲身体会的教育，对祥颛外孙女后来的成长（攻读博士学位）产生了重要影响。廖克斌同学曾回忆起一件往事：2010 年，定宇到成都四川大学参加一个为期一天的学术研讨活动。会议结束后为了见住在川大的一位高中同班同学，竟不惜打乱原定行程，多住一天，称"天大的事也不能忘了纯真的同学情"，直到终于见面后他才满意而去。更让人称奇的是，廖克斌同学一个在广东办厂的已六十多岁的美籍华人表弟受托专程去看望定宇先生时，定宇居然像放"电影"一样非常清晰地给克斌表弟生动地描绘了五十多年前"父寻子"的一幕：定宇说，克斌父亲戴着一副眼镜，一张斯斯文文的脸，几天不见儿子的人影，最后找到了岳师附小，指着克斌说"您啊、您啊……"这是 1963 年 8 月中旬廖克斌与几个同学背着家人到岳师附小定宇先生家等录取通知书的一件往事，定宇装在心里一辈子，而定宇回忆的片段在廖克斌脑海里却是一片空白。克斌表弟向他本人求证时，他顿感震惊与不可思议，这是一种何等的情分啊！

　　向富国同学 2017 年 7 月去广州送别定宇，受到其夫人、儿子等亲人的高规格热情接待，深感定宇的这份同学深情还在无声地延续……至今谈及仍唏嘘不已。

2016 年，西昌聚会合影

2016 年，西昌聚会合影。左起一何英培、左二（川大）李贵方、左三（重大）李富江、左五吴定宇

最让人难忘的是2016年西昌聚会时那快乐满足、兴趣盎然的种种表现。长期的笔耕心劳，不懈的学术探索，繁多的社会活动，老来的定宇已身患多种疾病，据说差不多每年都有一两个月时间需住在医院治疗。尤其西昌的那次聚会，都是在夫人戴月老师的全程精心陪护下，带上药品、针管参加的，每天需要注射胰岛素和服用其他药品。定宇却总是兴致勃勃地参加聚会安排的登山赏景、游园、拍照等各种活动。到晚还走进一个又一个住宿房间与同学谈心叙旧。特别是诸卫民同学与定宇多次深入交流探讨积极治疗、对症选药、谨慎用药、重视养生，平和心态，顺其自然的晚年生活理念。柏正伟、詹玉涛、杨发英等许多同学都发现并深切地感受到，老来的定宇性格比年轻时反而开朗快乐了许多，爱好也更为广泛。定宇先生对中华民族的瑰宝京剧更是充满了热爱，不仅会唱许多剧目的选段，对京剧的一些基础知识也有多方面的研究。在邛海岸边，因避雨而走进一农家乐的活动室里，定宇兴趣盎然地与同样喜欢京剧的李贵方，会拉二胡的柏正伟、汤宜昌等同学聚在一堆，就什么西皮、二黄、散板、慢板、琴弦、青衣、花旦等谈说得津津有味。而后在同学简单乐器的伴奏下，定宇有板有眼地唱起《空城计》中的"我正在城楼观山景，耳听得城外……"唱完兴犹未尽，还要找几位同学一起来唱"智斗"，因找不到"阿庆嫂"，只好作罢。在定宇等人的带动下，烟雨濛濛中略显沉闷的气氛一下子被扭转过来。吟诗的吟诗，拉琴的拉琴，唱川剧的唱川剧，还要陈建伦同学用彝语唱彝歌。连一向只赏不演的女同学们也情不自禁地站起来，一起唱了一首老歌，并赢得一片掌声。此情此景下的定宇，似乎完全忘记了自己身上的病痛，也不管不顾自己已是年过古稀的老人，快乐得就像个孩子，还表示下次要在南充给大家演唱《淮河营》……没想到这竟成了定宇先生留给我们他生前最开心快乐的最后一幕。

2016年，西昌聚会戏谈京剧艺术　　　　2016年，西昌聚会答谢晚宴，定宇夫妇频频致谢

聚则兴高采烈，散则心常牵挂，念念不忘。日复一日，年复一年，在电脑平台上的早晚问候、祝福、互勉；在见面时的热情、诚恳、真挚；连青年时代曾经

工作过的地方，方便时也不忘绕道去看望那里的学生、家长、朋友和同事。这就是定宇内心深处的同学情、朋友义。这样的同学和朋友，难道不值得相交、不值得永远怀念吗！

一位让人敬重的人生楷模

定宇心中的同学朋友情结是如此的真挚而强烈，那么同学朋友心中的定宇又是如何的呢？在动手写作这篇怀念文稿前，现在仍健在的一班同学及嘉宾、朋友开展了一次关于"定宇印象"的群聊活动，让每个人都用最真实、坦率的事例，讲出自己心目中的定宇。这居然再次拨动了同学们心中那根怀念定宇的琴弦，弹奏出一曲声韵和谐、节律优美的交响乐章。下面记叙的，是从同学们用不同语言、不同文体、不同角度发出的反馈信息中摘录的一小部分关于定宇的"小事"。一滴露珠也可能折射阳光，这些"小事"从不同层面生动地展现出了同学们对定宇长久深厚的感情，更反映出定宇高尚的人品和德行修为：

——李贵方同学儿时与定宇隔墙而居，到老仍未忘记与定宇同在院内一黄桷树下嬉戏玩乐和同听川剧锣鼓的赏心乐事，称他俩长大后都爱京剧源起于此。

——杨顶甲同学再次回忆起高考放榜后，收到录取通知书后相拥祝贺的狂喜场面。

——杨发英同学被大家尊为"一姐"和"快乐天使"，虽身患多种病痛却泰然面对，从不忧伤，但对定宇猝然离世仍不免流露出沉痛惋惜之情。

——罗应立同学毕业于清华大学，而定宇的研究对象陈寅恪先生曾是清华园内著名的大师。当得知有同学对定宇研究的课题及意义不甚了了时，应立竟通过微信对此专门做了较为系统的介绍与说明。这也是对定宇学术著述的一种普及与传承吧。用陈建伦同学的话说，是为同学接触定宇的学术研究"开了一扇窗"。

——汤宜昌同学重病住院期间也发来语音短信，对定宇生前多次对其病情治疗的关心、鼓励深表感谢，对定宇的学识人品极为赞赏，并切切提请将此心转告定宇家人。

——唐善民同学，是定宇多年的好友，其发出的一张保存了数十年的高中部分同学的黑白照片在同学中引发一片热议。由于年代久远，照片中一些同学大家都记不清认不准了，唯独定宇是一看就认出来了，没有一个人记错……

还有好几位同学命笔作诗来表达对定宇的深厚情谊与怀念之心：

柏正伟同学在《怀念定宇》诗中抒发了在追求知识的海洋里结成的肝胆相照的情谊不会因为定宇的离去而消失，"猝然而逝，不愿是真！更相信那古老的传说：告别世间，就成了，天上的星星！"

尹世用在《悼定宇校友》中极力赞赏定宇的人格魅力："人格魅力忠职守，

病魔缠身只等闲。教书育人泣心血，不是圣人也是贤。"

邓明宇同学以难舍的惜别浪漫在《痛哭定宇》小诗中问道："踏着足迹，你为什么走得快？你是到天外，我的定宇，但友谊在我心中长在！"

只言片语都是爱，一枝一叶总关情。这些关于定宇的回忆，讲述的是同学们对定宇的敬重与怀念，赞颂的则是定宇的情操和美德！班长黄祥频在谈到与定宇的交谊时，还提到定宇身上另外两件感人至深的往事：一是参加岳池和重庆的同学聚会后绕道去母亲坟前扫墓祭奠，以不忘父母的养育之恩；二是2016年西昌聚会相伴登泸山观邛海时，定宇当着同学的面对老伴戴月深情地说："如果人生真有来世，我愿与你还做夫妻。"戴老师则报以亲切的微笑。这不就是白居易《长恨歌》中"在天愿作比翼鸟，在地愿为连理枝"的现实版吗？谁不为之动容？"问世间情为何物，直叫人生死相许。"同学情、朋友情、师生情、母子情、儿女情，在人生情义的任何一个方面，定宇都表现出尽善尽美而又自然而然。中华民族传统文化的优良传统在定宇身上得到最好的继承发扬。怎样为人处世？如何待人接物？如何认识人生的价值？这同样是人生的一个重大课题。定宇留在同学心中印象最深刻也最值得怀念的，正是其深厚的德行修养与巨大的人格魅力。德可养才，德可驭行，德可服众。定宇以其深厚的道德、高尚的人品及感人的行动，在世人面前同样作出了一篇锦绣文章，与他的学术成就堪称"双璧"。

2015年，重庆聚会合影：左一（川大）唐善民、左四（川大）詹玉涛、左五吴定宇

2015 年秋，重庆聚会时吴定宇（第一排右三）与一辈子从事中小学教育的杨天永（前排右二）及其三个学生（第一排右一、右四、右六）合影，并鼓励后生们要为自己的事业献身，后排左一为蒋永文（川大）

一位不能忘怀的慈善兄长

逝者长已矣，生者常思怀。定宇走了，从各方面讲固然都是一个重大的损失，但定宇留下的学术成果、高尚人品、人间真爱，则是一笔巨大而珍贵的财富。他对我们这些与定宇同时代、同命运的"昔年读书郎，今日白发人"的影响，也必将是长久而深远的。廖克斌同学在回顾定宇的电脑情结时，讲过一段内容深邃、情感丰富的话，可谓代表了我们这些同学的心声，实录如下："……日复一日的清晨问候，晚安祝福，似开启了一扇新的心扉之窗，在夕阳路上多了一座五彩斑斓的桥梁。心的交流、爱的展示、情感的交融渗透、彼此的欣赏勉励，勾起了人生美好的回忆：苦难童年、追梦少年、励志青年、精心耕耘的壮年……一幕幕情景触动了人生的喜怒哀乐，唤起了心中的家国情怀，相似相同的普世价值观，不时触动着心灵的感应……这些好似一颗颗璀璨的珍珠，依稀看到一丝丝真心、善心、真情，在梦里在心里挥之不去……淳朴、善良、正直、忠诚、孝道，广泛的兴趣爱好、童心般无忧无虑的生活，给自己与同学注射了一支勇敢面对晚年生活的兴奋剂，弹奏出一曲曲动人的生命之歌……"

　　我们这些从高中开始的同学和朋友，对定宇总的说来是相处不长，也知之不多，而感情甚厚，怀念甚深，其根本原因就是两个字——真实。真实，透射出定宇慈善的灵魂；真实，释放出令人感动的人格魅力。定宇为人真实，做事真实，待人真实，交友真实，找不到任何的虚情假意，也看不见半点的惺惺作态，一切才那么平易自然，时时处处都示人以真心实面，各种美德都达到了常人难以企及的高尚境界。定宇不幸病逝后的这些年，每逢祭日我们都要在聊天群里开展为期一天的追思悼念活动，反复播放音乐相册《与定宇在一起的日子》，看着一张张闪着晚霞余晖的照片，听着委婉清脆的生命进行曲，不由得思绪万千，吟诗、感言……一整天聊天群里都弥漫着伤感、怀念的氛围，有的说，定宇你走了，我坐在窗前仰望天空时不知道天空的哪片角落属于你？有的说，你没有走，你的心与友谊永远深藏在了我们心底。还有人说，你不会就这样撒手而去，我们还在等着听你唱《淮河营》……但，定宇你真的不打招呼就走了，向天堂飘然而去，我们会用落叶、归雁、秋风等一切能飞向天堂的信物带去我们无尽的思念。我们的丘山银池、生命论坛、家乡同学群的聊天与年度聚会仍将继续，各类活动仍在开展……

　　岁月易逝，纪念永存。我们记住了定宇这个平而不凡的名字，记住了定宇的音容笑貌，更记住了定宇身上多方面闪光的人品和美德。缅怀定宇，要学习他不重名位权利，不羡荣华富贵的高尚情操，学习他淡泊明志、宁静致远的人生追求，学习他不畏艰辛、勇攀高峰的奋斗勇气，学习他勤奋严谨、求真务实的治学精神，学习他重情讲信、真实诚恳的生活态度……让定宇的这些优秀品质，激励和陪伴我们平安快乐地度过迟暮的晚年，也以此作为我们对定宇最好的怀念！

2020 年 9 月 15 日

怀念定宇

罗应立①

我自己几十年从事电气工程专业，人文方面的知识十分欠缺。通过同学会，得知定宇关于陈寅恪的研究成果。他的专著《守望：陈寅恪往事》（中国社会科学出版社 2014 年版）与相关论文深深地吸引了我。陈寅恪先生曾经是清华大学二三十年代少有的几位学术大师之一。我虽然在清华大学度过了五年半的时间，但是，仅仅是在这几年与定宇同学接触后，才知道清华大学曾经出现过如此出色的、极具特色的大师。进一步阅读定宇的研究论文与专著，十分受益。

定宇同学对陈寅恪先生的系统研究，在我们面前展现出了一个全新的出国求学模式。陈寅恪先生出国五次，留学 14 年以上，足迹遍及欧美及日本主要名校。他最大的特色是集中全力学习先进文化，而不耗费时间去写自己的博士论文。所以，他并不是一般人十分羡慕的洋博士。结合当代出国热，出国的主要任务到底是学本事还是弄一个洋博士学位，定宇同学对陈寅恪的研究给了我们一定的启示。

从定宇同学的著述中我还看到，陈先生回国后，受到国内学术界高度重视，虽然没有博士学位，仍被清华大学聘为与梁启超、王国维等并列的学术大师。在清华大学工作 10 年，培养了大批顶尖人才，还在学术研究方面做出了历史性的巨大贡献。在中山大学工作 20 年，被国内同行尊称为"教授中的教授"。定宇对陈寅恪的研究，对我国当前的人才引进模式提供了某种参考。

定宇对科学的挚爱，选题方面的广阔视野，严谨的学风，生命不息、奋斗不止的顽强斗志，为我们树立了好榜样。我当铭记终生的还有一件往事：2014 年我们岳池中学高 63 级 1 班的同学在北京聚会，定宇当时身体情况已经不允许他来北京了。从聚会通知的表述到日程安排的文化内涵，他都十分关心；我请他过目并做多次修改后，他又两次对最终版本提出进一步的修改意见，一次比一次完美。他对同学的满腔热忱，令人难忘。

定宇已经离开我们三年了，我们心里多么渴望他在有生之年为国为民、为同学、为朋友、为学生呕心沥血操劳时，能够给自己多一点休息、养生的安排！

定宇虽然离开我们了，他的丰硕成果的光芒将永世长存。

2020 年 9 月 24 日

---

① 罗应立，吴定宇教授岳池中学高 63 级 1 班同学。

长唤学人魂

任剑涛[①]

　　三年前，在大家毫无思想准备的情况下，吴定宇老师突然离开了我们，实在意外，真是悲伤。其时，我正好从北京出差广州，急急赶往广州市殡仪馆，参加吴老师的告别仪式。新老朋友齐集，深怀哀痛，送别吴老师。其时，心中深有触动，笔端涌动感情，但因差旅，竟未诉诸文字。三年后的今天，戴月老师发来电邮，说吴老师的学生发起编辑出版纪念专辑，嘱写一篇纪念文稿，我答曰：责无旁贷。这不仅是因为戴老师有约，更是因为吴老师对我长期关注，尽力扶掖，我是常怀于心，无从表达。有此机会，当然要一表心中的深切怀念与长久的真诚感激。

　　我1989年硕士研究生班毕业后留在中山大学任教。我跟吴老师不同院系，他一直在中文系担任教职，我先是在中山大学党委德育教研室供职，1993年初调到政治学与行政学系任教。不过我们有一个特殊的缘分，我们是四川老乡。彼时中山大学的四川同乡不是太多，我读研的时候，就经师兄李宗桂介绍，认识了已经在中文系任教的吴老师。当时他们住上下楼，因为我去李宗桂师兄处较多，一来二去，也就跟住楼上的吴老师熟络起来。吴老师是一个特别和善的人，他当时对中大的情况已经非常熟悉了，因此常常介绍一些中大的情况，以便我这个新来乍到的小老乡了解中大，融入中大。印象中，吴老师替人想得十分周到，在衣食住行、人脉关系、为人为学等方面，绍介周详，让我减少了很多周折。从此吴老师在我心中就留下了一个可以依赖的、老乡中的老大哥印象。

　　一件事让我长期感动。刚刚研究生班毕业留校，因为对大学教书并无多少认识，更说不上热爱，也没有做出啥成绩来，因此对前途命运心中惴惴，常感忐忑。那时学术上还没起步，几乎无人当面赞赏过我，我的信心不足。吴老师是一个实诚的人，当然也不会乱夸奖人，说我学术上多有造诣。但有一次别人说我没啥特别之处的时候，吴老师端正颜色说道，你看看剑涛的眼睛，精气神多强。这一句话我好长时间都在心里念叨，以此来鼓舞自己。如今迈入壮年，物壮则老，心中的虚荣自然是少了，却更加清楚地意识到年轻时候，人生事业未定之时，多么需要人的鼓励。而那时吴老师讲的这句话，对一个二十几岁的年轻人有多么受用！吴老师总是能找到鼓励人的话语，这是他作为一个谦谦君子、为人友善的鲜

---

　　① 任剑涛，清华大学社会科学学院政治学系教授。

明体现。

之后我在中大，逐步走上学术道路，并取得一些成绩。这与中大老乡如吴定宇老师、李宗桂师兄等的关怀与激励密不可分。我误打误撞留校任教以后，不久吴老师就担任了中大中文系副主任。对一个年轻教师来讲，吴老师就是台面上的人物了。但对二三十岁的我，吴老师不仅鼓励有加，而且在中大的台面上和其他许多场合力推我。这种提携，对人有着很大的激励作用。他不单单对我这样，对很多年轻老师也都是这样，这是吴老师在师友之间善于提携后进的一个体现。

他担任教务处副处长的时候，正值我教学科研上成长的关键时期。在师友老乡们的激励下，我也算是一个努力的人了。教学上花了不少工夫，学术上竭尽全力。因此受到中大教务处的关注，给予了不少荣誉。其中吴老师的留意、关注与提携，肯定发挥了重要作用。我以所谓"中大名嘴"获得了教学上的肯定，得到学生的喜爱，跟吴老师所在的教务处的奖掖密不可分。吴老师自己的教学功夫非常过硬，只是在日常言谈中略微传授一二，便让人受益多多。他对中大著名教授教学经验的提及，让人捉摸到提高教学水平的方式方法。这对我获得中大的教学奖励，尤其是获得中山大学第二届十大名师称号，发挥了很好的引导作用。

吴老师长期担任《中山大学学报（社会科学版）》的主编。他对学报特别上心，在任职期间，无论在公私场合，只要碰到吴老师，他就会提到学报近期取得了哪些令人瞩目的进步与成绩。在我的学术生涯中，真是很少见到像吴老师对自己主编的杂志那么用心用力的人了。他担任主编之后，学报综合评价、转载率、引用率均在全国同类期刊中名列前茅。在公开场合，吴老师并没有喜形于色，他是一个能"端得住"的人。但私下场合见到吴老师，说起学报的发展，他的兴奋之情溢于言表。我也真是替他高兴，不仅因为老乡关系，也为《中大学报》的迅速发展。我的中大情结很强，只要中大取得一些进步，我就发自内心高兴。何况是在我的老乡领导下取得的成绩呢！

他担任学报主编的那段时间，我在学报发表的文章相对较多。但我的文章的发表，不是吴老师循老乡私情关照的结果，而主要得益于吴老师告知学报关注的问题，我会积极适应选题需要，因此命中率也就高了不少。据我了解，吴老师邀约重磅教授的大稿、力邀骨干教授的力作、鼓励刊用青年新锐的作品，因此把学报办得有声有色。我当时很难被归到这三个阵营，但得到吴老师的激励，也努力向先进看齐。回头看，这一段学术上的快车道经历，为我之后的发展打下了良好的基础。我调离中大后，犹忆吴老师联系作者、积极组稿、鼓励科研的编刊劲头，愈想愈感佩。

我记得，吴老师是校园中深具中大情怀的人之一。2004年，适逢中大80周年校庆。在吴老师的率领下，中大第一次编写出大规模的校史，并交付中山大学出版社正式出版。这部书史料翔实、论断合理，不仅篇幅巨大，而且具有历史厚重感，至今成为人们了解中大历史的重要参考资料。这年，我出任中大政治与公共事务管理学院院长，与法学院商定在 2005 年一起举办中山大学法政百年庆典，两院分别组织编写了院史，其间从吴老师书中获得不少重要信息。如今，中山大学的学校历史、各个院系的学科史作品为数不少，但吴老师主编的这本书，还是人们从总体上了解中大的一部必读作品。

我留校任教以后，逐渐了解了吴老师的专业研究擅长。在我的印象中，吴老师主要研究中国现代文学史。尤其专长于同是老乡的郭沫若、巴金的研究。他在这方面出版有专著，发表过很有影响力的论文。但因为我学中国古代哲学史出身，所以与吴老师的专业正好一古一今。所以，我对吴老师这方面的成就只能说是了解，但不曾进入。1996 年，吴老师送给我他刚刚出版的大作，主题是陈寅恪研究。那时正是"陈寅恪热"高热不退的时期。我也读了陆键东撰写、流行甚广的《陈寅恪的最后二十年》一书。拿到吴老师的书，一是感叹吴老师在学术研究上的敏感，二是醒觉吴老师将陈寅恪的文学热炒引向更为深入的学术研究，三是深感吴老师以"学人魂"定位陈寅恪的历史地位是多么准确。我当时还没有想到，吴老师此后坚持研究陈寅恪竟长达近 20 年时间，其用心之深、用力之勤，由此可见一斑。而他以"守望""学人魂"理解陈寅恪，又对这个时代的学人们寄予多么殷切的希望。

原知吴老师与陈寅恪很有缘分，但我当时对此所知不多、不详，后来才逐渐了解，吴老师对陈寅恪用心甚深的人脉缘故、学理寄托和精神呼应。原来"文革"期间吴老师在重庆就读川外，他不像一般大中学生那样投入造反运动，而是与几个同学一道，悄悄地找到与陈寅恪渊源极深的吴宓教授，请他放下惊恐，讲述他当年在清华的故事。年纪轻轻的吴老师，就此与陈寅恪结下不解的缘分。吴老师作为研究中国现代文学史的专家，对郭沫若、巴金的研究，充满了对他们所处时代、巨大变局之下的所思所想的深切关注，因此不仅深探他们的作品，而且注重从中国社会广泛、深刻的现代变迁中，勾画他们的文学创作与外部世界错综复杂的关系。这是一种志在凸显转型社会真实面目的可贵的研究尝试，是一种值得倡导的综观性研究进路。

在学理上凸显相关联系，就中大校园而言，最典型的人物莫过于陈寅恪。随着 1949 年后政局与时局的重大变化，在 1952 年院系调整后，陈寅恪从岭南大学转入中山大学任教。他不为政局转变所动，不唯校园时风所动，坚持自己的学术理想，即使在极为艰苦的环境中，他也坚持为学原则。对陈寅恪，不在他们那种生活环境中亲身经历过，是很难深刻理解一个学者做到这一点是多么的不容易。吴老师以自己在"文革"中的历练、与吴宓老先生的交往、对中大历史的一往情深、对学术的深深热爱，尤其是对大变动时代学人魂的精准把握，将陈寅恪作为自己长期的研究对象，确实是很有眼光的。吴老师这么做，在学理追问的脉络之外，当然有他对自己一往情深的中大精神的理解，对陈寅恪先生身上寄载的学人魂的高度礼敬。

"文革"时期，我年纪尚小，但在经历幼儿园的大动荡、小学阶段的大批判、中学时期的大变动之后，恰好碰上"文革"后的大反思，1978年进入大学后的拨乱反正，因此对吴老师寄情陈寅恪的研究有一种内在理解和强烈共鸣。试想，吴老师能够以"二指禅"（左右手各用一个手指）的功夫，在电脑上敲出50万字的《守望：陈寅恪往事》，那是多么坚韧的研究意愿才能坚持的事情。他循此思考的大问题，已经不是中国现代文学史所可以宥限的了。他直探中国现代文化史的深处，旨在凸显中国现代文化兴起、兴盛与曲折多变、令人兴叹历程的隐秘。他写陈寅恪的两部书，正好凸显了吴老师深深用心于陈寅恪的精神宗旨：守望、学人魂。我想这一点，对我是终生受用的学术理想。为此要深深感谢吴老师。同时也让我在内心深处，将吴老师与那些缺乏刻骨铭心的现代关怀、仅限于解读现代文学文本的学者，划出一道深深的界线。至于当今一些年轻学者否定陈寅恪先生的原创性与思想性，则多是出于纯粹学理上的争鸣，仁智各见，他们自然有他们的道理，但他们哪里能够理解像吴老师并捎带如我辈那种寄托在陈寅恪先生身上的学术理想，理解在一个大变动时代坚持为学理想的艰难困苦。虽说从理智上讲，这确实是两个问题，但基于"理中客"的清晰切割，恐怕并不一定就能凸显纯而又纯的学术典范。吴老师二十年呼唤陈寅恪式的学人魂，可谓韧性，让人称道。那是长唤学人魂，深注个人情哪！没有对学人魂的极深敬意、亲身感悟与实质把握，哪会绵延这么久、寄望如此深？这不是从频率上"常唤"学人魂，而是一直萦怀于心的"长唤"学人魂！有念及此，内心受到深刻的震撼。

因为我留任中大教职后兼任行政的缘故，我跟吴老师的夫人戴月老师在私人交往之外，多了工作上的关系。戴老师为人极好，跟吴老师一样，长期激励我多方面发展。由于这两层关系，加深了我与吴老师家里的交往情谊。吴老师的儿子吴蔚，是我的忘年交。他不仅好学深思，也爱好辩论，当年加入了我带领的中大辩论队，发挥了很积极的作用。吴、戴二老师每每遇见我，都会严肃地要求我严格训练吴蔚，不要因为他们的关系给吴蔚留情面。严肃表情与亲情关怀相融交织，让人动容。岂不知我跟吴蔚他们的交往，让我受益匪浅，打开了我与"70后"的生活、情感与精神交流的通道，学到了很多东西。这也是我之后都很乐意与大学里的青年精英交往的动力。有了这一层关系，对吴老师心怀的亲近感，自然就更强烈了许多。记得2005年做中大法政百年媒体宣传的时候，吴蔚其时供职于《南方周末》，"上审下联"，为我们做了两个整版的专栏，那是当时中大在这份著名的报纸上做的最长篇的报道了。所以，与吴蔚的交往，我也是"受益方"，其言不虚吧？

　　吴老师是一个乐天达观的人。他总是慈眉善目、面带微笑的样子，表情从不夸张也不僵硬，说话不疾不徐，娓娓道来，切中人的心绪，让人如沐春风。记得聚会的时候，他总是以自己对生活的乐观理解，感染大家。他与戴老师夫妻关系极好，是一个很好的示范。只要有人表扬吴老师点菜的才能，他总是那么自然地归功于戴老师，而且当着众人的面，不吝称赞戴老师。起初还以为是出自吴老师的刻意，后来才发现一点也没有做作的意思。那就是他们夫妻生活的真实写照，而吴老师对戴老师的信任与依赖，很好地佐证了他对戴老师评价很高的原因。

　　吴老师身体并不是很好，退休前后，经历一场大病，做了一次大手术。我到医院看望他之前，心里想好了好些劝慰的话。结果一到医院，看见吴老师，虽然拖着疲弱的身子，但一点悲观情绪都没有，乐呵呵的样子一点没变。我心里大为感慨，吴老师洞穿人生，一定能够战胜病魔。果不其然，吴老师安然渡过这一"劫"，而且后来还写出50多万字的陈寅恪大著。

　　吴老师的音容笑貌、学术关怀、研究寄托，长驻我心。

2020 年 9 月

回忆吴定宇先生二三事

佟　君[①]

　　吴定宇先生驾鹤西去三载之际，其高足广东外语外贸大学日语语言文化学院陈多友教授、王兰副教授嘱托我写一写与先生的交往事宜。受到邀约之际，我的内心登时浮现出了吴先生走在康乐园里微笑着的面影，每次与其打招呼，先生都会停下脚步与我攀谈几句，这令我感到亲切的同时，也感受到先生的微笑里总是透着一股威严，那的确是一种不怒自威的威严，却又不乏温暖之感。这一点令我这个晚辈对其抱有一种既亲近又恭敬有加的感觉。

　　不知道从什么时候开始，也不清楚是什么样的状况和缘由，我就认识了吴定宇先生。先生不仅是博士生指导教师，而且还担任《中山大学学报（社会科学版）》主编。记得当时我通过中山大学的同事、后来攻读北京大学比较文学博士后赴任华南师范大学教授的王益鸣（王一鸣）老师的介绍，认识了与先生一起在学报共事、如今任中山大学哲学系教授的杨海文老师。我曾于 2004 年中山大学 80 周年校庆时在《中山大学学报（社会科学版）》（庆祝中山大学建校 80 周年特刊）上发表拙文《不易流行论》。该论文后被中国人民大学资料复印中心《外国文学研究》2005 年第 2 期全文转载。而这离不开作为责任编辑的杨海文教授的帮助，我想应该也得到了作为主编的吴定宇先生的首肯吧，至今想来不胜感激。

　　有时候我真的惊讶于人与人的联系好像是出自什么奇特的缘分。我教过的日语专业的一个本科生，其毕业论文是我指导的，后来她考取了中大中文系中国现当代文学的硕士研究生，再后来在大学执教鞭期间又继续攻读了中文系中国现当代文学的博士研究生，导师就是吴定宇先生。有时候在校园里遇见吴先生，自然就会谈起学生的事情。先生会很谦逊地说，你教过、指导过的学生，现在成了我的研究生，很有潜质！说明佟老师教过、指导得不错啊！被表扬了的我，自然每每都会露出既得意又幸福的微笑。之后回话先生，还是后来先生指导得好呐，名师出高徒嘛！先生听到这样的话，也是很得意地仰头大笑起来。感觉温文尔雅的先生，往往都是沉浸在教书育人的快乐之中。

　　有一次，在中山大学校园里遇见先生，自然而然还是提起共同的话题，共同的弟子。先生跟我说，听说我们的弟子在那个学校的工作方面有一些负面情绪，

　　① 佟君，中山大学外语学院日语系教授。

那个学生是你我的弟子，但毕竟是你的同行，如果参加学术活动能够遇见，或者打电话联系的时候，还是嘱咐一下吧，比如，党费还是要交的。先生嘱咐我的这些话，虽然也是要我嘱咐我们共同的弟子的话，却让我非常感动，因为，先生不仅在治学方面为人谦逊，而且关注弟子的学问修行，还关心弟子的生活，更关心弟子在事业上的追求。

于是我想，在爱护学生这一方面，我与先生具有一个共同的连接点，这也让我感到亲切，而且更加让我觉得，这是让我们做老师的都能够感受到的无上荣光的地方。

吴定宇先生于 1963 年至 1967 年就读于四川外语学院俄罗斯语言文学系，1979 年至 1982 年攻读中山大学中文系中国现代文学专业，获得文学硕士学位后即留校任教，先后获聘讲师、副教授，于 1996 年晋升为教授，2001 年被选为博士生导师，被推选为中国现当代文学研究学会理事、中国郭沫若研究学会理事。说来有趣，从先生生平的时间节点来看，我也想了一下，1963 年是我出生的年份，1979 年从黑龙江省嫩江边的一个小村庄去齐齐哈尔市就读高中（齐齐哈尔市民族中学），1996 年 8 月我从日本国立冈山大学博士毕业归国赴中山大学外国语学院日语系任教，同年底晋升为副教授，2001 年晋升为教授。这些时间的节点都再一次地让我感觉到人生的缘分是多么的不可思议。其中，我所就读过的日本国立冈山大学的前身，正是当年郭沫若先生留学的日本冈山第六高等学校，简称"六高"。如此说来，郭沫若先生应该是我的校友、学长、大前辈。据说，郭沫若先生在文章里提及冈山的后乐园、银杏树和旭川河的美丽。我们在 1989 年即日本平成元年 4 月入学时的入学教育，看的就是郭沫若先生 20 世纪 50 年代访问冈山大学时的演讲录像，至今想来还是感觉十分亲切。之所以说这些，那也一定是和吴定宇先生有些关联。因为吴先生曾经是中国现当代文学研究学会理事，也是中国郭沫若研究学会理事，又是郭沫若先生的四川同乡。这从吴先生所开设的课程"20 世纪中国文学史""中国现当代文学思潮""中国现当代文学名家研究""中国现当代文学专题研究"等也可以看得出来，大概率能够触及郭沫若先生创作的新诗及其他文学作品。所以，每当我跟先生提及郭沫若先生的时候，吴先生总是饶有兴味地侃侃而谈，并且大谈特谈有关郭沫若的新诗、逸事等等。尽管网络上有人非议郭沫若先生的人品，但吴先生很不赞同那些过于偏颇的评价，而我也是十分赞同吴先生的看法的。就在写这篇纪念和怀念吴先生的小文的过程中，我有幸受到了广州美术学院曹恺予老师以及音乐剧《少年郭沫若》剧组负责人的邀请，前去四川省乐山市沙湾镇即郭沫若先生的故里观看音乐剧《少年郭沫若》的首场演出，在被少年郭沫若的求学事迹感动得流泪之际，脑海里还是不由自主地浮现出了吴先生和蔼亲切却带有威严的微笑着的面影。这也不由地会使我想到，这也许是先生的在天之灵对我这个晚辈的加持吧？我想一定是的。在我这样感念的时候，也在心里吟咏下了如下的诗句：

忆吴老

故人驾鹤已西行。
唯留面影满山清。
音声犹在诲几许，
常忆康园不老情。

2020 年 9 月 24 日写于康乐园紫荆斋

感恩吴爷爷的教诲

王小文①

记得第一次见到吴爷爷，是 2012 年的 9 月，我从四川高中毕业考入广州中山大学的时候。那一年，我怀着 18 岁高考后的懵懂和对未来的无限憧憬和渴望，开始了我五年的本科求学生涯。到中山大学后，我和外公一起去拜访了吴爷爷。吴爷爷是外公的中学同窗，一生的挚友。正是由于外公的缘故，我和吴爷爷的生活才产生了奇妙的交集。在与吴爷爷五年的接触中，我感受到吴爷爷是一位博学多才的学者，也是一位生活的智者、仁者、通者。

我很敬重吴爷爷，他凭借自己的努力和才华，从四川的小县城走出，有了现在的学术成就和桃李满天下。每到节假日，我都会去他家拜访他和戴婆婆。在吴爷爷的家里，他会跟我分享许多故事。小到日常生活的一事一物一景一理，大到为人处世、家国理想。吴爷爷也会结合我自身的情况，给我很多学习和生活上的建议，特别是要求学习上一定要勤奋、要刻苦，在为人处事上要谦虚谨慎，印象至深。这些宝贵的建议指导了我整个本科时期的学习、科研和生活。一直到现在我在北大读博士，来日本留学，学习第二门外语，很大一部分也是来自吴爷爷的鼓励。"言犹在耳，忠岂忘心？"

我很感激吴爷爷，在我求学伊始的青春岁月里，能有这样一位指路人、点灯者，告诉我努力的方向，点亮我前进的路。我更深刻地理解了生活中必须具备的善良和责任，学习工作中不可或缺的勤奋和坚持。在我面对今后的挑战时，也更有底气迎难而上，全力以赴。这都是我得到的最珍贵的人生经历和财富。

我很怀念吴爷爷，他是一位和蔼可亲，给予我爱和温暖的长辈。很怀念从中山大学北校区（我当时在医学院）到南校区吴爷爷家的那段路程，很怀念在家里和吴爷爷促膝长谈的时光，很怀念在吴爷爷家里一起吃饺子，他们带我去品尝广州早茶、美味的粤菜，还有，吴爷爷一定要我给外公带他最爱的茶叶……回想起吴爷爷的音容笑貌，至今依旧温暖如初。

愿我能继续带着吴爷爷对我的那份肯定和期许，披荆斩棘，勇往直前，像吴爷爷一样，成为对社会和国家有用之人。

2020 年 8 月 28 日于日本

---

① 王小文，四川人，中山大学医学学士。撰文时为北京大学在读博士生，因参加北京大学和日本大阪大学的博士双学位项目，同时在大阪大学攻读博士学位。

清茶淡水，君子之交

王仲兴①

前些日子，戴月说到准备出版吴定宇纪念文集，向我约稿，我应允了。

写什么？动笔时，有些犯难。回顾与定宇兄的过往旧事，既不曲折动人，更非惊天动地。我们原本平平常常之人，简单做人，淡然处事，可写的东西不多。三思之下，还是决定以白描手法平铺直叙，还原真实的我们。虽然平淡无奇，但是如果能够从另一角度，多维地了解我们这一代人，也算是对故友的一种纪念。

定宇兄的形象。不高不矮的个子，不胖不瘦的身材，不急不忙的步履，不快不慢的话语。广州天气炎热，定宇兄大半年手不离折叠纸扇，这也成了他的标志。他一辈子都在学校，或者就学，或者任教。校园的滋养，让他透着书卷气，显得温文儒雅。当然，这是常态。我们这些同辈好友在交往中，兴之所至，也会书生意气，归真返璞，慷慨激昂，眉飞色舞，欢声笑语，调侃取笑。定宇兄当然不会例外。顺便说段逸事："文革"期间，西南政法学院停办，定宇的母校四川外语学院"鸠占鹊巢"，迁往西政校园。1980年5月，复办的西政与川外为争地盘惊动上层，轰动一时。此时，定宇兄在中大读书，自然知晓母校的事。我在人大读书，与西政同属法律专业，也很关注此事。俱往矣，西政汉子与川外妹子后来相安无事，还成就了许多对鸳鸯。这段恩怨情仇的旧事，经常被我们当作斗嘴笑谈的谈资。我偏向专业同行，他当然是母校的捍卫者。

相识。定宇兄于1979年在中山大学攻读中国现代文学专业，1982年留校在中文系任教。我于1979年在中国人民大学攻读刑法学专业，1982年到中大法律系任教。那时，我们这批研究生住集体宿舍。我被分在西区教工宿舍（现在已经拆除），而定宇兄住在东区广寒宫。当时大家为走上讲台而急着备课，为老婆、孩子的团聚而忙着张罗，到了80年代中期才安定下来。在这之前，我们似乎没有见过面，顶多就是个点头之交。

在我的印象中，与定宇兄结识应当是在80年代中期。定宇兄本科就读于四川外语学院。俄语专业是川外1950年成立的起家之本，至今在西南专区还是最强、最负盛名的专业。我的俄语学了八年（中学六年、大学一年、研究生一年），始终维持在书面翻译的中等水平，在求学和晋升职称时当个"敲门砖"。当时很想去苏联进修访问，这样既可以提高口语能力，也可以研究苏联法学。打

---

① 王仲兴，中山大学法学院教授。

听到哲学系李尚德和中文系吴宇定本科学的是俄语，便分别找到他们求教。定宇兄谦称，上大学不久即"四清""文革"，没有学到什么。后来在中学任教，因为不设俄语课程，就转行了（之前我一直误以为他改教语文，这次才从戴月处得知他改教的是英语），连俄语教材都没有存留。还说："文革"之后没有摸过俄语，考研考的是英语。我研究生时又再学俄语，水平比他高，得向我学习。他再三道歉，说帮不上我了。这大概是我们的初次见面。不久，中大举办了教工俄语进修班。他知道后，通过他人告诉了我。虽然我已经在这个班学习了，但还是很感谢他。事不大，但定宇兄给我留下了很好的印象：谦谦君子，热情助人。后来苏联解体，刚刚回暖的中苏关系又恶化，赴苏访问进修之梦破碎。

相熟。经由共同的学友蒋国民，我与定宇兄开始熟悉了。蒋国民和我是本科同学。"文革"前的综合院校学制是五年，学生也不多。人大法律系因困难时期停招两届，在校学生只有63、64、65三个年级，共百十人。蒋君是1963级的，我是1964级的。大家住在一栋楼里，自然很熟。蒋君先在部队农场劳动锻炼，后来留在部队成了军人，曾经在其时的广州军区检察院任副检察长。在广州的大学本科同学只有他和我，因此我们经常交往。说来也巧，蒋君与定宇兄是四川岳池县岳池中学的高中同学。虽然中断联系很长时间，但也接上了头了。80年代末，蒋君牵头，我们三人在中大首次聚会。由于我和定宇兄同住校园，加上工作关系，慢慢地相熟，交往竟比蒋君还多。

相识和相熟的基础。我们两个有着太多的共同之处。年龄相若——他大我一岁；经历相仿——同是"文革"前的末代大学生，同是1970年到1979年参加工作，同是79级的硕士研究生，同于1982年在中山大学任教，差不多的时间退休。定宇兄于1990至1993年任中文系副主任；于1993年月至1998年任教务处副处长；于1998年至2006年任《中山大学学报》编辑部主任兼学报社会科学版主编等职。我在1984年至1996年任法律系副主任，1996年至2000年任法律系主任。差不多的时间兼任一些有交集的行政职务。教务处属于本科教学管理的职能部门，他是教务处主管文科的副处长，而我有一段时间分管法律系本科教学工作，因此彼此来往较多。

相知。虽然后来我们的交往日渐增多，但毕竟都在其位，各忙各事，相聚仍需偷闲。定宇兄是2008年退休的，我是2009年退休的。退休伊始，要继续完成诸如科研等未竟事宜，也要含饴弄孙，研习"孙子兵法"，但自由支配的时间终究宽裕得多。我们能够随心所欲地凭兴趣爱好读书，也能静下心思索一些问题。退休后是我们交往最密切的时期。我们二人互称"知交""哥们儿"（这种称呼，似乎比"挚友""至交"更加贴切）。相熟易，相知难。知交不多，知交难求。这源于三十多年来，我们对彼此人品、才识和作为的深入了解和不断验证。我们发现：彼此的人生观、生死观、事业观等很契合；都热爱学校，都以"书生"

和"教书匠"为荣；都信奉淡然处事、以人为善，"事了拂衣去，深藏功与名"。如果逆向思考一下，所在单位不同，距离自然形成，没有什么利益冲突和利益捆绑，反倒容易成就知交。更重要的是，我们敞开心扉，互不设防，相互赏识，相互理解。这样，我们从点头寒暄的相识，发展到知根知底的相熟，最后成为肝胆相照的相知。

聊天。我与定宇兄交往的方式就是聊天。聊天，就是"侃大山""摆龙门阵""耍嘴皮子"。其实，我觉得还是"清谈"这个词儿更为贴切。只是"清谈"这个词儿太文了，而且被赋予了多种含义。"清谈"好就好在一个"清"字。我们的聊天，一是指纯属言语交流（嘴活儿），"天桥的把式，光说不练"，说完随风飘散。二是在内容上不掺功利，回避私事，不能说超凡脱俗，但绝对清清爽爽。这三十多年，我们彼此没有家庭互访，与戴月也只是点头之交。聊天，是一种精神会餐，对老人更是必要。目的就是放松情绪，调节心态，抒发情怀，交流思绪；我们也能从中得到启发，触发灵感。能聊得起来，需要倾诉倾听。差异可以增进聊天的欲望和兴趣。我们分属文学与法学两个不同的专业，互通有无，有新鲜感。定宇兄非常关注法治理论及社会热点问题，涉及罪与罚、正当防卫等，这时是我侃侃而谈；讲到现代文学，特别是陈寅恪、巴金等大家，轮到他滔滔不绝。我们相互解答、讨论，时有争论，和而不同。聊天地点囿于校园：在草坪绿树之间的小径徜徉、驻足，或者在石椅台阶上小坐。虽然各自的聊友、话友、谈友、侃友很多，但自得的是，我们这对"二人转"算是知交的聊友。

聊什么？天南地北，海阔天空，无所不聊，无所不侃。当然，在我们的聊天中，比较多的还是文学及其相关问题。我曾经问过他，为什么考研究生转到文学专业？他说："你可能误解了，我学的是俄罗斯文学专业。文学是自小的憧憬与喜好，我对文学一直情有独钟。俄罗斯文学，有俄语也有文学。读研只是改变了专业方向，但文学这个大专业没有变。"听后，我才明白原委。我同定宇兄等大多数文科学生一样，从小爱好文学，阅读了大量中外文学作品（当然包括伴随着我们长大的苏联文学），至今痴心不改，志趣依然。甚至，"文革"期间通读和摘抄了《鲁迅全集》和《红楼梦》等当时允许阅读的著作，间写读后感。定宇兄看了我保存的笔记本，说他也是这样。

限于种种，下面只在文学专业中撷取若干稳妥的话题成文。可能语焉不详，可能琐言碎语，只要无伤大雅，亦无不可。

陈寅恪。中学就知晓陈寅恪之名，曾经找了他的一些著述阅读。恕我才疏学浅，很多看不懂。有点像后来看钱钟书《管锥编》和萨缪尔森《经济学》一样，如堕烟海，一头雾水。知道定宇兄专门研究陈寅恪先生，并且准备出书，就向他请教。开始，提的都是些门外汉的问题。第一个问题是"恪"字的读音。随之，诸如陈寅恪先生是否真的通晓一二十种外语？为名妓女柳如是作 80 万言别传，虽是见微知著，但其深意何在？对晚清、民国、共和国三个历史时期的陈寅恪先生如何评价？如此等等。定宇兄的解答，让我受启发，有感悟，也有异议。慢慢地就开始探讨比较深入具体的问题。当然，我们的共同认识始终是：陈寅恪先生倡导并践行"独立之精神，自由之思想"的人格魅力让人景仰，渊博深厚的才学让人钦佩，晚年的遭遇让人唏嘘。我一直认为，最难写的人与事，是身边的和现代的。要胜任，须有胆识，须有智慧。写传不易，除了要读全读懂他们的著述，还要读全读懂他们的为人。定宇兄敢于啃硬骨头，写了陈寅恪、巴金等大家的论著，忠于事实，颇有见地，着实让人钦佩。定宇兄半生研究陈寅恪先生，不断地补充资料和修正自己的观点，甚至在《守望：陈寅恪往事》出版后还表达了意犹未尽的心结。

川籍文人。川籍文人在中国文学史上是不能忽略的群落。定宇兄是四川人，川籍文学家巴金、郭沫若等是他的研究对象。从初中开始，我看过郭沫若的回忆录、剧本和诗作，也看过巴金的著作、李劼人的小说如《死水微澜》等等。我很关注社会特别是学界对他们评价以及负面抨击。因此经常向定宇兄请教、与他讨论。定宇兄更推崇晚期的巴金先生。大学毕业，我被分配到海南岛儋县（现在的儋州市）工作。苏东坡曾谪居此三年，在中和镇创建东坡书院，至今遗址尚存。眉州苏氏父子兄妹当然也是我们的话题。我曾经提出，四川文人在本土修炼，夯实基础，是良种壮苗，但是必须走出三峡，在川外广阔的天地里才能开花结果，最后回馈全国，甚至连抗日战争时期的川军也是这样。定宇兄说我的想法很新颖。"诗仙""酒仙""剑仙"李白更是热门话题。李白的籍贯和出生地，史料阙如，尚无定论。定宇兄力主川籍，我认为只能算是客居川蜀，斗嘴而已。李白"一日须倾三百杯"和大唐第二剑客的风采让我们神往。两个老家伙聊发少年狂，向往能够仗剑行侠，对酒当歌，浮一大白。说得说着，声音大了许多。可惜我们俩剑不成，酒不行。纸上谈兵，过过嘴瘾。完后大家一阵傻笑。

武侠小说。剑术第二、"十步杀一人，千里不留行"等，展示了李白的"侠客"风采。华罗庚说过，武侠小说是成人的童话。信然！由此打开了我俩的话匣子。

少儿时代，我们与多数男孩子一样，看过《三侠五义》《小五义》等古典侠义公案的小人书和字书。我们对武艺高强的侠客无比崇拜，幻想过骑马佩剑，仗义行侠，甚至都有过离家出走拜师学艺的念头。后来，武侠书籍在大潮大浪中不知不觉销声匿迹。

20世纪70年代初期，由于广东毗邻港澳，原版竖排伴有插图的武侠小说被偷偷传看，我也在其中。每次返穗探亲，就废寝忘食地看金庸和梁羽生的书。《神雕侠侣》《射雕英雄传》《倚天屠龙记》《白发魔女》等，就是在那个时候读的。定宇兄则晚些。改革开放伊始，这些正版、盗版、翻版的港台武侠书，半明半暗地如潮水般涌入。90 年代正式地、大量地、系统地出版港台武侠小说，"武侠热"又掀起一阵浪潮。谈到刚接触这些武侠书时，我们的共同感受是：大开眼界，如醉如痴。发现共同爱好后，我们互相介绍新书。他曾多次将中文系图书资料室的新版武侠小说借给我看，记得有古龙的《萧十一郎》、萧逸的《甘十九妹》《饮马流花河》《马鸣风萧萧》等。因为是刚进的新书，每次都叮嘱我按时还给他。我们经常评论还珠楼主、金庸、梁羽生、古龙等人及其作品，交流读后感。他偏爱梁羽生、萧逸等人的书，认为文笔优美、情节曲折、情感动人、人物飘逸。例如对《白发魔女》的悲剧构思拍案叫好，对《萍踪侠影》中张丹枫的倜傥洒脱赞不绝口。我则喜欢大开大合、行云流水的金庸小说，喜欢怪招频现、奇思妙想、情理之中意料之外的古龙小说。

潮起必潮落，审美会疲劳。进入 21 世纪之后，港台武侠小说及其影视作品热度下降。我们亦然。不久，我接触了网络玄幻小说，慢慢地有了兴致。定宇兄忙着写第二部陈寅恪专著，无暇顾及，但也认为这是个新事物，鼓动我研究。有人认为，玄幻小说的起点是黄易的《寻秦记》《大唐双龙传》等，网络玄幻小说以 2003 年《我是大法师》为起点。以仙侠、修真、穿越、校园等为内容的玄幻小说，以其天马行空的思路、荒诞离奇的构想、光怪陆离的情节、匪夷所思的结局为特征。玄幻小说带有强烈的科幻色彩，依托的是先进科学技术的平台（网络）。正是这种奇妙结合，使网络玄幻文学及其作者经历了从被忽视、被正视到被重视，从被质疑、被正名到被接纳的过程。时至今日，网络玄幻文学发展神速，其衍生品——影视作品也随之频现（其实，动漫才是网络玄幻文学的最佳影视表现形式），具有不容小觑的影响力。同时，当下网络玄幻文学作品出现了良莠不齐、粗制滥造、鱼龙混杂、乱象频生的现象，更应当引起足够重视。如果说之前的武侠小说是成人的童话，那么网络玄幻小说就是青少年的神话。无论童话还是神话，都是梦想。我和定宇兄都认为，网络玄幻文学的存在是有其社会基础和经济基础的，折射了特定的社会心理和社会需求，其现状、利弊、发展前景与瓶颈、对策及其与平面媒体的关系等，都非常值得研究。定宇兄的离去，使这一话题戛然而止。惜哉！

养身与生死。我们都认同"动以养身，静以修心"的理念。定宇兄的养身方式是散步、玩太极、打坐、练气功。我问他为什么？他说，他从小就体弱多病，体质不是很好，高中曾经休学一年，所以只能从自身情况出发，做些轻微运动。确实，他曾经几次住院，还得过尿毒症，动过大手术。事后，他不无自豪地说："我是从死亡边缘活过来的人。""我的治疗过程被中山医写成学术论文，成了少有的成功治愈医案。""'人生七十古来稀。'活到现在，我知足了。"我想说点什么，他说："老王你别安慰我，我知道你也是很看得开的，这是我的真实想法。"记得他在专著《守望：陈寅恪往事》出版之后，高兴地对我说："总算出版了，如释重负，放下了心中的包袱，了了心愿，此生足矣。"我们多次议论过养老与死亡问题。养老问题没有讨论出个所以然，倒是对死亡问题看法一致：希望猝死，个人少些痛苦，家人少些麻烦。定宇兄涉及死亡的言论，大多在70岁之后。想想，这些表白是有点怪怪的。但是，由此也可以看出定宇兄乐观豁达、心思通透的心态。其实，生者为过客，不过长点短点；死者为归人，无非早点晚点。在世期间，不妨欢声笑语，过好每一天。这个意思，在定宇兄仙逝后，我对戴月说过。

岁月如风去，知交多零丁。清似茶，淡如水，却是君子之交。这样挺好！

谨以此文，追忆定宇。

后记：感谢戴月的稿约，促使我回顾与思考，有所得，只是未必合乎要求，不免惴惴。

2020年10月

他，其实一直都在

翁其海[①]

  时至今日，我还清晰地记得小学二年级的那个夏天，我随母亲第一次从济南到广州游玩，借宿在母亲的好友戴阿姨家中。戴阿姨的家在中山大学校园内，听母亲说，戴阿姨的先生吴定宇伯伯在中山大学中文系做教授，学问很高，也有很多藏书。走进伯伯的房间，我像是走进了书的世界，深深被震撼了。尤其是吴伯伯的床，几乎一半都被堆叠的书本占领了，难道吴伯伯就连梦里都在读书么？我在房间里寻得了许多小人书：《三国演义》《水浒传》《岳飞传》《东周列国志》《呼家将》等等，引人入胜的故事、通俗易懂的文字、精美秀巧的绘画，无不深深吸引着我。整个暑假，我只要一有空闲就来吴伯伯的房间看书，这个小小的"图书馆"成了我全新而独特的精神乐园。

  同年，母亲因工作调动带我迁居广州，把家安在了中山大学南校区。我们与伯伯的见面机会也就更多了。他还把那许多册的小人书送给了我。除了丰富的藏书，吴伯伯博览群书、坚持阅读的习惯也令我印象深刻，我也对他严谨的治学风格和严格的教学方式有所耳闻。这些都潜移默化地影响着我的学习、浸润着我的思想。想来，我对知识的渴求、对历史文化的喜爱、认真做事的习性，以及强烈的爱国情怀和乡土情结，也许就是从那时起悄悄地埋下了种子，慢慢地生根发芽、开花结果。

  吴伯伯的生活观念简单朴素，对此近乎固执。记得有一次几家人一起出去吃饭，夏日炎炎，我们都选择乘坐出租车享受空调的凉爽，而他自己却坚持来回都挤公交车，把"打的"视为铺张浪费。他对自己的衣着也毫不在意，背心都破了洞还一直穿着。小时候我不理解，长大了才渐渐明白，吴伯伯是个非常传统的中国式知识分子，在他的眼里，只有学问、知识才是最值得追求的，其他的都无外乎身外之物，无足挂齿。吴伯伯是研究陈寅恪先生的，在他的身上我也看到了陈寅恪先生的风骨和风范，两代大师都有着相似的人生观和价值观，薪火相传、生生不息。我再一次被震撼了。

  然而他对我却非常温和慈爱，有时还透着点孩童般的小幽默，全无一丝严厉。小时候，吴伯伯常问我："海海，你最喜欢吃什么？""我最喜欢吃水饺。""海海，长大以后你想干什么？""我要当总经理！"他一直记得这两个答案，每

① 翁其海，澳大利亚天玉君承公司合伙人。

逢我们一起喝茶吃饭，他总会笑着说起，仿佛这是最能令他快乐的事情。在他的眼里，我不仅是孙辈，也被他视为忘年交，一个即使不在身边，也时时挂念对方的挚友。吴伯伯曾赠给我两本著作：《学人魂——陈寅恪传》《守望：陈寅恪往事》，我一直将其珍藏、视若至宝，每每读之，都像是聆听他的教诲，与他谈笑风生。

自从我移居海外后，我见吴伯伯的次数就变少了，回广州也多是出差的缘故，但在繁忙的工作中，我总是尽量抽出时间拜访吴伯伯，请他和戴阿姨在康乐园饮茶吃点心。我兑现了儿时的"承诺"，创办了自己的公司，当上了总经理，肩上的责任也更重了，承担的事情也更多了。过程中的那些艰难阻碍和迷茫困顿，我都一一挺过来了。或许，正是吴伯伯一直以来的教诲和关怀在引领着我，激励着我躬身入局、奋斗不止、莫问前程、但求无悔。

如今我再回到中山大学康乐园时，已然见不到吴伯伯了，只能在回忆里追思过往的点点滴滴，怀念着童年与玩伴嬉戏、与老师们交谈的无忧时光。却也不止于此，吴伯伯送给我的小人书随我一同远渡重洋到了墨尔本，现在成为我五岁女儿最爱不释手的中文书籍。每晚陪女儿认真读起这些泛黄的小人书时，我好像又回到了那个蝉噪鸟鸣、林静风停的夏天，又想起了吴伯伯。

每次回到广州，我都会选择入住中山大学学人馆。在拿到房卡入住的时候，首先进入我眼帘的是房间桌子上面那一本厚厚的《中山大学校史（1924—2004）》，上面清楚地印着"主编：吴定宇"。

我知道，他，其实一直都在。

2020 年 8 月 31 日写于澳大利亚墨尔本

定宇老师：为寻路旅人点亮的心灯

巫小黎[①]

暑假的某天晚上，忽接湖南大学陈伟华兄的微信，说他们正在筹划为吴定宇教授出版纪念文集，问我能否写点相关的文字。

思之再三，便答应下来。

2002 年 1 月，我从梅州嘉应大学（今嘉应学院）调入佛山科学技术学院任教之前，与定宇老师只是纸面上的神交。落户佛山后，心里常想的一件事，是找些合适的理由去广州拜访他。在梅州的时候，受限多多，要见上尊崇的前辈、学界的知名教授一面还真不容易。我自认自己是一个学术起点不高，根基本来不厚的"青椒"，但那时，渴慕学术的热情却赛过六七月的骄阳。

佛科院的同事杨鼎川教授是我的学长，也是定宇老师上世纪 60 年代在四川外语学院俄语系读书时高一个年级的师兄。改革开放以后，他俩又因求学分别到了广州的华南师范大学与中山大学，且都研究中国现当代文学。

因了杨鼎川老师和定宇老师故旧兼四川同乡的关系，一来二去，我和定宇老师渐渐熟络。在跨入大学门槛之时，我已生敬畏学术之心，如许多青年学人那样，在名教授面前往往不由自主地低到尘埃里去，心中自有一种说不清、道不明的胆怯、畏惧。不过，拜访定宇老师，听他说话时，我却少了往常的卑微与心虚，显得颇为坦然、放松。偶尔，他也问起我在嘉应学院曾经共事过的同仁的近况，也会深情款款地说他的研究生导师吴宏聪先生的旧事。虽然我不曾见过吴老，但他是中国现当代文学研究界的前辈、国内著名学者，关于他，我是有一些了解的，何况他还是梅州客家人。定宇老师说起吴老，绘声绘色，情真意切。老一代学者从西南联大走来，历经抗日烽火、饱受磨难与坎坷的情景，便历历如在眼前。定宇老师轻声细语、娓娓道来，温暖与亲近之感油然而生。相比其他人群，地缘关系亲近的群体，更容易滋长亲情与信任，或许可以这么说，吴老的客家人身份，似乎有种不可言说的魅力，一下子拉近了我与定宇老师的心理距离。

定宇老师上大学那年，我才出生，是不折不扣的后辈。从学养与研究基础说起，我做他学生还不够格。然而，他却没有当我是学生辈，而是以能推心置腹掏心窝说话的同行、友人待之，也完全没有经历过无数政治风雨的"老运动员"的世故与小心翼翼。我们的话题无边无际，文学与文化、历史与时政，学术研究

---

① 巫小黎，温州大学、佛山科学技术学院教授。

与人才培养，乃至保健、美食等等。

善解人意又乐于提携后学的定宇老师，很能体会办学历史不长、尚不具备规模的地方性、市属普通高校青年教师做学术研究的困境与苦境：首先，学校的重心在完成教学与人才培养的任务，学术研究的投入更是少得可怜；其次，普遍缺少学术研究所需要的文献与参考资料；第三，志趣相投、富于学术情怀的同道中人可遇不可求。换言之，地方大学的"青椒"们还要直面有求学之心却无求教门道的尴尬，以及独学无友的郁闷和苦恼。定宇老师在中山大学教学、科研、管理等诸多岗位担任领导职务，资源多样且充裕。合适的时候，他便尽量分享一些信息给我，譬如，他常常寄些学术会议的邀请/通知给我，推荐我出去交流，参与全国性、高规格的学术活动，私底下也不断鼓励我多点走出去，争取更多的机会向同行、前辈学习，拓宽视野，感知学术前沿动态，提升自身的学术能力。

因了定宇老师的推介，我曾有幸被邀请到四川郭沫若的家乡参加郭沫若研究学术讨论会。尽管个人的学术兴奋点不专注郭沫若研究，然而对我而言，这却是难得的学术体验与历练，让我受益无穷。

广佛两地，自驾车大约1小时。定宇老师退休后，他可以有更多时间自由支配了。原先我怕频繁上门拜访会耽误他工作和休息的心理负担轻了许多，访候更频繁了，谈论的话题也便多了起来。隔一段时间，彼此邀约广州的几个同行一起喝喝茶，或者来一次小范围的餐叙。这类小聚会，其实便是我的学术"小灶"，远比个人瞎摸更有裨益。

定宇老师和我还有频密的电子邮件的联系。作为现代文学研究者，他关注晚清以来的中国历史、政治、思想、文化等都是题中应有之义。至今我还珍藏着一些珍贵、稀见的关于近代中国研究的电子资源，好些便来自定宇老师。这样的联络，也有效地刺激了我的学术热情和兴趣，大大扩宽了自己的眼光和视野。对我说来，定宇老师仿佛就是暗夜中为寻路的旅人点亮的一盏心灯！结识吴定宇老师，我心中常常感到庆幸与欣悦。

2017年暑假，原本就计划好去广州探望定宇老师的。7月20日，我讨得中山大学黄修己老师、华南师范大学刘纳老师的意见，商定7月23日（星期天）在康乐园小聚。意想不到的是，7月22日定宇老师遽然去了另一个世界！震惊、诧异、感叹、遗憾……我无法清晰地说出自己获知噩耗那一刻的复杂感受。原定7月23日的拜访，竟然变成了吊唁！

那天午后，我和一位尊敬的前辈、仁蔼的师者，在中山大学附近的一个花店买了一捧鲜花，便往定宇老师家里哀悼逝者。与我一起去吊唁定宇老师的那位睿智老人，后来在一篇随笔中写道："一个70多岁的朋友心梗猝死，我去他家吊唁。接待吊唁者的两位亲戚描述了死者生命最后的情境，一位说他死时没受苦，一位说他只受了不到三分钟的苦，于是我在悲悼的同时也心生羡慕。"

一生吃了不少苦头的定宇老师，告别之时竟然如此利索，静静悄悄，不给任何人增添麻烦与负担，自己也少了许多老病的苦痛。倘若世间真有福报这回事，那么，我以为，定宇老师便是一个有福报的人。

2020 年 8 月 19 日写于佛山顺德与点斋

只有几面之交的吴定宇老师

吴　敏①

　　我应该属于吴定宇老师朋友圈之外很不起眼的一个小点。算起来，吴老师跟我的见面总共不超过十次，直接对谈的语言也非常少。然而，我却时不时地会想起他来。下面是 2017 年 7 月我去参加吴老师追悼会后写下的一段文字。

　　吴定宇老师走了。他出生于 1944 年，四川人，是有西南联大学文脉的吴宏聪先生的弟子。

　　最早见到吴老师，应该是 1988 年左右，他去北京开会，带了黄修己老师的口信和书信，专门到北大研究生宿舍来找我，要我好好写硕士论文，同时也转告师兄阎振宇，多把心思放在论文上，随后就走了。我当时只知道他是中大的老师，后来到中大读书才确切地知道他的姓名。

　　但是，在中大，吴老师跟我也只有零零星星的碰面。他是我的博士论义评阅老师之一，有一次在中大老文科楼收发室偶遇，他又当面特别提示我要注意周扬与车、别、杜②之间的文艺思想关系，同时指点我说，做延安研究应该去读一读何方的文章。还有一次是王富仁先生来广州，艾晓明老师请了黄修己老师和陈立芳老师，还有吴定宇老师在广州南园酒家吃饭，中途也把我叫去了。王富仁先生和吴老师兴致勃勃地交流打太极拳的心得。那时吴老师刚刚做完换肾的大手术，他笑呵呵地说自己跟中山附一医院的医生是好朋友，如果有人要去中山医，他可以做介绍。我很好奇地问其缘由，吴老师说，他在医院的时间长，医生给他治病，他则给医生讲儒家文化，两两需要，时间长了，就成了好友，然后他开心地大笑起来。性命攸关的大手术和长时间的住院生活，在吴老师的描述下，发展成了彼此信赖和欣赏、富于仁义之心、惺惺相惜的高雅而温暖的医患友情。

　　吴老师的身体状况后来慢慢地稳定了，精神也越发好起来。2015 年年底，他来中文堂参加中大中文系主办的《新青年》百年研讨会，做评点人。他上来的第一句话是让主持人提醒他发言的时间。但是，十分钟的时间，他口若悬河地讲了三四十分钟，大讲"语言"对新文学的影响，介绍他看到的最新研究论著，单场会议的评点几乎成了他的专场学术讲座。主持人很聪明，说那天的会场只有吴老师有资格讲那么长时间，不能打断他。那时候的吴老师已年逾七旬，仍然葆

---

　　①　吴敏，华南师范大学文学院教授。
　　②　车、别、杜即车尔尼雪夫斯基、别林斯基和杜勃罗留波夫，19 世纪俄国的三位著名的文学批评家。

有近乎纯净见底的学术激情，关注他感兴趣的最新研究成果。

再有一次见面是陪同从上海来的陈思和老师去吴老师家，时间不长，两位老师轻声细语地闲聊着一些寻常的话题。他们在1980年代共同研究巴金，彼此间有一种亲切而淡然、不言自明、非常相通的感情。

最不能忘记的是吴老师跟我只有几分钟的一次聊天。有一天，我去中大，那时候还在老文科楼，等电梯的时候巧遇吴老师。他问我是否认识湖南师大的某某老师。我曾在湖南师大任教十年，当然认识他所说的人，说他是一位很好的老师，与我亦师亦友。吴老师很认真地说，他一次开会遇到这位老师，印象如何如何，现在这位老师指导的一名硕士生准备报考他的博士；吴老师这时一字一顿地说，"我要好好地考察一下这位学生"。这件事情给我留下深刻的印象，感到吴定宇老师是一位棱角铿亮、不苟且不敷衍的严师。

那天下午的告别会上，吴老师的儿子说家里有"两个架子"：一个是"书架子"，书多。另一个是"药架子"，药多，从高血压、糖尿病、换肾、心脏支架、白内障等，这些病痛，吴老师都过了一遍；从80多岁的老医生到20多岁的小护士，都成了他的朋友，他还很乐观地用"开心"一类的表述，庆贺自己的出院和回家。——这"两个架子"真是对吴老师的生动描绘和简要概括，而且他都能够全身心地乐在其中。以苦为乐，他不说"苦"，只说"乐"；或者说，他不多说"苦"，而是多说"乐"。

一个学者的学术价值需要时间去考量和沉淀，但是一个学人的灵魂和情怀，却是在现实的日常生活点滴中展现和完成的。在我的理解里，吴定宇老师是一个时时刻刻做自己、有棱角、有温度的学者。

走过了那么多的病痛，愿他安息。

吴定宇老师离世三年多了，我仍然时不时地想起他。每当有人说及他的名字，我就会想起他因为经常病痛而有些浮肿的脸上那双又黑又亮、深邃清澈的眼睛，想起他在中大老文科楼收发室偶遇我时所指点的"车、别、杜"，想起那个做会议评点时一面让主持人提醒自己发言的时间、一面又热情澎湃滔滔不绝讲下去的、对于学术有着几近透明纯真之心的吴老师。在中大读书，当学生的我们对他当然多有了解，我们也会听到他的弟子讲述他们师门的故事。吴老师跟我，确实只有寻常的、偶然的几面之交，然而，没有一次是寒暄式的、无关痛痒地"呵呵"或随便"点头"的虚空之交。一般来说，如果不是自己的导师，或者没有选修某老师的课程，研究生与老师交往稀疏很正常，如若偶然遇到，"呵呵"几下或者招呼一声、随意地点下头，都是再寻常不过的常态。但吴老师不是，他满脑子的"严格""认真"不仅对着自己的弟子，也包括我们这些旁门弟子。或许出于对黄修己老师的格外尊敬，他对我们几个黄老师的学生也较为关注，多少有一点"视同己出"的严格。

吴老师离世后，华南师范大学文学院领导嘱我给"中山大学中文系吴定宇教授治丧工作小组"草拟唁电，我写了下面的文字："惊闻吴定宇教授因病离世，不胜悲痛。吴定宇教授乃中国现代文学研究专家，其巴金研究的多部论著享誉学界，晚年又抱病修订并完成了陈寅恪的研究著作，终生'守望''学人魂'。吴教授博学严谨、孜孜求索、刚正不阿的为人品格和为学风格令后学难忘。斯人虽去，风范永垂；道德文章，泽被学林。"这些从"后学"角度所写的文字，没有一句虚空的话。

虽然只有数面之交，但吴老师那种终生不失学人魂、乐观坦荡、有硬骨有温情、对学生有严有宽的为人为学态度和言行，长久地在我这个旁门学生的心里盘旋，常常在我的生活中像镜子一样光亮。

2020 年 9 月

吴定宇教授尊师爱师二三事

吴行赐[①]

　　吴定宇教授是先父吴宏聪在"文化大革命"后招收的第一届硕士研究生。他于1982年毕业留校，在中山大学中文系任教，与父亲同在现当代文学教研室。故此，他与父亲的关系，既系师生，亦为同事。

　　近日，偶然翻出父宅中一块记事小白板，约A4纸般大小，用彩色记号笔在上面写写画画，一抹字消失。这可是父亲晚年使用了五六年的、与人沟通的重要文具。睹物思人，想起往事，它见证了定宇教授与先父的一段师生缘。

　　父亲有深度近视，八十岁后，视力每况愈下。2003年（85岁）做了白内障手术，视力好一点。他订了六种报刊，每天借助放大镜阅读报刊，了解天下大事、社会百态。这是他精神生活的重要部分。2005年，他患上老年性黄斑病变，病情反复，历时两年。眼科医生忠告：要尽量少看书读报，少写文章，少看电视，保护好视力，否则黄斑病变复发，慢慢会导致失明。父亲听此医嘱，大受打击。他当"教书匠"一辈子，每天读书看报，同食饭睡觉一样，成为"规定动作"。不看报刊，不看电视，在如今信息爆炸的时代，世间事，啥也不知晓了。此间，父亲深陷于懊恼、焦虑、无助的情绪之中。正所谓"祸不单行"，父亲身体的毛病接踵而来，听力亦随着进入垂暮之年，严重下降了。我带他去医院检查，配戴了几个型号的助听器，效果欠佳。在视力弱、听力差的双重打击下，父亲晚年时常自嘲："如今我又聋又盲了，还有什么生活质量呀！"渐渐变得少言寡语，郁郁寡欢。

　　听到父亲悲观的话，我与弟、妹，以及日常服侍父亲生活的表妹，有点心酸与内疚。的确，那几年，在高质量保证父亲物质生活需求，维护其身体健康，让老父"老有所养，老有所医"方面，我们尽孝、尽力了。但是，在满足父亲精神生活需求，让其"老有所乐"方面，办法不多。这时候，定宇教授出手相助了，凭着师从父亲多年，又同系同教研室，他知晓父亲晚年精神生活的关注点、兴奋点与欲知点，便制定了一条给父亲灌输正能量的"妙方"——上门聊天。

　　我见过两回，定宇教授与父亲畅谈的场景：

　　那天，定宇教授按预约时间来到马岗顶父宅，坐在父亲听力稍好的左侧的椅子上，一杯香茶啜下，掏出写满字的小纸片，先在小白板写上一行字。父亲看一

---

　　① 吴行赐，广东省政府侨务办公室退休干部。

眼，明白这是聊天的第一个话题。于是，两人便以口述为主，笔谈为辅进行交谈。第一个话题讲完了，定宇教授迅速写上第二个话题……就这样，你来我往，交谈持续了近俩小时。其间，父亲时而开怀大笑，时而娓娓而述，时而沉思不语。定宇教授则是时而有板有眼、时而绘声绘色地讲述。此间，我看到父亲的表情丰富多彩：快乐、兴奋、愉悦、惋惜。此时，他老人家话很多，两个钟头的话语量超过在家一周的话。难怪表妹说："每逢定宇老师来看阿舅，聊天讲事情，便是阿舅最开心的时刻。"

这种别开生面的师生畅谈，每隔两三月谈一回，坚持了数年。

事后，我曾向定宇教授讨教，小纸片写的是啥"锦囊妙计"，可令父亲排解孤独、焦虑的情绪，满足其精神需求，让其"老有所乐"呢？定宇教授告知：小纸片记录了准备与吴先生交谈的 10 至 15 个话题。平时我看书读报，道听途说，留心一些新闻消息，记下来。内容大致分四类：一是国内高等院校现当代文学研究领域的新动态，例如父亲在京沪的学术界老友，钱谷融教授、贾植芳教授、徐中玉教授等人的情况；二是中山大学改革发展的新举措，康乐园花絮；三是中文系同事的情况，尤其是学术研究新成果；四是社会上老百姓关注的热点问题，如反腐败、教育改革等。听完定宇教授一番话，我恍然大悟，同时，亦深感他的细致入微，用心良苦。

定宇教授对父亲的关爱，还有一件事，体现在"老有所医"方面。2007 年 3 月，父亲走路突觉头晕，出现短时性失忆症状，即入中山大学附属第二医院诊治，住进博济楼六楼，四人住一间无卫生间的病房。这对于 89 岁高龄的父亲颇为不便。于是，我将实情告知定宇教授。他马上与夫人戴月商量，设法让父亲改善一下住宿条件。随即，戴月老师与中山二院领导沟通，反映情况。晚上，医方给父亲调整到了一间双人带卫生间的病房。2007 年 4 月，父亲再度入中山大学附属第一医院住院，拟对心脏血管毛病做彻底检查。刚好，定宇教授也在该医院留医治病。4 月 21 日，我拎着家里熬好的花胶鸡汤去中山一院邱德根楼探望父亲。刚坐下，父亲嘱，倒一半鸡汤出来，送给吴定宇喝，补一补。随后，父亲要我一同去另一病区探望定宇教授。师生在医院见面，话题系：对疾病，既来之，则安之，则治之。两人互相打气鼓励，抗击病魔。

定宇教授不仅自己努力践行尊师爱师的理念，而且引领、教育其带的研究生去做。研究生尊称父亲为"太老师"。定宇教授在一篇回忆父亲往事的文章中写道："自我带研究生以来，每年新招研究生的第一课，就是在他的客厅上的。听他讲治学之道和做人之道。"定宇教授的博士研究生胡梅仙 2012 年在《羊城晚报》发表《"太老师"吴宏聪》一文，详细描述过此场景："太老师见我们一群人陆续地走进他的家，他脸上的喜悦不能掩饰。太老师听力不太好，和我们交流主要借助于记事板，有时也能听清一些。他和我们谈话时，时不时说些轻松活跃的笑话，让我们感觉他是个慈祥的老人。"每年父亲生日，定宇教授的一群研究生都会捧着鲜花和蛋糕来为父亲祝寿。那一刻，父亲乐开怀。

　　以上所述二三事，足见吴定宇教授对先父的尊重、关心、爱戴之情。同时，也体现了先父对学生的关心和爱护。这段亦师亦友的情缘，值得记怀。

2004 年，太老师吴宏聪与女儿吴珣玮和吴定宇、戴月夫妇及陈伟华等一
众研究生合影

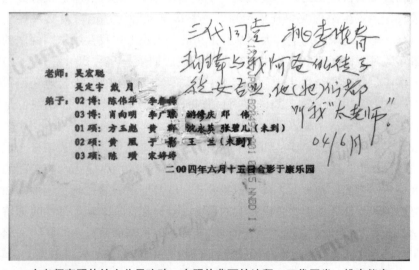

太老师寄照片给女儿吴珣玮，在照片背面的注释：三代同堂，桃李催春

2020 年 7 月 5 日

守望的精神指向

肖　滨[①]

近年来，每当获悉师友去世的消息，我的内心都非常的沉重和悲伤。三年前的 7 月，我来到殡仪馆，向吴定宇老师做最后的告别。在忧伤的哀乐声中，当我见到戴月老师的时候，这种哀痛和悲伤的情感尤为强烈。

说实话，我与吴老师日常接触并不算多，但不仅与吴老师、戴老师很熟，而且与他们的儿子吴蔚也有交往，吴老师的侄儿吴戎还是我指导的在职硕士研究生（MPA）。更重要的是，在中大文科教授中，无论学术与人品，吴老师都是我非常敬重的川籍学者。特别令人难忘的是，他对我们这些来自四川的文科学者不仅很关照，而且很关心。记得吴老师去世前不久，在康乐园西区的西聚园附近，我见到了缓缓散步的吴老师。我知道他很长一段时间都在住院治疗，便关心地问起他现在的身体状况，恳切地希望他多多保重身体。关于与疾病抗争的过程，他说了一句令我至今依然无法忘记的话："真是九死一生啊！"然后，他用浓浓的四川口音对我说："年轻人不要太拼啰，身体搞坏了，最后啥子事情都干不成！"真没有想到，这是我听到的吴老师说的最后一句话！

时间过得真快，一晃三年过去了。今年 7 月初，戴老师打来电话，并用微信发来了吴定宇先生纪念文集征稿启事。我答应戴老师，一定写篇文字怀念吴老师。可是，却迟迟未能动笔。大约 9 月上旬的一天晚上，我在康乐园西区的校园里碰到戴老师，聊起这事，我才记起截稿的最后期限是 9 月 30 日，余下的时间已经不多了。我有些怯生生地问戴老师："我写首诗如何？"戴老师毫不犹豫地说："你得写篇文章！"戴老师说得对，我得写篇文章。当然，这原本也是我的意愿。不过，文章从哪里入手，却让我颇费思量。

我和吴老师一样，早年从四川来到中大读硕士研究生，毕业后留校。但吴老师比我年长，也比我早五年多到中大求学，是我敬仰的前辈学人。在美丽的康乐园，我们常常碰面，参天的古树、翠绿的草坪以及红墙、绿瓦是我们共同面对的一道亮丽的风景线。然而，这座校园的精神根基何在，吴老师远远比我理解得深刻和透彻。我意识到这一点始于注意到吴老师对陈寅恪的研究。

吴老师在中文系任教，他主要的专业领域是中国现代文学。作为川籍学人，

---

① 肖滨，中山大学社会科学学部主任，政治与公共事务管理学院教授、博士生导师；长江学者"特聘教授"，国务院学位委员会第八届公共管理学科评议组成员。

他研究过川籍文化名人郭沫若、巴金。与友人合作的《巴金与中外文化》和独著的《抉择与扬弃——郭沫若与中外文化》就是吴老师研究二人的代表性成果。如果说，吴老师研究郭沫若、巴金，在一定程度上可能有地域文化的因素在起作用，那么，他关注、研究陈寅恪却有完全不同的缘由。根据吴老师自己的介绍，他研究陈寅恪大致有三个机缘：一是在 60 年代，他在四川外语学院等待毕业分配的时期，吴宓先生亲口告诉他，广州中山大学的陈寅恪教授是他最佩服的学者。从此，"陈寅恪的名字和吴宓先生说起他时流露出的渴求、焦灼的神情和目光，却深深地印在我的脑海里"。二是 1979 年吴老师考取了中山大学中文系的中国现代文学专业研究生，走进陈寅恪先生工作和生活过 20 年的康乐园，在这里，吴宏聪、饶鸿竞等先生经常和他谈起 20 世纪五六十年代陈寅恪先生在康乐园的故事。三是答应复旦大学陈思和教授之约，写一本陈寅恪传记。这样，吴老师"与陈寅恪先生开始真正结缘"。

1996 年，吴老师在上海文艺出版社和中国台湾业强出版社推出了《学人魂——陈寅恪传》。2004 年，他主编了《中山大学校史（1924—2004）》一书，其中涉及陈先生的文字，也大都是出自吴老师的笔下。不过，由于体例和篇幅所限，吴老师在这部校史中只使用了他新收集到的有关陈先生资料中极小的一部分。这也使得吴老师最后下定决心：重写一部陈寅恪传。10 年之后的 2014 年，吴老师把《学人魂——陈寅恪传》中的内容扩大三倍，出版了 50 多万字的《守望：陈寅恪往事》。有意思的是，吴老师认为，"《守望：陈寅恪往事》可以说是《中山大学校史（1924—2004）》的延伸"。按照我的理解，这句话蕴含着一层深意：理解中山大学校史，或者如上所言，把握"这座校园的精神根基何在"，需要发掘、阐释"陈寅恪的守望精神及其现代价值"。这意味着对吴老师而言，为陈寅恪先生写传记不仅是为了彰显其作为学人的铮铮风骨，刻画他一辈子坚持不渝地守望 20 世纪中国学术文化之魂的伟岸形象，同时也是在为一所大学精神血脉的延续、传承而大声呼吁和奋力呐喊。或许，由此我们才有可能接近吴老师的精神世界，在他的精神世界里感悟到他所守望的精神指向。

明天是 2020 年 10 月 1 日，既是国庆，又是中秋，真是一个"家国一体"的节日。熟读陈寅恪先生诗文的吴老师，一定记得陈先生的一句诗——"衰泪已因家国尽"。这种深切的家国情怀无疑也是吴老师心灵深处一个不可或缺的重要元素。不过，我相信吴老师的精神世界也许更为广阔和超越。于是，在 9 月最后一天的晚上，当我写到这里的时候，突然想起了诗人海子在上个世纪 80 年代写的一首诗——《九月》。由张慧生谱曲、周云蓬翻唱的《九月》如今已经成为一首有关海子的经典歌曲。我把《九月》一诗置于这篇短文的结尾，以表达我对吴定宇老师深深的怀念，祈愿吴老师明天在比远方更远的地方，吃上广东的月饼、喝一杯家乡的美酒，听到远方的风送来的《九月》歌声！

目击众神死亡的草原上野花一片
远在远方的风比远方更远
我的琴声呜咽　泪水全无

我把这远方的远归还草原
一个叫木头　一个叫马尾
我的琴声呜咽　泪水全无

远方只有在死亡中凝聚野花一片
明月如镜　高悬草原　映照千年岁月
我的琴声呜咽　泪水全无
只身打马过草原

2020 年 9 月 30 日中秋前夜写于康乐园园西区

忆吴定宇先生

谢昭新[①]

　　最初进入我的视域的是吴定宇先生的文章，虽未谋面，但读其文颇感亲切。我从 80 年代初开始做老舍研究，故对学界有关现代作家作品的研究成果颇为关注。定宇先生的巴金、郭沫若研究的文章，我都细读过，比如《巴金与无政府主义》《巴金与宗教》等。由其文观其人，他给我的印象是诚实、厚重。这个印象等到第一次与他相见后，还真得到了印证！

　　我和吴定宇先生第一次相见、相识是在 1993 年 7 月的全国高校中文系系主任协作会上。这次会议由云南大学承办，教育部高教司负责人、北京大学中文系主任孙玉石等数十名重点大学中文系主任出席会议。那时，吴定宇任中山大学中文系副系主任，我任安徽师范大学中文系副系主任。我们在云南大学开会，一天傍晚，有好几位朋友相约到昆明湖畔看风景，他和我一边看风景一边交谈，交谈的话题是巴金。我说我有一位好朋友张民权也是做巴金研究的，他说他对张民权发表在《文学评论》上的《试论巴金小说的"生命"体系》很感兴趣。当我谈到他较早倡导从文化学角度研究文学，点赞他从文化学角度论述巴舍与郭沫若的文章，他却不以为然，话题总是称赞别人，而从不谈自己，真是厚道之人。

　　我与吴定宇先生第二次交往是在 2001 年 9 月的"郭沫若与新世纪学术研讨会"上。此次学术会由郭沫若研究会主办、乐山师范学院承办。我在会上交流的是《郭沫若的历史小说创作》，定宇先生交流的是《郭沫若与中国传统文化》。会议的第一天晚上，乐山师院税海模教授邀请定宇和我给中文系学生做学术报告：定宇谈陈寅恪，他的专著《学人魂——陈寅恪传》已由上海文艺出版社于 1996 年出版了；我讲"老舍小说的色彩感觉"，我的专著《老舍小说艺术心理研究》已由北京十月文艺出版社于 1994 年出版。我俩的演讲都是自己研究所得，深入浅出，故获得同学们的阵阵掌声。

　　新世纪以来，我和定宇先生交往频繁。

　　一、多次在历届中国现代文学研究会的年会或理事会上，我们相见多交流学术心得。

　　二、我的硕士研究生许德于 2004 年在他门下读博，由此为连线，与他联系更多了。他指导许德读书治学，非常严格，"严"到"苛刻"的程度。尤其是博

---

① 谢昭新，安徽师范大学文学院教授。

士论文的写作，要求一定要达到"完美"。他曾给许德讲：你研究40年代诗化小说，谢老师是搞现代小说研究的，你可向他多请教。他还打电话给我说：许德做现代诗化小说研究，你是做现代小说研究的，也请你给他做些指导。可见他对研究生严上加严，但又非常关心爱护他们。许德本来就是严谨认真的人，可在定宇先生的影响指导下，就更加严谨认真了。后来许德的博士论文评审答辩时，他告诉我：论文的盲审专家和答辩专家一致评为优秀！

三、最难忘的是我担任文学院院长期间，曾于2003年9月邀请他来芜湖讲学。他给我们文学院部分青年教师和研究生讲《中国现代文学的忏悔意识》，讲座后师生合影。他温厚诚实，和我院部分教师、研究生相处亲如一家。定宇先生讲学后，我让许德陪他赴黄山考察。

四、2005年下半年，定宇先生做肾移植手术，当时我要去看他，他不让去，他说他住重病观察室，隔离极严，不准外人探望，所以我去了，也进不了病房，看不到他。此间，我曾多次打电话，了解他的情况。定宇先生很坚强，战胜疾病的心态特别好，所以术后恢复得比较好！到了2008年5月，我们承办张恨水与中国传统文化学术研讨会，我看他身体完全康复了，先征求他的意见，然后特邀请他与会。他很高兴，欣然与会，并做了专题发言，很受专家们好评。这次芜湖之行，他不仅谈了张恨水，也谈了胡适、陈寅恪，还赴绩溪参观了胡适故居，胡氏宗祠（胡锦涛族系），绩溪胡姓，当地称胡适这一谱系是"假胡"，谓"明经胡"，由大唐李氏改姓而来；而"安定胡"则是"真胡"，胡氏宗祠的胡是"安定胡"的"真胡"。在胡适故居，我俩留下了珍贵的合影，我看他心情特别舒畅，身体也显得格外康健！这次芜湖之行，他还赠我一本他出版的专著《抉择与扬弃——郭沫若与中国文化》。这本书，我特别欣赏他对郭沫若在上古历史文化方面的研究以及郭沫若对儒、道、墨家文化的研究，由此可以看出定宇先生的古典文献、历史文化的学识之深。这本著作与他1996年出版的《学人魂——陈寅恪传》连起来读，更显见它们独特的学术价值。

世事茫茫难自料，生死祸福谁能测？2016年的一天，定宇先生还来电邀我和夫人赴广州一游，他说："你们来广州还可去珠海畅游一下，我在珠海有一套房，你们可在那里住下。"我当时很感动，答应了有时间一定赴粤，可是因为杂事较多，未能成行。待到2017年7月22日，突然接到定宇仙逝的噩耗，真是悲痛至极！定宇先生才74岁呀，他应该84、94才对呀！定宇先生走了，可他的人格精神、学术风范长存人间！

记于2020年7月22日吴定宇先生逝世三周年

2003 年 9 月 18 日，吴定宇先生应邀赴安徽师范大学文学院讲学，和时任院长谢昭新合影

2003 年，吴定宇先生与安徽师范大学文学院现代文学教研室部分教师合影

追忆与守望——吴定宇教授纪念文集

2003 年，吴定宇先生与安徽师范大学文学院部分研究生、青年教师合影

2008 年 5 月 3 日，吴定宇与谢昭新于绩溪胡氏宗祠合影

2001 年 9 月 27 日，于 "郭沫若与新世纪" 学术研讨暨四川郭沫若研究学会换届会上留影

忆定宇

杨　义[①]

　　中山大学吴定宇先生，是岭南现代文学研究和陈寅恪研究的大家。我当文学研究所所长的岁月，每到广州，都和他一起在大学内一个优雅的餐室品茗论学，谈笑风生，兴致勃勃。他的许多见解朴实而深邃，给人不少启发。他主编《中山大学学报（社会科学版）》，发表了不少处于学术前沿、启发学术思路的文章。他的专著《学人魂——陈寅恪传》对一位现代学术大师进行独具眼光的透视，把文学、文化、文明的多重视野新融合，如陈寅恪所谓"文化重于种族"的发现，由此得出了许多发人深省的结论。他研究巴金，写成分量很重的"巴金与中外文化"系列论文，不是从一般的无政府主义，而是从"中外文化"的角度考察作家，独辟蹊径。在这些个案研究的基础上，他以宏观的综合视野，写成《文化的整合：中国的过去、现在与未来》《儒家文化与中国文学》等论文，包罗广大，不作空论，读来颇为过瘾。他 74 岁逝世，令人深感痛失英才和挚友，多日还觉得他音容笑貌宛然。

2020 年 7 月 1 日

① 杨义，中国社会科学院学部委员。

怀定宇

杨鼎川①

　　我入大学时，定宇已念完大一升入大二。我同高我一级的大多数同学不熟，但对他的名字倒是印象很深。听说他的高考成绩，语文一科得分很高。这是教我们现代汉语的一位老先生张自强在课堂讲的，张老师也是大学时期定宇最尊敬的老师之一。有一段时间我负责学校的广播，一天编辑组长对我说，收到一份自然来稿，对苏联著名诗人伊萨科夫斯基的诗《候鸟飞走了》提出质疑，认为其中有观念性错误。编辑组长说想就此组织一次公开讨论。那是 1965 年，政治上的气氛已相当紧张，最时髦的帽子是"修正主义"。于是组来几篇回应稿，包括外国文学权威教授也发表了看法。所有看法都不同意定宇的观点。所以这实际上已近于围攻。虽然没有扣帽子，措辞也并不咄咄逼人，但我从旁观战，不知为什么想起 1950 年代马寅初遭到围攻时说过的那段话："我对我的理论有相当把握，不能不坚持，学术的尊严不能不维护！""我虽年近八十，明知寡不敌众，自当单身匹马，出来应战，直至战死为止，决不向专以压服不以理说服的那种批判者们投降。"当然定宇的境遇没有那么悲壮，他也远远没有 80 岁。但我感觉这个人敢于讲出自己的看法，在那种气氛中能坚持自己的立场，不因势单力孤而妥协，牛！这两件事让我记住了吴定宇这个名字。

　　"文革"中定宇属于逍遥派。这同他的家庭背景有关，更因为他生性如此，但这不意味着他胆小。武斗开始，大多数学生逃离校园，当时与西南师范学院共用的校园有时可以隐隐听到枪声。后来定宇告诉我，他没有走（好像也无处可去），与法语系另一同学找了一间无人住的宿舍躲在里面，读一些从被武斗破坏的图书馆拾来的破书。西南师院最大最老的学术权威之一吴宓被反复批斗之后已成了"死老虎"，忙于武斗夺权的造反派顾不上他了。利用这个空子，定宇和几个人多次去探视老教授，还将他请到自己的居室对话。定宇说，这可能是他特别关注中国现代文学的开始，也由此知道了陈寅恪。这当然也是要冒一点风险的，但探究历史真相的欲求压倒了他的恐惧。

　　大学毕业，各自星散。十年之后，我考去广州华南师院（今华南师范大学）读研。某日，通知去市内科学会堂听北大中文系周祖谟先生做学术报告。过程中有点走神，因为发现坐我前边一排的一个人似曾相识。犹豫再三，终于忍不住轻

---

① 杨鼎川，广东佛山科学技术学院文学院荣休教授。

轻拍他的肩，待他扭头，问：你——是从四川来的？答：是。又问：是不是念过川外？答：是，你也是川外的？（讲略带川味的普通话）再问：那，你是不是姓吴？至此，我已完全认出他就是学兄吴定宇了。散场之后，定宇邀请我去中大话旧，于是在中大研究生宿舍小住一晚。当时我没有见过定宇夫人戴月，而我的妻子却是定宇的同级同学。所以聊起往事，有许多共同的熟人，比如考入兰州大学读研的黄柱宇。因为同在一城，学的都是中国现代文学，妻儿又都不在身边，便时相过从。那时定宇研究巴金思想和创作，已颇有心得，还发表了论文。他还是那个刻苦勤奋的吴定宇。

三年后，定宇留校，我回了四川成都，但六年后又调回广东，在佛山谋职。那时各自的妻儿都在一起了，于是有了更多往还，两家的孩子也慢慢成为好朋友。在广东18年，得定宇帮助甚多，每次晤面皆有所得，主要是指知识、学问和心智等方面。对定宇的为人也有了更深入的了解。他的最大优点，除刻苦勤奋自励等外，使人感动的是他的有恩必报和总是以善意待人。吴宏聪先生是他的恩师。吴老晚年身体衰弱，两耳失聪，极少出门，门庭也渐渐冷落。唯有定宇，不忘师恩，隔段时间必去看望吴老，两人用小黑板手谈，给了老先生许多慰藉。在定宇给我的最后两封信中，他说，"我这辈子没有做过伤天害理的事，天堂理应给我留个位置"。这让我想起汪曾祺先生的一题画诗，诗云："我有一好处，平生不整人。写作颇勤快，人间送小温。"汪老此句移之于定宇，也十分贴切。

十余年间，定宇在生死线上走过两次，但他依旧乐观，生的意志依旧坚定，而且笔耕不辍。他晚年完成的一些著作，尤其是沉甸甸的《守望：陈寅恪往事》还排在我的核心书架，每一看见，辄感惭愧！他给我的信中写道：

> 我想既然上帝没有召唤，那就是尘世上的事还没有了结，得抓紧时间把那几部书稿完成，届时了无遗憾地进入天堂（我这辈子没有做过伤天害理的事，天堂理应给我留个位置）。
>
> 对待死既然超然，对待生则要追求生命的价值和生活的质量。我所理解的生命价值，就是在当下社会洁身自好。给后人留下些东西。我所说的生活质量，就是按个人认为最好的方式超脱烦恼，潇洒生活。

现在，定宇已去天堂。他这辈子活得值，做了那么多想做的事情，培养了那么多有为青年，给后人留下那么多东西。尽管他心中酝酿的书可能没有都写出来，也不必遗憾。定宇，你的学生会接着完成你的夙愿，你的朋友也会永远记住你。

这就够了。

2019 年 11 月 21 日于成都西郊

有志者，事竟成

叶春放[①]

　　我曾经在四川省垫江县位于大山沟的一所半耕半读的初级农校任教。因交通不便，该校后迁入本县周嘉镇离镇街约三公里的新址。"文革"中期"复课闹革命"之时，因招生困难，该校改制为普通中学，更名为"垫江县第四中学校"。大约刚改制之时，作为"文革"中的大学毕业生，经"劳动锻炼"后的吴定宇老师来校任教英语。

　　初识定宇，见他中等身材、微胖、肤色偏白、戴一副近视眼镜、穿着得体，显得文质彬彬，颇有点风度。继之，感到他性格乐观、开朗、喜交往、善言谈、说话直爽、声音洪亮。

　　定宇老师来校不久即担任班主任。我除担任教研组副组长外，还兼任副班主任协助定宇老师管理班务，因此与他的交往较多，对他也逐步有了更多了解。

　　定宇老师工作责任心强，爱护学生，管理班务井井有条，教学效果也好，从而受到学生的爱戴。

　　"文革"时期，教师之间难免存在或多或少的戒心，但我与定宇相互间都觉得对方的人品值得信赖，所以相互间的交谈也较轻松、随意。与之交谈，让我感到他很有自己的思想，不人云亦云。有一次，与之谈到某著名历史小说时，他一反众口一词的评议而提出了一些不同的看法，令我印象较深。

　　我第一次看见定宇情绪激愤的情形至今难忘。"文革"时期，教师无法买限供食品，只好在农贸市场买点鸡蛋之类的物品改善生活。有一天，定宇赶集归来，情绪激动地说镇市场管委会有人说他买鸡蛋多了，要强行限制。当时的市场管理条例，除了规定农副产品的收购归供销社独营、私人不得"投机倒把"做买卖外，并未限定个人购以自用的数量，凭什么要限制吴老师购以自用的数量并不多（昔日无冰箱，买多了会放坏）的鸡蛋？

　　垫江四中的老师们对此也激愤。我趁大家力挺定宇、定宇受羞辱的情绪稍有缓解之时，便笑着对他说："老吴，别气！你我老九虽臭，却有人嫉妒工资高，也算可以了。"事后，不知何故，市管会那位当事人找了个机会向吴老师表达了歉意。

　　我和定宇的家庭政治成分都不好，按昔日的惯用语讲，系"黑五类"，其子

---

　　① 叶春放，长江师范学院电子信息工程学院物理学教授。

孙皆被"革命造反派"呼为"狗崽子"。我和定宇虽是新中国成立后培养的大学生，却也属"老九"，即"资产阶级知识分子"。在当时的中国，越是偏僻之地，越是社会基层，人们越看重家庭政治成分。介绍对象时，对方或对方的亲属若闻你是"黑五类"子女，则谈"黑"色变，唯恐避之不及。我和定宇都有此遭遇。

有一天晚上，我到定宇住处串门，见他独自闷闷不乐地喝寡酒，桌上一瓶酒、一只酒杯，没有菜。我见他眼睛红红、面呈戚容、深有醉意，与我平时见到的他不同，忙问发生了什么事情。他没有正面回答，只是断断续续地谈了他的家庭出身及过去的曲折经历。说到激动处时，他又拿起酒瓶猛喝。我见此，急忙夺下酒瓶。

听他谈话，我感到他是一个有理想、有抱负的人，但志向与现实之间反差太大。我告诉他："你的家庭出身只是微'黑'，我的家庭出身可是特'黑'。我比你大几岁，我经历的磨难比你更多。"

我与定宇之间并非十足的"无话不谈"。在那个年代，教师间都有一种默契，我和定宇也不例外，即除了开会，平时私下交往都"休谈国是"、不涉及政治话题。加之，我无法预测国家形势如何发展（其实任何人都难以预测国家形势如何发展），于是，我就只好说些"三穷三富不到老"等俗语，以及古代文人如何如何道路曲折、历尽风雨之类的话劝慰他。我的话其实十分苍白无力，因为这些话首先就说服不了我自己。我何尝不是也感到前途渺茫，并时时担心不知哪天哪阵风刮来，悬在头上的"阶级斗争"之剑会突然落下来……

定宇也许是因为畅吐了苦水，得到友人的理解与同情，其情绪逐渐平息下来。夜已深了，我告辞时想把他的酒瓶带走代为保管。他说："不用不用，我不会再喝。"

自那晚过后，定宇一切恢复正常，情绪失控的情形再未发生过。除了上课，他就在自己的小屋内专心看书，也不知他在钻研些什么。

大约在"文革"快结束时，定宇被调到县城边的垫江一中任教，我于1978年9月也到县城内的教师进修学校任教，我与定宇仍不时会面。他告诉我他准备报考硕士研究生，劝我也报考。我说我的年龄已超限，两个小孩也离不开我，恐怕家庭出身也难过政审关，故无法报考，并预祝他报考成功。

几乎就在定宇读研的同时，我被调至涪陵教育学院物理系任教，我们通过信函或电话不时联系。当得知定宇学业期满，荣获硕士冠戴，并留校工作时，我去信祝贺，并预祝他取得更大成就。为此，我借用他的名字及其夫人戴月女士的姓名拙撰一联，以表祝愿。其联为：

大志早定宇内排险不足惧

硕冠已戴月中攀桂何所难

我希望能与他多见面，便以"莫道珠江风光好，南至粤关无故人"为由劝他调至成渝高校工作。不过，从后来的情况看来，他在中山大学任教更合适。

1985年暑期，我在四川大学一个讲习班学习。有一天傍晚，刚走出饭厅，突然碰见定宇，大家都喜出望外。原来，他为研究巴金，专程来成都实地考察巴金先生生活过的地方，并持导师吴宏聪先生写的介绍信拜访巴金先生的侄子——时任四川省委宣传部副部长李致。我对定宇说，你搞研究如此认真，不是单查资料，还不远千里实地考察及走访见证人。作为门外汉，我还向他提了几个有关巴金先生的问题，其第一个问题就是取笔名为"巴金"是何意。我也向他简要谈了我的近况。到了就寝时刻，虽谈兴正浓，但怕影响同宿舍的他人，不得不结束谈话。第二天，参会人员去乐山市参观核反应设施，我与定宇就未再续谈。

2014年夏，垫江县一位老同事电话告知吴定宇老师刚到垫江县，希望我能前往一会。垫江县与涪陵区相邻，我搭车很快就到达了。老同事、学生与吴定宇齐聚一堂，十分欢快。我与定宇同住一室，晚上又畅谈至深夜。我得知他退休后仍频繁地参加各种学术活动，这次是到重庆参加完学术活动后就近回来看望老同事及学生。我对他说："你退而不休的精神令我汗颜。你的声音仍然洪亮，但身体已明显虚弱，希望多多保重身体。"

2014年年底，定宇惠赠我一册他刚出版不久的新著《守望：陈寅恪往事》。我很快就读完了这册将近54万字的厚书。我过去对陈寅恪先生的事迹有零碎的了解，而较全面地了解陈先生，这却是第一次。我不仅从此书了解到陈先生的学问博大精深、学术成就宏伟，更感受到陈先生勤耘、精耘、厚积薄发的学术精神。特别是陈先生晚年在疾病缠身和完全失明的状况下，仍孜孜不倦地进行学术研究，并取得巨大成就，真令我感到震撼。我认为定宇撰写此书于国人是很有意义的。我想定宇能带病完成这部著作，何尝不是受到陈寅恪先生精神感召的结果？

定宇希望我能对他的这本书提点意见，其意诚恳。于是，我除了充分肯定这部著作外，就以外行的视角对该书在文字写作方面提了一些意见及建议，以供该书再版时做参考。不幸的是，定宇未能等到此书再版而早我而去。万幸的是，"有志者，事竟成"，定宇身后已留下了丰硕的学术研究成果。

笔者杂乱无章地回忆了我与定宇的交往，谨以此文纪念我的朋友、老同事吴定宇老师。

2020年10月9日

怀念吴定宇

殷国明[①]

我经常会想起吴定宇，这时他那仁厚天真的面庞就会浮现在我的眼前。他有时候喜欢抱胸而立，眼中充满对于这个世界的敬畏和爱意。而对于我来说，这就是永恒。

结识吴定宇是一种缘分，甚至凝结着几代学人的深情大义。我 1984 年研究生毕业，未得恩师钱谷融先生应许就跑到了广东暨南大学，先生颇为担心，就把我托付给了两位老友吴宏聪先生和陈则光先生。吴宏聪先生与钱先生交谊深厚，在此之前曾到上海探望钱先生，席间当面就提出要我到广东中山大学，钱先生也当即笑而未许，没有想到我后来会自己去了暨南大学。为此吴宏聪先生多次说过此事。而陈则光先生与钱先生同是南京中央大学校友，在思想方面颇有默契。我到广东后得到这两位老先生多方面的照应，使我有可能在岭南文坛有所作为。当时凡属文学和学术活动，吴宏聪先生总是不会落下我，而且每次都为我站台打气："让小殷谈谈，他思想开放，总有新的见解。"自然，也有很多时候，两位老先生为我遮风挡雨，使我免于遭受一些无妄之灾。记得有一年，两位老先生去北京开会，提名我为中国现代文学会理事，结果被否定，两位老先生都很不高兴。吴宏聪先生曾多次用"莫名其妙"说到这件事，给我留下了很深的印象。我还发现，在那个时代，几位老先生都习惯用"莫名其妙"这个词，来对应当时经常发生的莫名其妙的事。

其实，我已经记不清何时认识吴定宇的，但是有一点是肯定的，从一开始我就被吴定宇对待老先生的态度打动了。他不仅人前事后毕恭毕敬，而且非常关心老先生的生活，不时来问安和看顾。而自此之后，我到暨南大学任教的生活有了很大变化，我会经常骑着单车，从天河岗顶越过海珠桥到中山大学去。通常我会先到定宇家，然后一起去拜访吴宏聪先生。因为吴先生年事较高，所以一般可能一起也可能不一起吃饭，这要看情况而定。后来比较多的情况是，我们一起去看望黄修己老师，若方便还会去见见住在近旁的艾晓明，每次大家都是无话不谈，亲近畅快。黄修己先生是非常爽快之人，夫人更是大方心细，每次必定做东请饭，最后大家一定尽兴才归。

我还记得，在一个风雨将至的傍晚，他还带我去看望了黄天骥教授，畅言台

---

① 殷国明，华东师范大学中文系教授。

上台下戏剧性的时代变迁；而程文超教授举家从美国回来，吴定宇也忙前忙后，不久我们一起在文超家中聚会，如一家亲朋。

这是一种美丽生活。

当然，作为定宇家的常客，很多时候我都会在定宇家用饭。而自从我赞美定宇爱人戴月所烧的地道的四川麻辣豆腐之后，定宇总是让爱人为我准备这道菜，实在让我感动，因为他爱人工作也相当忙。晚饭后，我并不会急急回家，而是一起在中山大学校园散步。我们会走过中山堂，围绕前面草地转转，然而绕到绿荫深处，走到陈寅恪住过的地方。一路上，基本上都是定宇在说话，从天南海北到故情热肠；从自己经历过的种种遭遇，到学术界的种种人情世故，时而金刚怒目，时而幽默风生，时而抚掌自得，时而悲叹惋惜，完全撇开了日常谦顺、拘谨、少语，甚至有点迂迂的样子，而表现出一种落拓无羁、尽善尽美的情怀。而我永远难忘的，是他那开怀爽朗的大笑，那笑声惊动了绿荫中栖息的小鸟，引发它们在树丛之间一阵阵跳跃的回声，无止无息，这回声仿佛会永远回荡在中山大学的夜色之中。

可以说，对我来说，定宇不仅是知己，而且一直是一种心灵支撑。

由于向往上世纪80年代改革开放的气息，研究生毕业后我就去了广东。一是因为自己当时年盛气高，天性不羁，更由于修养薄浅，不知中国文化的山高水深；二是由于得到诸多广东同仁的鼓励支持，感动之余亦有得意忘形之时，所以在一些学术交流场合亦多有慷慨放言，以图一时之快。而每次如有定宇在座，总会得到他的赞许。当时饶芃子教授曾称我是一个骑着黑马来的哥萨克，而定宇曾私下对我说："听你所讲，我总是觉得我们俩心性相通，但是你有叛逆的狼性，而我更多的是羊性，胆小顺从惯了。"我听后很是感动。其实，定宇和我都属猴，他整整大我一轮，他的阅历和见识都比我丰富、深层得多。

感动的不仅是定宇的真诚和理解，而且还有他的一以贯之的情深义重。

记得有段时间，因为传闻的缘故，我突然发现朋友似乎一下子少了许多，我也感到孤独了许多。而就在此时，定宇来了，请我去他家吃饭，还说戴月专门为我烧了麻辣豆腐。这又是一次难忘的晚餐，完后又是一次令我感动的散步。

我们谈了很多，可是我印象最为深刻的是："没有什么了不起的，你放心好了，如果你进去了，我会第一个为你送饭的。"

我的眼眶湿了。还好，此时中大的月亮躲到云彩中去了，定宇看不到我的表情。

我相信定宇，他是一个不食言的真君子。他比我大一轮，他知道我坚强表面下面的脆弱的内心。人生得一知己，足矣，况且定宇！

自上世纪90年代之后，定宇转向了陈寅恪研究，我们见面交谈也越来越多地涉及这个话题。在这期间，定宇渐渐仿佛变了一个人，精神和气色也与以前大有不同。在一段很长的时间内，他都沉浸在对陈寅恪生平资料的研读之中，在用整个身心感受、接受和理解陈寅恪的人生及其选择，也把自己深深带到了对于中国整个学术史和文化史的反思之中。我每次去，他都会把近期有所发现的点点滴滴讲给我听，充满醍醐灌顶的感悟和惊喜，不仅在学术议题和见解方面有诸多夺人之见，而且有一种喜获精神救赎和栖息之地的喜悦和自信，表现出一种仁厚、博大的文化情怀。而我，作为定宇的朋友，作为一个心灵的聆听和陪伴者，也从这种心灵的历史力量的触动和感动中获取了很多教益。

我一直记得那些日子。

我想，这对于定宇的学术生涯乃至生命历程来说，也是一次巨大的触动和转变。定宇在郭沫若和巴金研究中都曾有所用心，亦有不小的成就，但是都不能与陈寅恪研究相提并论。接触和发现陈寅恪，对于吴定宇来说，不仅完全打开了他的视野和心窗，而且融进了自己的灵魂，为自己的心灵找到了归宿和栖息地。由此，研究对于他不止于一种思想和学问的探寻，而且是一种世纪性的精神对话，与其说他从众多资料中发现了陈寅恪，不如说他从陈寅恪身上发现了自己。他从此获得了一个真正的知己，一扫其时代遭遇在其内心淤积的种种思想余悸和意识障碍，使自己获得了从未有过的解脱和解放。从此他的心灵不再孤独和惆怅，一个大写的"我"开始在著述中凸显出来。这一点，从1996年出版《学人魂——陈寅恪传》（共284页）到2014年推出《守望：陈寅恪往事》（共502页），像一条不断跳动的生命红线飙升在字里行间，昭示着独立精神和自由思想虽历经风雨，但是在跨越世纪的中国现代文学研究中依然文气相通，血脉相传。

从某种程度上说，如果说上世纪80年代的文学之路是风雨兼程，那么，90年代则是一次再出发，是中国文心的一次再自觉；不过这次所"雕"的不是"龙"，而是文人自己的灵魂、品相和精神。所以，尽管权位名位诱惑和拉走了很多曾经敢为天下先的作家和学者，但是锻造了文化的精魂，留下了一批真正的、坚定不移的追寻者和守望者。

吴定宇就是其中之一。他的两本书就贯穿着这种历史追寻，而定宇也总是在著作出版后第一时间寄给我。不过，此时我已经重返上海华东师大教书，我每每想起定宇时，也不时翻阅一二，心想写点什么，却一直未曾开笔，写下只言片语。至今每次想想都会感到非常内疚，因为我知道如果我能写点什么，定宇一定会很高兴的，尽管他从来没有提出过此类要求。

其实，自从我离开广东，一种不吉祥的影子就一直追随着我。其中一件事就是定宇的身体，他先后多次住院，最后做了换肾手术。这是一段令人心焦的日子，爱莫能助的我只能在异地默默祈祷。好在换肾手术比较成功，定宇的身体也慢慢有所康复。我回上海后，实际上很少有机会回广东。那一年，我返回广州，专门去探望了定宇全家。尽管定宇身体虚弱了许多，但是晚饭后我们还是一起在中大校园遛了一圈。那天的天气不错，一路上话题很多，而且，定宇不时会在一个地方停下来说："你还记得吗？这里过去还有几棵树，现在没有了。"诸如此类。到了最后，话题又回到了陈寅恪，定宇这次又讲起"文革"期间吴宓从四川赶来探望陈寅恪的事情，他说得投入，我听得细腻。说到动情处，我们两人都站住了，在月光下，定宇潸然泪下，对我说："你知道我为什么又说起这件事吗？"我也泪目了，说："知道。因为你和我。"

这是我最后一次到定宇家去，也是最后一次在中大一起散步。回到上海后，定宇和我偶尔也会通通电话，记得有一次他告诉我，他现在发现了新的散步去处，就是中大后面的珠江江畔，非常美，我们过去一直没有去过。他还说，你下次来，我们一定一起去散步。

是啊，多美啊。水波荡漾，微微江风吹拂，美丽的珠江游船彩灯辉煌，缓缓从江心驶过。我和定宇兄一起并肩而立，瞩目远望，共同面对和感受这一去不复返的滔滔岁月。

当然，还有戴翊，我们相互念念不忘的老友，此时他已经早走一步。

没想到定宇突然走了。

定宇千古。

（原载《粤海风》2021 年第 2 期）

挚友吴定宇与我在一起的日子

张良春①

　　我与中学校友吴定宇是意气相投、心心相印的终生挚友，他英年早逝不仅让我痛心疾首，他那鲜明的个性、奋斗的一生也让众多岳池老乡深深怀念。

　　我与吴定宇相交59年，从少年到老年，大半个世纪志趣相投、无话不谈，纵然隔断千里，友情从未中止、淡漠。

　　我们相识于1958年3月。

　　那时"反右"斗争刚刚结束，我从成都13中转学到岳池中学读初二。我的大哥张良瑜当时也在岳池中学教语文，并担任初59级7班的班主任。吴定宇是7班的学生，跟着班上同学一窝蜂跑到我所在的初59级4班看看班主任的弟弟长什么样。初次见面，他体型清瘦，头发乱蓬蓬的，笑容满面，说话大声武气的，喜欢与人交往，给我留下了很深的印象。听他同班同学段艮清讲，他爱读书，自信满满、以未来作家自居，喜欢与同学比谁的拳头硬。交谈中我们发现，俩人志向相同，都喜欢文学，对历史人物和当今英雄有着特别的兴趣。交流读书心得、探讨逸闻趣事、谈天说地让我们乐此不疲。加上他舅舅钟仁祥是我五叔张泽浩烈士领导的中共地下党支部的成员、他表哥钟子翘又是我的班主任，我们更增添了不少亲情。私底下得知双方的父亲都被打成"右派"，两个书香家庭的不幸遭遇，又让我们同病相怜，互相鼓励、相互扶持的心油然而生。

　　在交往中我发现他并非口出狂言的空谈家，而是踏实做事的实干家。整个中学时期，他的创作从未停顿过。虽然他的作品未被任何刊物采用，但丝毫不影响他的作家梦，依然笔耕不辍。他多次向我提起创作华蓥山游击队的小说，可惜资料缺乏，始终无法动笔。

　　正常上课一个学期后，随着"大跃进"的号角吹响，劳动就成了中学生的主课：大炼钢铁，桃儿山拉风箱，苟角、顾县担粮，白庙郑家修水渠，花园乡车水插秧，让十三四岁的初中生疲于奔命，苦不堪言！吴定宇和我都是瘦小体弱、笨手笨脚、缺少劳力的城里娃，与大多数从农村来的同学相比差了一大截，更是累得够呛！

　　更让人发愁的是，吴定宇患上了肺结核，不得不休学一年回家治病。这样，吴定宇就晚我一年考上高中，成了高63级的学生。

---

① 张良春，四川省岳池县人，四川外国语大学退休教授。

我们的中学时代，遇上了三年经济困难。由于饥荒的缘故，学校也办了农场，种植瓜果蔬菜，建了饲养场，养猪养羊。高中三年，劳动是主课，开学报到需要带齐扁担、箩筐、锄头，否则不予报到。不仅从未放过寒暑假，星期天也不放假，因为那是雷打不动的学生劳动时间。工地最忙碌的时候，学生每天早上六点起床，七点上工地干活，九点下工回校上课；下午五点吃晚饭，六点上工地继续干活，晚上九点收工回校睡觉。劳动成了学生的主业，进教室上课似乎倒成了可有可无的副业！

班主任刘春明老师见我个子小、体质弱，特意照顾，指定我去养猪放羊。这在当时算是最轻松的活了，其他同学都在水库工地上成天忙碌。

吴定宇病愈复学后，也不知是药物或是别的什么原因，竟然由瘦变胖。饥荒年代难得见到胖子，纵然是虚胖子，也是大家眼中的好劳力，开山放炮、打炮眼抢大锤、抬石头打夯这些重活都等着他去干呢！

不仅吃不饱，没完没了的劳动任务更是让中学生又累又饿，学生们成天谈论的不是学习，而是如何吃饱饭、何时吃饱饭。吴定宇的发小张启林请他吃了一大瓷缸红苕糖，这件事让吴定宇记了一辈子，"受人滴水之恩，必将涌泉相报"，吴定宇就是这种知恩必报的汉子，一生都善待张启林，几十年后多次向我提起，念念不忘！

学生们不停地在顾县、新场担粮、在郑家修水渠、在响水滩到岳中校园之间挖水渠、修建华蓥山观音溪到枧子沟的公路，且不说如何劳累，遇到的危险也是接连不断。吴定宇所在的高63级竟然发生了火药引爆的事件，几个同学都被烧伤，幸好没有死人。我们班的郑维良则差点被工地上滚落的大石头砸死。

岳池20世纪60年代的高中生就是在这样的学习环境里去面对高考的！尽管学习时间有限，人人都格外珍惜升学的机会，考上大学是每一个中学生的梦想！吴定宇学习刻苦、尊敬老师，对他的班主任吴国朝、刘春明老师敬仰有加，工作以后每次返乡都要前去拜访，感念师恩。

20世纪60年代贯彻阶级路线，干什么都得政审，"黑五类子女"升学很难。吴定宇的班主任刘春明老师负责全校的政审，她作为党员教师，爱才惜才，对有升学潜力的学生关爱有加，她竭尽全力绝不让成绩好的学生因家庭原因落榜。在她的关照下，不少"黑五类子女"有幸考上大学，吴定宇就是其中的幸运儿之一，1963年夏天考上了四川外语学院俄语系。事隔多年，凡是同学聚会，吴定宇逢人就讲刘春明老师的功德，还感慨万分地说："如果岳中多几个刘春明这样的老师，不知道又会有多少人考上大学？"

90 岁的刘春明老师与张良春   20 世纪 70 年代的刘春明老师

踏进大学校门，从来都是寒门学子的梦想！吴定宇格外珍惜这来之不易的学习机会。图书馆是他最喜欢的地方，图书馆的老师大多与他熟悉。可惜他入学的时候，学校因校舍不足分为两地办学，我已随英语系迁到北碚歇马场去了，俄语系则留在了北温泉，因而见面机会不多。直到 1965 年法德系搬回北温泉，我们见面的机会才多了起来。我比他早一年考进川外，是英语系法语专业的学生（1964 年法德系成立，脱离英语系）。

四川外语学院俄语系是当时川外成立时间最久、师资力量最强、学生人数最多的系部，拥有程贤光、孙致祥、蒋锡淮、牟绪典、桑杭等众多国内一流俄语专家，他们也是学生们心目中的学习楷模。

吴定宇与绝大多数俄语系学生不同的是，他对中国文学的兴趣远胜俄国文学，虽然仍然执着于他的作家梦，但是已经不再轻言创作，也打消了向文学刊物投稿的念头，而是更加理性地博览群书，提高自己的文学素养。他的俄语成绩并不突出，倒是中文成绩引人注目。他喜欢与教中文的林亚光、朱洪国老师接触，但更多的是向图书馆阅览室的张自强老师请教。张自强曾是汉语副教授，被打成"右派"，下放到阅览室当图书管理员。张教授治学严谨、知识渊博、乐于助人，对同学提出的问题从来都是百答不厌，自己没把握的问题绝不敷衍应付，一定是四处查找答案，正确无误地给学生解惑答疑，吴定宇从他那里受益良多，交往久了，竟然成了切磋学问的忘年交。那时候，大家都穷，交不起伙食费是常事。有一年，吴定宇没钱交伙食费，眼看要停伙，没想到竟然有人替他交了！吴定宇猜想，一定是张自强教授替他交的，因为张教授的夫人吴德绣是财务处的会计，只有她才有机会把账给清了！这事让吴定宇感慨不已，多次在我面前提起，一辈子难忘。他说张教授收入微薄、子女众多、处境艰难，竟还能舍己救助他这个穷学生，并且从不承认，真是品德高尚、义薄云天呐！以后每次返校他都会去拜望张自强教授。改革开放后，张自强教授做过四川外语学院图书馆馆长，是师生们敬重的文史专家。

吴定宇平时埋头读书，文娱体育活动概与他无缘，参加集体活动也不积极。他与同学交往并不多。大学时代能称得上吴定宇好朋友的仅有两人：本系的张明理和外系的我。张明理是他的同班同学，合川县人，平时学习和生活俩人在一起的时候居多，1964年又一起到江北县统井农村参加"社教运动"。他俩都是那种低调做人、认真读书、循规蹈矩的学生。当时俄语系学生流行向老师打同学小报告，他们二人都坚决抵制，也对批评这种风气的年级主任李善知很是钦佩。

吴定宇为人慷慨大方，乐于助人，对岳池老家来的小老乡杨世富关怀备至。杨世富是俄语系西班牙语专业一年级新生，来自农村，家境贫寒。吴定宇热情地给他介绍学校的情况，陪他谈天说地，摆谈家乡典故、当地名人墨客。冬天到了，杨世富没棉衣穿，吴定宇设法给他送来了一件棉衣过冬，让杨世富感受到亲兄弟一样的温暖。特别是杨世富得知吴定宇和他一样都是穷人时，更加觉得这位仁兄品德高尚、扶危济困。

周末和假期吴定宇则基本上是和我在一起，我们一起到北温泉公园看书，偶尔步行一个小时，沿着嘉陵江边的小路走到北碚街上，再到西南师范学院中文系找老乡杨序科蹭一顿饭。若手头有点小钱，大家还会奢侈地到街上去吃一碗豆花饭。公交车我们是消费不起的，从北碚到北温泉要一角五分钱，穷学生都是步行，从不坐车。回学校自然又是再花一个小时走回去。

平时闲谈中，当吴定宇听我说起我们班学雷锋互相帮助，女同学帮男同学洗被子、洗衣服的事之后，非常羡慕地说："我们班没人真学雷锋，指望女生那是白日做梦！"我看他失望的样子，就安慰他说："没关系，我可以学雷锋帮你洗。"就这样，他兴奋地看着我帮他把被子洗了，非常高兴。要知道大学四年我从未洗过被子，都是班上女同学帮忙洗的。我虽然从未洗过，但经常看着女同学帮我洗，自己动手也不陌生。我也能学一回雷锋，自己也很满意。

有的假期我们没钱回家，就留在学校看书。吴定宇喜欢熬夜，看书到很晚才睡，第二天睡懒觉很晚才起来。自然就赶不上吃早餐，于是代他打早饭的任务就落到了我的头上。整个假期我天天拿着他的大瓷缸盛上满满一缸饭拿到他寝室去，等他起来吃。他胃口好，每次都吃得精光，从不浪费。一个假期下来，他又胖了一圈。

1966 年夏，"文化大革命"在全国铺开，学校也停课闹革命。

大串联兴起的时候，吴定宇和我约定去上海看看，因为北京已经去过了，上海、杭州就最值得一看。到了上海，我们被安排入住同济大学，食宿登记就可以借钱吃饭了，相当于完全免费，因为"文革"中学生借钱是不用还的。我们参观了上海音乐学院，全院贴满了批判院长贺绿汀的大字报。后来又陆续去了复旦大学、上海外语学院、华东师范大学、中共一大会址、外滩、南京路、上海电影制片厂等。

结束在上海的行程后，我们去了杭州，住在杭州大学。到了杭州再也没兴趣去大学看大字报了，而是去西湖、京杭大运河、灵隐寺、六和塔、良渚遗址、湘湖等风景名胜游玩。将上述风景名胜一一看完后，就该回重庆了。到了火车站，吴定宇临时改变主意，说不走了，明天去看梁山伯与祝英台的坟墓，说是就在六和塔不远的地方。当时弄得我哭笑不得，我劝他说那是传说，并非真实的历史故事，他们的坟墓根本就不存在。吴定宇根本不信，坚持留下来让我先走。见他如此执着，我只好独自一人乘当晚的火车回了重庆。几天后，吴定宇回来找到我说："幸好你走了，哪里有什么梁山伯与祝英台的坟嘛，全是荒郊野岭，害得老子白白找了一天！"我安慰他说："总算了结了一桩心愿，没有留下遗憾，也不亏！"他默默点了点头，失望之情溢于言表。一个文学青年对文艺作品痴迷到如此程度，的确让人惊叹！

1967 年 7 月 1 日，两个十一二岁的小女孩在校园里拦住吴定宇要钱："胖同学，党的生日我们想去照个相，小娃儿没得钱，想跟你要两块钱照相。"吴定宇认出她们是学院领导王丙申、刘华伯家的孩子，痛快地拿出两块钱给了两个女孩，看着她们高高兴兴地走了。"文革"中学校领导都被打成"走资派"，工资被扣发，每个月只发 15 元生活费，维持生活都困难，哪里还顾得上小孩子！其实两个小女孩也不认识吴定宇，只是觉得他面善和气，见谁都是笑嘻嘻的，才敢向他要钱。事后吴定宇洋洋得意地向我说："今天我也学了一回雷锋，好倒是好，只可惜一个月的零用钱全没了！"那时学生普遍都穷，两块钱确实就是吴定宇一月的全部家当。

1968 年春天，西南师范学院批斗"反动学术权威"运动日渐深入，吴宓首当其冲。我们则想见识一下吴宓的学问，听说这位国学大师对《红楼梦》倒背如流，文人嘛，谁不想亲眼见证大师的风采？西师中文系的杨序科、王成明、陈文献找到吴定宇和我，大家商定要去会一会吴宓。第二天，王成明去通知吴宓到桃园开批斗会，我们四人则带上《红楼梦》去坐等大师。吴宓先生准时前来报到，发现只有五个学生在场，很是意外。王成明很客气地对他说："吴先生，今天不是开批斗会，我们几个是西师、川外的学生，仰慕吴先生，想请教《红楼梦》的相关问题。"吴宓一听，顿时松了口气，以后大家就随便多了。我们也直截了当地说了想见识一下他背诵《红楼梦》的事，吴先生爽快地说："你们随便！"于是杨序科随意翻到一章请吴先生背诵，我们五个人盯着书核对。一章背完，果然一字不差，我们都佩服得五体投地。随后我们又向吴先生请教了关于《红楼梦》研究的一些问题，吴先生都愉快地一一作答。这一天无疑是"文革"以来他最快乐的一天，没想到在这样疯狂的年代，还有尊重知识、尊重人才的青年学子在探讨学问！吴宓教授后来在其出版的《吴宓日记续编》第八册（1967—1968）中专门记录了此事。

1968年7月，川外发生了枪走火误伤人命的事件。法语系67届黄某道听途说、张冠李戴，回到岳池就随口传出枪走火、张良春被枪杀的谣言。消息传到我家里，我母亲悲痛得一病不起。恰逢吴定宇也返回岳池，听到传闻深感事态严重，便不顾炎炎烈日、路途遥远，急急忙忙步行百里赶到我家，告诉我母亲："一派胡言！张良春在学校好好的，我前天还和他在一起。枪走火打死的人是德语系的张昭明，成都人。黄某人都不在学校，什么都不知道，胡说八道！"全靠吴定宇百里报平安，家里人才平静下来，我母亲的病情也才逐渐转好。吴定宇不辞辛劳、友情至上的举动也让我家里人感激不尽！

毕业后吴定宇到农场劳动一年多，才又被分配到垫江县四中任教，担任英语教师。他的英语全靠自学，我还送了一部英汉辞典给他。1972年吴定宇邀请我到四中做客。他的学校位于周嘉镇乡下，到了镇上还要走两三里路的石板路才到学校。当时学校连公路都不通，也不知道师生吃的柴米油盐是怎么运进来的。吴定宇热情好客，每天大鱼大肉招待，还特意买了两个团鱼让我带回重庆。不只是我，只要是有一面之交的川外职工走到垫江，他得知消息都会热情接待，赠送土特产品。其实有的人，在学校里不过就是一面之交，但吴定宇都视为亲人。1972年小老乡杨世富分配到贵阳工作，出发前在解放碑偶遇吴定宇，两人惊喜拥抱，交流毕业分配后的经历，畅谈今后的人生规划、婚姻状况，吴定宇都给他诸多鼓励。1973年杨世富回岳池相亲时，又值吴定宇在家，他和母亲都热情地为杨世富出主意、选礼物，帮助他顺利缔结美满姻缘。至今杨世富都感激吴定宇对他的照顾和帮助，称他为"恩人"。

20世纪70年代末，全国研究生招生启动，吴定宇决心放手一搏，加紧复习，准备参加考试。他回母校寻求帮助，俄语系程贤光教授、张自强教授热情相助，让他更有了底气。

老天不负有心人，1979年他如愿考上了中山大学中文系中国现代文学专业研究生，师从吴宏聪教授。1982年取得硕士学位留校任教。

1987 年，吴定宇与张良春在中英街

1987 年中山大学举办"中国现代文学与中外文化学术研讨会"，吴定宇所在的中文系承办，他是主要经办人员，我因此得以应邀与会，见到了包括复旦大学贾植芳、陈思和，北京大学陈平原等在内的诸多国内知名学者。主办方还安排与会人员参观了深圳和珠海，吴定宇全程陪同，热情服务。在广州期间，吴定宇还专程带我游览了名胜古迹，甚至还去了沙头角中英街。

在广州的几十年里，他一步一个脚印，几十年笔耕不辍，取得不凡的学术成就，是他追根溯源、锲而不舍、苦苦寻觅真相的结果，是用钻研和汗水换来的，值得学界同仁尊敬、效仿。

可是谁又能想到，这位著作等身的学者竟是位长年有病在身的重病号！吴定宇从 20 世纪 90 年代开始，就备受疾病的折磨：心血管病、糖尿病、肾病一直陪伴着他，后来通过换肾才活了下来。就是在身体状况很不乐观的状况下，吴定宇依然频频参加全国各地的学术研讨会，和我谈论的也都是他的科研项目和写作计划。哪怕是在他去世前的几个月，仍然兴致勃勃地给我讲述他的下一部学术著作。在他的眼里，读书求知、探讨学术才是最值得关心的事，真的是学海无涯、奋斗不息呀！

在老师眼里，吴定宇是个好学上进、知恩图报的好学生。吴定宇对他的导师吴宏聪推崇备至、照顾有加。凡是吴宏聪老师交代的事，他都会兢兢业业地去完成。吴老退休以后的漫长日子里，吴定宇经常去看望他，陪他聊天。吴老的寿诞庆贺，也都是吴定宇带着自己的学生全程操持。

对于母校——四川外语学院的师长，吴定宇也是时时记挂在心上。他最佩服的是程贤光教授。程贤光教授曾是莫斯科大学中国留学生协会主席，精通俄语，为人正直，乐于助人，坚持真理，从不说假话。1979 年吴定宇报考研究生时得到了程贤光夫妇的鼎力相助，吴定宇一生都将此事挂在嘴上，不时提起，念念不忘！

程贤光教授

张自强教授是吴定宇最记挂的老师，他指导吴定宇的时间最长。1979 年考研时，他出力甚多，吴定宇时常提起。更不用说在吴定宇困难的时候，张老师仗义相助，这些都是吴定宇回川外必定要向我提起的不变话题。

李善知老师是吴定宇最有好感的政工干部，她曾是俄语系的年级主任，负责管理包括俄语 67 级在内的学生思想工作。在以阶级斗争为纲的年代，她不听小报告，能为学生着想，不歧视出身不好的学生，对学生一视同仁，以鼓励为主、批评为辅，很得学生的认同。

对于中学时代的班主任刘春明，吴定宇更是赞不绝口。刘春明是党员教师，关心学生前途。在贯彻阶级斗争路线的那个年代，出身不好的学生升学困难重重。但刘老师作为学校政审负责人，对于有升学前景的"黑五类"学生一律开绿灯，让很多出身不好的学生圆了大学梦。每当中学同学聚会，他都会念叨刘春明老师的功德。

在同学、朋友的眼里，吴定宇是最值得信任的伙伴，也是最重情重义的热血男儿。张明理是吴定宇大学时代最要好的同窗好友，在校时形影不离。毕业后张明理回到家乡合川县工作，吴定宇则去了垫江县四中任教。离别后虽然见面机会不多，但彼此牵挂。后来吴定宇去广东后，就更难得一见了。当吴定宇听说张明理不幸病故的消息后，非常悲痛，特地千里迢迢从广州来到合川，与故友的妻子胡光贤（也是川外俄语系 67 级校友）一同到乡下张明理的坟上祭奠。这件事不仅张家亲友十分感动，在川外俄语系同学中也传为美谈，让人动容。

类似的情景还有祭拜内兄戚后果的感人场面。戚后果是我妻子的堂兄，70年代与吴定宇同在垫江一中任教，两人相交甚好，内兄年长对他多有关照。1979年吴定宇去了广东，内兄则去了政府机关，曾做过涪陵地区副专员、重庆直辖后涪陵政协副主席，2002 年不幸在一场事故中不治身亡。吴定宇闻讯后，多次与我商定要去涪陵祭拜戚后果兄。2008 年吴定宇到重庆讲学，我们便开车去涪陵，专程到戚后果的墓地祭拜。这种情义无价的举动让戚家人感动不已，永世难以忘怀！

吴定宇与我交往的漫长日子里，虽然大部分时间天各一方，但意气相投、心心相印。这些记录下来的点滴往事，虽然件件都平淡无奇，但处处都能显现出吴定宇这位校友奋发图强、学海拼搏的学者风貌，透出他明辨是非、敢作敢为、乐于奉献、知恩必报的人格风范。这位杰出校友的不凡故事会久久地留在我们的记忆中。

2018 年 7 月 22 日

怀念吴定宇兄

曾绍义[①]

  中山大学吴定宇教授与我虽非同窗同乡（他是四川岳池人，1967 年毕业于四川外语学院俄语系；我是四川阆中人，1969 年毕业于四川大学中文系），但我由衷地称他为兄——学兄、仁兄、大兄，因为他本来就比我年长几岁，更重要的则是他的学识、人品，特别是他一丝不苟、坚持不懈、抱病著书立说的精神，都为我做出了表率，敬他为兄长——实至名归！

  与定宇兄相识是我俩共同的朋友戴翊"搭桥"的。1990 年 9 月在广州参加秦牧作品研讨会，与上海社会科学院戴翊研究员同住一室，他便介绍了定宇兄的为人、治学诸多好事，嘱我多向他请教。由于那几年我主要从事散文研究，单枪匹马编纂三卷本《中国散文百家谭》，杂事甚多，未及相晤。直到 2003 年 11 月在成都召开的第七届巴金国际学术研讨会上，我和定宇兄才第一次见面。自然，有了此前十余年间常通电话的"铺垫"，首次相见即一见如故，谈友情也谈乡情，谈治学也谈文坛怪事，不过，谈得更多的还是巴金研究。他说他读了我给研讨会提交的论文，认为内容上有新意，可交由他主编的《中山大学学报（社会科学版）》刊发，但标题要另改，嘱我再酌，可我思之再三，结果仍不理想，最后还是他老兄"一锤定音"："就叫《巴金〈随想录〉与现代人学》！"[②]——又响亮又贴切，多好，最好的还是老兄的豪爽、真诚和见地！

  西蜀出文人，我们也谈到了郭沫若。他大概知道我参加过《郭沫若全集》的注释，又是四川省郭沫若研究会成员，不久前还在《郭沫若学刊》发表了《他们为什么要丑化郭沫若》文章，该文被中国人民大学资料中心《中国现代、当代文学研究》全文转载。于是他侃侃而谈，从他上世纪 80 年代就在《郭沫若学刊》发表了《论〈女神〉的文化价值——兼论郭沫若在五四时期的文化心态》，谈到自 1990 年开始到当年（2003 年），一共在该刊发表了《论郭沫若与巴金》《论儒家文化在郭沫若文化心理的积淀》《论郭沫若爱国主义思想的文化内涵》《郭沫若对中西文化的整合探索》《郭沫若与克罗齐、柏格森》等十余篇研究论文的感想。他对《郭沫若学刊》心存感激，特别对一直与他保持联系、负责发表他一系列研究郭沫若论文的四川大学王锦厚教授念念不忘。他满怀深情地

---

① 曾绍义，四川大学文学与新闻学院教授。

② 正式发表时题为《巴金与现代人学——〈随想录〉新论》，载《中山大学学报（社会科学版）》2004 年第 3 期。

说："那时我还在读研究生，王老师就能帮助把我的文章推荐给《四川大学学报（哲学社会科学版）》发表①，使我终生难忘！"后又在我做东请他及王锦厚、秦川两位先生作陪的便宴上，向这两位郭沫若研究专家鞠躬致谢，感谢他们的支持和提携……面对这种情形，我进一步看到了这位学长的谦恭、儒雅和感恩之心！他返回学校后，很快给我寄来了他新近出版的代表作之一：《抉择与扬弃——郭沫若与中外文化》（中山大学出版社 2004 年版）。收到此书后，我连夜细读，收获甚丰。他的研究不仅开拓了我的研究视野，其研究精神更促使我争分夺秒、不可懈怠。2009 年出版的三卷本《中国散文百家谭续编》便是这种精神给予的推动力量。

这次聚会后，不料多种疾病向他袭来，但在电话中他总是显得乐观、放达，说"有夫人保驾，没问题"。后来我从戴翊兄处方知定宇兄夫人戴老师贤惠至极，四处为定宇兄寻名医找肾源，终于促成定宇兄成功换肾。尽管这样，他却继续深挖细掘、笔耕不辍，将笔触伸向了新的领域，将"新的思路"不断"延伸"，抱病完成了"以恢复历史本来面目，展现其作为学人的铮铮风骨"为宗旨的厚重之作《守望：陈寅恪往事》（中国社会科学出版社 2014 年版）。该书以极其丰富的史料和客观公正的评论，全方位地还原了一位立体的、真实的学术大师形象，填补了一个本不该有的学术空白，得到了学界的广泛赞誉。新著出版不久，定宇兄就专门托他在四川大学攻读博士学位的侄女给我和王锦厚先生送来赠书，我又是丢开他事，花了一周时间一读再读。书中所呈现的陈寅恪先生的"守望精神"和"铮铮风骨"时时叩击着我的心扉，而其《后记》中的这样一段叙述也使我对定宇兄的敬意倍增：

> ……在他们的支持下，我终于突破难点，摆脱困境，使撰写工作能够顺利进行。谁知天有不测风云，就在我刚开始动笔的时候，突然大病一场（按：指换肾后产生排异），幸得中山大学附属医院的医护人员全力抢救，才把我从"鬼门关"前拉了回来，恢复健康后才写完这部书稿。

说实话，当我的目光落在"鬼门关"几个字时，我的心差点从胸腔蹦了出来，不禁自言自语地嗔怪道：老兄咋个这样拼命哟？但细一想，这种不惧"鬼门关"、敢于同病魔抗争而展现因严肃治学产生的顽强生命力，才是他"吴定宇"，才是他特有的"吴定宇精神"啊……

是呀，定宇兄确是"特有"的人，他既敢对死神"叫板"，对待朋友却是情深深、意切切——

2014 年 11 月，在上海召开的第十二届巴金国际学术研讨会上，我又和定宇

---

① 指《反法西斯侵略战争的宣言——读〈中国文艺作家致欧美文化界的一封信〉》，载《四川大学学报（哲学社会科学版）》1985 年第 3 期。

兄相见了。经过那场大病，他又添了糖尿病，他身体明显不如从前了，但还是在会上发了言，还主持了一场学术讨论。我俩住的房间门对门，所以交谈机会甚多。当他提出会后要去已故戴翊兄的墓前倾诉心迹时，我立刻答应与戴兄夫人王姐联系。不巧的是，去的那天突然冷风猛刮，大雨猛下，汽车在风雨中行驶，不时颠簸，使原本有些晕车的定宇兄愈加难受，我即在后排座椅上扶着他，让他尽量向后靠着。好不容易到了墓园，风雨更大，虽有雨伞并不顶用，我们四人衣服全被淋湿了。但定宇兄全然不顾这些，精神突然好了起来，大步走到戴翊兄的墓碑前，鞠躬之后说他因病未能到上海亲自送行、表示歉意后，突然大放悲声、号啕大哭起来："我们兄弟一场，几十年的老朋友了，你却先走了，如果你也找到肾源，该多好呀！……"（按：戴翊兄因尿毒症于前一年病逝）王姐含着泪一再劝定宇兄，说你身体不好，你们的兄弟情深得很，戴翊也知道你现在来看他，别难过了……几句话也激起我热泪流淌、放声痛哭起来："戴翊兄，定宇兄是专程来看你来的，他是带着病来的呀……"戴翊兄似乎真的听到了我们的哭喊，风雨渐小，我们的哭声也渐渐变成抽泣，偌大的墓园空旷、寂静，我们三兄弟结束了一场特殊的"会面"……

两年后，在石家庄召开的第十三届巴金国际学术研讨会上，我与定宇兄再次见面了。他只身参会，行走较前年更缓慢了，我问他为何不找学生陪同，他说他们都很忙，不便打扰。会后，我陪他去参观了河北省博物馆和一座历史颇久的古寺庙，这两处参观地都是由他确定的。因我要带学生去上海拜访一位汉学家，即在参观完的当晚离开石家庄。临走时，我特地把我指导过的研究生、时任河北师范大学文学院院长胡景敏教授介绍给他，请景敏同志好好照料他，直至第二天送他去机场……

当我与他握手告别时，他还向我一再叮嘱不要熬夜，要多注意休息……不料，这竟成了永别！

定宇兄，您的精神、您的品格，我会认真学习，您的兄长情义、您的音容笑貌，我会永世不忘……

2020 年末月于四川大学寓所

（原载《郭沫若学刊》2021 年第 3 期）

心祭吴定宇先生

周　华①

吴定宇先生离开我们已经三年了。

得悉吴先生去世的噩耗，是 2017 年 7 月 23 日。那天下午，我正从四川省北川县老家驾车返回绵阳市区。听闻先生驾鹤西去，沉痛的心情久久不能平复。车内沉重悲伤的气氛弥漫，我和爱人既为先生遽然离世而悲痛，也为人生无常、世事难料而慨叹。

回到绵阳，我和爱人立即订机票，收拾行装，赓及赶赴广州。7 月 26 日下午，在广州市殡仪馆灵堂，学校领导、同事、先生生前好友、门人弟子肃立默哀，恭送吴先生最后一程。"仁者德永驻历川东至岭南康园守望平生终无憾，学人魂长存研文学通文化杏坛弦歌半世亦悠然"，这幅由吴先生的弟子们撰写的挽联非常贴切地总结概括了吴先生的生活工作经历、著述成就、道德文章。守望学术、躬行道义是吴先生一生的践行坚守；仁者之风、学人之魂则是先生之风。

我认识吴先生是 1988 年我在中山大学中文系师从黄修己先生攻读现代文学研究生的时候。吴先生曾在《走近黄修己先生》一文中写到这样一个故事，黄先生到中大所招收的第一个研究生，是位羌族青年。这位研究生敦厚、朴实、学习特别刻苦。就像当年朱自清给自己唯一的研究生王瑶上课那么认真一样。黄先生给他上课一点也不马虎，还针对他的特点，专门制定了培养方案。黄先生要求这位少数民族学生学好普通话，每次上课前用半小时师生二人分角色一起朗诵《雷雨》。吴老师写的这个故事中的羌族青年就是我。我在中山大学三年时间，黄修己先生刀砍斧凿，把我这个本不可雕的朽木变成堪堪可用之人。在这三年中，虽然无缘聆听吴老师的课堂教诲，但是吴老师却是我课堂外受教最多的老师。

我一直认为我是一个非常幸运的人。一路走来，在我人生的每一个重要关口，总能得到师长、前辈、领导的教诲、指引和扶持。在中山大学，能够师从黄修己老师学习，能够受到吴定宇先生的教诲，则是我人生中最大的幸运。

1988 年，我考取中山大学中文系现代文学硕士研究生。在我入校的时候，刚从中文系研究生毕业还住在学校的川籍学兄、学姐就给我介绍过吴先生，他们

---

① 周华，四川绵阳市绵阳日报社社长。

说中文系有位吴定宇老师，他和他夫人戴老师都是四川人，他们很念乡情，对人非常好，有什么需要帮助的，可以直接去找他们。可以想象，来自偏远地区、世面见得少、自卑胆怯的我，要去拜见一位领导、老师，是多么不容易完成的一件事。我曾经多次鼓起勇气去拜谒吴先生和戴老师，但是在吴先生家楼下徘徊踌躇，甚至在吴先生家门口缩头缩脑，却始终不敢摁响门铃。终于有一天，我以"下定决心、不怕牺牲"的"大无畏"的勇气敲响了吴先生的家门。吴先生和戴老师几句亲切的家乡话，一下拉近了我的心理距离，立即让手心冒汗、手足无措的我如蒙大赦一般，忐忑不安、紧张不已的心顿时安放下来。

从那以后，我与吴先生和戴老师联系就多了起来。吴先生和戴老师不仅关心我的学业、关心我的生活，而且关心我的家乡情况。每年重要节假日，吴先生、戴老师都要把我们叫在一起吃顿饭，让我们这些远离家乡的寒门学子深切感受到亲情和温暖。时间长了，我才知道我能够到中山大学读书，能够拜在黄修己先生门下，吴先生在背后做了很多细致的工作。

乡情、亲情、恩情，情深恩重。三年时间里，我眼中看到的、心中感受到的吴老师，不仅是作为老师对学生的严格要求、作为学者对学术的严谨认真，而且是作为乡亲对家乡人的和蔼热情，作为长者对后辈的宽容包容，作为学者对晚学后进的奖掖扶持，以及作为中国传统知识分子的人格魅力。和吴老师在一起，总是让人放松，有如沐春风之感。

研究生毕业以后，我回到四川绵阳家乡工作。虽然我时时想念美丽的康乐园，想念教我育我的师长，但是总觉得既没有搞专业，学术无成，又没有在工作中弄出一点名堂，愧对师长的教育培养，平常不敢致候老师，怕老师考问起"功课"无言以对；再加之工作关系，到广东出差的机会很少，即使偶有机会到广州，也是来去匆匆很少停留，更主要是"近师心更怯"，不敢登门拜见。十多年里，我从不敢联系变成了无颜联系，虽然心中一直挂念，却未有只言片语的问候，乃至没有打一个电话，没有发一个短信。

2008年"5·12汶川特大地震"后，我才与黄修己先生和吴定宇先生两位老师重新联系上。地震发生后，黄先生和陈师母、吴先生和戴老师十分关注我的安危。后来他们告诉我，那段时间，他们天天关注电视上寻亲信息，看有没有我的名字，以此判断我的安危情况。地震后，两位先生到成都参加会议，专程到绵阳来看我这个不成器的学生。由于"情何以堪""情非得已"，2013年春节我才敢带着老婆孩子一家三口重返离别了20多年的康乐园，看望黄先生和师母，看望吴先生和戴老师。

在康乐园，吴先生、戴老师邀请黄先生、陈师母和我们一家三口在中大餐聚。吴先生、黄先生两位老师席间聊起当年我在学校读书的点点滴滴，很多事情我自己早已没有印象，两位先生居然连细节都记得非常清楚。时隔二十多年，我仿佛又回到学生时代，再次感受到老师的严格和体贴，既惭愧惶恐，又感慨万千。在老师眼中没有大才与小才之分、没有贤才与庸才之别，虽然像我这种不成器的学生，老师也一样没有遗忘，没有因为"不可教"而另眼相待。正如吴先生在《守望：陈寅恪往事》一书和《走近黄修己先生》一文中所说，中国的学人往往兼有两重身份：教师和学者，首先是一位很受学生欢迎的良师，其次才是成果丰硕的学者，把教书育人当作人生的一大乐事！吴先生自己不正是这样的吗！

那天吴先生还陪着我们一家三口游览美丽的康乐园。他陪着我们从西区走到中区，从学校大门走到中大码头。绿草如茵的中区大草坪，红砖绿瓦的欧式小楼，林木扶疏的林荫小道依然，怀士堂、中山先生纪念铜像、惺亭、"国立中山大学"大牌楼依然。一路上，吴先生一边走一边讲解，讲"立志要做大事，不可要做大官"名言，讲"博学、审问、慎思、明辨、笃行"校训，讲建筑特色、讲学校历史、讲先贤典故。那天吴先生兴致很高，心情也颇愉快，先生还鼓励我的女儿努力学习，将来也来中大读书，成就"父女校友佳话"。那时候吴先生大病之后身体恢复得较好。他说，他每天要坚持走一万步。

现在每回想一次，每感动一次，其言犹在耳边，其景犹在眼前，其情永在心中。

这以后，吴先生曾两次来绵阳。吴先生第一次来到绵阳，赠了他主编的《中山大学校史（1924—2004）》。第二次来绵阳的时候，吴先生赠了他用"二指禅"一个字一个字地敲出来的心血之作——《守望：陈寅恪往事》。而在这两本著作上吴先生都题赠曰："周华学弟雅正""周华学弟存正"。每一次见面，他都要聊起我熟悉的老师、同学近况；每一次见面，他都会聊起他的新的著述计划；每一次见面，他都会纵论天下大事，针砭时弊；每一次见面，他都鼓励我多动笔，留下一点东西，他说，"应该留下一点东西，否则，可惜了"。每见吴先生一次，我都会加深对中国传统知识分子风骨气度的感悟。当然，每见吴先生一次，我也深切感受到吴老师眼中的期望和心中的微微失望。

这三年，每次看到书架上厚厚的《守望：陈寅恪往事》《中山大学校史（1924—2004）》，吴先生儒雅谦和的形象再次清晰起来。吴先生在《守望：陈寅恪往事》一书中评价陈寅恪先生是"中国学术文化的守望者"，其实，吴先生不也是用一生守望学术价值、守望学人之魂吗？

2020 年，仍是夏日，我家的门铃被敲响，女儿从学校寄来的包裹到了，是正在准备毕业的她寄回来的书。打开纸箱，最上面赫然就是这本《守望：陈寅恪往事》，打开书，里面还夹着她的书签。

2009 年，吴先生、戴老师和我们
一家在四川绵阳

2013 年，吴先生和周华
在中山大学中文堂前

2013 年，吴先生和周华在中山大学南校园北门

2020 年 9 月

139

回首故时明月

朱承志[1]

吴定宇老师年轻时曾先后任教于重庆垫江四中、一中。垫江，是我的故乡，也是我和吴老师交集的起点。我未受业于吴老师门下，但从 1985 年中山大学康乐园相识到 2017 年吴老师仙逝，32 年中，吴老师对我的关心和教诲从未间断。吴老师于我，亦师、亦长、亦忘年友，情谊皎洁、纯粹，温润如明月。

长者师心，情深意厚

我与吴老师结缘于 1985 年。那一年，中山大学从四川录取的人数为 22 人，来自垫江的只有我和钟丕于，我在历史学系，钟丕于入读地质系。就读于中山大学的垫江学生不多，大概"物以稀为贵"，记得到校报到的当天晚上，同是出自垫江、1983 级经济系的邓光怀师兄就找到我，一阵寒暄后便告诉我：中文系的吴定宇老师曾在垫江任教，他是岳池人，他的爱人戴月老师是万县市（今属重庆市万州区）人，都是老乡。两位老师对同乡、学生非常好，约个时间一起去拜访。

我小学、中学一直在垫江读书，没有出过远门，刚进入大学，见识不广，潜意识觉得自己是个农村来的孩子，对这样学问渊博、德高望重的学者老师，心里存着敬畏，根本不敢想象能上门拜访。所以，口里说着"好，好"，内心却既向往又忐忑。不出几日，邓光怀师兄就真的拉上我和钟丕于登门拜访吴老师一家。吴老师家在中大校园西区，第一次上门，我颇是战战兢兢。可吴老师和戴老师对我们这些不经世事的农村学生，非但没有摆学者架子，反而非常热情，斟茶倒水、嘘寒问暖，很是亲切，还拉着我们这些"小老乡"问了很多垫江的情况，回顾了许多垫江往事。吴老师记忆力很好，对垫江的人和事记忆犹新、侃侃而谈，还反复勉励我们：农村的孩子出来读书定要勤读、苦读，不要心猿意马、轻浮不定。末了，他和戴老师热情地在康乐园餐厅设宴，请我们吃了一顿饺子，一派殷殷关切的长者之风。

吴老师和戴老师的亲和、热情，给我留下深刻的印象。那个时候，和家里联系都是通过每个月一两封家书，向爷爷、奶奶和父母亲报告在校的学习情况。我

---

① 朱承志，中山大学 1985 级历史学系学生。

到校的第一封家书，一是报平安，二是高兴地讲了拜访吴老师一家的情况。父母亲知道我异地求学，遇见一个这样值得尊敬的师长，叮嘱我要多去拜访、多向老师学习。但那时我们仅仅是本科生，难免心里敬畏多，只顾着遵从吴老师说的"勤读、苦读"，一心一意、老老实实地埋头学业，不敢主动造访。有时路过校园西区，远远看见吴老师家的住处，都会不自觉地抬头望望，内心多了一份温暖和亲切。如有同行的同学、朋友，会边望着吴老师的住处，边自豪地介绍："这栋楼有个中文系吴老师，曾在我老家教过书，学问很好，为人很随和……"可说归说，却不敢经常到吴老师家去。康乐园求学四年，每次去吴老师家，都是带着期待的心情，鼓起勇气约上几个同乡同学一起登门拜见。

记忆中，1987年暑假，吴老师的朋友从涪陵买了两把竹凉椅给他。同是垫江老乡、在暨南大学读博士的孔令丰先捎走一把，另一把由我返校时带给吴老师。这是一种可调整靠背的凉椅，靠背升高降低便可坐可躺，夏天凉爽，冬天铺上一层垫子又非常舒适，很受家乡人喜爱。那个年代交通不便，从公社坐客车到垫江县城要两个多小时，从垫江再转客车翻山越岭到重庆火车站要耗五六个小时。而后，从重庆乘火车到广州，途中在湖南株洲中转，全程52个小时。当时乘坐环境远不如今日便利，我们坐的都是硬座车厢，往往还只能买到站票，跟同学朋友轮流站或坐，条件比较艰苦。我担心路途遥远、路上颠簸会碰撞、擦伤椅子，就想了个土办法：用农村装粮食的麻袋，从椅子的两端分别套上，再绑上绳子，把椅子包裹得严严实实，小心翼翼地扛上火车，放在身边守护着，这才终于把椅子送到吴老师家。吴老师收到椅子很高兴，此后很长一段时间，我们每次见他时，他都会提起，有时还向别人讲起，"承志是农村孩子，从帮我带竹凉椅这件事，就可以看出他能吃苦、踏实、真诚"。

不单对我们这些"小同乡"关心关切，吴老师对学生和后辈都秉持长者仁心。我曾听说，吴老师有个学生家庭经济困难，生活非常拮据。他细心观察到那位学生的情绪有点低落，主动了解清楚情况后，亲自出面协调系里办理相关补贴补助，解决了这个学生的后顾之忧，让学生感激不尽。类似的故事，我从同学口中听过不少，由此对吴老师越发敬重。

转眼间，到了1989年毕业。记得毕业前夕，吴老师和戴老师非常高兴，跟刚入学的时候一样，又热情地把我们几个小老乡叫上，在康乐园餐厅请我们吃了一顿饺子，叮嘱我们离开象牙塔、步入社会，要保持好的风尚、好的品质。吴老师和戴老师这种真挚而纯粹的关怀，让我们记住一辈子，也感动一辈子。

那一年开始，大学毕业不再分配工作，而是实行学生和用人单位双向选择。当时四川档案馆有一个接收名额，我把它让给了另外一名老乡，自己在毕业前最后一个月辗转珠三角的几个城市递简历、找工作。因缘际会，我最终进入花县（今广州市花都区）工作。那时选择花县有两个考虑，一是离京广线新街火车站

（广州北站）很近，回老家坐火车方便。二是花县离广州近，迟早要发展。此后，花县先后改名花都市、花都区，随着改革开放进程加快，各方面的发展越来越快。

工作以后，我经常打电话到吴老师家问候并汇报近况。吴老师家的固定电话号码，我从未在手机通讯录中保存，因为太熟悉太亲切了，随口就能说出这串数字。每次打电话，吴老师和戴老师几乎都在，无论谁接电话，一开口我们都能立刻辨认出彼此的声音。他们像亲人一样关注我，听到我说工作、生活都好才放心。

刚工作那几年，每年回家过春节，必然忘不了给吴老师家带上垫江的土特产：家里用松枝桠熏制的腊肠、豆腐干，自家栽种的柚子、李子，等等。去看望他的时候，如果是带上自己花钱买的小手信，他必然不悦，说，买什么东西？以后不要买。可家乡自制、自种的东西，总是牵动他的心。他会从故乡的土特产，一直谈到故乡的某某事某某人，对垫江的思念和关注蕴含在一言一语中，足见其念旧、恋乡。

"承志，你的本科读出来了，还不够，还要读研究生。"吴老师非常关心我的继续教育问题，经常提醒我，勉励我要目光长远，要看到社会急速发展，本科学历迟早是不够的，一定要想办法努力考取研究生，提高学历层次。无奈，工作、生活牵绊比较多，信心也不够，没有下狠心坚持学习。但是，吴老师每一次提醒和鼓励，我都十分感动，下决心要考、要读，年年报名，不断买书，不断复习，连续三年重复"努力动作"。可惜，英语总是不过关，又不想另寻渠道，最终与读研无缘。未能达成吴老师对我的期望，回想起来仍自觉惭愧。学生没听老师的话，这也是唯一的一次！

成家后，我始终坚持每年回母校看望吴老师一家，这成了一种习惯，如同孩儿归家的感觉。特别是女儿出生后，每年带着爱人和女儿与吴老师一家相聚都非常温馨。妻女都很喜欢吴老师和戴老师家氤氲的温和清雅的气氛。岁月渐逝，孩子逐渐长大了，陪同我们拜访时也不多插话，只专心地听我们交谈。吴老师和戴老师是有心人，对小孩非常和蔼，交谈之余时常把话题引到孩子身上，激励她多听、多看、多记，好好学习，积极向上，做一个有价值的人。在这细水长流的交往中，孩子也不知不觉受吴老师和戴老师身上高级知识分子气质的熏陶，成长过程非常懂事好学，让人欣慰。

学人风骨，高山景行

"师者，所以传道授业解惑也。"我对吴老师的敬重，不仅仅源于他对后辈的教益，不拘于他对我关爱的这一份"私心"，更源于他身体力行地践行为师之道，在生活中始终抱持纯净清雅的品性，学人风骨磊磊，让人倍觉"高山仰止，景行行止"。

由于自己学习不够精，对很多问题的学习了解浅尝辄止，因此和吴老师一起的时候，我也比较少聊到、问到他与学术有关的问题。吴老师学富五车、著作等身，但非常体贴我，极少在我面前谈论学术问题。有一年，他送给我一本书《守望：陈寅恪往事》。我知道吴老师对陈寅恪先生非常推崇，对其生平研究也非常精深。从前我想其中的"崇"与"敬"大多是因为陈寅恪先生学术上的成就，"我是历史系的毕业生，吴老师是要跟我谈陈寅恪教授的学术研究问题吗？"如此专业深邃的话题，我深吸了一口气，准备来一场学术上的饕餮大餐。意外的是，吴老师递上文集，并不从学术的角度高谈阔论，而是平静地教导我要学习陈寅恪先生的精神，要像陈寅恪先生那样，始终保持高贵纯洁的品质，保持读书人的硬气和骨气。如今回想起来，人们常说"气味相投"，吴老师欣赏的陈寅恪先生的品性，不正也体现在他身上吗？

吴老师的纯净清雅是深入骨髓的，他的一举一动、一言一行都展现出一种脱俗不媚的儒雅品质。

过往他与我的交谈中，但凡涉及品人论事的，他的态度都非常鲜明：踏实做事、品质纯良的，他大为肯定；反之，则多有学者意气、针砭时弊，直率纯粹。回想起来，那正是改革开放后的 20 世纪 90 年代，各种思潮涌动，社会现象纷繁复杂，出现了一些不和谐的声音和不同的价值观。吴老师身上有股清风自来的纯粹气质，又长期生活在治学育人的纯净之地，对这些社会现象自然多有褒贬。他与我谈故乡的人和事，也跟我谈他对现实社会的看法和思考，常感叹：社会不够淳朴，人们不够纯粹。他对有了地位、丢了纯粹的人很是不屑，对在复杂社会中"出淤泥而不染"的人很是赞赏。他对我的嘱咐一直都是：农村孩子，读书出来就要干净做人、踏实做事，不要丢了可贵的品质。

这与他在《守望：陈寅恪往事》中的论述是一脉相承的。书中，他把浮躁、功利的风气和对权势、名利的依附羁绊称作"俗谛"，对陈寅恪先生同时代一些因"功名利禄的诱惑""屈服于某种压力"的知识分子，犀利地点评为"患有知行不一、言行脱节的'文人病'"，多处反复提及，大不以为然。正因为吴老师身上秉持学人风骨，所以也希望学生和后辈要有"脊梁骨"，时时叮嘱，致使我们后辈思想上多了一道防线，精神上"不敢造次"，多有获益。

由其纯正清雅的品性"衍生"出来的，是对权势和名利的"不自炫"。

吴老师桃李满天下，他教出的学生，有的取得不错的学术成就，有的仕途走得很顺畅，可他从不以世俗的成就高低取人。对出身普通的农村学生，他亲切和蔼、热情相待；对城市里见识广、家世好的学生，他的态度也一视同仁，还很注重观察人家是否有傲气、浮气和势利气；对进步快、成就大、地位高的学生或朋友，他为之高兴，但从不拿出来做谈资或为自身"添光""贴金"，自喜自夸，更从不在学生中"扯关系""托办事"，给别人出难题。

我熟知吴老师的品性，以至于后来读到他在《守望：陈寅恪往事》中专门提及的几件有关陈寅恪先生的琐事时，不由会心一笑：一是文中提到陈寅恪先生与周树人先生交往密切，后来"周树人以鲁迅（1881—1936）的笔名成为新文学巨擘，寅恪却缄口不向人们谈及他们之间的友谊，显示出性格中不附骥的清高一面"。二是提及陈寅恪先生在留学期间交往的留学生中，有一些后来成为中国政坛的风云人物，"但他从不以此自炫"。我深刻地体会到，吴老师对我们就是纯粹的关爱和勉励，如他所抱持的品质那样，清清正正，不因为"稻粱谋"而损学人风。我们感恩感动，也心有灵犀地守望着吴老师所看重的纯与雅。

治学不倦，乐以寄身

明代张岱在《陶庵梦忆》中说："人无癖不可与交，以其无深情也；人无疵不可与交，以其无真气也。"

我想，吴老师的"癖"与"疵"就在于对学问孜孜不倦的追求。他身体长期抱病，却能与病魔打起"持久战"，在学术研究上出那么多专著和成果，这正是他的深情和真气的体现，他戴着疾病的"脚镣"在学术的殿堂中起舞，于其中找到了为人为师的情和趣。

吴老师极少跟我们提自己身体健康的问题，跟他通话或见面，他永远以笑脸和豁达迎人。直到有一次，我打电话到吴老师家里，接电话的是戴老师。戴老师平静地说："老吴不在家，老吴住院了呢。"我听了心里咯噔一下，细问起才知道，吴老师的身体状况一直都不太乐观，只是"习以为常"，怕给关心他的人添忧，没有表现出来。

得知他住院，我几次过去探望。吴老师的身体情况不理想，但自己给自己布置的研究治学工作量大，还时不时带病外出讲学授课。戴老师当时在中山大学党委组织部工作，事务很繁忙，但丝毫没有放松对吴老师的陪伴和鼓励，总是千方百计挤时间到医院照顾吴老师，不辞辛劳、来回乘地铁回家做饭菜、煲汤水送到医院。为了照顾吴老师，戴老师付出了很多心血，人瘦了一大圈。他们相濡以沫，为我们书写了伉俪情深的佳话。值得欣慰的是，吴老师对自己的病情很乐观，对现代医学科技很有信心，积极配合治疗，很少流露出悲观情绪。很多时候，他反过来安慰我们，叫我们不必担忧，病好了他依然可以做研究、写文章、讲学讲课的，体现出超乎常人的睿智和豁达。

我到花县工作后，一直邀请他和戴老师前来相聚，他们均以不想打扰我工作生活为由推辞。直到吴老师因病做了手术，正是康复期，刚好也需要静养，我邀请他和戴老师到花都小住了两天。我们两家人呼吸着山间清明的空气，听着潺潺的林间溪流，携手漫步在林荫小道上，到处鸟语花香，有岁月静好之感。吴老师像长辈、像兄长，又像朋友一样，与我谈了许多许多……他兴致很高，说起身上的疾病，态度依然非常乐观，还说要继续研究学问，"活到老学到老"，让人也跟着激情澎湃。可惜，吴老师的身体每况愈下，直至病重，他都不曾向我们喊过一声"苦"。

非但不喊"苦"，吴老师还在治学中寻找"甜"。他始终以治学为己任，终日遨游在知识的海洋。其中最让我动情的是，在离世前的最后几年里，吴老师竟然笔耕不辍，写出了50多万字的《守望：陈寅恪往事》。这本著作，500多页，厚厚的一本，密密麻麻的铅字。据戴老师说，这上面的字句都是吴老师忍着疼痛、不适，用"二指禅"一字一字敲出来的。细读文字，用语严谨且生动精准，内容丰富充实，条理清晰明了，让人读之欲罢不能。我无法想象，吴老师是如何强忍不适写就这部著作，如何强忍着痛苦去查阅考据档案文献、私人日记、书信、笔记等资料的。要知道，他所参考的著作类就洋洋洒洒列出了353部！若不是把学术视作生命，若不是对治学有敬畏、深情、热爱，何来如此惊人的毅力呢？怪不得他评论陈寅恪先生疾病缠身却坚持做学问时说："如果说肉体的生命，是生物意义上的生命，那么著述，则是他精神的生命。"在病痛交加的时候著述，是吴老师对陈寅恪先生的由衷敬叹，也体现了吴老师令人感叹的精神生命。

吴老师没有被疾病打垮，他惊人的生命力和豁达让我受到鼓舞。我希望，他能在治学著述中不断延长自己与疾病共存共舞的日子。

不幸的是，2017年7月，我因公出差期间，接到吴老师病逝的消息，大为悲恸。可惜公务在身，最终只能委托爱人前往悼祭。未能见到吴老师最后一面，至今为憾！

…………

如烟往事，平常琐碎，一一细数，其真味却深入肺腑，令人感慨良多。32年，光阴倏忽而过，如同当日我带着竹凉椅晃晃荡荡地穿越在蜀粤大地上，一切清晰，回忆起来却又恍惚。

不知不觉，吴老师已离开我们三年了。他可敬可亲的形象，如故乡明月，长存我心。

2020年9月25日

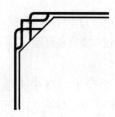

至温至厉

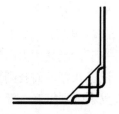

"二严"往事

曹艳红[①]

  大学三年级时，我始拜于吴老师门下，直到博士毕业，前后共 11 年，其间深受吴老师教诲。但再深的记忆也抵不过时间的流逝，那就借此机会记下些往事吧。

  初见吴老师，是在 1998 年 9 月的某个晚上。按中大惯例，本科三年级不同于一二年级的导师分配方式，要自主选择导师指导我们撰写学年论文。那时候我醉心于中国现当代文学，而系里提供的相关方向备选老师有好几位，我抉择不下，就去咨询一位师姐的意见。我收到的答复是：吴老师以"二严"著称，即严肃、严格，是真正的严师。一是出于当年对学术的追求，二是有点儿初生牛犊不怕虎的冲劲，我选择了吴老师。那天晚上，按照约定的时间，我和有着同样选择的同学一起来到吴老师办公室。屋子不大，灯光昏黄，电扇嗡嗡响。虽然同班同学很相熟，且围坐在一起，但既然有师姐的叮嘱在前，我也只敢微笑着点头打招呼，生怕触犯了"二严"中的某一"严"。

  吴老师眉毛浓、眼睛亮，似乎不会笑的样子。他先介绍了学年论文的要求和一些相关情况，就让每个同学说说自己有哪些困难或问题。他仔细听着，不时地提出问题，有时也记录一下。除了发言同学的声音，屋子里静悄悄的，只有屋外夏虫轻轻的鸣叫，作为伴音在我耳边萦绕，但我的心却像在擂鼓一样跳得紧。对我这样上课不爱发言的人来说，一发言就紧张，更何况事先也不知道吴老师会问哪些问题，准备是谈不上充分的。终于轮到我了，慌里慌张地，我说错了一个成语。作为中文系的学生，第一次见导师，就乱用成语，心里当下想到"完了"俩字，同时半抬着眼，悄悄地看了看吴老师，希望佛祖保佑，老师最好没听清。只见吴老师皱起眉头，瞪着眼问："刚刚那句说的是什么意思？"终究没逃过吴老师的耳朵。我沉默了一下，赶紧用大白话重新解释自己的意思。幸好吴老师没有追问，只是点点头，记了几笔。而我则努力按下狂跳的心，继续把话说完。第一次见吴老师，我的头皮紧张到发麻、汗水湿透了衣背。吴老师确实严格，一见面就让我们说说学年论文的准备情况和存在的问题，但这同时也给了我们挑战自己的机会，督促我们努力读书、思考。那年那月那晚的中国现当代文学办公室，

[①] 曹艳红，中山大学 1996 级本科生，2000 级硕士研究生，2005 级博士研究生，中共广东省委党校（广东行政学院）校（院）刊编辑部编辑。

仿佛黑夜中的一盏明灯，总在记忆深处提醒我，不要打无准备之仗，不拽不熟悉的词，踏踏实实，认认真真，做好自己的事。

　　大学生活总是过得很快。到了大四保送攻读硕士研究生时，我依旧想选择吴老师作为导师，但能否选上，我心里没底。因为大三时选择吴老师指导学年论文的同班同学比较多，我感觉自己的优势不够大。正犹豫中，有同学提醒我：好几个同学都已经给自己心仪的导师打电话了，听说×××已经联系了吴老师，你还不抓紧！我一听，本来就有些紊乱的脑袋瞬间嗡的一声。那位同学学习不错，表达能力好，活动能力强，又很会和老师打交道，深得好几个老师喜欢，我可能没什么机会了。丧了一天后，我思前想后，还是想选吴老师，于是鼓起勇气给吴老师打电话。吴老师问了我的成绩后，只是平平淡淡地说"可以"，就不再说话。我也不知道他口中的"可以"，究竟是何意，是同意我做他的学生，还是同意我参加后续的面试？

　　过了几天，面试名单出来，那位同学没有报现当代文学方向，我也松了一口气。面试那天，由于到得早，吴老师还没来，我和另一位同学就跟随早到的另一位面试老师进了面试室。那位老师是临时代替另一位同学选择的导师来面试的，他很随意地问了一下我们的名字，然后指出另一位同学的名字取得好，家长一看就很有文化。于是我的自卑心开始作祟，觉得自己的名字很土，家长也没多少文化，研究基础可能也不扎实，失落感陡然升起。正当快失落至极点的时候，吴老师来了，依然没有一点笑容，依然严肃地问了问题、认真地听了回答，然后就结束了面试。我努力地想从吴老师的脸上看到些面试成功与否的征兆，可惜一丝一毫也没有发现。不过，读研之后与吴老师谈起这个事，我说一开始不敢选吴老师，吴老师笑着说：你成绩好，基础扎实，有什么不敢的？后来，吴老师多次在同门小聚会大聚会时，把我本科保送、硕士研究生保送、博士考试专业成绩名列前茅的经历提出来，还说我那位同班同学恰恰是因为我报了吴老师做硕士生导师而转报其他专业了。其实我心里知道，吴老师可能已经发现了我的不自信，就是借着机会一再地肯定我鼓励我吧。我也就因着这些肯定和鼓励，在学习、工作期间有了更多的自信。

　　保送名单公示后，我如愿成了吴老师 2000 级硕士研究生。吴老师觉得我既然已经确定要读硕士研究生了，就以更高的标准要求我，告诉我本科毕业论文可不能马马虎虎，要选择适合长期研究的话题，还把他正在研究的《吴宓日记》借给我读。而且很快地，我就跟吴老师 1998 级的三位硕士研究生一起上课，提前进入了硕士研究生的学习阶段。吴老师家的客厅，就是我们四个学生的课堂。每次去上课，吴老师坐一头，周师兄坐另一头，我和两位师姐就在中间沙发上一排坐下，对着电视和墙上那幅貌似水墨画的十字绣，听吴老师"设坛开讲"。上课的时候，茶是必喝的，有时还有水果或糕点吃。但这并不意味着吴老师不再坚守"二严"。吴老师的上课时间每次都很准时，偶尔一次有师姐迟到，他都会毫不留情地批评。记得有一次下暴雨，我从学校东区过去，比师兄师姐们从中区过去远很多，所以到吴老师家的时候，上衣、裤子基本都湿了。我原以为冒这么大雨来，会不会先休息一下。可等我们简单收拾一下之后，吴老师就直接开讲了。按吴老师的意思是，既然已经冒着大雨来上课了，再不好好学习，不就浪费了吗？

　　大四那年就在上研究生课程和写本科毕业论文中结束了。对我的毕业论文，吴老师寄予厚望。我每次拿回的稿子，总是红呼呼的一大片，小到标点符号措辞用语，大到结构段落内容观点，吴老师总是会提出详细的修改意见。直到答辩结束，吴老师还希望我继续改好拿去发表。本科同学毕业纷纷离校，我只能申请留宿，到处去借用电脑修改毕业论文。其实那个时候也是有点疲惫了，不知道要修改到什么样才能通过。随着校园里的同学越来越少，吴老师开始担心我的安全问题，多次劝我早点回家。我的毕业论文终究没有能达到吴老师所认可的能发表的水平，不过在吴老师的指导下，其中一部分经过改写，与贺敏师姐一起合写了一篇论文，发表在2001年的《中山大学学报（社会科学版）》上，后来还被人大复印资料转载。没有吴老师的严格要求，我绝对不可能在这样高级别的学术刊物上发表论文。这一切都归功于吴老师的悉心培养。

　　在硕士研究生学习中，很多时候吴老师都是讲完课就开书单，让我们自己选题写论文，在课上讨论。一开始，大家都觉得太难了：无论是自己选题写论文，还是现场批评别人或接受别人批评。吴老师就是用这种方式，一次又一次地锻炼我们。于我，倒是提高了沟通和表达能力，增强了信心，也能更宽容地对待他人和他人对自己的批评。

　　与吴老师相处日久，觉得当年师姐所言吴老师有"二严"，用在治学上非常恰当，用在生活上却误差明显。在我看来，吴老师既耿直犀利，也随和宽厚；有谦谦之风，也可亲可爱。我个人的体会有四：其一，硕士研究生二年级那年，我放弃了直博机会。起初吴老师兴致勃勃地通知我和伟华有直博名额这件事。我思量再三，希望毕业后先出去工作，就找吴老师表达了我的意思。吴老师一开始还笑着说，现在研究生可以结婚生孩子的，不耽误什么，鼓励我申请直博，但听完我的话，沉默了一会儿，点点头，还是同意了我的选择。而等到工作一年多后报考博士研究生，吴老师也非常欢迎，完全没有提之前的事。他的宽容，让我免去了很多尴尬。其二，硕士研究生三年级那年秋天，吴老师带我们去文化公园看菊花展。一群人浩浩荡荡地坐公交车长途跋涉，进入公园，颇受人瞩目。那是我第一次看菊展，发现菊花居然有那么多的品种和造型，真是巧夺天工。后来吴老师告诉我，因为他见我完成毕业论文很苦，我又不喜欢出去玩，才专门带着大家一起去公园赏花。吴老师说，学习固然重要，但是接受美的熏陶也很重要。人生中有很多美景要多多感受和体会，这于学术之路大有裨益。我听了，也尝试了，但可能天性使然，对美的认识还很不足，颇有点愧疚。其三，硕士毕业时，我面试了××学院的工作。有一天中午，学院直接联系吴老师过去开具证明做担保，主要是证明我没有什么不良记录。吴老师虽然身体不好，中午常常需要休息，但就业对学生很关键，他依照对方的要求前往，并开具了证明。但不知何故，我最终没有被录取，我也一直不知道吴老师去开证明这件事。多年后闲聊中提起这个学院，吴老师才告诉我。他笑着说：我堂堂一名大学教授，就被那个小小办事员呼之即来、挥之即去的，真是岂有此理！但是你们要找工作呀，我不得不低头。吴老师话中带着点小傲娇和小无奈，质朴可爱。其四，在有些事上，吴老师对毕业生和在读生的态度完全不同，这也让我看到了吴老师的直爽与通达。就学期间，吴老师绝不允许我们拿东西上门，反而经常在节日的时候送我们月饼之类的吃食，还告诉我们：这个是你们的×××师姐给的，这是你们的×××师兄给的。吴老师也不让我们请他吃饭，而是经常让毕了业的师兄、师姐请我们吃饭。毕业后每次去吴老师家探访，吴老师总是给我们讲很多同门的成绩或喜事，也经常喜欢让师兄、师姐组织同门聚会，增强我们之间的友谊。吴老师当时既忙于自己的学术研究，又因身兼《中山大学学报（社会科学版）》主编而忙于编务，还能关照我们的生活，着实令我感动！

　　我读博的时候，吴老师病了。此前报考时，我还去见过吴老师，想问问有什么"复习要点"。吴老师给我讲了好几个以前想考他的博士生的学生走歪门邪道的旧事，暗示我要公平竞争，好好复习，准备考试。面试的时候见吴老师，也没发现什么异常。开学后再一次见吴老师，是在文科楼四楼的一个大教室里，本科、硕士、博士学生都有。吴老师戴着口罩来到教室，但口罩也遮不住脸色的苍白和憔悴。后来才听说吴老师做了大手术，可还是放不下我们这群学生。之后吴老师就经常住院了。第一次进病房，我们几个学生戴上了口罩、穿上了防护服。那个时候还没有见识过新冠疫情的阵仗，只是觉得老师病得那么重，床头还放着需要审核的各种文件和论文，还要给我们几个上课，眼里的泪和防护服里的汗，不由自主地就冒了出来，也不敢擦。离开病房的时候，除了加倍努力学习，我没有其他能报答吴老师一片苦心的方法了。

　　吴老师的"二严"，不仅是对学生，也是对自己。我博士毕业时找吴老师合影，就是在图书馆找到的。他出院之后一直忙于他的论著，经常去图书馆查阅资料。为了锻炼身体，吴老师也经常徒步，在我微信运动好友排名中总是排在前几位。吴老师有一种做事一定要做到极致的精神，无论是他自己的研究工作，还是在培养学生方面，他都呕心沥血、兢兢业业。

　　一直都说吴老师严厉、严格，但回想 11 年的读书生涯，其实吴老师对我只发过两次火：一次是硕士论文开题前，一次是博士论文修改过程中，且都是对我的学业有重大影响的关键点，他有重要信息要通知我，我却因专注他事未能及时回复或接电话。吴老师再三强调，做学问要"进得去、出得来"，不能只顾"一心一意"埋头于书本，还要"耳听八方"及时关注多方信息，调整研究方向和进度。多亏吴老师的严格要求和悉心指导，我才得以完成学业。记得博士论文答辩那天，吴老师身体明显不适，本不打算参加，但最终还是专门赶到答辩会场，介绍了我个人和论文的基本情况。另一位和我一起答辩的同学说：真的好羡慕你！是呀，有这么一位为学生着想的导师，谁不羡慕呢！

11年里，吴老师默默为我挂心的事还有多少，现在是再也无从得知了。行文至此，在我迷蒙的眼前，吴老师的音容笑貌又一次浮现……我唯有遵照师嘱，认真工作，真诚待人，努力把"人"字写得更加端正，以回报吴老师的一片恩情。

2020 年 10 月

远行的您，住在我们心里

常　彬[①]

时光飞逝，一切都如白驹过隙，眨眼即逝。疫情下的 2020 年，仿佛还在年初，不经意间却走到了年尾。日子在岁岁年年中化去，如云如烟。三年有半，却有一种化不去的思念，拂不去的遗憾，始终萦绕，那就是——您的远行……吴老师，您怎么就走了呢，昨天我们还通过电话，还漫步在川大校园。

2010 年 11 月到成都开会，与吴老师漫步川大校园

2017 年 7 月 20 日，下午 5 点刚过，刚在办公室忙碌完毕，一个念头突然闪出，好久没跟吴老师通电话了，他老人家还好吗？于是拨通电话，手机里传出他亲切而熟悉的声音，略带沙哑却中气十足，听得出来，吴老师的精气神不错，状态颇好。我们聊了近一个小时，主要是我汇报近况，听吴老师睿智指点。多年来，已习惯于以这种方式与吴老师交流，并告诉他大后天（7 月 23 日）我将去美国学习半个月。吴老师很高兴，说陈伟华也在美国访学。一谈到弟子，吴老师的话匣子立马开启，将其门下弟子如数家珍地一一道来，谁的科研做得好，谁很勤奋，谁最近出了新书，谁发了好论文，甚至谈对象、找工作、结婚、生子、买房子，无一不上心。他是出了名的严师，弟子们都有些怕他，可背地里念叨起学生来，他更像个传统的父亲，威严其表，钟爱其里，带着几分傲骄，醉心于在旁人面前"炫娃"，那样一往情深、那样专注单纯，讲多少遍都津津有味。

① 常彬，南昌大学人文学院教授、博士生导师。

2010 年 11 月成都会，吴老师与几位弟子

7 月 22 日中午，师弟邓伟来电话，带来晴天霹雳的噩耗：就在这日上午，吴老师起床突感不适，送到医院已不治…… 怎么可能，怎么可能？42 个小时前，我们还在通电话，还在谈天说地，那爽朗的笑声、敏捷的谈吐、谆谆的教诲，电波还在流淌，余音还在耳际，怎么一刹那，他就驾鹤西去，将手足无措的我们和无尽的美好留给这个世界？！

吴老师是我的贵人和恩师，是我最荣幸的相遇、最丰富的知遇，对我的学术成长起着至关重要的作用。他和我的导师程文超等老师，构成了足以影响我一生的重要"金三角"，授业于程老师、修课于艾老师、丰富于吴老师，他们服务社会立德立言，精于学术栽桃树李，我是何等幸运，人生一站邂逅如许中大名师。

2001—2004 年，我在中山大学读博士，在人才济济的中大中文系现当代文学博士生群体，我是一只丑小鸭，既不出色，也不自信，还有几分胆怯。说起来，中大现当代文学专业老师的"凶"和"严"是出了名的，程文超老师、吴定宇老师都是最让学生惧怕又最令学生敬爱的好老师。我因开题报告未及时交出，被导师程文超"骂哭"在其病榻前，以至于三个月不敢见他……吴定宇老师"训"学生，挺"凶"挺严厉，浓眉一竖，句句戳在痛处。可就是这些严厉的导师们，训练出了一批在学术上崭露头角、不断前进的弟子们，其间蕴含着为师者多少心血和期待，将"严"诠释成另一种极致的爱。这世界上除了父母，没有谁比他们更深切地期盼你的成才，更愿意以自己的生命照亮你的前程，"严"是他们最负责的担当、最宅心仁厚的师道。

混迹吴门，与吴老师的学界老友和弟子合影（2002）

正是吴老师的严和爱，他的门下，培养出了陈伟华、陈多友、龙其林、邓伟、石晓岩、王兰、胡梅仙、方玉彪、陈双阳等众多出色的弟子——他们都是如今学界业界的精英。我也有幸混迹于吴门弟子群中，与他们一起聆听吴老师传道、授业、解惑。记得博士论文开题，需送交一份给吴老师审阅，那时正染恙住院的他，在病榻边认真审读了我的开题报告，切中肯綮地提了许多意见，还针对性地开列了应当"补课"的书单，鼓励我多读书、勤写作，在写作中发现思考的不足，再回头读书，如是反复，必有进步。吴老师博学多才、治学严谨、思维敏锐，我们师生之间经常交流，在遇到问题的时候，吴老师总是给予最恰切的指点，令我茅塞顿开，佩服不已。

在吴老师的激励和点拨下，我将阅读中和课堂上受到的启发、获得的灵感，逐渐变成思考和文字，笔头也越来越顺，三年下来，竟也发表了十来篇论文。尤其是拙文《在真实与虚构之间：〈一个歇斯底里病例的分析片断〉与〈我在霞村的时候〉文本比较》被《中山大学学报（社会科学版）》2003 年 4 期刊用，被《人大复印资料》转载，给了我平生第一次"被转载"的惊喜。"在真实与虚构之间"正是彼时我难以言状的快乐，更浸润着吴老师的关爱提携。他严于学术，也严于指导，这个主标题就是他妙笔横批替我改下的，既凝练出我论文的题眼，也暗合我学术起步中幸遇恩师亦真亦幻的心境，令人珍惜感念。

2004 年 6 月 27 日，喜迎毕业，拜谢恩师（在吴老师家）

撰写博士论文的后期，"工期"大限在即，因长期疲劳、思路不顺、笔头打结、苦不堪言，曾经站在中大中二楼 11 层的宿舍阳台上，看着南国冬日的木叶在风中飘飘而下，想象生命的飘落会否像落叶那般，带着阳光透过的翩跹美感，没有焦灼、没有痛苦晃晃悠悠地飘向大地。我明白自己走进了绝望，虽然干不了傻事，可心境羡慕落叶。是吴老师拯救了我，他认真地倾听，耐心地帮自怨自艾的我理头绪，全篇审读我犹如毛坯的初稿，进行了沟壑纵横的精彩改动，还找出不少"闪光点"给予了我极大的鼓励。他的夸赞让我不相信那是自己，我明白这是睿智仁厚的师者因材施教的秘笈之一。但鼓励的力量是巨大的，让我在极度的沮丧中重拾自信，激发了更多的学术期许去面对压力，终于迎来了寒窗苦读三年的收获，在博士服映照的红彤彤的喜悦中去拜谢恩师。

细端照片中憔悴的自己，不由得想起导师程文超的"入门"师训：读博三年要做好老十岁的准备。是啊，我们在求学中经历了成长的磨砺，痛苦着，也快乐着，耗损的岂止是年轻的容颜，更是师者无私的奉献和操劳的心血。

毕业后的日子，吴老师推荐我到中国社科院文学所杨义老师那里做博士后，开启了我求学与研究生涯的另一个新起点、新征程。可无论我走得多远，永远在吴老师关怀的视线里。说来有趣，我在中大读博时，吴老师不会打字、不会使用电脑，他自己的论文和给学生批改的论文，都是字字手写，无论篇幅短长。可他的学习能力超强，似乎一夜之间就无师自通地学会了打字和上网。那时通信手段还没现在这么发达，交流主要靠邮件；后来微信流行了，吴老师依然喜欢以邮件推送好文章、新信息给我，尤其是与我研究抗美援朝文学有关的话题：

2017 年 2 月 24 日，吴老师转发文章，提醒我的研究要关注中朝关系的最新动态

因朝鲜官方不点名批评中国，用词空前激烈，《环球时报》2017 年 2 月 24 日上午的社评予以回应，吴老师下午就将全文发给我："常彬女士：中国的学术研究离不开政治。窃以为关注中朝关系的最新动态，对你的研究不无参考意义，故转发此文。"迅即的信息传递，第一时间给出建议，吴老师的关切之心由然可见。

我是弟子辈，吴老师直呼其名即可，不用称"常彬女士"，提过几回意见，可老人家固执地认为，这是对女性的尊重，是行文必需的礼节。这让我既拘谨又感动，滴水映阳光，细微见高节，吴老师的为人，方正有尺度，学高德亦高。

2015 年 3 月 17 日，吴老师来邮件催问我申报课题事

吴老师不仅是良师益友，还是"督学"，令人不敢心生懈怠："常彬女士：你好！你的重大项目书不知交上去了没有？今天偶然读到沈志华关于抗美援朝的文章，又在百度网上查了他的材料，突然想到你的申报书如果再加上苏联方面的内容，岂不是更加完美？……"

这么多年来，虽在事业上有些许进步，也为人师做博导，可对吴老师的学养和智慧，除了崇敬就是信赖乃至依赖，仍如学生时代，遇上学术上的难题、纠结不清的课题，就会请教于他。这不，请吴老师斧正的选题推荐表，吴老师挑灯夜战不辞辛劳："常彬女士：你好！苦战了一天一夜，终于将推荐表寄出。由于时间紧，彼此沟通也不够，我改得不好，连自己也不满意，歉甚歉甚！上帝会保佑你的，预祝申报成功！"捧读着被他精心修改的推荐表，内心的感动无以言表，这就是师恩，无以报答，却能深深体会。

----- 原始邮件 -----
发件人：吴定宇 <wudingyu@mail.sysu.edu.cn>
收件人：qianshou988 <qianshou988@sina.com>
主题：推荐表
日期：2016年03月23日 16点49分

常彬女士：你好！
苦战了一天一夜，终于将推荐表寄出。由于时间紧，彼此沟通也不够，我改得不好，连自己也不满意，歉甚歉甚！
上帝会保佑你的，预祝申报成功！
吴定宇2016-3-23

2016 年 3 月 23 日，吴老师帮我斧正推荐表后发邮件给我

我在河北大学工作的十年间，正是中国北方地区污染最严重的年份。以前不知道，冬季几米之外不见物的灰蒙蒙天空，以为是弥漫的大雾。约在 2013 年，这个"大雾"被天气预报清晰定义为"雾霾"，我才开始知道 $PM_{2.5}$ 的数值高低意味着什么。远在南国沐浴清风丽日的吴老师，却牵挂着千里之外被雾霾深锁的弟子："常彬女士：前几天在网上看到保定的雾霾位居全国第二，今天看到空气污染指数竟达 298，属重度污染前列，太可怕了。所以你出门一定要戴双层口罩，家里要安装空气净化器和消毒器，即使今后调动不能带走，送人也算积功德。圣诞快到了，遥祝。"（2013 年 12 月 22 日）。

Fwd: 圣诞快乐 ★ 🏳 📎
吴定宇 于2013年12月22日 星期日 下午22:30 发送给 qianshou988...   查看   📎查看1个附件

新浪企业邮箱，移动办公新选择！

常彬女士：前几天在网上看到保定的雾霾位居全国第二，今天又看到空气污染指数竟达298，属重度污染前列，太可怕了，所以你出门一定要戴双层口罩，家里要安装空气净化器和消毒器，即使今后调动不能带走，送人也算积功德。圣诞快到了，遥祝
圣诞快乐
吴定宇

2013 年 12 月 22 日，吴老师邮件，关心在北方雾霾中的我要注意居家防护

七年后的今天，年尾临近。圣诞快到了，吴老师，您在那边还好吗？我们都很想念您，遥祝的新年问候，您能否听见？

2017 年 12 月 31 日发给吴老师的新年歌曲《友谊天长地久》

三年来，对吴老师的遽然远行，我既不愿相信也不想面对。总是习惯于惯常的联系。2017 年的最后一天，像往年一样，我给吴老师发去他喜欢的歌曲《友谊地久天长》，深情悠长的旋律透着绵绵感伤，既是道别又是怀想，给那无尽的远方，吴老师去到的地方。

2018 年大年三十早上，仍与往年一样，给吴老师拜年，可手机那头再也没有往日的声音。"吴老师，您在天堂还好吧？每年春节，第一个问候电话一定是给您的，今年仍然如此，用心灵的电波与您交流，向您汇报，得到您的启示与指点。这一年，很忙碌，没有时间好好坐下来做学问，一想到这，我就羞愧自责万分，您也一定会失望、不高兴的，您对我寄予了很高的期望，我不能辜负。接下来的时日，我会好好安排管理时间，将更多的时间和精力用到学术上，……告慰您的殷殷嘱咐"（2018 年 2 月 15 日）。

2018 年 2 月 15 日（大年三十），问候天堂里的吴老师

又到了年底，"吴老师，又是一年开始，您在天堂那边还好吧？我经常会想到您，不由自主地想起您，想起读博时您的鼓励支持，想起平时您的关心，很遗憾没能更多时间陪伴您，2016年11月石家庄的会，您希望我去，可我太忙没能去成，真的好遗憾。新年快乐，为您、为我！"（2018年12月31日）。

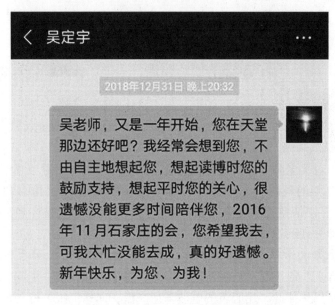

2018 年 12 月 31 日，给吴老师的新年问候

吴老师，我的新书在出版了，《硝烟中的鲜花：抗美援朝文学叙事及史料整理》，主标题"硝烟中的鲜花"是几年前您给起的。当时我琢磨了好几个题目都不甚满意，再次求教于博学睿智"金点子"多多的您，电话那头，您沉吟片刻，说"那就起名为'硝烟中的鲜花'如何？""啊哈，就是它了，一锤定音！"我欢呼道，于是这书名就变成了开在我心里的花朵。

岁月如轮回，我的人生有时也在轮回：第一篇刊于《中山大学学报（社会科学版）》的论文被转载，主标题是您起的；十多年后，新著的主标题依然是您给取的。我的学术生命在您的殷殷关切中成长。无论走多远，都轮回在您师者圣心温暖慈祥的视线中。

远行的您，住在我们心里，笑容依旧。

2010 年 11 月到成都开会，吴老师携众人逛窄巷子（常彬摄）

2020 年 12 月 13 日

吴定宇先生

陈多友[①]

　　2017 年 7 月 22 日，刚刚回到家乡准备度假的我，收到了来自师兄的电话，说我们的恩师吴定宇先生因心肌梗死逝世了，一时间我惊讶得说不出话来。此前先生一直身体不好，动过大手术，长时间住院接受治疗，即便出院后还要坚持自主疗治。但是，先生给我们的感觉是大病痊愈，正在乐观地进行恢复性保健护理。每每与我们见面，他总是那么兴致勃勃，滔滔不绝，娓娓道来，不知疲倦：谁谁教授又来广州拜访自己了；谁谁弟子又拿到国家社科项目了；谁谁徒弟又出大作了；谁谁又邀请他参会或讲学了；弟子中谁谁又因表现突出受到表彰、提拔了；谁谁又喜得贵子或千金了……从其温文尔雅的话语里，从其心花怒放的神态中，我们始终能感受到振奋、激昂、向上、创造的力量。所以我们没有人怀疑他已恢复健康，更没有人会料到他会那么快与我们阴阳两隔。如果说"人生不满百，常怀千岁忧"，是生命试图企及的高度，那么，难道"七十三、八十四，阎王不请我自去"又是世间无法违背的事理？无情的疾病就这么急切地夺走了吾师的生命，不给我们留下哪怕片刻的惜别机会。

　　2004 年初，几近不惑之年的我，终于痛下决心再度深造，因为高校教师没有博士学位，小则不利于个人发展，大则影响学科建设，于公于私必须做出决断。但是，令人惆怅的是，这么大岁数再做"童生"，投何人门下才合适？经过长时间的思考与"筛选"，我决定报考中山大学中文系吴定宇先生的博士生。一则先生的研究聚焦于转型期的中国文学，直接涉及中国文学现代性发生过程中的外部影响要素研究，这与我的学术关切及主攻方向暗合。二则先生的学术影响力及成就，先生的口碑与声誉，都堪称学界代表。因了机缘，锁定了目标，也有了干劲，最终我如愿以偿地考取了中山大学博士研究生，成为吴定宇先生的门生。何其幸哉！

　　先生必修课授课方式甚是奇特。先是由他本人制定一个选题，开出参考文献目录，让几位弟子分别准备一篇文字稿（要求达到正式发表水平），待到下次上课时，弟子们依次口头发表，依次首尾衔接互相品评（互相点评这一关最难过，既要三言两语概括出别人的好处，又得严厉地指出别人的纰漏。尤其是批评必须

──────────

　　① 陈多友，中山大学 2004 级博士研究生。现任广东外语外贸大学日语语言文化学院暨亚非语言文化学院院长、教授、博士生导师。

动真格，不留情面），然后先生就每人的发言、陈述及评论进行点评。每当发言者准备充分，思路清晰，观点明确，富于新意之时，先生便给予充分肯定，大加赞赏。甚至将本来斤两不足、成色不高的发言内容高度提炼，从中捻出颇具创新价值的新学说、新论断。反之，每当发言不得要领，没有跟上学术前沿动态给出新知之际，先生便会疾言厉色、扼腕抵掌地道出你的不足与舛误，甚至勒令推翻重来。为此，我们的专业必修课往往变成火星撞地球的科幻大片，惊雷闪电，暴风骤雨，催人亢奋，摄人心魄。时间被紧紧拘牵于狭小的空间里不得向前伸展，空气被热辩烘烤得急剧膨胀。一节课下来常常是头晕目眩、饥肠辘辘。开始还有人叫苦，然而，几次课上下来之后，大家似乎明白了：这就是先生秘制的严师出高徒的撒手锏，借此我们可以学到真功夫。有一次，先生私下跟我透露，先生的恩师的恩师沈从文先生也有此利器。于是乎，我心领神会。直到今天，出席各种场合的学术活动，我往往为自己能够在有限的时间内提纲挈领地讲清楚该说的问题，发表有建设性的言论而欣慰。我庆幸恩师秘传给了自己绝活。如今，我也尝试着把它传授给我的学生们。

先生对学术有着超出常人的执着，成就斐然有目共睹。他视野开阔，目光犀利，总能够在近现代文学文化研究领域引领创新，独树一帜。转型期文学研究、现代性研究、后现代思想文化研究以及当代中国问题与全球化思潮研究……他都广泛涉猎，并一一做专题研究。他著述丰赡，在其离世前的十几年间，仅在各类学术期刊上发表的前沿性研究论文就多达130万字之多。各类学术会议、前沿讲座、学术争鸣活动，都能够看到恩师的身影，都能够听到恩师的卓卓宏论。境外的同行仰慕他，纷纷前来广州问道；境内的学者学人尊敬他，不失时机地求教于左右。在先生的教诲与引导下，弟子们皆奋发努力，在各自的领域学有专攻，取得喜人的成就，常彬、陈伟华、邓伟、李广琼、肖向明、曹艳红、许德、赵梦颖、胡梅仙、石晓岩、龙其林、李红霞、王兰等一大批中青年学者都成为学界的中坚力量。若先生地下有知，该含笑于九泉。

先生体弱，有痼疾，常年需要治疗，住院就医几乎是常态。于是，我们的课堂往往在病房，病榻就是讲经坛。各类学术问题的探讨、学位论文的选题论证、开题报告的框架搭建、写作方案的锚定、写作细节的议论、初稿至终稿的蜕变……不知多少次，恩师甚至忘记了自己是患者，声情并茂地讲解、剥茧抽丝地分析、繁复却清晰地阐释、高屋建瓴地点化，一言一语都那么入耳、入心、入脑。每每这种时候我们皆如沐春风，觉得无比幸福、无比充实。常常是直到医务人员来催促病人用药或暗示我们病人需要休息，我们才不忍地离去。恩师亦是意犹未尽，满脸眷恋地目送我们离开"教室"。不知多少次，我心里在想，我们这些弟子是不是太自私、太功利了？为何不能让恩师安静地养病，早日恢复健康呢？吾爱知，更应该爱吾师呀！然而，如今想来，我似乎理解了恩师当年为什么要那么只争朝夕，宁可牺牲健康也要诲人不倦。或许他早已料到：病魔不仁，来日无多。所以只能豁出去，与之抢时间，多培养几个优秀人才，为薪火相传、青春不老的学术延续生命。先生是对的，他做到了；先生是无畏的，他用双手掐住了死神的脖子。他提前超额完成了俗世间的使命，其精神升腾再升腾，早已化为理式世界中的永恒！在那波光陆离的七彩殿堂里，恩师身上闪烁着智慧的光芒，指引着我们继续前行。

先生尊师重教堪称典范。他的恩师吴宏聪先生是国内著名学者，在中国现当代文学研究领域有突出贡献，是学界公认的"创造社"研究第一人。先生亲切地让我们称他为"太老师"。从入师门第一天起，恩师就告诉我们要记住这个响亮的名字。平时上课或其他场合的交流，先生皆口口声声"吴先生"，让我们多接触"吴先生"，多学习他优秀的品质，多领会其道德文章。逢年过节，先生便亲自带领我们众弟子赴太老师家里做客。太老师因年事已高，早就离休颐养。但是老先生仍心系学术，初心不改。与我们在一起，他思维敏捷，谈吐间含英咀华，妙语连珠。我们甚是享受如此类似三世同堂的天伦之乐。然而，老先生患有耳疾，失聪有年。我们的交流是采用写字板提问并回话方式进行的。有点黄遵宪旅日期间与日人交流之际采用的"笔谈"话法之韵味，虽然节奏慢了些，但是沟通是极其有效的。后来听太老师说，这个方法是恩师发明的。一个小小的细节，该浓缩了多少真挚的爱呀？太老师九十岁生日，先生尽管自己身体不适，仍然带着我们为他操办了隆重却简朴的生日宴会。那天，我分明看到了太老师——这位有着铮铮铁骨的坚强老人——双眼里闪动着晶莹的泪花。读书人的理想就是得天下英才而教之。此时此刻，回首坎坷曲折的大半生，太老师肯定是百感交集，为自己拥有这么出色的弟子以及再传弟子而欣慰，而自豪！不久，可亲可爱的太老师走了，走得非常从容，带着快慰与满足。

先生是坦荡的。他真诚、率直，就像天上的辰星，没云霭遮挡的夜天里，他总是晶莹闪亮的。他从不掩饰自己的真性情，有时率真得就仿若纯净的孩童。从他清澈的眼眸里你能够领悟出道义与德行的奥义；从其一举手一投足你可以感受到熏浸刺提的力量。每次与恩师长谈之后，我都在想，道法自然，返璞归真，该是一种多么伟大的膝理？可是，谁又能够像先生这样不为人世间事纷扰所动，始终怀着赤子之心，教书育人，著书立说，为实现读书人之理想而不舍昼夜、砥砺修行呢？

我命好，遇到了恩师。我幸运，有了像恩师一样教书育人的机会。所以，我期盼，恩师的人格与精神能够化为我做人的动力与智慧。

深切怀念恩师吴定宇先生！

2020 年 10 月 3 日星期六于广州听云斋

吴老师与我的"一百篇"

陈双阳[①]

"诗三百，风雅颂；文一百，基本功。"按中大中文系的规定，新生第一学年要完成 100 篇的文稿，每学期 50 篇，分两次交稿，由专门指定的老师审阅辅导。当时吧，高校还没扩招，教育还没有产业化的提法，互联网还不见影子，学生还多是单纯的学生，老师也真是认真的老师。吴定宇教授作为我的指定辅导老师，更是格外认真，号称中文系的"严师"。他费了不少时间看了每一篇文章，改了不少错别字，划了一些波浪线，给了许多中肯的评价和意见——到了"壮悔少作"的年纪后，我自己觉得，审阅"高四学生"作文对"大学教授"来说，可真算一种折磨，而教授的意见再高明，学生也往往一知半解，更多地要靠自己的"烂笔头"来提升。青春就在懵懵懂懂中过去了，等到你懂得别人意见的珍贵时，已经没多少人给你提意见了。

对我而言，最难的是"选题"。成长于僻壤，濡染于方言，两耳不闻窗外事，一心只读教科书，说起人生经历和社会阅历，可谓白纸一张。以往的写作，往往是"命题作文"，向壁虚构一番，发些"天才的 99% 是汗水"的议论，在一般考试中，也能蒙混过关，仗着病句和错字较少，在同学中可称"作文尖子"。到了"自编自导自演"的时候，便觉得头脑空空，笔下艰涩。偏生吴老师严格，要求散文、杂文、书评、影评、诗歌、小说……多种文体都要尝试，我只好搜肠刮肚，碧落黄泉，记得写得最多的，除了伤春悲秋的风月文章之外，就是对身边同学众生相的侧记观察，为了拼凑成篇，往往渲染夸张，还好无须公布，否则必招众怒。至于对吴老师提出的 10 篇文言作文、10 篇英文作文的"加料"要求，我更是伤透脑筋，吭哧吭哧不已，才勉强完成。

一百篇的基本功完成之后，我们才进入规范化、学术化的训练流程，第二年完成了 8 篇书评（包括吴老师指定的《约翰·克里斯朵夫》这些大部头），第三、四年则是学年和毕业论文。保送研究生之后，则力攻硕士学位论文。这中间，我都得到了吴老师的悉心指点，虽然挨了不少"逻辑性不够"的批评，但不知不觉间，也培养了一点做专题研究的兴趣，自己也貌似可以指导低年级师弟师妹的论文写作了，学年论文和硕士论文都承蒙吴老师推荐到学报发表，也算为个人"学术生涯"留下了一点印记。后来，吴老师担任了学报主编，曾听他说

[①] 陈双阳，现供职于某省直单位。

起拒绝某高官挂名稿件的轶事，才惊觉学术门槛之高，忝列吴老师门下，一文一字，岂可随便乎?!

事非经过不知难，苦要吃过才觉益。转眼毕业出关，走上了公务员之路，才发现文山会海，压力山大，基本上是天天爬格子，一年下来，也是一个"一百篇"；一些研究报告或调研课题的难度，也不亚于学术论文。之所以能坚持下来，离不开吴老师一直以来对我的高标准、严要求，离不开那些连篇累牍的"实战""实训"，离不开逐渐夯实的"学、读、写、思"一体化的训练体系。

一晃眼20多年过去了，吴老师已经功成身退，不在江湖，我则两鬓斑白，终日忙于案头文牍，但我仍然保留着一百篇的手写文稿，那上面，有吴老师批改过的点点痕迹……

附：

贺　辞

——为吴老师七十大寿作

陈双阳

吴师大寿，七秩康强。

生于天府，执教岭南。

从文达理，治学惟端。

涉史通哲，文化濡染。

指点江山，著述宏广。

泽被学林，桃李成行。

面命之教，亦温亦严。

耳提之恩，有扶有帮。

凌云之笔，不附不阿。

赤子之心，未改未藏。

身为老骥，壮心飞扬。

天伦常乐，化吉呈祥。

甲午初春，相聚一堂。

为师长寿，为师门欢。

中文一脉，气韵绵长。

花发再春，薪尽火传。

薪火其灿，灿若星汉！

按：文及贺词为旧作，略加修改。

悟·律·爱

——吴定宇师的教书育人之道

陈伟华[①]

　　我读研及读博时的导师吴定宇教授至今已去世三年多了。若从我2000年春季去中山大学参加考研面试与吴老师首次见面算起，我跟他的联系至今竟然已有20余年了。在这近20年的交集之中，可说的事情太多太多。在这个特殊的集子之中，我最想说的，是关于他的教书育人之道。原因很简单，因为博士毕业之后，我跟吴老师一样，同样从事着教书育人的职业。我经常参照他的做法来教学、做科研和指导本科生、硕士生和博士生。在我看来，吴老师的教书育人之道大致可以归结为三个字：悟、律、爱。

"悟"力挖潜

　　人世之间，生而知之者极为少见。一般而言，能够成为硕士生和博士生，资质也大致不差，悟性基本都能达到良好的级别。跟随吴定宇教授攻读硕士和博士学位期间，关于学习，吴老师提得最多的是"悟"。到底怎样去悟，我也记不清楚了。只记得他叫我做事时，不大喜欢事无巨细都交代清楚，而是让我遇到问题时，自己去找答案，自己去想办法解决问题。

　　我读研时，中山大学中文系的研究生教学比较灵活，每门课程，通常只有三次课堂教学时间，首次讲授课程引言，下发课程精读书目。第二次课在期中，进行期中汇报。第三次课在期末，修课学生交谈读书心得，提交课程论文。整体而言，吴老师在课堂上讲得较少。但这似乎并不妨碍我们学到东西。我当时所提交的课程论文，后来大部分都修改成规范的学术论文在期刊上发表了。除了他自己开设的课程，吴老师还特别建议我去选修或旁听本系其他老师的课程，让我从中去悟到一些适合我自己的东西。我后来的知识体系体现出比较驳杂的一面，而并非完全跟随吴老师的治学路子，跟吴老师的"悟学"式培育思路有很大关系。

　　吴老师授课时特别强调少讲多悟，但对学生的实际指导时间和内容并无减少。他的授课，其实是突破了狭小的物理空间，而将课堂安放在了更为广阔的社会空间。在中大读硕、博期间，吴老师带着我做了两个合作科研项目：郭沫若诗

[①]　陈伟华（1976—2023），生前为湖南大学文学院教授，博士生导师。

歌研究和中山大学校史研究。关于郭沫若诗歌研究的项目我们最终未合作出书。中山大学校史研究项目在我博士毕业工作一年之后出书。未出版的那本书原计划叫《郭沫若诗解》。按照计划，他负责解读郭沫若的早期诗集，我负责解读中期和后期的郭沫若诗集。为了这个项目，我除了之前修习的郭沫若研究课程，还专门投入了大半年的时间。吴老师当时既是中山大学的教授，同时也兼任《中山大学学报（社会科学版）》的主编，大概是因为事务过于繁忙，一直到我博士毕业，他都一直没有提出要成书出版，作为尚在读的博士生，我自然也不便主动跟吴老师提合作出书之事。任教湖南大学之后，我将我的鲁迅研究、郭沫若小说研究论文和郭沫若诗集研究的部分成果结集成书，命名为《鲁迅郭沫若研究札记》，于2009年在中国社会科学出版社出版。吴老师在郭沫若研究领域中用功很多，而且成果颇丰。因为他的授课和课题动议，我曾在郭沫若研究方面花过不少时间，但我后来终究没有继续往郭沫若研究的道路上走了。吴老师在巴金研究领域也用功颇深，取得了学界公认的成果。我除了课程论文撰写了相关论文之外，也没有往这个领域深耕。撰写博士学位论文时，我选择做了基督教文化对中国小说的影响研究。吴老师对我的选择表示全力支持。他相信这是我"悟"学之后的较佳选择。

作为副主编来参与《中山大学校史（1924—2004）》编撰项目对我来说绝对是一个非常大的挑战。尽管撰写小组有十多人，但毕竟跨专业的研究，毕竟有80年的学校历史文献要阅读。而我，一边要撰写博士论文，一边还要四处联系单位试讲找工作。现在回想起来，这个项目也差不多把我逼到承受能力的极限了。我也正是通过这个项目，学到了很多关于团队科研的具体方法和知识。后来我自己带着硕、博研究生合作撰写出版《中国电影史·2015简编》和《中国电视剧史·2015简编》时，不能不说是撰写并担任《中山大学校史（1924—2004）》一书的副主编的经验给我提供了大量帮助。

我跟吴老师读硕读博期间，吴老师正好担任《中山大学学报（社会科学版）》的主编。照常理，吴老师有很多机会把我们的文章推荐出去。但事实上，吴老师很少这样做（关于帮忙荐稿，见后文）。他鼓励我去找合适的刊物，鼓励我多写多投，不用担心被拒稿。在与刊物编辑老师的交流过程中，我自然而然学到很多课堂课程中未曾安排的内容。

严律培元

无论是初次见面还是交往已久，吴老师给人的感觉一直都是严肃认真、不苟言笑。在指导研究生方面，吴老师素以严格而著称。读硕期间他给我们年级讲授的第一堂课，我至今仍历历在目。那时候，中文堂还没有建立起来，中文系办公楼还在文科大楼。吴老师以中国现当代文学教研室的办公室为教室给我们授课。开场白之后，他转身在身后黑板上写了一个大大的"人"字。然后郑重地对我们说，我们做学问，首先要学的是做人，要学会把"人"字写端正。那节课讲了什么内容，我现在已经想不起来了。但他写的那个大大的、端端正正的人字，一直深深地印在我的脑海中。中国自古非常重视人品与道德，很显然，吴老师继承了中国传统文化中的优秀传统。吴老师在治学过程中，非常强调从文化的角度研究文学。人性、道德、人品这些东西正是中国传统文化中的重要内容。它们虽然属于文章的外部因素，但又对文章的形成有着重要作用，所以吴老师对它们尤其重视。

报考吴老师的学生相对较多。由于吴老师担任行政职务，因此，招收学生时免不了有人跟他说情打招呼。但他一直严于律己，恪守着成绩面前人人平等的选材标准。平时闲聊，我经常听他得意地说，这届又招收了成绩排名第一的学生。尽管由于各种复杂原因，学业成绩排名第一的学生不一定能够在激烈的社会竞争中获得最好的位置。他高兴的是在他能够掌控的这一关中，他给予了这些勤奋用功的学子应有的认可。

作为吴老师的学生，如果说丝毫不畏惧他，这恐怕不是最真实的感受。据说，他的严厉批评曾让一些脆弱且面子较薄的女生直接哭鼻子掉眼泪了。刚接触到吴老师时，对他的严厉，我也不大适应。后来慢慢就适应了，因为我意识到，无论吴老师的批评多么严厉，都并非无缘无故，都是为了学生的成长。还有一点，吴老师能够将批评的力度控制在一定的限度之内。

除了"批评"，吴老师的指导手册中还有"表扬"这一常规"武器"。这也即所谓的批评与表扬相结合吧。表扬学生，特别是当众进行表扬，有好处，也有不好之处。其好处在于，可以让其他学生很直接地找到身边的学习对象，有利于学生之间互相交流。不利之处在于，容易引发学生之间的嫉妒心理，造成学生之间关系紧张。事实上，假如一个学生足够优秀，他自然会引起身边同学的注意，并且自然成为学习的榜样。而假如一个学生在其他人看起来并不那么优秀，导师却将其作为榜样凸显出来，身边的同学可能反而看不到他的长处了，而专注于挑他的缺点与不足了。这在无形中给被表扬、被树立为榜样的学生造成了伤害。倘若他们没有自知之明，对老师的赞赏沾沾自喜，只看到自己的优点而忽略了自己的不足，从此飘在半空而不能脚踏实地。这对学生而言，更无异于"捧杀"了。机缘巧合，我成为吴老师指导的首届博士生之一。又因为我比较勤奋，性格比较沉稳，所以吴老师经常在师门中提起我。吴老师生前似乎经常跟弟子们说起关于我的这样一件事。他说我在一直埋头苦读，从不贪玩，并举例说我在中大读书五年（硕博连读），居然不知道风景最好的中大北门在哪里。事实上，吴老师的这个表述并不完全属实，其中有虚构的成分。首先，我确实很少出去游玩，并不是因为我不爱玩，而是因为要忙的事情实在太多，抽不出时间出去玩耍。其次，我并非不知道风景秀丽的位于珠江边上的中大北门在哪里。读博期间我住在东区，离小北门很近。有一段时间，我在学习之余经常骑着自行车去北门广场兜风。透过这件事，我后来才领悟到，所谓吴老师的表扬对象，所谓吴老师心目中的模范学生，不过是他心目中的理想学生的模样，实际上他的弟子中几乎没有人能够达标。换言之，现实跟理想之间还有着非常遥远的距离。尽管如此，吴老师也没有放弃寻找或者打造他的模范学生。不能不承认，他的这种执念给他指导的研究生们带来了一定的心理压力。但事实表明，在生活节奏奇快的现代社会里，压力无处不在。研究生们在求学期间承受适当的压力对毕业之后很好地适应外界社会不无好处，它可以让大家面临各种压力时不会觉得过于突然，不会惊慌失措。

人们常说，文人相轻，但假如真有文人相轻一说，我认为吴老师不在此列。因为，无论是我在中大跟吴老师攻读硕、博学位期间的耳濡目染，还是我毕业工作之后持续跟他进行的交流与沟通，我都从未听到吴老师说过同行或同事的任何不是。他说出来的，都是同行们的优点。中国现当代文学研究公认成就非常突出的几位学者，更是经常被他挂在嘴边。他鼓励我去读这些大学者们的著作，学习他们的治学与为人之道。

爱生如子

或许，在吴老师心中有一个纽带连接着他所倡导的"悟"与"律"。这个纽带就是"爱生如子"。进入师门之前，我就曾听高年级的师兄说，吴老师曾经亲口对他们说自己视学生为子女。我入师门时，没有亲耳听到他说类似的话。但我实实在在地感受到了他对学生的一种家人式的"关爱"。在中大读书那几年，凡是我寒暑假留在学校学习而没有回老家过年之时，他总是会邀请我去学校附近的川菜馆吃大餐。吴老师是四川人，无辣不欢，尽管居广州数十年，他依然不改吃辣的爱好。因身体原因，吴老师不能吃辣了，但他一直对辣椒念念不忘。或许，他怀念的不是辣味，而是一种乡情。

吴老师极重感情，但吴老师又确实不是那种感情外露的人。所以，如果没有深厚交情和长期交往，而只是泛泛之交或偶然相交，就很难感受到他对感情的用心，甚至还会觉得他有点冷漠。据我的体会，吴老师对人，特别是对学生的关爱是深层次而且持久的。他不大喜欢用华丽的语言表现出来，他甚至会板起面孔来教训学生。吴老师主张爱生如子，主张爱心代代承传。我在中大读博阶段，宿舍离太老师，即吴老师的硕士导师吴宏聪先生的家较近。吴老师便要我留下电话给太老师，叮嘱说若太老师有需要，我要尽可能多地去帮忙；过节过年之时，可打电话问候甚至去探望。吴老师经常告诫我：人在权贵之时，要少去麻烦打扰；人在孤寂之际，不妨多主动去探望。太老师吴宏聪先生那时年岁已接近 90，是大学教育界和中国现代文学研究界的资深前辈，得益于吴老师的推荐和引见，我也因此得以接近这位毕业于西南联大的传奇学者。

吴老师指导的硕、博研究生有 30 余人。因各人的境遇不同，毕业之后各人的发展也各有不同。出于时间和精力等各方面的原因，吴老师可能并没有跟所有的学生都有密切联系，但他一直都在关注他们的成长和发展。跟我通电话时，他对各位弟子的近况如数家珍。若逢弟子们有喜事相报，他也如同自己有喜事降临一般，喜悦高兴之情溢于言表。吴老师指导的博士生毕业后多在高校工作，成了吴老师的同行，我也是其中一位。我于 2005 年自中山大学毕业之后任教于湖南大学，我们之间，甚至比我在求学阶段的交流更多、更频繁了。他经常跟我通很长时间的电话，聊各方面的事情。不能不说，那是特别令人难忘的记忆。

铁打的校园，流水的学生。在一些人看来，学生毕业后，师生之间的联系自然告一段落了。老师也不需要再操心学生的学术发展了。吴老师不是这样，学生们仍装在他的心里，他仍在担负着学生们的学术引路人的责任。除了电话联络，他还尽可能地给学生们提供学术资讯。其中，带领学生参加各种学术研讨会是他比较喜欢做的事情。回想起来，我首次参加的学术会议，正是在吴老师带领下参加的，那是 2002 年在湖南师范大学举行的中国现代文学研究会第八届年会。也是在这一年，我获得了提前攻博的资格，由硕士转为博士生培养。湖南师范大学是我本科就读的学校，那次，我以博士生的身份回母校参加学术研讨会，心中自然非常高兴。说是参加会议，其实是旁听会议。尽管如此，吴老师却特地叮嘱我要印制名片，以便与学界同仁交流。我在这次会议上并没有提交论文，也没有做主题发言。但是，这次会议对我而言意义重大。因为它为我打开了我校外学术交流之门，为我开启了我学术研讨会上交结学界朋友之路。我在那次会议上认识的一些同行，至今还保持着联系。

我还清楚地记得，2005 年夏天，我从中山大学博士毕业。综合考虑各种因素，我决定离开广东，回到我的生长之地——湖南工作。临行前的一个下午，吴老师突然给我打电话，让我陪他去医院一趟。我来到他家，见到了另外两个同门，才知道吴老师要去医院做换肾手术。就这样，我跟吴老师的儿子，以及另外两位同门守在手术室门口，陪同他完成了这项关系到他性命的重大手术。吴老师就是这样，处变不惊，举重若轻，举轻若重。而在之前不久，他还若无其事地参加了我的博士学位论文答辩会，跟我们一起拍毕业合影。或许，吴老师因为经历的事情太多，早就看淡了生与死。

因为动了大手术的原因，吴老师有两三年的时间都处于调养身体的状态之中。2008 年下半年开学后不久，吴老师打电话邀请我同去参加学术研讨会。这是我博士毕业后首次与吴老师外出开会，看到吴老师可以外出参加学术活动了，我们都很高兴。这次会议是在河北保定举行的中国现代文学研究会第十届理事会第二次会议。会上，他的兴致和气色都显得很好。其一是因为经过手术后两年多的调养，他的身体已基本恢复正常了；其二是陆续有好几位博士生毕业进入高校工作。他的保定会议之行似乎在告诉学界同行：老吴又回来了，而且，他带的博士也已经在接班路上了。或许，这就是所谓学者的精神吧。在意学术贡献，在意学术传承。在这个会议上，我再次近距离地看到了中国现代文学研究领域的许多知名学者。

应该承认，随着互联网的进一步发展和微信等通信软件的广泛运用，学术会议的资讯在今天已非常容易获得了。但在十年前，获取会议资讯的渠道还非常有限，办会方和参会方主要依靠书信和电话的方式进行沟通。因此，不能不说吴老师提供的这些会议资讯具有非常好的引路作用。

两年后，中国现代文学研究会第十届年会在四川师范大学文学院召开。吴老师得知消息之后，随即便将信息告诉了我，再次邀请我前往。一同前往的还有另外几个吴门弟子。在自己的家乡开会，吴老师非常高兴。让人十分感动的是，为了带学生们领略最高处的风景，他不顾身体有可能出现状况，带着我们一直爬到了峨眉山的"金顶"。后来，在吴老师的计划日程中，他还打算带我们去上海参加会议，带我们去会会上海的学界朋友。只可惜当时我恰好有事情要忙，未能随同前往。

除了带我们去参加学术会议，跟学界同行近距离接触，吴老师对弟子们办会也积极支持。我曾跟同事们一起于2008年和2014年两度主办学术研讨会，邀请吴老师前来捧场，他二话没说，立即答应，还动员其他弟子也一起前来。就这样，吴老师以实际行动告诉学生，他关爱着学生，他在努力做到一日为师，终身为师。

任教于湖南大学之后，我又找到机会有幸到北京大学跟随陈平原教授做了两年博士后。出站之后，我深感自己在求学历程上还缺少在国外大学中学习这一环节，决定再度启动求学计划，并积极通过各种渠道争取去海外名校访学的机会。得知我的打算之后，吴老师非常赞同，并积极出谋划策。在众老师的指点和帮助之下，我幸运地联系上了在中国文学与电影研究领域取得丰硕成绩的张英进教授，并顺利获得了公派出国留学的资格和资助，以访问学者的身份赴加州大学圣地亚哥分校学习一年。2016年12月，我正式动身赴美访学。我特意将启程站选在广州。临行之前的住宿，我特意选择了距离吴老师家最近的西区招待所。在动身登机的前一天，吴老师和师母戴月老师在康乐园餐厅为我钱行。我们聊学术，聊人生，非常开心。饭后，我们一同缓步走在美丽的中大校园中，如同家人。没想到，那次见面竟然是吴老师与我相见的最后一面。

2020年12月写于湖南长沙

追忆与怀念

邓 伟[①]

2020 年 7 月

在巴金的《家》中，悲哀的梅表姐说到两句诗——"往事依稀浑似梦，都随风雨到心中。"在重庆透明的盛夏中，我无端就想起了这两句诗，梅表姐的目光迎面而来，如同屋内一道白炽阳光之中泛起的袅袅尘灰。

2017 年 7 月突然传来的噩耗，到现在已有三年了：吴定宇老师因心肌梗死猝然辞世，离去之时嘴角还带着安详的笑容。值此三周年之际，昔日同门都觉得应该写上一些纪念的东西，对于逝者也许并没有什么意义，但是对于生者确是一个慰藉。可以提醒我们一路行来，那些曾经为我们手举火炬的人已经离去，这个世界上真正关心我们的人又少了一个。

黑夜的花朵啊，你有着黑夜的质地、黑夜的芬芳，弥漫于天际……

2017 年 7 月

在毕业十载之后，我首次来到广州，送别吾师，其痛何如？然后，独自踱步于中山大学康乐园，在 364 栋楼下长久徘徊，凝望着那间小小的屋子。物是人非，恍如隔世：吴定宇老师、太老师（吴宏聪教授）都不在了，而求学阶段的往事历历在目，让人不禁潸然泪下。

鞠躬、再鞠躬、三鞠躬……

为什么这个校园让我感到如此的陌生，为什么这个校园让我觉得已经陈旧如斯，似乎并没有留下什么痕迹，也确实没有留下什么痕迹。

鞠躬、再鞠躬、三鞠躬……

我们的告别，将不会有重逢，只有思念在日后延续。或许，我会对我的儿子、我的孙子喃喃，我曾经有这样的一位老师……

---

① 邓伟，中山大学 2003 级博士研究生。现任重庆工商大学文学与新闻学院特聘教授、研究生导师、副院长。

在重庆的陪同

特别幸运的是,在重庆工作时, 我数次接待了吴老师。我们一道去拜访他1960 年代四川外语学院本科阶段的老师与同学。一路上, 他还谈起家境贫寒的早年生活, 怎样为了上大学有一身像样点的衣服而犯愁。

程贤光教授, 年近 90, 当年随刘邓大学西南服务团来到重庆。吴老师说, 这也是太老师啊。程太老师是川外俄语教育的开创者之一, 1950 年代中国莫斯科留学生学生会主席——发现房间里一部体型硕大的落地风扇好像吹不着我们。其实, 我也发现了, 正准备双手搬动之时, 程太老师健步如飞, 一只手轻轻巧巧地, 从头提起了风扇。一时之间, 我有些恍惚, 我知道我在想念另一位可爱的老人, 吴太老师, 同样是健步如飞与风度翩翩。

一位退休的中学老师, 吴老师叫她师姐, 因为本科高了一个年级。其祖为晚清的一品大员, 其父为 1930 年代美国康奈尔大学工学博士, 后来我在《竺可桢日记》中见过其大名。她说, 我们对川外有深厚的感情。

还有吴老师一生的挚友——川外张教授, 和吴老师相互叫着学生时代的绰号。张教授向我谈及他的父亲, 1930 年代的"左联"成员, 新中国成立前夕被关在重庆著名的渣滓洞, 突围时身中数枪, 而又奇迹般地生还, 艾芜去医院探望时还不胜感慨。

见得更多的是吴老师学俄语的同学。1960 年代学俄语的大学生, 到了上学之时才发现面对的是中苏交恶, 同学们自然是命运多舛。所以, 这一群老同学, 见面就是一堆的唏嘘。当年的吴老师, 被分到垫江教中学, 或许是不错的工作了。另有一位吴老师, 被分配到四川西昌的乡镇, 听他说起艰苦的条件, 至今仍是刻骨铭心, 很多年之后才调到现在的重庆第二师范学院。

时间的漩涡

吴老师和师母站在长江边,看着江边的客轮售票中心, 说起当年应该是在这一边——他们陷入了回忆。这是重庆开往万州的船, 万州那时叫万县地区, 三峡库区的中心地带。我说, 水已经淹到了 177 米了, 要到西山公园了。之前我去过一趟三峡学院, 知道四川军阀杨森修建的西山公园。师母说, 她的家就在西山公园旁边啊。重庆师范大学文学院接待吴老师和师母, 吴老师说要请郝明工教授来吃饭, 工作人员面有难色, 说郝教授一般都不出来, 但郝教授一听说是师母来了, 便马上来了, 口称"戴二姐"。我知道他是万州人。

我的同事夏莉教授, 请吴老师和师母在南滨路吃晚饭。夏教授为人和蔼可亲，让我如沐春风，是我在工作单位所尊敬的老师。同时，夏教授也是师母的大学同寝室好友，话匣子一旦打开，就极大地满足了我的八卦之心。

我知道了吴老师与师母相亲时的情形。

我知道了吴蔚兄出生之后，师母的父母带小孩付出了很多心血。

我知道了吴蔚兄小时候，便会背诵许多唐诗宋词，大家齐赞，不愧是文学专业研究生的孩子啊。

突然发现，我的追忆似乎和吴老师在重庆之行的追忆联系起来了。我有点明白为何吴老师执着于重庆之行了，那时他肯定也在回忆着什么，并有着炽热的情怀。

接下来，吴老师考上研究生到了中山大学，师母大学毕业被分配到了中山大学，而再以后的故事，中大的同学应该比我更为清楚，应该由他们来讲述了。

2003 年的时光

但是，我的追忆还可以继续。

在四川大学新八舍 302 室，这是 2003 年，面临毕业的四位文学与新闻学院的毕业生，对前途多少有点不安。后来，三位室友中有两位考上了北师大的博士，一位考上了华东师大的博士，现在都是知名学者，二级教授云云。

那时的我好像要安静一点，我怀揣着一份喜悦，甚至我还有点小小的骄傲，可以俯视我的室友们了。因为，在书桌上，我小心地藏着一封来自广州的来信："邓伟同学，欢迎报考……"

之所以有这样的一封来信，是因为在此三两月之前，在四川乐山的一次郭沫若会议上，刚认识的一位资深教授对我侃侃而谈。交谈结束的话是关键，"还是要读博士，要研究高深学问"。于是，回去之后我忐忑去信，附上了硕士阶段发表的论文。

2003 年呵，那时的广州正是人心惶惶的 SARS（俗称"非典"）时期，和现在一样，每个人都需要量体温。于是，我第一次看到木棉花，想着"我有我红硕的花朵，像沉重的叹息，又像英勇的火炬"的诗句。我第一次喝早茶。我第一次吃广州酒家的月饼。鲁迅也有相似的经历，他说，我觉得广州究竟是中国的一部分，虽然奇异的花果，特别的语言，可以潺乱游子的耳目，但实际和我所走过的别处都是差不多的。在鲁迅的话中，有着属于他的时代的沉重，而在我则只是新奇，再加上几许的懵懂。

当然，还有严肃地看着我的吴老师，他当时的目光一直投递到了今天。他说，《文明论概略》你读了吗？他说，你写论文的句子为什么这么长啊，一句就有好几行啊！他说，这个寒假就不要回家了，集中时间看书吧。

此刻

此刻，我似乎被 2003 年的时光笼罩了，我的眼睛湿润，深深沉迷于追忆与怀念的氛围之中。在重庆的洪崖洞，吴老师说，这不就是几个坡吗？后来，这里成了城市的网红景区，黄金旅游时节人山人海，到了匪夷所思的地步。为此，重庆市政府还封锁了对面一座桥，只是为了让游客在桥上眺望洪崖洞，这个场景号称中国版的"千与千寻"。其实，真的也就是几个坡，因为吴老师一生关注的，都是他的"高深学问"。他是纯粹的学人，一生都在踏踏实实地工作，直至生命的最后一息，从没有过丝毫的取巧与动摇，其他无关的东西当然不过就是"几个坡"而已。

此刻，无端想到，在巴金的《家》中，悲哀的梅表姐说到两句诗——"往事依稀浑似梦，都随风雨到心中。"只是，这一刻，在我的身边，已经是 2020 年 7 月重庆透明的盛夏了。我信笔写着这些零散的追忆与怀念的文字，这些永远不会结束的文字，泪水就不争气地缓缓流了下来……

2020 年 7 月 25 日

"你悟性好，今后可以在悟性学问上多下功夫"

胡开祥①

　　吴定宇老师是巴金研究、陈寅恪研究领域的佼佼者，本科的时候，他教授过我们的选修课程"巴金研究"，老师治学严谨，为人宽厚，曾担任中文系82级四年级甲班的班主任，是我研究生时期的辅导员。作为师长，他爱护自己的入门弟子，悉心调教，授业解惑，更像家长一样，在生活中无私帮助我们。我研究生毕业的时候，没有地方落户，是吴老师让我先把户口落在他家。我和太太的婚礼，是吴老师做的证婚人。刚毕业的头几年，我们还不时回校与老师相聚，报告工作、生活的动向，女儿出生了，也携她与老师相见。看到小辈的成长，老师的喜爱，溢于言表。一晃30多年过去了，随着各种事务的繁杂与忙碌，与老师的联系日见其少，多年不走动了，虽然时有心念，想要回校探望老师，却没有付诸行动，以为老师永远不会老啊！老师在心里永远是大学时候的模样。

　　可是，吴老师突然走了！永远离开了我们。

　　每思至此，心总是隐隐作痛，深感愧疚。与老师相处的往昔，点点滴滴春风拂面，"今我来思，雨雪霏霏"。

　　吴老师几十年如一日，在学术领域笔耕不辍，著作十多部，论文上百篇。他研究陈寅恪，第一本专著《学人魂——陈寅恪传》出版于1996年，第二本专著《守望：陈寅恪往事》出版于2014年，时间跨度18年，出版的时候，吴老师已经70岁了，中间还经历了一场大病。吴老师用一生几乎三分之一的时间研究这位中国史学的一代宗师，是因为敬佩、赞赏陈寅恪作为学人的铮铮风骨和独立自由的精神意志，力图通过自己的研究，还原大师在求学、治学、教学以及生活各层面呈现出来的学人精神、文化价值和时代风貌，老师严谨的治学态度，研究的勤勉，钩沉史料的细致，敲出学术真髓的洞察方式，深深地影响了我日后的工作。

　　大学四年级的时候，我已经被推荐攻读陆一帆教授美学方向的硕士研究生，每天沉醉于读书，对班上同学之间发生的很多事情既不知情，也不关心，而此时作为毕业班班主任的吴老师，对班上的同学，事无巨细，无时无刻不在关注：同学们的毕业论文进度有没有什么问题；同学之间友爱相处还是互有矛盾；是不是有人谈恋爱啦；毕业在即，大家对自己的就业有什么样的期许；一旦发现有什么

① 胡开祥，中山大学中文系1982级学生，现任汕头大学出版社社长。

不好的苗头，就马上找同学谈心，了解情况，解开心结，督导解决。据说86届本科毕业分配的时候，三位班主任老师各据一方，每抛出一个单位，各班班主任就要推选出一位同学来竞争这个位置，老师对每一位同学的成绩、特长、兴趣爱好、工作意愿要做深入的阐述，帮助本班的同学博弈到一个好的单位，这是一场同学之间的毕业竞争，只不过同学没有到场，班主任做了竞争的主角。毕业分配要做得好，就要公平、公正评估学生的能力，为学生所想，为学生所争，吴老师做到了。教书育人，他在学生管理事务中，既有原则，又有慈爱。

说两件小事。有两位同学，违反了系里的规定，按照那时候普遍的做法，学校会给予处分，以儆后效。处置之前，还要在年级大会上通报、检讨，参会同学还要发言帮助，场面严肃，气氛尴尬，老师面色凝重。第一次，我泛泛而谈，就想做个老好人；第二次，被一位师兄点拨，嘱咐我们发言要从爱护同学的角度出发，检讨要深刻，认识要到位。记得当天我带头发言，几位同学一起应和，不透过，真诚做了批评和自我批评，推己及人，既触及灵魂，又付诸改正错误的承诺。两位同学最后都得到学校的谅解，工作以后在各自岗位上业有所成，吴老师当年对学生的呵护，可见一斑。

正因为这两件事的不同表现，吴老师表扬我，说我处事"进步了"，又说"你悟性好，今后可以在悟性学问上多下功夫"。我当时对悟性学问还不是很明白，便向吴老师请教。他说："悟性学问就是心学。王阳明说：圣人之学，心学也。你今后可以在心学方面下功夫。"

研究生毕业后，我选择了出版职业，没有从事学术研究，但吴老师让我潜心于心学研究的教诲，影响了我的一生。近十年以来，我组织、策划、出版了一系列"心学"方面的著作：《金刚经谛鉴》《究竟无证——坛经谛义》《传习录精讲》《心经揭谛》《解老子第一章》等，还有程东先生著的《论语义藏》，360万字，逐字逐句逐章解读《论语》，建构孔子心学体系。这些中国经典文化典籍，内涵深邃，奥义难解，令人感慨"如读天书"，历代注解者众多，无非是希望人们能够读懂。我组织出版的重读经典系列丛书，以今日之理究往日之理，合于经义，又与时俱进，助人知晓、理解、觉悟，若能达到传承中国文化精髓的目的，也是我个人对吴老师教诲的一个回报。

我本科时没有申请入党，应该是自己的思想认识还不到位。到了研二，递交了入党申请书。当时规定，提交申请书后，考察、培养期至少一年，且要求写思想汇报。有一天研究生支部书记找我谈话，认为我的申请书有一些模糊的认识，希望我加强学习，认真写好思想汇报。我去图书馆待了半个月，查了不少论文，又重新学习了马克思、列宁的政党学说。四卷本的《毛泽东选集》，我初中时已通读过一遍（尽管理解很浅）。靠这些"底子"，我写了一份一万多字的思想汇报。提交后的第二天下午，研究生支部就通知我，让我晚上参加讨论我入党的党小组会议。研究生支部中的党员，个个都是思想深刻的高人，大家对我提出了更高的殷切期望，我心里暖暖的，于 1989 年 1 月 6 日成为一名预备党员。

事后我才知道，那天时任中文系党总支书记的陈老师看了我的思想汇报后，很激动，他立即联系我们年级的辅导员吴老师。吴老师看完后，和陈老师当即决定让研究生支部当天晚上就讨论我的入党事宜。有一天下午，我去吴老师家找他聊天，正好碰到我的导师陆一帆教授和潘翠青教授都在吴老师家里谈事。吴老师主动夸赞我的入党申请书，并说："这是我见到的最好的入党申请书。"我的导师是严师，潘老师又是马克思文艺理论教研室的主任，我当时相当紧张，感觉说话已经结巴。向他们汇报了主要的认识和观点以后，他们都肯定了我的态度，说我写了一万多字，这是做学问的人应该具有的认真态度。

吴老师一直希望我能接着读博士，以后从事学术研究。我自己原来也是这样想的。但研二时，我与师兄郑刚进行了一次偶然又深刻的学术问题的探讨。我猛然发现，我和师兄的差别，这辈子不管如何努力，可能都无法达到他能达到的那种学术高度。尽管我很痛苦，但我亦想到，像郑刚这样深奥、超前的学术思想，如若出版一定会碰到比较大的困难，我自己在学术上可能成不了一流的学问家，何不转入出版业呢？或许能成为一流的出版家，为学术著作出版做点实实在在的事。这是我选择出版作为这辈子终身职业的初衷和起点。尽管目前我还没有实现自己的理想和抱负，但我一直在努力，希望在人工智能出版方面，实现我的初衷。

研究生毕业后，我就职广东旅游出版社，那是我出版事业的起点，在这里我获得了成长，机缘巧合，后来调到汕头大学出版社工作。一次，我回校探望继续读博士的师兄郑刚，他住在古文字研究室的独栋小楼，这是中大中区景色最美的地方。正好遇到了吴老师，他脸色不太好，邀请我俩到办公室聊一会儿。坐下后，他说他刚接下一个研究项目，希望我和郑刚都能参加。我和师兄因为对现当代文学兴趣不大，先后婉言辞谢了。吴老师很失望，手抚在左胸说："我这是为你们争取来的，我身体不行了，医院检查说是肺癌。"我和郑刚都愣住了，一时不知道说什么好，觉得拒绝一位"癌症病人"真是残忍。吴老师没有再说什么，他站起来说："我去旁边锻炼一下"，我俩同时默默地跟了出来。吴老师锻炼时，师母戴月老师骑着自行车也来了。戴老师一看我和郑刚的表情，知道我俩已经知情，眼眶一下就红了，她给吴老师送来一个保温瓶，嘱咐吴老师早点回家，她骑自行车走的时候，我们能听到她抑制不住的哭声。我和郑刚一下子飙了泪，对看一眼，默默一起向正在面向小山锻炼的吴老师走过去。听到我们的脚步声，吴老师没有转身，只是轻声说了句："你俩先别急着回复我。"好在一段时间以后传来好消息，经过医生的多次检查，吴老师肺部疑为肺癌的肿瘤，原来是体内一个组织的阴影，虽是虚惊一场，但吴老师对学生的眷顾之情沉甸甸的，让人久久难以忘怀。后来在师母口中才知道，吴老师被误诊期间，他每天最多时坚持9个小时的各种锻炼，坚信自己一定能战胜疾病。对生命的珍视与热爱，对个体生命意识与生命尊严的深刻觉醒，深植吴老师心中。这对他后来研究和体悟陈寅恪的"自由之思想、独立之精神"是有巨大帮助的。

研一第一个学期，我们是闭卷考试，还要交一篇论文。我听信一位高年级师兄的话，以为论文可以在寒假完成，下学期开学前交稿即可。闭卷考试后，我就大大咧咧地跟导师说，我要回家过年了，您布置的论文我寒假期间完成并挂号寄给您。我的导师陆一帆教授对我要求非常严格，一口回绝了我，说论文完成不了，就不准回家过年。那时离春节还有几天，我一下子蒙了，乖乖留校写论文。

吴老师知道后，怕我一个人在校寂寞，大年三十邀请我和我当时的恋人、后来的太太也是他的学生陈小莉到他家过年，同时邀请的还有《中国文化概论》的著者李宗桂老师。后来才知道，李老师当时也正处在处理家事的烦恼当中。吴老师的善意真的让我感到温暖。

大年三十，吴老师的儿子吴蔚，当时还在读小学，自己看书学习，师母在厨房忙碌，小莉说给戴老师打下手，戴老师不让。戴老师手边一本菜谱，她说今天学做一个新菜"云南气锅鸡"，气锅放在高压锅的气孔上，严格按菜谱的配料、时间操作，一丝不苟，不愧是数学系的老师出身。那天晚上是我第一次喝汽锅鸡汤，鸡汤澄清，冬菇浓郁，非常鲜美。大概滋味太过难忘，以至于小莉日后因工作到云南出差，千里迢迢，背回一个紫砂汽锅。那天，吴老师拿出珍藏的家乡好酒绵竹大曲，一沾唇齿，液态的酒立马在口中气化，以后我再也没喝过这么好的绵竹大曲。我旁听过李宗桂老师给哲学系本科开的中国哲学史课，李老师和吴老师、戴老师都是好朋友。在老师和师母的热情招呼下，大家都很高兴，喝酒吃菜，豪言壮语，最忙碌的还是戴老师，她一边做菜，一边礼让我们先吃，一道道热气腾腾的菜式分步上来。一开始，我还不好意思多喝，后来越喝气氛越浓烈，那瓶好酒被我一个人喝了一半多。告辞时，我说话还有点磕巴。现在回忆起来，真是有点脸红。

我和小莉在大四的下学期开始恋爱，吴老师消息灵通，很快就知道了。当时大学里不让本科学生谈恋爱，小莉正好又是班团支书，这让吴老师蛮难办的。在中区晚自习的时候，我俩课间休息有时候会到西区大球场散步两圈，有两次碰到吴老师，我们都准备跟他打招呼了，他却假装没看见，疾步速走，走进大树的浓荫里，我们是又惊又喜。小莉和我恋爱时有很多顾虑，他还在小莉面前为我说好话。说我尽管笨一点，但人品、志向、精神都是很可取的。我和小莉领取结婚证以后，郑重地告诉了吴老师，得到吴老师的首肯和祝福，婚礼时请他做我俩的证婚人，他愉快地答应了。1989年12月2号晚上6点，我俩在广州东山合群大酒店举行婚礼。吴老师怕塞车，不能准时到达，和戴老师下午3点就从中山大学出发，步行来到东山。师恩如海，我万分感动。证婚时，吴老师作了一首诗，可惜我现在只记住了第一句："千里姻缘红线牵"，他解释说："开祥老家在江西，小莉老家在湛江，相隔千里。但他俩同年同月同日生，又是同班同学。这种缘分，是月老早就用红线牵住了他们的双脚，即使离得再远，也会走到一起来。"温暖而情真意切的祝福，感染了来为我俩祝福的亲人、同学、同事，那天，大家酒喝得高兴，热烈的情谊，令我和太太都终生难忘。

吴老师是中山大学中文系教授、博士生导师，是中国现代文学研究会理事、中国郭沫若研究会理事，他曾担任中文系副主任、《中山大学学报（社会科学版）》主编，这已充分说明了他的学术成就。

孔子说"温故而知新，可以为师矣"。这是讲师者的本体；韩愈说"师者，所以传道授业解惑也"。这是讲师者的体用。孔子所说的"故"是指人的本来，只有得了本来而且能出新的人，才能为师，才是真人。这种立于真、立于真心、立于真情的人，才是传道授业解惑的师者。由此，我也体悟到，为什么吴老师会从巴金研究而转到陈寅恪研究，因为巴金和陈寅恪都是说真话的真人，只有真人认识真人！

我用吴老师对我说过的三句话，怀念敬爱的老师，这三句话折射出吴老师作为一位师者的境界。"你悟性好，今后可以在悟性学问上多下功夫"，"这是我见到的最好的入党申请书"，"你们是千里姻缘红线牵"，这三句话都是老师30年前的话了，但它们一直萦绕在我的心头，鼓舞了我的工作与生活。我到现在才明白，吴老师说我悟性好，其实是吴老师自己"悟性好"！为了证明吴老师的判断，也为了证明我自己的判断，我正在撰写《觉悟学论纲》，目前已完成了十几万字，书稿完成之时，将是我献给老师的最好纪念。

2020 年 9 月 30 日

怀　念

胡梅仙[①]

　　近段时间，吴定宇老师加了我的微信，几乎隔天给我转发一次文章、诗词，我都仔细地看了。我常常给老师回复："谢谢老师！""老师，早上好！"并且每次都争取附上漂亮的图案、动画。我想老师看了一定会身心愉悦。昨天我还给老师发了微信："老师早上好！"还非常得意地配发了一个美丽精致有趣的图案。我坚定地想，我的祝福会让老师身体健康！可是事实已经摆在面前，就像做梦一样，今天听到老师去世的噩耗，真的不敢相信。

　　听到老师的噩耗，第二天我仍在微信上写："老师，早上好！"老师，真想再一次对您说一声"早上好"。外面阳光普照，老师和师母常常携手漫步在中大校园，校园里风景依旧，老师仍然在用睿智温和的眼睛看着我们，微笑着。

　　老师第一天上课就在黑板上写了一个大大的"人"字，老师说，做人比做学术更重要；老师说，朝闻道，夕死可矣；老师说，人爱惜自己的名声要像鸟儿爱惜自己的羽毛。这些话今天我才可以说是真正体会到了，美德超越任何浮言和装饰，它是风骨和心灵之美的结合。老师对学术的虔诚，他在文学和史学研究方面取得的成就，全在于他对美好精神的虔信。当有些人在浮躁的时代丧失了理想和人格时，老师就像他研究的陈寅恪、巴金等学者一样，他希望这个世界仍然充满良知和正义。

　　老师对我的鼓励对于我来说是最大的财富。我最爱听老师的鼓励，当我丧气的时候，老师鼓励我几句，我便会感到前方是光明的，我是有信心的。一个老师给予学生最大的财富就是让他的学生自信。我一向自信，当遇到挫折不自信时，我非常盼望有一点事情能让我自信起来。后来我想，我多么需要老师的鼓励啊，他就像我背后的一堵墙，让我有信心、有力量。当我的手摇晃不定的时候，当我脚步踉跄的时候，我愿坐在老师的面前，他会对我说："你有悟性、有灵性、有天分，你只要坚持就能达成所愿。"老师的话就像风雨中射进来的一缕阳光。

　　老师是个热爱生命、非常坚强的人。我们几个师兄弟姐妹和老师一起去开学会，老师虽然做过肾移植手术，可他走在前面可以说是健步如飞，根本不用我们搀扶。他让我想起《百合花》里小战士的枪筒里插着的一支野菊花，我想生活应该是永远美丽的。我们应该像老师一样热爱生活、热爱生命、热爱自己的事

[①]　胡梅仙，中山大学 2005 级博士研究生，现任广州大学人文学院副教授。

业。多好啊，生活就该是这样，永远清新，我们走在路上，回想、盼望、热情、乐观，像老师一样。

如今老师却走了，想起每次和老师说话时的无拘无束、自由自在，想起老师对我不成熟观点的包容，想起每次离开时，老师和师母都会倚立在门口送我……

老师，我们永远怀念您！

（本文以《老师，早上好》为题载于《羊城晚报》2017 年 8 月 1 日 A14 花地）

怀念

忆吴老师

黄嘉怡 [1]

当杨早兄询问我是否投稿时，我第一感觉是心虚。我这样散漫无为的学生，吴老师生前，我尚且不大好意思面对老师，有些回忆印记在心里很踏实，抓起笔却好像找不着头绪，犹豫着从何说起。

中文系有大一写一百篇的传统。第一次去见导师前，我心里嘀咕，系副主任啊，恐怕我一百篇不大容易过关吧。吴老师面容和善，言语亲切，第一面就给我留下非常儒雅的印象，我心里也松了一口气。我的一百篇就像流水账，一会儿小说读后感，一会儿生活琐事，偶尔来点伤春悲秋。我从初中开始读的课外书有点"不务正业"，言情、科幻、侦探、推理、武侠……因为可以去租书档口免费拿书看几天，阅读和写作常常流连于水过鸭背的"快餐文化"。

交了几个月习作，吴老师叫我过去说说话，当面勉励我多读中外名著，才会有更深刻的思考。我觍着脸让老师推介一两本给我。记得吴老师沉吟片刻，对我说，如果你能够读完整套的《约翰·克利斯朵夫》，必定会有收获，把你的感想记下来，你的一百篇会很有意义。从图书馆借到这套书的时候，我直觉吴老师在磨炼我的心志。我从来没有读过那么厚厚的四大本外文译本。而且我有种误解，认为长篇名著大半是啰嗦拖沓爱说教的。从硬逼自己去读，到逐渐体会到乐趣，某些段落我还反复琢磨其深意。吴老师是我那个阶段读书的启蒙者之一，纠正了我的某些偏见、懒惰和"偏食"行为，从此，我可以阅读更多的长篇著作。

大四写论文，恰好吴老师再次做了我的导师。舍友们兴致勃勃讨论选题的时候，我有点担心我的选题可能被否掉。我想写有关古龙武侠小说的内容。我抱着挑个容易的选题的想法，一方面我囫囵吞枣地灌了自己一堆武侠小说，想着论证举例相对容易，另一方面"正经"的名著我确实读得少，自己底气不足。吴老师听到我的选题，露出少许惊讶的神情，却完全没有否定我。他微笑着问我准备怎么写，告诉我怎样去找参考资料，而且分享了他对武侠小说的一些感悟，提示我深入思考，理解武侠小说产生和发展的来龙去脉。

后来回想起大学生活，我感到能遇到一位很宽容的导师对我鼓励和引导，从不责备，我是很幸运的。

毕业以后再次见到吴老师，是几年后在绿树掩映的校道上。吴老师听说我回

---

[1] 黄嘉怡，中山大学中文系 1991 级本科生，现任职于友邦保险公司。

学校上管理学院的研究生课，乐呵呵地说很好很好，多些回来学校看看。在老师眼里，该是欣慰我这个懒惰学生"回炉再造"的上进心吧。匆匆一面，原来已经是告别。吴老师的音容笑貌，如一帧一帧旧照，存在记忆里了。

2020 年 10 月 26 日

回忆吴定宇老师在垫江一中二三事

孔令丰[①]

转眼间，敬爱的吴老师离开我们三年了。他的音容笑貌以及对我的教诲令我十分怀念。我最早认识吴定宇老师是在 1975 年秋，那个时候我父亲刚调到重庆市垫江县一中任教，与吴老师是同事也算是邻居，住在同一栋教学楼隔出来的单身教工宿舍里。尽管时间过去了四十多年，老师在我中学时代的往事仍历历在目。

1977 年秋我上高中后，吴定宇老师就教我们班英语，因我担任班里的学习委员，经常要送交班级的作业本，与吴老师的交流逐渐多了起来。那个年代高考刚刚恢复，英语还没有计入或仅部分计入总分，大多数同学学习外语的积极性不太高，针对当时少数同学存在的"我是中国人，何必学外语？不会 ABC，照样干革命"的错误思想，吴老师总是不厌其烦地在课堂上教导我们：外语是一门斗争的武器，实现四个现代化尤其需要学好外语。在教学中，吴老师对我们要求严格，因为他知识广博、谈吐风雅，虽然同学们英语基础差，但还是非常喜欢上吴老师的英语课。1979 年我们高考前一个月左右，吴老师也刚参加完研究生考试，应我们几位同学的请求，吴老师百忙之中将当年英语高考大纲中的英语词汇全部翻译成中文供我们复习背诵，在吴老师的帮助下，像我这样英语基础一般的竟然在当年高考英语中取得了全县第一名的成绩。

吴老师不光在课堂上认真教学，课下及生活中对同事、学生也十分关心爱护。因为吴老师基础扎实、学识渊博，拜师求教的教师、学生颇多。我记得，当年垫江一中有一位刚从体育学院毕业的年轻体育老师，因为敬仰吴老师的才学和外语水平，专门拜吴老师为师学习英语，经过老师的悉心指导，那位体育老师后来改教英语，还被调到了重庆市城区的学校任教英语。当时县城里有一些外语学习爱好者，也经常登门求教或请求辅导，吴老师总是有求必应，不吝指教。由于吴老师的教学能力强且乐于助人、因材施教，年纪尚轻，在垫江县教育界已经是出类拔萃、名声在外了。刚改革开放那年，县里领导办了一个英语培训班，专门请吴老师去上课，此后时任县委书记逢人便夸吴老师是他们的老师。

一次在英语课堂上，一位同学因为癫痫病突发，口吐白沫倒在教室里。当时的高中生大都只有十三四岁，没有见过这种突发情况，正显得手足无措时，吴老

[①] 孔令丰，垫江县一中高 77 级，现在广东省生态环境厅任职。

师果断指挥我们把生病的同学抬到校医室经处置后转送到县医院，使生病的同学得到了及时救治。事后，吴老师特意表扬了我们几位护送的同学，还教育大家要关心同学疾苦，同学之间要互相帮助。

吴老师虽然在垫江一中只任教了短短五年，但他对垫江一中怀有极深的感情。在广州，他时常惦念垫江，经常向我问起垫江一中的发展变化。大约在2010年中秋节前后，他不顾年事已高、体弱多病，再次重返垫江，在我的陪同下还专程回到垫江一中参观，见到了许多老同事和教过的学生，了了多年的心愿。

吴老师已驾鹤西去，然而其才华学识德行，必将永远流传。谨以此追忆并怀念我的恩师。

2020 年 10 月

怀念我的老师吴定宇教授

李春梅①

　　我的老师吴定宇教授去世已经三年多了。这三年里，我总是会在节假日习惯性地想起吴老师。尤其是刚过去的中秋节，我又习惯性地想起了读书那些年，老师分送给我的月饼。

　　我第一次吃到美味的广式月饼，是吴老师送的。2002 年，我考入中山大学中文系现当代文学专业攻读博士学位，师从吴定宇教授。记得报到之后没多久，就是中秋佳节。中秋前夕，吴老师召集在读的博士和硕士见面。见面会上具体讲过什么，大多我已不记得。印象比较深的是，会上吴老师给我们每一位学生都分发了月饼。初来乍到的我很惊讶，而其他人则一副习以为常的样子。原来，吴老师在中秋节给学生分发月饼已经成为"传统"。记得当时吴老师说，我们现在还在读书，正是花钱的时候，他不需要我们给他买月饼，他分给我们的月饼有一些是已经毕业的师兄、师姐送的，以后我们毕业了，也要记得关心在读的师弟、师妹。在读的三年，每一年我都会从老师那里领到月饼。后来我毕业了，每到中秋节，我也会提前给吴老师送月饼，然后想象老师分月饼，师弟、师妹们拿到月饼的欢乐场景。如今，我再也吃不到吴老师分给我的月饼；我的月饼，也无法送给吴老师了。

　　另一项能够称之为"传统"的，大概是拜访太老师——吴宏聪先生。每一年，新的研究生入学之后，吴老师都会郑重地向大家介绍太老师，并在节假日如教师节、中秋、元旦或者其他约定好的时间，带领大家一起拜访太老师。有时候，吴老师带领十多个学生走在中大东北区通往太老师家的路上，还真有点浩浩荡荡呢。而当时已经 80 多岁的太老师，显然也已经习惯了徒孙们的打扰。记忆中，太老师很健谈，也很风趣，对我们这些后辈关怀备至。他会用心地记住到场的每一个学生，甚至能准确地说出已经毕业了的学生的名字。有一年元旦，太老师还贴心地为我们准备了贺卡，并手写了新年祝福。我们也有幸和太老师一起聚餐。作为东道主的太老师当时身着笔挺的西服，戴着枣红色的领带，席间精神矍铄，神采奕奕。那一天，太老师兴致极好，饭后还和我们一起在康乐园餐厅附近园西湖的桥头合影，留下了凝结三代师生情谊的珍贵画面。显然，吴老师的爱生如子，师承于太老师。而吴老师身体力行，几十年如一日，将尊师重道、爱生如

---

① 李春梅，中山大学中文系中国现当代文学专业 2002 级博士研究生，现就职于华南师范大学文学院。

子的传统继续传递给了他的学生。有这样的老师，是学生的幸运，也是教育的一大幸事。

身行一例，胜似千言。在我的印象中，吴老师对我们的教导，身教多于言传。2003 年，吴老师承担了主编《中山大学校史（1924—2004）》的任务，包括我在内的在读研究生都有幸参与其中。吴老师要求我们重新查阅原始资料，尽可能完善史料、核实史实。当时已出版好几本中大校史，资料都是现成的，重新查阅原始资料还有必要吗？我们很多同学其实都有类似的想法。但是，吴老师坚决要求我们翻阅第一手资料，并带领我们在中大图书馆、档案馆、省立中山图书馆查阅各种文献，逐条记录整理。当我们在这个过程中发现一些遗漏的史料、纠正一些讹误时，我们都明白了吴老师的良苦用心。那时候的图书馆，条件不如现在，夏天似乎没有空调。之前极少人翻阅过的旧刊灰尘又大，电风扇也不大敢开，时间长了，如身处蒸笼般难受。然而，吴老师却比我们更经常地出入其中、更长时间地耗在里面。至少，好几次我回宿舍之后，晚回的舍友对我说，她在图书馆碰到了吴老师。吴老师对学术研究的勤奋和认真，令我敬佩不已。《守望：陈寅恪往事》，也是吴老师勤奋治学、认真做事的见证和成果。这部五十多万字的巨著，是吴老师退休之后的力作。那时候吴老师身体不好，但每每聊起他的写作计划，吴老师就兴奋不已。我记得吴老师在电话中跟我讲过他如何学打字、学习使用电脑的事情。从零基础开始，吴老师一点一点地摸索、学习汉字输入，熟悉文档处理。有一次，他在电话里跟我说他成功地输入了一百个汉字，他孩子般的开心和得意，似乎顺着电话线，瞬间抵达我这边，令我周围的空气都溢满了欢欣。虽然没有亲见吴老师如何废寝忘食地在电脑前完成五十多万字的《守望》，但是我完全可以想象老师的投入和努力。相较之下，我无比汗颜。

更惭愧的是，我在学术研究方面毫无建树。吴老师曾经多次安慰我，不急，慢慢来。现在，再也没有那个宽厚的声音提醒我、鼓励我了。不过好在，吴老师踏实、勤恳、认真、严谨的作风，留在我的记忆深处，依然影响着我、感召着我。

斯人已逝，风范犹存。

吴老师，他还在。

2020 年 12 月

此情可待成追忆

李广琼

> 仰瞻帷幕，俯察几筵。其物如故，其人不存。
> 神灵倏忽，弃我遐迁。靡瞻靡恃，泣涕连连。

——曹丕《短歌行》

转眼，吴老师已经离开我们三年了。

臧克家有诗云——"有的人死了，他还活着。"的确如此，吴老师的音容笑貌时时浮现在我们脑海中；他的胸襟气度，亦如春雨一般润物细无声，在学生辈中得以传承。

斯人永逝

2017年7月22日，没有任何征兆地，吴老师在中山大学蒲园家中因心肌梗死猝然离世，永远离开了我们。听闻噩耗，骇然呆立，难以置信！

那是一个刮台风的夏日，黄色预警下是广州繁华都市中停不下来的车水马龙和匆匆行人。视觉里的鲜活世界与听觉中的悲伤消息共时并立，给人极其荒诞不可信之感。

直到同门微信群里确认消息属实，仍旧感觉无比虚幻。人是怔的、傻的。悲恸、悲伤、哭泣、流泪……并没有像小说和电影里所描写的那样潮水般涌来。它们都被怔和傻死死地挡在情绪的大门之外了。

几天后，心绪稍微平复，我在朋友圈记下这样几句话：

七月的哀思
——痛悼恩师吴定宇先生

> 又传来　台风登陆的消息
> 黄色预警挂起
> 瞥了瞥窗外
> 艳阳高照

---

① 李广琼，中山大学中文系中国现当代文学专业2003级博士生，现为华南理工大学教师。

烈日当空
吱吱的蝉鸣
像是嘲笑气象局空穴来风
转瞬
风雨大作
雷电交加
大雨如注

这阴晴不定的七月
当是无常人生的最佳注解
他们说
从清醒状态
到生命体征的消失
前后不过三分钟
刹那间
阴阳两隔
斯人永逝

从此
康乐园里
再望不见　那个
熟悉的身影
再听不到　那些
温馨的嘱咐
那个　可以让我做回小女生的
如师如父如兄如友的人
去了世界的尽头

怵
发怔了半天
瞥了瞥窗外
风雨后　碧空一洗
台风　像没来过似的
天　又回到了原来的天
人　会回到原来的状态吗

那个仁厚长者
还会回来吗

或许　他并没有离去
那些　良善与赤诚
已谱成永远的弦歌

缘起岳麓山下

2000 年秋冬，湖南省会城市长沙，秋高气爽。湘江西岸的岳麓山上，层林尽染，枫叶已呈现由黄而红的渐变色，强势定下了季节的主色调。鸡爪槭、乌桕和紫叶李等各路乔灌木配角，也使出浑身解数，抖擞着树叶的颜色，争相在大地的调色盘中露上一脸。在秋叶的掩映下，爱晚亭石柱飞檐，古意盎然；岳麓书院斋堂牌匾，浑厚儒雅。

而此时，岳麓山下的湖南师范大学文学院正举办一场学术盛会——中国现代文学研究会第八届年会，来自全国的专家学者悉数齐聚岳麓山下，学术争鸣，甚是热闹。

我与吴老师的第一次见面正是在这次会上。

彼时，我正在湖南师大文学院赵树勤教授门下读硕士。由于会议之盛大，几乎所有文学院现代文学和当代文学的硕士生们，都去了年会上辅助会务工作，或来客接待，或会议宣传，或会场布置。记得，我和星星、学英、敏律等一众师妹，在穿梭忙碌时，每每发出惊叹：哇，又见到一个"大咖"，一个在专著上和期刊上久仰大名的"活人"！

那时，临近毕业且有深造意向的硕士同学，也在会务之余联系各路博士生导师。说来惭愧，与这些先知先觉的同学相比，当时的我可谓迟钝，并没有自觉的考博意识。虽然一心向学，但一来自感基础薄弱，攻读博士仿佛离我有点远；二来牵挂家里刚上幼儿园的儿子，孩子在一天天长大，母亲却缺席在外，不能为他读睡前童话，不能陪他做亲子游戏，他这一阶段的成长，作为母亲的我，无法亲历与见证。这对于我们母子而言，都是一种不可弥补的人生缺憾。而且，读硕士已经外出三年了，难道还要再外出三年，再离开他三年？一想到这儿，原本摇摆不定、模糊不清的心更纠结了。

但是，就在大家各种联系的热闹中，或许也有从众跟风的嫌疑，我似乎要为自己做一个决定了——人生难得几回搏，我，是不是应该再继续拼呢？！

信心不足的我，怯怯地向赵树勤老师述说了自己剪不断理还乱的心绪。并怯怯地问，她能否向中山大学的吴定宇教授作推荐。赵树勤师是一个敬业勤奋的女汉子，教学科研不落人后，但对人极其温暖慷慨，深得师生们的拥戴。在文学院，她几乎就是有求必应的观世音一样的存在，而眉眼也与1986版电视剧《西游记》中的观世音有几分相似，秀丽大气，柔中带刚。她点化我，生活原本就是"一地鸡毛"，我们只能学会选择、学会平衡。她在著作《找寻夏娃——中国当代女性文学透视》的后记写道："年迈的父亲连续22个月卧床不起，需要我悉心护理，未成年的儿子需要我独自抚养，教学、科研工作更需要我竭心尽力地投入，我几乎无时无刻不陷入女儿、母亲、教师等多重角色的纠缠捆绑之中，有时真叫人喘不过气来。"她的确就是在这样的"纠缠捆绑"中奋力前行，教学与科研都成为文学院的标杆。

赵树勤师就在会议间隙把我的情况与读博意愿向吴老师作了如实介绍。

当时，我读过吴老师关于巴金研究、郭沫若研究、陈寅恪研究、转型时期文化研究的一些著作和文章，对他的博学无比敬仰。他的研究论从史出，博古通今，视野开阔，读后有醍醐灌顶的感觉。原本想，这么博学的人绝对是一个严谨理性、一丝不苟，让人敬而远之的书斋学者吧。但这次在会议上听吴老师的发言，内容严谨，娓娓道来。他宽厚和善的面容、沉稳从容的气度，都给人非常容易接近的感觉……我心里想，能跟从这样的导师读博士，该多好哇！

而且，选择中山大学，还因为中山大学的所在地——广东，隐含着我的家族小秘密。

我的父亲，大家都叫他李院长，他其实是医院的副院长，但依照国情，没有人会较真地去称呼一个副职，而是隐去其中的"副"字。李院长出生在广东惠阳一户中农家庭，上有两个姐姐，下有一个妹妹。作为家中唯一的男孩，李院长自然是集万千宠爱于一身。当时家境尚可，李院长读书也聪明，高中毕业后考去哈尔滨卫校学习医学。从中国的最南到了中国的最北，一个在没有真正冬天的岭南长大的少年，孤身去了有着漫长隆冬的东北。一大堆袄子、皮靴、棉帽是那几年的标配行李，在驶去学校的火车上，一路走一路加；在回家的火车上，一路走一路脱。

当时广东还没有进行开发，经济也没有如今这般发达，对湖南、广西、江西等临近省份形成压迫之势。总之，李院长作为优秀毕业生，被分配到了湖南郴州辖下的一家小医院。工作几年后，与史医生结婚成家，生下了我们姐弟四人。今天看来，湖南与广东地域比邻，高铁、高速四通八达，两地间极速到达，谈乡愁似乎是有点矫情的事儿。但远在20世纪的50年代，交通极其不便，从工作的湖南到广东老家，汽车转火车再转汽车，单程就得几天。就这样，繁忙的工作与窘迫的经济双重限制和束缚了人的两地移动。李院长人在湖南，家乡颇有点天涯之遥的感觉。家乡情结无处排遣，就只好安放在我们姐弟的名字上了，每个人名字中间一个庄严郑重的"广"字，盛装的是这个家庭的"祖籍"和"老家"。

我的母亲史医生其实是护士，按照国情，所有医院的工作人员都被称为"医生"。中国的家族文化基本是父系文化，虽然史医生是本地人，但由于李院长的广东血缘，我们一家就都是带着广东标签的。那时和小伙伴吵架，气急了的小伙伴就会指着我，你是个广东古。祖籍在这里居然还可以作为小伙伴之间的口角攻击。

李院长后来是有回广东老家的心思的，也有了一些行动。但史医生极其恋故土，态度异常坚决。因此，事情刚有一丝眉目，便告中断，如此几番反复。再后来，李院长49岁时，因病不治撒手西归，魂断异乡，那年，我13岁。父亲在世时，只带过年幼的姐姐和大哥回过老家。后来，孩子多了，日子越发过得紧，再没有带孩子回过老家。二哥和我很是羡慕姐姐和大哥"荣归故里"的辉煌历史，但其实，由于太年幼，他们对于"荣归故里"几乎没有多少记忆。

因而，"广东"对于小时候的我而言，并没有实质上的接触，而仅仅就是在填表时，写在"祖籍"那一栏中的、抽象而遥远的存在。父亲走了，与广东老家的联络支柱轰然倒塌，回老家之路彻底画上句号。但烙在名字中的"广"字，始终让我对祖籍意义上的"广东"，有种莫名的又亲又怯的感觉。

中山大学，可不就是祖籍地图版块上的知名大学么？我要是能去中山大学读博，岂不是算是回老家了？

在赵树勤师的引荐下，我与吴老师在会后见面了。当然，惶惑的我并没有谈及我与广东的血脉渊源，絮絮叨叨的，仍旧是自己不足的信心——转专业基础薄弱、孩子小有家庭负担……吴老师沉吟片刻，微微一笑说，我到中山大学读硕士时，也是转专业，也是有家小的。那一刻，这句话，如同当时窗外的冬日暖阳，屋子里瞬间暖了起来。有一束光照进我的心窝。

"你能保证在学校学习的时间吗？"

2003年3月，我南下广州参加博士入学考试。南国的春天温润潮湿，木棉花兀自绽放，花朵硕大，花红似火，蕊红如焰，浓烈热情。"却是南中春色别，满城都是木棉花。"宋代杨万里的咏木棉诗所写的，正是南国春日木棉怒放的春日盛景。

在红墙绿瓦与树木掩映的康乐园，正进行着紧张的博士入学考试。考虑到远道而来的考生的时间成本与费用成本，学校的考试安排非常贴心紧凑，笔试后紧跟着面试。记得笔试多为论述题，三个小时写下来，右手发酸又发抖，吃饭时，筷子都拿不稳。面试是在中文系三楼的一间办公室进行的，旁边一间办公室作为候场。那天，七个报考吴老师的考生或站或坐，各怀心事，被叫到的考生一个激灵，梦游似的，僵僵地站起身来去隔壁进行面试。面试时问我的专业题已经忘了，但当时吴老师问的专业以外的一道题我却始终记得。他一脸严肃，问的是："假如你被录取了，你能保证在学校学习的时间吗？"我咬了咬嘴唇，回答："能！"

我并没有撒谎，我内心有非常强烈的求学意愿。而且，先生家里家风重读，善良单纯的公婆非常鼓励学习，先生的哥哥和嫂子先后在北京读了硕士，又双双赴美国深造。一家人都非常支持我继续读博士。

后来才知道，2003 年的那个春天可不是一个寻常的春天。那时，"非典"的阴霾已经弥漫，但由于各种原因，在广州考试时并没有任何感觉。考试结束后我回到湖南师大，立马被召到校医院做各种询问与检查，反复嘱咐少去公共场所，外出戴口罩。北京和广州是"非典"一北一南两个重灾区，从这两个地方来的人自然属于高危人群，得重点对待。所幸的是，春天一过，气温升高，"非典"竟神秘地走了，消失无踪，恰如"我挥一挥衣袖，不带走一片云彩"。

在煎熬等待中，中山大学的录取通知书翩然而至，我幸运地考上了！

后来，吴老师对我说，你当时条件确实很一般，但你很坦诚，赵树勤老师也很坦诚，如实介绍你的情况，没有夸大其词。吴师说做人比做学问更重要，自己是一个坦诚的人，喜欢和坦诚的人打交道。2007 年，赵树勤老师的另一个硕士，我的硕士师弟龙其林，也在赵老师的推荐下考来中山大学，师从吴老师攻读博士，再度成为我的博士师弟。其林师弟也是一个坦诚的后学，更是真正的青年才俊，文思敏捷，又异常勤奋，在中大读博期间，出版了一部专著，发表了十余篇论文，毕业后成为广州大学文学院的科研新秀。

吴老师温暖地鼓励我，要有自信，你是有科研潜质的，入学考试关于"家族小说"的论述题，你的切入角度很好，分析女作家作品中女性家族链条建构的文化意义，比较有新意。这就直接得益于赵树勤师的教导了，她的研究领域是女性文学，著作等身，颇有建树。我也跟着啃了《性政治》《第二性》《一间自己的房间》等女性主义理论经典，以及丁玲、萧红、王安忆、铁凝、徐小斌、陈染、林白等女作家的女性意识较为显现的文学作品。

这年 9 月，我怀揣录取通知书，踏上了南下的求学之路。于我，脚下这个实实在在、具体可触的"广东"，也与祖籍一栏抽象、朦胧的"广东"叠合在一起，非常奇妙的感觉。我也不由得一阵哀恸，要是李院长还健在该多么好啊，他可以带着我，不，他已经年迈，或许是我带着他，一起去看看我们的"老家"，他一定会兴奋地指给我，哪儿是他上学的学校，哪儿是玩耍的地方……

岳麓山下初见，吴老师给人慈父般的温暖。来到中大读书，才得以见识其慈父外表下的严谨、严肃和严格。他要求博士一定要在学校这个场域专心学习，他的博士开门弟子陈伟华，家在湖南；我的同届博士同学邓伟，家在四川，他们两人在寒暑假偶尔回家一趟，也是匆匆去，匆匆回。绝大部分的假日都留守在清冷的校园，往返于图书馆与宿舍，专心向学。龙其林说他读博三年，没有看过一场电影，没有逛过一次街，也是冷板凳上一坐三年整。他们在科研之路上迅速成长，也正是这寂寞的冷板凳生涯开出的花、结出的果吧。

吴老师潜心研究陈寅恪，两部厚厚的著作《学人魂——陈寅恪传》与《守望：陈寅恪往事》史料翔实，论从史出，视野宏阔，在陈寅恪研究领域产生巨大影响。著作通过爬梳大量的历史细节，还原出一个立体真实的陈寅恪，并从那一代人的历史境遇，展示20世纪中国学人的命运起伏，以及中国学术文化发展的艰难历程。他极其推崇陈寅恪的治学理念与高洁品行，记得入学初，他要求我们每个人熟读并背诵陈寅恪为王国维所题的墓志铭，尤其要牢记最后一句，"惟此独立之精神，自由之思想，历千万祀，与天壤而同久，共三光而永光"。吴老师格外强调"独立之精神，自由之思想"，叮嘱学生们做人如此，做学问亦如此。

在这样严格的导师门下，康乐园的学习日子自然是紧张又充实，尤其对于我这个基础薄弱的"薄士"而言，每天有读不完的专著和论文。另一方面，离家更远了，思念的长藤白天黑夜都恣意疯长。有一次，先生在电话里说，他去学校接儿子，刚好半路上遇到儿子一边走一边哭，大大的书包压着小小的身子，哭得很伤心，涕泗滂沱。先生以为他跟小朋友打架了，一问之下，没有吵架，也没有打架，说是想妈妈了。说完，哭得更伤心了，小肩膀一抖一抖。电话这头的我好气又好笑，眼泪却止不住地流，一阵揪心的痛，思绪纷乱中赶紧买了火车票回家。

在家里，每天陪伴儿子，牵着小手送他上学，接他放学，读童话，做游戏，想加倍弥补那些我缺席的日夜。看着儿子开心的笑脸，多么希望时光停留在这个幸福时刻，没有离别与相思。博士学习的紧张与辛苦，由于空间的距离，也暂时让它停靠在远远的心头。

一天，我正在客厅给儿子读童话，突然电话响起，一看是吴老师的来电，我惊得从沙发跳起来。吴老师首先问我人在哪里，我嗫嚅着说在湖南家里。吴老师严厉说道，李广琼，你在考试时，可是说过能保证在学校学习的时间的。而且，马上要开题了，你的开题报告准备好了吗?! 我又急又慌，放下电话后赶紧收拾行李，连夜坐火车回到中大，继续苦读。

这是读博三年中，吴老师打给我的最难忘的一个电话。毕业后一次闲聊，吴老师对我说，当时对你确实比较狠心，但不狠心一点，你也许不能按时毕业，相信你能理解老师的一片苦心。的确，假如不是吴老师拿着鞭子敲着，对于我而言，如期毕业就如天边的海市蜃楼，看得见，但摸不着。如今自己身为人师，更能体会吴老师的良苦用心，并把这片苦心也运用在自己的学生身上。

2014年夏日，我儿子考上中山大学，学习他酷爱的计算机专业。两代中大人，母子成校友。我把这个消息告诉吴老师时，吴老师开心地畅怀大笑道：哈哈，太有缘了，我们都是两代中大人，我是父子成校友，你是母子成校友。几年过去了，缘分还在持续，吴老师那文理兼修、才华横溢的儿子吴蔚，被聘请为华南理工大学专业硕士的校外导师。目前，已与我合作培养出了两名优秀的硕士。吴老师泉下有知，想必会畅怀大笑道："哈哈，太有缘了！"

特殊的毕业合影

吴老师的身体向来欠佳，高血压、糖尿病、肾病、心脏病等多种疾病缠身，又兼伏案治学，劳心劳力，疏于锻炼，无暇保养，终成沉疴，住进了医院。饶是如此，他并没有放下对学生们学业的关注，拖着病躯诲人不倦。

吴老师病情最严重的时候，医院是下了病危通知书的，那时所住的病房是消毒异常严格的特殊病房，每一点不小心带来的细菌和病毒，对于他那虚弱的病躯而言，都会引发致命的危险。我们去探望时，都要换上消毒衣，戴着口罩，轻轻走进病房。吴老师也戴着口罩，我们隔着口罩，隔着弥漫消毒水气味的空气，汇报论文进展，提出问题，吴师再一一解答疑惑。

我们这一届博士共四人（肖向明、邓伟、游修庆、我），课程已经结束，全力撰写毕业论文，去医院主要是汇报论文进度。吴老师还在病房里给后面年级的师弟、师妹们上过课，像魔术一般，医疗范畴的病房空间刹那间转换成为教育范畴的教室空间，而病床上歪着的那个病号也摇身一变，起身正坐，成为抑扬顿挫着授业解惑的人师。娇小清秀而内心强大的师母戴老师，时任中山大学组织部部长，工作繁忙，一下班便匆匆赶往医院。每每看到吴师在病床上忙碌工作，心疼不已，但也无可奈何，只能摇摇头，柔声说句，老吴，注意别太累呵。师母太了解吴老师倔强的性情。

在病魔面前，吴老师坚韧乐观，感染着身边每一个人。他不仅没有放松对学生们的要求，还关注着学生们学习以外的生活和情感。经他有意而自然的牵线，给他查房的才子医生和聪慧清秀的石头师妹相识相爱，结成千里姻缘，成为佳话。吴老师与师母之间真挚默契的情感，也成为师门的榜样。一次席间，师母给吴老师夹了一筷子菜，说这是老吴的至爱。吴老师接过菜，对师母温情一笑，道：你，才是我这辈子的至爱。这一句情话，师门聚会时每每被弟子们提及，成为吴老师与师母情比金坚的最佳注解。

吴老师就是这样在病房里坚持着对学生们既远又近的教导与关注。在一次次去病房汇报、回校园修改的来来回回中，我们这一届四位博士生如期完成了论文初稿，按时进入预答辩环节。参加预答辩的王坤老师和陈希老师严厉而温和，提出了许多修改意见。他们还说了几句题外话，我记忆犹新。他们感慨地说，暂且不论论文内容，光看这一本本论文外观，你们四人当是最有准备的，最为认真的。你们的预答辩论文，都已校对打印，装订成册。相比之下，有好些同学是拿着零零散散的几张稿纸，甚至是一张提纲冲进预答辩教室的。单从这儿就可以看出，吴老师虽然人在医院，抱病在身，但并没有放松对你们的要求，没有影响你们的学业。

一直到我们毕业答辩，吴老师病情虽有好转，但远未能痊愈出院。病房里的他仍然以他的坚韧指导着我们毕业的每一个重要环节——论文送审、撰写答辩陈述、现场答辩事项。论文答辩终于顺利完成，欢呼雀跃的我们第一时间打电话给吴老师，分享这一份来之不易的喜悦。第二天，我们四人一齐来到医院，吴老师那天心情大好，下得楼来，与我们在医院的小院子里合影留念。这毕业合影，当是特殊的毕业合影，没有康乐园的经典背景，只有医院小院里的花坛；没有导师服，吴老师穿着病号服；没有学位服，我们穿着便衣。那天我特意选了一件红色上衣，添出一抹喜庆。正是这几张另类的合影，见证了吴老师重病不下火线，极其坚韧执着的品格，还有他作为一个传统学人，满怀着对学生的爱和对职业的敬。

吴老师和李广琼、邓伟、游修庆、肖向明在医院合影

"人生天地间，忽如远行客。"人生太无常！刚毕业几年，游修庆突患心脏疾病，不治早逝。刚过而立之年，身怀壮志未酬与双亲未养之憾，令人哀恸神伤！得知这一噩耗，吴老师几度哽咽，久久说不出话。在我们四人中，游修庆年纪最轻，但不知为何，大家都叫他"老游"。老游的毕业论文主攻中国现代文学与佛教文化，在吴老师的指导下，埋头啃了好几堆大部头佛教经典。生活中的他也越来越散发脱俗出世的佛家气息，戴了佛珠，开始吃素，宿舍墙壁贴了一个大

大的"禅"。那时，他交了一个温柔内秀的女朋友。肖向明和邓伟还调笑他，照这样下去，女朋友是不是也要休掉呀？吴老师对老游是寄寓了厚望的，不意他竟"出师未捷身先死"。"人生寄一世，奄忽若飙尘。"何其伤感！

我想，吴师与老游在彼岸的另一个世界，是不是也在延续此岸的师生之情呢？倘若是，老游，你可一定要照顾好我们的吴师哟！

"我带你们去见太老师"

2003年9月，入学过了几天，便是教师节。那天下午课后，吴老师把门下的博士和硕士都召集起来，一脸兴奋，说："我带你们去见太老师。"太老师吴宏聪老先生（1918—2011）是吴老师读硕士时的导师，曾任中大中文系主任，是中文系德高望重的老先生之一。吴老师对吴老先生甚是恭敬有礼，也把这种尊师重道的传统传递和延续到自己的学生辈中。因为二人都姓吴，又因为吴老先生更长一辈，为区分起见，吴老师便让我们称吴宏聪老先生为"太老师"，虽然老先生一再推辞说当不起这个称呼，但"太老师"之名还是这样叫开了。

太老师住在东区一栋小楼的二楼，四周树木葱茏，太阳的光线奋力挤过茂密的树叶，在小径上投下一个个大大小小的光斑。吴老师带着我们十余人，走过小径，爬上楼梯，走进太老师家里，朗声道：老师，今天是教师节，我带学生来拜节啦！太老师激动地走出书房，一把抓住吴老师的双手，连声道，不敢当，不敢当呀。但见太老师瘦高白净，斯文儒雅，极有风度。那时太老师已85岁高龄，但腰背挺直，精神矍铄。在吴老师的带领下，我们站成三排，毕恭毕敬，一齐向太老师鞠了三个躬。再挨挨挤挤在小小的客厅坐下热闹了好一会儿才散去，这是第一次见太老师。

太老师视力尚可，思维敏捷，每天读书看报，笔耕不辍。唯独听力退化严重，女儿给他配了一个助听器，但效果不尽如人意，机器的噪声让老人心烦。所以，太老师备了一块小题板，来人把话写在小题板上，他用眼睛看，然后用嘴巴答。子女远在国外，太老师年岁渐长，不愿意离开康乐园，于是，子女们请了一个小保姆在身边照顾他的衣食起居。太老师很愿意与我们这些年轻晚辈交流来往，虽然要借助小题板，倒也相谈甚欢。太老师很健谈，话题也多，说他对时事的看法、治学的心得，也说耳朵失聪的烦恼。

太老师也是一个极其重情的老先生，每一年毕业季，他都要张罗宴请，为毕业的"徒孙"饯行话别。轮到我们毕业的那一年，他早早在海珠桥下的炳胜酒家订了房间，为我们庆贺。那天，太老师盛装出席，洁白衬衣，深色西装，黑蓝条纹的领带，鹤发童颜，神采奕奕，我们一齐欢呼：太老师，帅呆了！

席间太老师与女徒孙合影

比起常规的弟子礼，吴老师对太老师日常生活的细致关心更让人称道。北京大学陈平原教授在《我的中大师兄》一文中这样写道："我的三位中大导师中，吴宏聪先生最为长寿。就近照顾耄耋之年的吴先生，成了定宇兄的重要责任。每回电话联系或登门拜见，吴先生总是对定宇兄及其弟子的尊师重道大为赞赏。有此古风犹存的师兄，让我这远在天边无法执弟子礼的老学生，不禁心存感激。说实话，这也是我与定宇兄比较亲近的缘故。"在吴老师的带领和感召下，中文系师生组织起来，每周轮流去看望太老师等老先生，成为中文系尊师重道的校园佳话。

敲下这些文字时，脑海里满是中大康乐园的景象：牌坊、惺亭、怀士堂、中山像……记忆的情绪像校园随处可见的榕树那蔓延的根系，伸向康乐园的每个角落。"徙倚怀感伤，垂涕沾双扉"，怅然回望，校园里再也没有了恩师亲切的身影，但，隐约间，每个转角，似乎又都有那个熟悉的身影，执着地守望着他钟爱的康乐园。

行行重行行，山高路又长。那些人，那些事，那些美好的过往，已深深镌刻在我的记忆中……

2020 年 7 月

倾听翠竹生长的心音

李红霞[①]

　　吴老师离开我们已经三年多了。

　　2017 年 7 月，我去广州参加老师的葬礼，见到师母时我们拥抱了一下，师母不知所措而瘦弱无助的样子一直刻在我心里——当时虽是盛夏时节，那一抱回忆起来彻骨寒凉。记得那时我不由得想到的是，读书期间陪老师在竹园散步，老师一边慢慢走，一边不时从衣兜里掏出几粒葡萄干往嘴里送，然后很享受地慢慢咀嚼着，很得意地笑说："身体原因，你们师母不让我吃，我是偷偷拿出来的！"

　　记得我的博士入学考试的面试是在中山医院老师的病房里进行的，当时老师做完手术不久，还在住院期间，尤其要防止感染。所以当天另外两位参加面试的老师、记录人员和我都戴着口罩，穿着覆盖全身的防护衣。这种情况下现场气氛特别严肃，令人难忘。

　　那以后，而立之年前后的三年时光，我就在中大、在吴老师的视野中度过。但是，我一直不知道如何下笔来写怀念老师的文字。毕竟，怀念和老师共处的几年，也是那一时期自我的回忆、审视和拷问。而那时的我做得并不好，更多的是让老师失望、生气、无奈。

　　当然也有开心舒展的时候，比如陪老师在中大的竹园散步。老师非常喜欢去那里，或许，那里能让老师想起他的故乡？当时他总是提示我放慢脚步、屏气凝神去聆听，风中的翠竹隐约传来吱吱嘎嘎声，我认为那不过是竹子的摇摆，而老师多次欣悦地强调，那是竹子生长的声音。如今想来，那到底是什么声音并不重要，离家很远且大病初愈的老师发现生命生机时的那份孩子般的欣悦以及聆听的专注凝神，才更值得久久回味。

　　因为从小和父亲的关系比较疏离，对于异性长辈，我觉得自己一直没有学会如何与之自如相处。同样，对于像父亲一样的老师，似乎也存了几分畏惧。明明心里很亲近，但语言上又不会表达，表达出来的又似乎都和心意相反或者有一定距离。师母说过哪里有我，大家就会很开心，胡梅仙师姐也一直说我会讲话，其实是她们宽容我，忽略或者善意理解我笨拙乃至愚蠢的方面。而对于表面豁达实际特别敏感的老师来说，我的愚蠢就常常伤害到他，进而让我更加慌乱，更加错误百出。

---

　　① 李红霞，中山大学中文系中国现当代文学专业 2006 级博士研究生，现任教于绍兴文理学院。

比如，有一次老师临时打电话让我去他家里一趟，我则进门就大喊道："老师，找我什么事啊？"于我而言，那种态度和语气是一种亲近放松的表示，仿佛一进家门就喊"妈，我回来了，今天吃什么啊？"之类，但吴老师从房间里走出来时已经表情严肃，说："没什么事情，我不会有什么事情要麻烦你的！"然后指指放在门口的一箱荔枝，让我拿走，一句多余的话都不想再跟我说。我愣在原地，不知道说什么。原来有人送了吴老师一箱妃子笑荔枝，老师惦记我人在异乡，赶紧打电话给我，想让我趁新鲜拿去享用。那箱荔枝或许真的甜美馥郁，可是我那天食不知味，对老师感到特别内疚，但不知道出于什么原因，我没有进一步解释，老师后来也没再提及。还有一次，陪老师在医院大院里散步回到病房，他脱下外套随手递给我，我竟然没有去接，老师愣了一下，然后就打算自己去挂起来，我醒悟过来抢着去挂，老师则不再给我机会，说道："我自己挂！"和老师之间类似的小细节很多，全是出于我的鲁莽、粗糙，真是惭愧。

事实上，老师对我一直是尽力忍受和包容，实在没办法了，有一回若有所思地说我生在燕赵，是不是有点胡人血统……我则茫然无知，继续蛮干，闹出更多笑话。比如后来慢慢熟悉了，老师张罗着想给我介绍男朋友，未及他详细介绍，我听说一个来自公安系统，一个属于银行系统，就脱口而出嘲讽前者是政治机器，后者是经济动物。老师听了，简直无语，遂作罢。再后来，吴老师为我精心构思好一个毕业论文选题，我稍微试着查了一些资料后就知难而退了，要求换题目，老师没说什么，但我感觉得出来他有点失落。初稿完成，老师的批注密密麻麻，敦促我加倍努力修改。答辩时老师默默坐在我身后不远的位置，给我无声的鼓励与支持。毕业前，老师跟我说："我这个人，脾气不好，你多谅解。"我也道了歉，但似乎仍然言不尽意。今天想到老师的话，真的百感交集。多年来，也许我欠老师一些更温煦、更柔软的女性化，起码是女儿化的表达，比如一个无言的拥抱，那人与人之间最温暖的表达，让老师能隐约明白我的歉疚与感恩，然而已为时太晚。

沈从文身后妻儿都感慨对他理解不够。或许，这是对丰富的生命永远不能穷尽理解的人性之通病。而就个体生命而言，受制于我的任性偏执的习气、生硬的偏见和感知盲点，对老师复杂的内心层面、含蓄的表达方式以及出于具体情境的一些情绪流露，我其实远未能充分理解和有效接收，也没有给予无论作为学生还是平等之人的回馈。还因为自己的无知唐突、信口开河等，给老师带去不快……相逢一场，我有愧于老师的地方太多了。不敢、不知如何下笔写怀念文章，其实是我仍旧不愿借审视过去而直面自己的惰性。面对这样的自我，唯有苦笑。

我想象中的"师父"就是像吴老师这样，是让人紧张、感到压力而又让人踏实的存在，偶尔流露温情又不怒自威，而我则仍需要太多的历练去学习和揣摩如何不辜负这场师生缘分。老师离开了，广州跟我的精神联系似乎也就很弱了，中大的竹园更是多年没去过了。我所生活的江南之地，竹子远不像竹园中那么苗壮，我也很久没有再驻足去听听竹子生长的声音。很多时候，我想停下来，可是得知老师吃力地用"二指禅"打字完成那么多字的著述，面对老师留下的那么多文字，我更没有理由停留，于是就这样惶惑着走走停停。

好想问一句，老师，我们生命生长的声音您还在倾听吗？

2020 年 10 月于浙江绍兴

回忆吴定宇老师

李青果[①]

　　2005 年，我成为吴定宇老师的博士生，并承垂顾，提前到他担任主编的《中山大学学报（社会科学版）》兼职文学学科编辑。学报编辑部那时坐落在中大南校园马岗顶西麓，是一排精致漂亮红砖碧瓦二层小楼中的一栋，编号东北区 344。吴老师也是校史专家，他告诉我，这些漂亮的小洋楼是以前岭南大学附属小学的校舍和中大迁入时的中文、史政两系的办公室。它们掩映在由高大樟树和榕树包裹的浓荫里，时时为清幽的鸟鸣与绿树的香脂氤氲熏染，显得十分清幽雅静。

　　到学报一小段时间，我才发现原来吴老师病得相当厉害。早就知道他的身体不好，但一开始只发现他瘦，可能我太粗心大意的缘故，只觉得他面部尚有些红润，神情也没什么病容，所以不怎么看得出来。记得是 5 月下旬的一天，他突然对我说，要马上住院动大手术。随后同门周文军开车来接，我们一起到了医院。已经记不清是不是当天就做了手术。但我清楚地记得，大约是天将暗黑下来的时候，师母戴月、吴老师公子吴蔚和我们几个学生送他去手术区。只见他神情镇静，缓慢而稳定地走向手术区大门。临进门的时刻，他转过身来，也是缓缓地，却很用力地看了我们一眼，目光驻留足有三四秒钟之久。这是吴老师在我记忆中的一个不曾抹灭的眼神。后来他告诉我，那时，当他要拐进那扇门里的时候，他也不知道是不是还可以活着出来。

　　手术是成功的。也许是术后的感觉远低于吴老师对于康复难度的估计，他急着出院，并且很快出院了。他急着出院，是为了恢复工作：带学生、编学报。于是不久，康乐园就出现了他手摇折扇、从容缓步的身影，而且有一天，他突然没有预告地出现在编辑部，使编辑部的同仁们感到十分惊讶。

　　但是不久，他的身体出现了排异反应，他很快又住进了医院。病情严重了，医院甚至不止一次下了病危通知。也就是这时，吴老师表现了他的坚强乐观，甚至，他得以战胜病魔，除了高明的医术，很大程度依靠的就是这种令人佩服的顽强的生命意志。由于要求绝对无菌，病房是密闭的，有段时间还要照射紫外线，从而产生一种隔绝于世的超现实氛围。医护和探视进入病房，都要严格按照规

---

　　① 李青果，中山大学中文系中国现当代文学专业 2005 级博士研究生，现就职于《中山大学学报》编辑部。

定，穿好无菌防护服，从头到脚裹得严严实实，不能从外面捎带一丁点的微尘进入室内。可是在这样的境况之下，吴老师的表现是让人意外的，他似乎并没有什么惧怕，把几次下病危通知的事平静而又面带笑意地讲给我听。对于病情，他有时会用一种开玩笑的口吻谈起，并预测或许很快就可以康复出院。他轻描淡写他的病情，当然也可能是一种有意识的规避，怀有一种通过视而不见从而将之驱离的心理。生死事大，在鬼门关几次徘徊的吴老师没有一丝儿的害怕，是不合常情常理的，但精神和意志可以战胜恐惧乃至死神，吴老师给不少人留下了深刻的印象。

他也放心不下学报。作为学报主编，责任所在，他并没有因病停止工作。那时候，已经毕业留在广州的同门工作上进入当打之年，处于事业稳步上升的阶段。读博三的同门忙于论文答辩、找工作，博二的同门正集中精力准备论文开题，吴老师在学业上的要求又是出了名的严，所以他们不免形容憔悴，脸都黑黑的。我刚上一年级，又在学报做事，时间和处理事务都较为方便，因此较多地充当了协助工作的角色，成为从学报到病房的联络员。2005 到 2007 年那几年，从中山附一院到中大的公交车还不多，我是性急的，不习惯等待和拥挤，于是"发明"了一条线路，在医院和学校之间步行穿校，因此得到了经常接触珠江两岸风景的机会。就在这样的条件之下，吴老师也把工作坚持下来了。结合专家审查意见，他仔细研读每一篇稿件，笔迹有力地签署终审意见。在定稿的时候，他对每一期学报的整体面貌和栏目设置都有清楚明白的规划。那时的学报每期约 23 万字，涉及文史哲政经法多个学科，病中确定稿件很是不易，但翻开那两年的学报，学术质量并没有因此而下降。

《中山大学学报》创刊于 1955 年，历史悠久，积淀深厚。一直以来，学校都相当重视学报工作，把学报视为学校的名片。吴老师担任编辑部主任和社科版主编，守土有责，从不懈怠。他非常重视学报平台，把学报当作展示学校科研实力的窗口。我认为展现了他作为主编的心力之作的，是 2004 年第 6 期推出的"庆祝中山大学建校 80 周年"特刊。这一期从整体策划、栏目设计到作者队伍，都和 80 周年校庆的隆重氛围若合符节，是一期高质量的校庆特刊：

大学精神与高等教育研究：
李延保、黄达人
文学史与文艺理论研究：
吴承学、陈平原、彭玉平、佟君、黄修己、王坤
史学与史学理论研究：
胡守为、姜伯勤、李锦全、邱捷、桑兵、张荣芳、王川
宗教学与宗教史研究：
蔡鸿生、林悟殊、吴义雄

区域文化与历史人类学研究：

周大鸣、刘志伟

哲学与哲学史研究：

陈少明、徐长福

马克思主义理论与中国现代化研究：

李宗桂、郑永廷

行政管理与政治学研究：

夏书章、任剑涛

法学与法律文化研究：

刘恒、程信和、王仲兴、徐忠明

企业理论与管理科学研究：

毛蕴诗、顾乃康、王珺、李善民、李新春

文化传播与学术评论：

吴宏聪、关晓红、刘森林、宋俊华

熟悉高校、学界、学报界的朋友都看得出，这个校庆特刊特别讲究，分量沉甸甸，体现了主编的编辑思想。其中的作者，绝大多数是中大文科老中青三代优秀学者，也有个别由中大培养出来的知名学者。他们济济一堂于学报平台，是中大教学、科研实力的充分体现，代表了中大文科学术的厚实传统、活力现实与未来希望。讲究之处还有，特刊以时任学校党委书记李延保教授《现代大学文化精神与历史传承》和校长黄达人教授《大学科研管理中的差异性问题》开篇，分述中大的历史传统和当下的改革发展；最后以著名老教授吴宏聪先生《从教从学六十年》和三个全国百篇优秀博士学位论文获得者《博士学位论文如何写？——"全国百篇优秀博士学位论文"获得者笔谈》收束，分享从教、从学的经验。对于学报的从业人员来说，这样的编排设计，不啻一份优秀的学报"叙事学"样本。第二年的 2005 年第 4 期，学报又推出了"纪念《中山大学学报》创刊 50 周年"特刊。和校庆特刊相比，刊庆特刊规模略小，但作者队伍整整齐齐，文章质量仍然保持在高位。这一期特刊策划于吴老师住院之前，出版于他被下病危通知之际，我想，他策划这一期特刊，不仅是出于庆祝学报 50 年的发展和成绩，也应该含有一些纪念个人这一时段主政于斯的因素在内吧。

吴老师 1979 年从四川考进中大，师从吴宏聪先生攻读研究生，1982 年毕业后留校工作。他在教书育人、传道受业解惑方面是很负责任，也很有成绩的。他的育人之道颇为传统，第一堂课，必从做人开始讲起。还清楚地记得我们那一届的第一堂课，待大家坐定后，他正了正身子，缓缓开腔：人字，一撇一捺，要写得端端正正。他的语气，很有些像鲁迅《藤野先生》的开篇藤野先生的开场白。说实话，那时我们的反应，是觉得有些古板而老套了的。可这么多年下来，就觉得他的话不错，因为修身不仅涉及立身处世，也是文如其人的为学、为文基础。模糊中记得他讲过，这个"人字写法"的第一课，是从钱谷融先生那里借鉴来的。钱先生主张"文学是人学"，那时吴老师的导师吴宏聪先生和钱先生交流甚密，为"文革"后恢复中国现代文学学科进行着密切的学术合作。因此，这个入学的第一堂课，也是渊源有自的。

对于入室的研究生，吴老师在学术上的要求是严格的。他特别重视史料，要求文学研究在保持文学性的同时，得把它当作历史来研究，遵守史学的方法。他说得最多的，就是有一分证据说一分话，"动手动脚找东西"成了他的口头禅。说实话，研究现当代文学的不少人，不免都有些自诩才子气，任情有余而沉实不足，发现一个观点或找到一个理论就以为可以拥锋自利，拿来解决文学史上的一系列问题。对于这些想法，吴老师是极为反对的。有时我们兴冲冲地拿着习作去请教，大部分都是挨了一瓢冷水浇回来。在这种高压态势之下，同学们努力"上穷碧落下黄泉"地找材料。事实上，大家均沾了这种严格要求的利益，我们的博士论文都力求有理有据，论从史出，最后顺利地通过了学位论文答辩。这种受惠也是长期的，毕业后留在高校或科研机构的同门，大多都做了教授、副教授，有的还被所在单位提拔为院系部门的领导；获得国家级、省部级科研项目，出版专著和在重要理论刊物发表文章的也不乏其人。这么多年来，散播各地的同门并没有什么大的聚会，但在从事研究、检索数据库的时候，总能不时遇见一些熟悉的名字，大家隔着屏幕其实是可以遥遥相对的。

吴老师给我们留下的另一个深刻印象是，望之俨然，不苟言笑，令学生存有敬畏之心。然而这是他持身严肃的自然流露，并没有故意的成分。我们有时也在背后有所议论，希望"望之俨然"之外，还能"即之以温"。其实，吴老师很关心学生，他的温情不在言辞之间。他是有些门户之见，但这主要是针对他所不认可之人事方面的。在学术上，他对于他认可的同行，不仅不吝赞词，还主动推荐学生或为学生创造机会去结识他们。在这一点上，他对于学生的转益多师是持开放态度的，不少学生都受益于此。此外，他对学生的生活也相当关心，不少同学都得到他这样样的照顾。印象最深的是2004级的学兄游修庆，我们叫他老游，1975年生，湖南石门人，很有才华，写得一笔极为开合自如的好字，我考博士面试的时候就是由他来做记录的。但他却患了一种奇怪的病，关节骨骼都非常大，高大的身材几乎扭曲成卡西莫多那样，身心承受着常人难以想象的痛苦。吴老师一般很少谈及个人私事，但他和我好多次谈到老游的病，并曾想办法找医生为其疗治。老游发表了一些研究胡适、周作人、废名、施蛰存的不错的论文，英年因病故去了。吴老师为此痛心、惋惜了很长时间。

吴老师是我们的老师，又是中文系老主任吴宏聪先生的学生。原来老师也做过学生，这给了我们一个从学生的角度观察我们的老师是怎么样做学生的机会。

他对吴宏聪先生执弟子礼甚恭，尤其是自己带了研究生以后，他就让学生把吴先生称作"太老师"，逢年过节带着一众弟子往学太老师府上，成为大家心中一幅美好记忆的画卷。但到了我们这一届的时候，由于吴老师在医院的时候较多，这种盛况我就无缘亲与了。然而，虽然吴老师已不方便经常带队看望吴宏聪先生，但我们每逢重要节日拜访太老师的礼仪，是一直被他规定着的。

由于吴老师礼敬他的老师，我就因此有了一段较长时间近距离接触太老师的机会。那时吴宏聪先生已年近九秩，却依然风度翩翩，走在校园，不拘哪里，都会成为一道闪亮的风景线。可他的听力却只能依靠助听器勉强维持，视力也几乎丧失了，他还在做沈从文的研究，但去图书馆查找资料已经十分不方便。吴老师把我介绍过去后，也许因为我做事还算高效，太老师和我的谈话逐渐多起来。等到他知道我来自湘西，和沈从文先生是同乡，对我就更加亲切起来。原来他在西南联大读书时，沈从文先生教过他课，而且和闻一多先生一起，是他毕业论文的指导老师。突然有一天，他打电话到我住处，让我去他家一趟。我到了以后，他指着桌上整整齐齐的一大摞书对我说：这是《沈从文全集》，现在送给你。我哪里敢承接。他接着又说：我现在没办法做研究了，这套书还是全集出版时沈师母送给我的，我把名字也签好了。说着他把全集的第一卷拿起，翻开书的扉页，只见上面稳健流畅地写着："青果兄惠存。吴宏聪敬赠。2006 年 7 月于中大康乐园。"直到这时，我才好像有些明白其中的含义了。后来我申请到一个沈从文研究的国家项目，主要研究沈从文的文物研究和文物研究与他文学创作的关系，略有几篇成果发表出来。现在，只要有人问我为什么选做这个题目，我就会把这个从太老师到吴老师的故事当作一种传承讲出来。有时我感叹世界很小，绕了一圈又回到了原点湘西，可这世界又是如此之厚重，看似回到原点的道路，中间有多少桥梁，沉淀了多少内容啊。

对于吴老师的学术，我们学生后辈是没有资格置喙的。文字具在，火尽薪传，它们都成为学术史上有重要价值的存在，丰富着中国现代文史之学的研究。正如前面提到的，吴老师重视史料的研究方法，在新风飘扬的时代，自有一种难以易移的定力。受身体和忙于行政工作等方面的影响，吴老师和他的一些同时代学人相比，成果的数量并不算多，可他对于文学文化和文史大家的执着研究，形成了他明显的治学特色。他的郭沫若研究、巴金研究等，都是见其文、见其人、见其时代的研究，人文互衡，知人论世，因此别有一番厚实和厚重。他在 1996年就出版了《学人魂——陈寅恪传》，这是较早时期陈寅恪研究的一部重要的传记。2014 年出版的《守望：陈寅恪往事》，在揭开更丰富的陈寅恪的生活世界与思想世界的同时，还呈现出作者的一部分精神上的诉求。这部著作写于吴定宇老师生命的最后一段时光，从写作是一种对生命的肯定来说，这种写作本身就是积极的和重要的。可以想象，当吴老师抱着衰弱的身体，却又以一种坚定的意志，爬梳史料，悬想史实史事，用他老年才学会的"二指禅"输入法敲打着键盘，最后化作一行行文字的时候，那种心情一定是丰富和复杂的。从字里行间看得出，他是把自己带入了研究对象，理解其所处之环境与背景，揭示其立说处事的因由，和研究对象做精神上的交相往来，可以说，他是把自己的晚岁生命也沉淀于其中了。我想，作为晚生后辈的我们，在阅读完这部书的时候，也可以更进一步地读懂、理解吴定宇老师吧。

2020 年 12 月

吴学之学

李荣华①

在吴门弟子中，我算是最小的了。

不像别的学生，我从没上过吴老师一节课，他的课堂就在他家里，讲的多是为人处世。

2003 年，我从十大元帅之一贺龙的家乡、澧水的源头桑植县出发，坐车来到长沙岳麓书院前的湖南大学读书。

缘分始于大三。当时，西方文论课老师是陈伟华老师，他非常热情地支持我考研，但要我好好准备。

我花了大半年时间复习。寒暑易节，最后通过笔试，来面试。我是第一次来南国广州，人生地不熟，也是陈伟华老师热情介绍了一个学姐，一个非常灵秀的广东女生接我。帮我找住处，并为我打气，最后面试顺利通过。

大约大半年后，我又找到陈老师，说我们要分导师了，想找吴老师做导师。他说遗憾的是，吴老师就要退休了，不招人了。我心里"咯噔"了一下，说还是试试。

我记得，当时是在中大南校区图书馆二楼阅览室的书架之间，我低声地带着请求的语气打电话，希望吴老师答应接收我，他顿了顿，说，"好吧"。那时，比考上研还激动。

后来，才知道，随着教授退休制度的改革，吴老师即将退休，我算是关门弟子。就这样，老师的导师成了我的导师，人生如此开始奇妙地交集。

吴老师从没有给我上过一节正规的课，主要在写毕业论文上受益良多。那篇论文初稿写完后，吴老师觉得不差，但还要大改。此后，改了五次才答辩，获得评委的一致好评。

毕业那时正值 2008 年金融危机，我满脑子乱糟糟的，本来想考博，但是想到读研时都借了不少钱，要是以后读完博找不到工作压力更大，而父母那几年身体也不好，我就慢慢地存有消极心理。而吴老师却不知，他和陈伟华老师极力劝我考复旦的博士，吴老师还亲笔为我写了一封评价很高的推荐信。待他知道我连考试都没有去之后，"哎"的一声长叹，说，"我很少很少给人写这么重的评价"，满脸遗憾。

---

① 李荣华，中山大学中文系中国现当代文学专业 2007 级硕士研究生，现任职于南方日报社。

许多次，此后的许多次，我都记得吴老师那一声长叹和那时的表情。这让我更加不敢随意地面对当下的每一份工作、当下的每一件事和当下的每一个人。

2009 年，毕业前，吴老师、师母为即将毕业的李红霞师姐和我准备了毕业聚餐。我当时很惊讶，哪有老师请学生吃的呀！

在所有交往中，吴老师好像都"不放过"任何教育我的机会。

那时，我就是一个乡下出来的"土疙瘩"，待人接物什么都不懂。吴老师曾说一个笑话，说某教授聚餐时，双手合搂独吞那种。我此后每次吃饭，脑子里都会浮现那副熊样，不断提醒自己别这样。

还有一个细节，是饭前饭后的端茶倒水。我一开始，并不知道，也没有少长尊卑，自顾自在一边喝茶，吴老师直接批评了我一次。此后，哪怕是在办公室写字台边随便与同事喝个绿茶，我都会无意识想到要照顾一圈人，茶倒给大家了，自己再喝。

到毕业时，梳理自己的中大感受，发现吴老师的印记不是最多，却是最深刻的。我的毕业论文后记里，有这样一段话：

> 在中大的 700 多个日子里，课本外的东西学到的更多。我的导师吴定宇先生虽然没有给我上过一天正式的课，但是他更像一位言传身教的传统私塾老师，让我在面聆謦欬中，获得做人、立身、处事、为文诸方面的教益。在吴老师面前，我本身就像一篇未完成的论文，每次拜见他，既是一次成果展示，也是一次意见收集。只是修改者是我，被修改的对象也是我而已。

此后，我就去佛山一家报社工作。工作的酸甜苦辣，我都会在回学校时跟吴老师说说。每次他都会细细地听，一条一条地为我讲，教我为人、做事的道理。

现在依然都记得"回"吴老师家的场景。每次去见他，先随时打一个电话，就可约好。上到那层楼，必见里外两扇门早已为你敞开怀抱，几双干净的凉鞋早已齐齐摆好。突然，你就会看见他那张笑呵呵的脸。

然后，他自己或者让师母热情地为我泡一杯茶，要么准备一个削了皮的梨给我，然后坐在那张属于他的旧沙发上，开始海阔天空地侃大山。

他好像知道很多，而且有些我不知道的时事，他也一清二楚。说着说着，到一些微妙处，我俩就心领神会地笑了。说到严肃话题，吴老师会脚踩地，身子前倾，要站起来的样子，脸色显出忧虑和不满。

吴老师曾多次坦言，自己喜欢招一些出身农村寒门的学生。他最爱说的，是哪个师兄评上教授、哪个师姐拿了国家级课题。一脸的得意，像他自己得了似的。"我最高兴的事是学生有出息"，他这样眼睛发亮地跟我说。

但说着说着，就会说到陈寅恪的"独立之精神，自由之思想"。在社会的茫茫大流之中，他聊得很多的是职业操守，就像学者操守一样，因为吴老师的学脉源自"五四"传统。吴老师之师，是吴宏聪太老师，而太老师则受学于西南联大诸位大师，可见与民国学人相承。

　　而对我，吴老师则化用这句"独立之精神，自由之思想"，常说，在中国做记者这行会有各种矛盾和挑战，但也必须有底线，"我要求你最基本的是要不伤害别人，也要保护自己。不能做的事，就尽量不做"。这些话，成为我独自面对无数个黑夜的力量。

　　2011年，我从佛山到深圳工作，跟吴老师相处的时间少了很多，只能像对老家父母一样，打打电话，聊聊家常，他总要我多去广州找他"玩""坐坐"，我才发现，这种感觉，又有些像莫逆之交了。

　　我性子急，缺乏情绪管理。吴老师笑说自己年轻时脾气也很急，要学会调整。他打比喻说，不要学青蛙，"呱呱呱"叫了一天，让人烦；要学公鸡，早上叫一声，人们就都会闻鸡起舞。

　　老师大病痊愈后，在70岁开始学电脑，弓着腰在电脑前，用左右两根食指敲键盘撰稿，每天两三千字，还经常去各大图书馆查资料记小卡片，写出50万字的《守望：陈寅恪往事》。其中有段时间，他的大约8万字（记得是）的电子文稿因故丢失了，看样子他有点不开心，但没过多久，听说他又把稿子赶回来了。

　　2014年11月15日，周六，我又回到校园看望吴老师，《守望》一书结稿付梓。他的气色甚佳，说打算再写一本书……

　　时代大潮席卷每一个个体，新闻行业影响尤甚，许多优秀记者辞职转型，让圈中人意兴阑珊，不知何去何从。我曾跟吴老师叙及此事，吴老师明确建议我继续做几年，"坚守底线，努力上进"。后来才知道，他为我这一小事，还专门跟他做过媒体的儿子有过深入交流。

　　会用微信后，吴老师爱在朋友圈点赞，也爱转文章给学生，但从不留言解读。有时半夜收到他转发的一条链接，当时，我就会想象一个手机高度依赖症老爷爷在床上眯着眼偷偷看手机屏的样子，蛮搞笑。他逝世前三天还转给我一条微信，也没啥解读。

　　吴老师过世已有三年多。我还在媒体一线打拼，也从那次聊天后坚持记日记。我会时不时想起他，怅然若失，又若未失。

　　这种感觉可能会延续一辈子。

2020年11月20日 深圳

亦师亦父，亦温亦厉

李同德[①]

一转眼，吴老师离开我们已经三年多了。尽管我们明白，吴老师 2005 年就做过换肾手术，身体健康一直存有隐患，但没想到离别得如此突然。我想象了很多种离别方式，无论何种场景，都有惜别的机会。谁知上苍连个告别的机会都不留给我们。三年多了，每念及此，心中还会隐隐作痛。如今悲伤逐渐消退，怀念却与日俱增。自 1996 年 4 月初识吴老师，到入门受教，凡耳提面命 21 年，师恩深重，往事一桩桩一幕幕涌上心头。

望之俨然，即之也温

1996 年 4 月，我从长沙赶来中大参加硕士研究生复试，复试之后即去拜见吴老师，这也是我第一次面见恩师。前晚在火车上站了一个晚上，通宵未眠，学生时代的我不修边幅，可以想见当时的邋遢窘况。当时心中有些忐忑，有人告诉我，吴老师只招一人，另外还有一名保送生，考生人数众多，上线者也不少，尽管我考分在前，但并非科班出身，根基不深，能否录取尚未可知。吴老师住在西南区的教工宿舍，一进门，满屋都是书，空间都被厚厚的书籍给挤占了，本来就不太大的两房一厅显得更加逼仄。吴老师那时才 50 出头，但感觉比实际年龄要大，宽脸庞上还架了一幅高度近视眼镜，俨然是忠厚长者。我显得非常拘谨，手足无措，言辞讷讷，一脸的紧张。他丝毫没有在意我的窘状，招呼我坐下，很亲切地陪我聊起了家常，了解我的求学经历和家庭情况，显然已经把我当成入门弟子了。他似乎知道我心中的疑虑，很坦诚地告诉我，就看中我坚持自学的韧劲，不必太担心录取的问题，让我回去好好准备，多去图书馆看看书，为今后的研读做好准备。吴老师还特别介绍了另一名保送生陈双阳的情况，让我去东区的学生宿舍找他。当天下午，我就爬上东区一栋学生宿舍的七楼，找到已保送读研的陈双阳。吴老师大约之前在他面前提过我，他与我一见如故，坚持要请我吃饭，还拉了即将毕业的两个同学作陪。首次广州之行，不光中大校园给我留下美好的印象，吴老师的亲切坦诚和同门学弟的热情好客给我留下了更美好的记忆。此次见面也成为我人生的关键节点：我成了吴门弟子。吴老师的公平正直、宅心仁厚，

[①] 李同德，中山大学中文系中国现当代文学专业 1996 级硕士研究生，现就职于广东省公安厅。

促成了我人生最大的转机。

如切如磋，如琢如磨

作为吴门弟子，耳濡目染，拳拳服膺吴老师之为学为人。吴老师注重儒家的传承，注重人品，反复强调先做人后治学。第一堂课，就推荐我细读杨伯峻主编的《论语译注》。现在想来，可谓用心良苦。吴老师特别注重基础训练，入学之初，针对我基础稍微薄弱、没有受过系统训练的情况，给我开了一个长长的书单，涉及文史哲诸多基础性的著述，要求我认真读完并做读书笔记。又介绍我和双阳去听梁庆寅老师的逻辑课，以锻炼做学术研究必备的理性思维。如此一年下来，我这个门外汉才算对现代文学研究有了一个相对系统的了解。吴老师特别注重实证，讲究言之有据。他反复强调，做学问，来不得半点虚假，一定要言之有据，"千淘万漉虽辛苦，吹尽狂沙始到金"，要厚积薄发，博观约取。中国现代文学研究，一定要阅读原著，查找原始资料，要注意查阅民国时期的出版物，千万不能人云亦云，做二道贩子。对别人的观点，可以顺着说，有所拓展；可以反着说，自成新论，但一定要言之有据，言之成理。入学第二年，在吴老师的指导下，我偏重对第一手现代文史资料的阅读。在研读中，我对沈从文民国时期发表在《大公报》等报刊上的一些文学批评产生了一点兴趣，顺着之前研究者的思路写了一篇学年论文。其时我的学问根基很浅，观点尚不成熟，没想到得到了吴老师的肯定。他在我的原稿上批阅增删，提出了很多中肯的修改意见，让我认真修改。如此往返几次，终于完稿。老师将稿子推荐给了《中大学报》。当时心中总感觉有些不安，觉得文章还不够成熟，生怕老师为此承担一些不必要的压力。每每我表达这些疑虑时，老师总是淡然一笑，说："'举贤不避亲'，这篇文章的质量达到了上学报的标准，不要太担心。"此稿后来以《沈从文文学批评风格及其成因浅探》为题在《中山大学学报（社会科学版）》1998 年第 5 期发表，几个月后，被人大复印资料全文转载。如果说这篇文章还有些见地，也是吴老师一笔一画改出来的。在我毕业之前，吴老师曾应邀编辑一本小书《走近中大》，由四川人民出版社出版，要求我们每人写一篇文章，题材自选，角度不限。我对校徽上的大钟楼有兴趣，并以此为切入点写了一篇小文章。中大尽管校址多次迁移，行政中心大楼也多次易址或重建，大钟楼却已经成为中大的精神象征。我想，新风气与旧传承并行不悖，兼容并包应该是中大的一个优秀传承。吴老师身上这种奖掖后学、包容大度正是大钟楼精神的一种高度自觉的体现。

毕业后，吴老师一直对我们关爱有加，因材施教。我们也甘于受教，工作上、生活上有啥事也会找吴老师请教商量。茶余饭后，吴老师喜欢与我们谈政治，谈社会，谈世态，谈人心，保持对现实生活的深切关注。要是看到好书或者认为与我们工作关系比较密切的书会及时向我们推荐。有一次，吴老师专门向我推荐冯梦龙编撰的《智囊》，语重心长地告诉我，尽管工作忙，没时间看长篇大论，此书由一篇篇历史掌故汇集而成，是古人理政治事的精华，方便零碎时间阅读，对我们的工作应该很有裨益。后来我专门买来此书，确如老师所言，受益匪浅。毕业后已经多年，特别是身在公门，持身平正、办事公道乃本分，做人做事更不敢有丝毫苟且，这些都离不开吴老师的谆谆教诲。

赤子之心，亦慈亦让

经师易得，人师难求。吴老师更重视师道传承，授业之余，传道亦一以贯之。作为入门弟子，我们获益绵长。入学不久，他就带我们去拜访吴宏聪老先生。吴老师是吴宏聪先生恢复高考制度后招收的第一届研究生，1979年即师从吴宏聪先生，直至吴宏聪老先生2011年离世，30多年，吴老师执礼甚恭。特别是在吴宏聪先生晚年，吴老师几乎每周都要上门陪老先生聊天。作为吴宏聪老先生的再传弟子，在吴老师的影响下，我们也经常去看望吴宏聪老先生，陪他聊天，帮助他查找一些民国时期的文史资料。从吴宏聪老先生到吴老师，我感觉到典型的儒家师道传承，无论做人治学，对后学影响很深。

师门三年，印象深刻的是吴老师请我们下馆子。作为学生，当然颇为清贫，下馆子的机会不多；其实吴老师也并不宽裕，但每年都要请我们下几次馆子。吴老师是四川人，我们会餐的餐馆也以川菜、湘菜为主。去得远一点，则是农林下路附近的重庆小洞天，这是颇为有名的川菜馆。近一点，则是赤岗的小辣椒，这在20世纪90年代的中大学子心目中是相当有名的川菜馆。更多的是去中大西门附近怡乐路的川菜馆和湘菜馆。此外，中大蒲园餐厅、康乐园餐厅都留下了"吴门食客"的身影。其实大家在乎的不是美食，而是师生团团围坐，其乐融融的良好氛围。席间吴老师总是谈兴很浓，让我们知道了很多学林掌故、前辈逸事，我们受教很多。吴老师请他在学术界的朋友陈平原、杨义、陈思和等吃饭喝茶时，也会叫上我们。当然，在这些场合我们相对拘谨一些，但听前辈学人聊天，哪怕是只言片语，也能启迪思维，拓宽视野，受益匪浅。吴老师之所以让我们参加，其意可能也在于此吧。

毕业后，我们还是一直保留这种传统，每年都要陪吴老师吃几顿饭，吴老师也会把正在攻读博士、硕士的师弟师妹叫上，热热闹闹一大家子。20多年来，有几次寿宴给我留下了很深的印象。2007年3月24日，由吴老师在中大教的第一届学生（1982级）发起，在中大紫荆园为吴定宇老师庆贺63岁生日，共有40多名学生参加。那天气氛很活跃，兴之所至，大家在宴会上表演起了三句半，将聚会推向高潮。吴老师感动，也说了三句半，一是下辈子继续选择做老师，二是希望毕业的学生事业有成，三是希望未毕业的学生学业有成，师生同喜同乐！之后大家参观了新建的中文堂，去吴老师在七楼的办公室参观。办公室窗外正对着怀士堂的那一片树林，其中有一棵树傲立群林，显得非常之高。心头隐隐觉得，那是吴老师人格的象征，孤高绝俗，傲立尘世。

最难忘的还是吴老师的70岁寿宴。2014年3月9日中午，23位吴门弟子相聚于滨江东路顺峰山庄。吴定宇老师首先致辞，与我们分享了他从小到大的很多珍贵照片，再配上当时的时事，岁月沧桑而又温馨。寿宴上大家纷纷祝福，各自都有各自的故事，但感念师恩、知恩图报之心都是一样的。几位同门说到动情处，说及吴老师在艰难时刻对他们的支持，几度哽咽。大家都希望老师少操心，少操劳，真正如70岁之人一样从心所欲，如大江大海平缓从容，福寿绵长。那天吴老师一口气吹灭了生日蜡烛，告诉我们他许了三个愿望。那天我没有询问吴老师的愿望，但我知道，大家都在他的"宏愿"之中，他唯独忘了自己。

吴老师七十大寿之后，我们与老师见面的次数更多了。我也发现，老师一天一天老了。记得2016年3月，我们在中大北门学人馆与吴老师相聚，吴老师快72岁了，我第一次发现老师走路有些颤巍巍了，夹菜的手也开始发抖了。从那时开始，我就暗暗叮嘱自己，再忙，也要多和吴老师见面。吴老师的身体状况让我们不敢有太高的期望，每一次见面都是珍贵的回忆，每一次都是师生情谊的盛宴。与老师的最后一面，应该是在2017年2月15日。那天，我们与吴老师从中大西门出来，穿过新港西路，一直往原来的纺织厂走了一里多地，到南国凤厨吃饭。吴老师很开心，聊了很多事情，席间说及当前的教育体制、高等教育和学术研究等问题，思维非常清晰，很有见地，一以贯之地体现了"独立之思想，自由之精神"的学人情怀。饭后，我和多友、文军陪着吴老师走回中大，边走边聊，一位颤巍巍的老教授，几个中年的学生，说着非常纯粹的学术话题，这种场景让我仿佛回到了神采飞扬的青春时代，回到了追求真知的求学时代，回到了在吴老师门下那段难忘的岁月。万没想到，这竟然是师生这辈子最后一次见面。

博观约取，厚积薄发

吴老师研究范围很广，著述很多。以现代文学研究为切入点，再转入更为深广的文化研究，特别是对转型期中国文化和文学的探讨，建树颇多。对巴金、郭沫若、陈寅恪等文学和学术的大家都有深入的研究。作为学生，我感受最深的还是吴老师身上那种"独立之思想，自由之精神"的学人精神。一生拳拳于此，孜孜以求，老而弥坚。早期吴老师应邀撰写了《学人魂——陈寅恪传》，广获好评。后来吴老师因编辑中山大学校史的机缘，得以浏览很多珍贵史料，获取了很多关于陈寅恪先生的珍贵历史细节。退休后，吴老师大部分精力都花在陈寅恪研究上。每次见面，他都会聊到关于陈寅恪的一些珍贵史料和鲜为人知的细节。如对陈寅恪的批判首先来自党外人士，陈寅恪之所以不去台湾，其实是基于对国民党的深刻认知，对当时台湾的学术环境和政治环境的高度警惕。这些细节，吴老师娓娓道来，如数家珍。2015 年 3 月 4 日，我们去探访吴老师，终于收到了吴老师的新作《守望：陈寅恪往事》。这部由中国社会科学出版社出版，50 多万字的皇皇大作，出自一名长期患病年逾七旬的老人！这种韧性和执着，这种长期以来淡泊名利、唯真理为皈依的学人精神怎能不让我们感怀。每每捧读，仿佛老师仍在我们身边侃侃而谈。如今临风怀想，不胜唏嘘。

　　人生短暂，苦乐参半，悲欣交集，但正是这些美好的瞬间、美丽的回忆支撑着我们坚强自信，勇往直前。吴老师以身作则，一辈子为人、为学、为师都堪称楷模。退休后还孜孜以求，对人生、对事业的执着令我们后学汗颜。我们也无时无刻不从中汲取力量、汲取智慧。无论何时，总觉得吴老师目光如炬，烛照我们、鞭策我们、激励我们摒弃尘俗纷扰、坚持初心本性，不负韶华、不负这师生难得的缘分、不断砥砺前行。

2020 年 8 月

长忆吾师

梁　婵[1]

　　转眼间，吾师定宇先生离去三载有余。三年间，世间事正经历着沧桑变化，然吾师长存在我记忆里的那张微笑着的如冬日暖阳般的温暖面容，似乎从未曾离去。

　　与老师相识在世纪之交。2000 年，作为中山大学珠海校区的第一批学生，还带着年少的懵懂，我开始了本科生活。何其幸运，老师被分作我和另外两个同学百篇作文的指导老师。所谓百篇作文，是中大中文系开创的独特教学法。每名大一的学生，须写作 100 篇作文，系里会安排一名老师对其进行指导，这一方面让学生们能点对点接受教授们言传身教的熏陶，另一方面让学生们真正压实写作基本功。感谢我系的这种机制，使我得以认识老师，得以接受老师多年的谆谆教导，是缘分，更是幸运。

　　还记得初见时的战战兢兢。因为老师当时在我们学生的口耳相传中以严格而闻名。但很快，我们知道，老师严肃的外表下，是对学生深厚的关爱与责任感。虽然他当时教研工作非常繁重，但对于我们百篇作文的指导还是如此地别出心裁：十篇人物描写、十篇景物描写、十篇议论文、十篇诗歌……居然还有十篇文言文！记得当时我头都大了，只得想方设法恶补各种知识，搜肠刮肚，字斟句酌，尽力完成作业。这种训练方式，在当时我们那一级的学生中，是绝无仅有的，或者堪称"另类"。现在想来，这种特殊的方式颇为有趣，并且藏着深意。作为写作训练，对世间事精细入微地观察并且生动地传达出来，是排在第一位的；议论文、诗歌、文言文等各种体裁的尝试，也是为了训练更全面地用各式文体进行表达。老师没有和我们讲过他为什么要这样设计，而是用实际行动，言传身教地引领着我们成长。

　　确实如此，用老师后来几次的话说，他是"看着我们成长"的。我和另外两个同学是老师指导的最后一批本科学生。当时我们十八九岁，来自经济欠发达的粤东、粤西，中学阶段埋头苦读，窗外事很少理会。在本科和研究生阶段，我们都坚定地追随老师，虽然平日里与老师接触不多，但老师给予我们的影响，关乎治学，关乎对大学的理解，更关乎为人处世的品格。

---

　　① 梁婵，中山大学中文系中国现当代文学专业 2004 级硕士研究生，曾于《广州日报》任记者、编辑，现就职于东莞市城市管理和综合执法局。

一个是尊师重道。在学校时，老师亲自带队，领吴门弟子数度探访太老师吴宏聪先生，带头鞠躬慰问，给我们每个人都留下极其深刻的印象。所谓大学，不在乎有多少宏伟的建筑，重要的是那一代代潜心钻研各领域学问的学者，构筑了大学之魂。老师带领我们对太老师的探访，不仅让我们近距离感受老一辈学者的巍巍风格，老师发自内心的对太老师的敬重，更令我们强烈感受到源自传统文化的师道精神。这种精神源自传统，也融入现代精神。老师不止一次和我们说过，老师固然是要尊敬的，但也不要迷信权威，要带着怀疑的精神做学问，敢于创新，敢于突破前人。

另一个便是真诚和正直。这两个词看着简单，做起来不容易，它与人的品格直接相关。尤其对于那些曾经历上世纪变幻时局的人来说，能遵从内心，坚定地做到这点的人不多。老师言语不多，有时给人的感觉是酷酷的，但熟悉他的人就会知道，他从来不会为了取悦他人而说假话、大话、空话、套话。有些话他未必会说，但假话他肯定是不屑说的。至于蝇营狗苟、争名逐利之类，更与他毫无关联。他固守着自己的学术天地，可以说，他是一个从内心到言行都很纯粹和坦荡的人。对于他的学生们，他又是很柔软和挂心的。吴门弟子大多出身于上世纪七八十年代不富有的家庭，有的甚至家境贫寒，是属于要努力靠知识改变命运的那一群人。他在治学上要求是严格的，但当我们遇上无法解决的困难时，他会想方设法力所能及地帮助；当我们毕业后找到理想的工作，他又会由衷地为我们感到高兴；每当我们在治学上取得小进步，他都为我们感到开心和骄傲。

生于天地间，如白驹过隙。感谢吾师定宇先生在我们的青春时光中如灯塔一般，照亮我们的人生前路，让我们始终保持对职业的敬意、对生活的热忱、对他人的真善。追忆吾师，心潮澎湃；长忆吾师，温暖敦厚。无论世事变迁，吾师品格和精神长存心间。

2020 年 10 月

长忆吾师

关于吴定宇老师的三个印象

龙其林[①]

　　吴定宇老师因病于 2017 年 7 月 22 日不幸逝世。我于 2007 年到中山大学参加博士生入学考试，第一次见到吴老师，与吴师相逢正好十载。在这十年时间里，我见证了吴定宇老师从中山大学逐步卸任编辑学与出版研究中心主任、博士生导师等学术职务，并步入退休生活的许多场景，也感受到了他心境的某些变化。我可以用三个词来概括吴定宇老师在不同时期给予自己的印象：

　　严厉。从第一次见吴定宇老师到博士毕业，在我眼中，他都是极为严厉的学者。读博后通常一周的某一天甚至几天，宿舍里的座机时常会突然响起。吴老师通常在清早或者晚上九、十点打来电话，虽然每次都会说些事情，但我很清楚电话的查岗性质；老师每周上课都会要求阅读好些著作，布置每周的小论文，一旦没有完成又免不了接受当面的厉声批评。由于我不擅长表达，读书时挨批的频率颇高。吴老师经常会拿已经毕业的某个同门师兄的事迹教导我，说看看人家在中大读博几年都没有去过北门！惊愕之余，我只有加倍努力。于是三年下来，我没有去梁銶琚堂看过一次电影，没有去过陈家祠、没有体验过珠江夜游，只有毕业时发表的 34 篇文章、1 部博士论文和 2 部待出版的书稿。

　　柔情。在中大三年及毕业后，不知多少次出入老师家，聆听老师和师母的谆谆教诲，接受老师付款购书的"待遇"，或是拿着老师赠予的门票坐在星海音乐厅、友谊剧院享受视听盛宴。承蒙吴老师厚爱，使我有机会跟随导师参加一系列学术会议，得以亲瞻名家风采，感受学术争鸣的氛围；而且，借参加会议之机，我还跟随老师辗转于全国各地：从洛阳白马寺到洛阳牡丹园，从保定白洋淀到岳阳君山岛，从嵩山少林寺到郑州博物馆，等等。每到一处，除了探访名胜古迹，吴老师还带我徜徉于大街小巷，观察社会，体验生活：瑰丽的河山，璀璨的文化，充盈着潮湿气味的遗迹；蜕变中的城市，渐渐消逝的传统，底层百姓的艰难生活，闭塞环境中不屈不挠抗争的人们。质朴而混杂的现实生活，始终洋溢着生命的气息和梦想的契机。当我跟随吴老师走入洛阳的白马寺，沉浸在佛教文化的千年绵延与博大精深；当我漫步于夜色中的白洋淀，在明月清风的氤氲中淡忘了俗世的烦忧；当我驻足在残损的龙门石窟前，惊叹于古代文化的灿烂与中华文明

---

　　① 龙其林，中山大学中文系中国现当代文学专业 2007 级博士研究生，现上海交通大学人文学院长聘副教授、博士生导师。

的曲折——一种沟通千载的历史纵深感、文化在场感油然而生，至今仍不时予我精神的启迪。师母戴月女士是一位古典气质和现代意识完美融合的女性，家庭与事业兼顾，且都做出了出色的成绩，她的优雅、智慧和平易给我留下了极为深刻的印象，也给予了我许多的教益。更让人感怀的，是吴老师与戴师母相濡以沫的那份相知相守的感情。有好些次，当师母点了吴师喜欢吃的菜，说那道菜"是老吴的挚爱"时，老师总会充满深情地握着师母的手，自豪地宣布："我的挚爱在这里！"

执着。吴老师 2008 年办理了退休手续后从未放弃学术，依然皓首穷经地进行研究。工作之后，我常回康乐园和吴老师聊天，他时常手舞足蹈地谈起最近又从故纸堆中发现了哪些有关陈寅恪的史料，核实了陈寅恪的哪些传闻与史实不符。谈到高兴处，吴老师发出爽朗而持久的笑声。对于学术界现在存在的一些腐败现象，吴老师常常义愤填膺，予以猛烈的抨击。他也常常对学生们寄予厚望，认为在自己所带的学生中有那么几个如果能够有一个好的平台，一定可以在学术界形成较大的影响力。退休后的这十年时间里，吴老师主要从事陈寅恪学术评传的修订工作，在中国社会科学出版社出版了《守望：陈寅恪往事》这样史料丰富、新见迭出的巨著，该书出版后即入选 2014 年度中国社会科学出版社年度十大好书。

尘世匆匆，相逢不易。痛失吾师，凄戚难言。吴老师虽然离我们而去，但他的著作、他的话语、他的精神不会消失，且永远砥砺着我前行。每当回忆起老师的音容笑貌，我都会清晰地感受到一双炯炯有神的目光，依然在饱含深情地注视、鼓励、鞭策着自己前行。

2020 年 7 月 22 日

（原载龙其林：《拒绝在沉默中遗忘》，上海三联书店 2020 年版，第 296 - 298 页）

怀念吴定宇先生

潘淑凤[①]

吴定宇先生，写下这个熟悉的名字，眼前就浮现出一张严肃的脸，头发永远一丝不苟地向上梳着，操着一口浓重的川味普通话，日常听讲总需要竖起耳朵捕捉辨认个别的字眼。

对先生的初始印象，就是博学。那会儿我正是大学萌新、初生牛犊不怕虎的时候，先生教授我们现当代文学史，巴金、陈寅恪、郭沫若……从文学到文化，从文化谈文学，上课之间纵横捭阖，言谈滔滔，一节课下来，光板书就布满了一整个黑板，抄笔记的手赶不上他滔滔不绝的嘴，偏偏逐行逐句又都是严谨治学的要点论据，漏不得，往往手酸到极点，才盼到下课。期末考试，又是满满当当一大页试题。如先生所言，"课上所授，皆是重点"，所以，期末考前没有划定重点范围的背书也是相当痛苦了。

对先生的印象之二，就是严谨。不管治学还是为人，他都提倡厚积薄发，扎扎实实打好根基。先生是我的导师，对我的书评、论文一一进行指导。犹记得每一篇交给先生的文章，回来总是满满当当的红批，一针见血极细致的批注总是让我无比汗颜，从不敢怠慢，稿一、稿二、稿三，在不断地调整框架和遣词造句中，磨炼着我的写作能力和思维能力。我曾与先生开玩笑，说这叫"杀鸡用牛刀"——以治学的严谨来孜孜不倦地纠正我这个刚入门的本科生的作品，也从此使我养成了写作字斟句酌、凡引用必查出处的习惯。一入学碰到严师，实乃学生之幸。

对先生的印象之三，说出来怕是会让大家大跌眼镜，就是亲切。先生外表不苟言笑，足以吓退许多不明就里的同学，因为他们总会觉得先生严厉而不可亲。与先生的私交，来自课下斗胆借书，先生不仅慷慨借出，还给予粗略的阅读建议，告知我，有疑惑可以直接找他。自此胆子变大，在后面的一借一还一请教中，先生都极为亲切而耐心，大致是没见过这么鲁莽天真的学生，只要学生想学，他总会待之以诚，尽力传授。在先生门下数年，也算是被先生惯坏了，虽犯差错不少，却从未被先生斥责过，甚至先生在后期因身体不适住院，仍记得我的毕业论文交稿批阅事宜，特别交代了他的大弟子伟华师兄指导我的毕业论文修改。过于顺利的环境养成了我的一颗易碎的玻璃心，在毕业论文答辩时，面对咄

---

① 中山大学中文系 2000 级本科生，现就职于国家税务总局广州市天河区税务局，任副科长。

咄逼人的专家委员会,差点当场洒泪。如今回想,毕业论文被评以优秀,导师和伟华师兄对文章的各种指导打磨功不可没。

时光荏苒,一晃先生也离去三年了,但他的音容笑貌却依然宛若眼前,我竟无语凝噎。先生,一路走好。

2020 年 9 月 1 日于广州

师恩难忘，情深意长

沈永英①

一

记忆中的康乐园，芳草萋萋，绿意盎然；杜鹃红艳，清风飞扬；荷塘飘香，书声琅琅，有同门鼎力支持，更有吴先生言传身教，点点滴滴，历历在目，成为影响我一生之注脚。

吴先生治学严谨，读书注重涵泳会心，思考讲究深度力度，于平常中洞见卓异，在细微处体现精神。先生要求弟子严格，应有创新精神，不拘泥于成见。吾刚入学时读书较少，无治学之功底，虽有勤奋补拙之举，即使在先生严厉治学之下，仍战战兢兢，如履薄冰，对学术抱敬畏之心，对学业不敢怠慢，日夜苦读，终有所长进。每次课后，同窗四人送先生回家途中，先生必定循循善诱，耐心鼓励，以期盼吾辈之成长进步。每与先生交谈，学术掌故，文学经典，问题悬案，先生皆信手拈来，如数家珍。其人格、气节、思想，令我醍醐灌顶，深刻烙印于心。先生对弟子呕心沥血，用心良苦，我深感无以为报，必当自省之，勤勉之。

忆硕士论文选题，资料收集，行文结构，乃至语言打磨，先生耳提面命，无一不是一丝不苟。当时，先生有疾在身，诸多不便，在医院打吊瓶助弟子四人开题。每稿上交，先生细读文章，所反馈问题数十个，满满五页信笺，中间字字是"血"。我甚感先生之认真严谨，乃中大康园之学术风范。待我后来目睹各种学术之怪现状，更觉先生乃真功夫，治学严谨精深，师出名门，深谙学术之正道，繁忙行政工作之余，笔耕不辍，刻苦研读。

硕士毕业后十载，吴先生仍如父亲一般关爱弟子。我出生于粤北农村，性格单纯质朴，未能洞察世情；初涉江湖，漂泊于陌生都市，难免方向不清，道路不明。吴先生与师母怀包容之心，谦和宽厚，蔼如春风，细心指点。吴先生常鞭策，大学乃学术共同体，唯有学术才是安身立命之所在。然我忙于婚育之事，未能领会为师之苦心。而后经历数载，才悟其中真谛，重拾书本，几度考博，在吴先生和陈师兄的无数次鼓励下，终于顺利实现目标。此间离开康园已长达九年之久。吾常忆于此，若无先生时常以师兄同门之学业进益为榜样细心敲打，若无先

① 沈永英，中山大学中文系中国现当代文学专业 2001 级硕士研究生，现任广东外语外贸大学马克思主义学院副教授。

生拳拳之心数十载如一日之鼓励，我早已沦为大学行政流水线之螺丝钉，无所谓学术理想与人生矣。当日领回博士录取通知书，给吴先生报喜之时，我痛哭流涕。老师期待亦久矣，先生真是我的精神之父。

　　吴先生从教四十余载，宅心仁厚，善待学生，桃李天下。上至庙堂之公，下至草根之子，其关爱如一。悠悠寸草心，报得三春晖。我深感师恩重于泰山，然我力量卑微，未能尽弟子之孝，唯有尽力做好学术，传承吴先生为人与治学之精神，为学术发展尽绵薄之力！值吴先生古稀之寿，感怀师恩，特赋诗一首贺之：

天增岁月人增寿，

人生七十古来稀。

桃李天下争娇艳，

玉树庭前早成荫。

毓秀钟灵傲奇骨。

山高水长两袖风。

康园高吟闲对月，

梧桐老凤有清声。

2010 年 6 月 15 日，吴先生、戴月师母和沈永英（前排左一）、
黄群（前排右一）、方玉彪（后排）合影

二

时间如白驹过隙，不知不觉吴定宇老师已经离开我们三年了。记忆中吴老师的模样，浓眉大眼，器宇轩昂。他是那样自律严谨、正直无私、大气宽厚，他对待学生严慈相济，关爱有加。先生之风，山高水长，吴老师的言行举止、学术思想和品格气节深深地影响了我，使我在教师的职业生涯中不断以吴师为楷模，努力践行师者的行为规范和人生境界。

吴老师最后一次和我说话，是 2016 年底在电话里，那时我在工作上遇到很多困惑。他耐心倾听我的苦恼，和我说了很多鼓励的话，当时他已经呼吸急促，咳嗽不止。师母在一旁劝他放下电话，可是他还是担心内心焦虑痛苦的我，又说了许多。没有想到那一个小时的电话，竟然是我最后一次听到他的声音。2017年 7 月，传来了老师去世的消息，当时我怀二宝八个多月，无法送吴老师最后一程。那日，我在家里拿出与吴老师的合影，往昔历历在目，可再也听不到老师的声音，看不到他的容颜了，不禁悲从中来，无法抑制的泪水夺眶而出。我先生嗣奋从外地出差匆匆赶回来代我慰问了师母。

时间穿越到 20 年前，碧儿、黄群、玉彪和我进入吴老师门下攻读硕士。吴老师第一节课就提出了规范的学术要求，每月必须大量阅读经典小说和经典学术著作。必须精心准备一个月阅读形成的论文，上课之前发给同学，然后互相提出批评意见，下课之后要及时修改。一个学期下来根据讨论的进度，每个人基本要写四篇论文。其他老师学生只要求学生写一篇论文结课。我刚从湛江师范学院中文系考入中山大学，自认为基础薄弱，日夜兼程在中文系的图书室和学校图书馆看书查资料，写读书笔记。

吴老师对学生非常严格。有一次，有个著名学者来系里讲学，恰逢吴老师上课，我和玉彪、碧儿去问，能不能让我们去听讲座，改天再上课。老师刚开始答应可以，突然黄群说，她不想听讲座，想上课。老师生气了，觉得我们就是不想学习，把想上课的留下来上课，不想上课的出去。于是我和玉彪、碧儿被轰出教室，碧儿和我一直在抹眼泪，也不敢去听讲座，在教室门口干等，过路人还以为我们仨被罚站。大约过了 20 分钟，老师气消了一些，我们三个陆续回来上课。老师训斥了几句，又无事一般继续上课。这一节课下来，我们对吴老师心存敬畏。现在回想起同学三人的狼狈样子，真是人生搞笑的小插曲。我们对老师布置的作业论文，从来不敢偷奸耍滑，都是认真完成，仔细推敲。不少同学都去职业技术学院代课，去报社兼职，这些都与我无缘。三年下来，经过规范严格的学术训练，我也快速锻炼了逻辑思维能力和学术写作能力。

研一暑假，我写了一篇论文《上海故事的空间与怀旧》，老师表扬了我，认为我下了功夫。下课后，我告诉老师，我受李欧梵《上海摩登》的影响写下这篇评论。老师感叹说："沈永英，你真是老实啊！好好读书，不要和别人比，就和原来的你相比，你会很快提高，越来越好的。"老师语重心长的鼓励时常停留在我心里，仿佛冬日暖阳一般，令我心里暖烘烘的，使看似落后的我总有着无穷的动力迎头赶上。因为我坚信，和自己比，总会有提高的一天。为了弥补我薄弱的理论基础，老师还建议我去选彭玉平老师的"中国文学批评史"课程和王坤老师的"西方文论"课程。十年以后，我开始读博士，选择了王国维悲情文学作为研究对象，不由得惊叹于吴老师的深谋远虑。彭玉平老师是研究王国维的大家，而王坤老师则是我博士论文答辩委员之一，对我的论文有很多的指点。这种学术缘分是吴老师为学生所建构的。现在回想起来，依旧感恩在心。

吴老师对自己严格自律到了近乎完美的境界。他曾担任《中大学报》主编，但他从来没有想过要把这个位置作为谋求学术利益的工具。他是那样慎重严谨，近乎严苛地完成他的工作，以至于身后得到学界一致的好评。吴门弟子在《中大学报》发文章的次数屈指可数。他也许帮助过很多优秀的学者，但是绝对不会过多照顾自己的学生，他对于学术的判断、拿捏非常准确。

毕业是一道分水岭。业精于勤荒于嬉，毕业之前，要是没有下功夫，吴老师会声色俱厉、毫不留情地批评。毕业之后，吴老师是慈祥的师长，真正的人生道路的导师。我结婚生了孩子之后，偶尔也带上女儿陈忱一起去看老师。陈忱弹钢琴给老师听，老师总是说："陈忱，你弹得太好听了，你再弹一首吧。"娃很高兴，又继续弹下去。其实并不是陈忱弹得好，而是老师为了让孩子不打扰谈话，哄娃开心地弹了一晚上琴。陈忱弹琴的时候，老师就向我介绍他的得意弟子诸位师兄师姐的学术进步，从伟华师兄到常彬师姐，从邓伟师兄到向明师兄，老师信手拈来，如数家珍。老师构筑的学术理想，我虽不能至，但心向往之，再三告诫自己不能成为温水中的青蛙，不能沦为行政流水线上的一颗螺丝钉，一定要积极进取，努力学习。

吴老师虽然离开我们了，但是他的音容笑貌烙印于心，甚至冥冥中觉得他还在默默地关注着我们，每个学生都感受到了他的这份深厚的关怀，他的学养、他的情操和他的境界。他不时的提醒和鼓励常使我在得意畅快时不会被虚荣蒙蔽双眼，在人生低落沉沦时被贯注坚毅刚强的力量。如果时间可以倒流重来，我一定好好做吴老师的学生，谨遵师嘱，刻苦努力，寒窗苦读，不负师恩，无愧于心。

本文第一部分写于 2014 年 3 月
第二部分写于 2020 年 12 月

忆吴定宇老师二三事

石　榴[①]

2017 年 7 月的一个傍晚，我正在收拾行李，第二天我们一家要和朋友赴新疆旅行。我突然看到大学同学群里发出一条消息，吴定宇老师辞世。我顿时僵在那里，震惊、悲痛、愧疚，我被这些情绪包围着，说不出话来。吴老师是我大学时代最尊敬的一位老师，也是我人生的领路人。

20 年前，我考入中山大学中文系，吴定宇老师给我们上现代文学史课程。中大珠海校区从 2000 年开始启用，所有新生入驻新校区，老师们从广州本部来上课。那时吴老师已经 56 岁了，但他每周从广州赶到珠海给我们授课，而且总是神采奕奕的。吴老师上课有个特别的习惯，就是点名。迟到或者旷课的同学在他那里都不会被轻饶，还宣称考勤记录要记入期末成绩，这在我们的大学时代几乎是绝无仅有的。刚刚经历完高考的折磨，上大学准备放飞自我的同学们遇到这样一位严师，自然是有很多不适应，也常有抱怨。但是慢慢地，大家被吴老师的坚持和责任心所折服。我记得现代文学史的课堂，始终是我见到班级同学最多的课堂。后来我才知道，吴定宇老师早年曾在四川的中学教书，通过自己的努力，考取中山大学研究生并留校任教。我想，应该是做中学老师的经历让吴老师养成了点名的习惯，大学生上课自由散漫的风气，他自然是看不惯的。大学课堂的确自由，收获多少全凭自己，吴老师的严厉是一种对抗，更是一种责任。进入他的课堂，现代文学史上的人物一个个都鲜活起来，鲁迅的桀骜，萧红的才情，还有那许多轶事掌故，吴老师都能信手拈来，这些故事有时比他们的文章还要有趣精彩。而那些因为考勤而扣的分，其实并没有真的算在成绩里，吴老师最后都尽量宽容大家。

因为上中学时喜欢阅读文学作品，被中外小说如《红楼梦》《平凡的世界》《呼啸山庄》等深深吸引，我报考了中文系，但是对于中文系具体要学些什么却是模糊迷茫。吴定宇老师的现代文学史课程，开设在本科的第一学期，对我往后七年的求学之路都影响很大。第一堂课上，吴老师就给我们讲文学作品的价值，他指出文学作品有三重价值：审美价值、文化价值和文本价值。审美价值不言而喻，但对于文化价值我却知之甚少。吴老师花了好几节课的时间，为我们梳理中

[①]　石榴，中山大学中文系 2000 级本科生，现工作单位为中欧国际工商学院。

国文学的文化基因，将儒道佛三家文化对文学的影响一一剖析，不仅阐释了文学与文化的关系，更为我们展现了博大精深的中国文化地图。从此，我的阅读范畴便从文学作品拓展到了文化典籍，这成为我学术基础的起点。吴老师曾经在课堂上说："治学要于无疑处有疑，于有疑处无疑。"这句话现在听来不足为奇，但对于在中学里当惯了乖学生的我来说，却有醍醐灌顶的神奇功用。之后再看书学习，总抱着一点怀疑，不肯轻易下结论。所谓怀疑精神，所谓思辨的种子也就此埋下。

开学不久，我自告奋勇担任了现代文学史课代表，虽然帮助老师记录考勤有些得罪人，但我更珍惜能够多一些向老师请益的机会。那时吴老师总是对我们说，读完大学，要留下些东西，所以鼓励我们写作。我们的班刊也应运而生，定名为《潮汐》。

或许是受课程的影响，这个名字也颇有中国现代文学的遗风。和 20 世纪八九十年代的大学生不一样，随着计算机的普及，2000 年以后学生办纸质刊物的情况已不常见。2000 级是入驻中大珠海校区的第一批学生，我们的这本班刊也应该是当时学校里屈指可数的学生刊物之一了。我和班里几位同学一起担任班刊的编委，学生办刊听起来很有意思，但困难也很多，比如组稿就是一大难题。中大中文系本来就有大一写 100 篇作文的传统，平时同学们写作的压力已经比较大，对于专门的文学评论班刊，似乎也没有投稿的热情。吴老师担任我们的指导老师，在我们一筹莫展的时候，他建议从同学们的现代文学史课程作业中优选一些文章，先把第一期刊物办起来，再慢慢吸引同学投稿。于是 16 篇学生习作组成了我们第一期班刊。现在看来，这些文章或许稚嫩，排版或许粗劣，但它是我们大学时代难得的有形纪念品。当时吴老师早已经是博导，还能挤出时间关心并指导本科生的一本班刊，可见他对本科教育的重视和付出。

大学四年过得很快，临近毕业，我获得了前往南京大学求学的机会。但是在中大和南大之间，我还是有些举棋不定。因为吴定宇老师一直是我非常尊敬的老师，于是我前去询问他的意见，是应该留在中大继续读，还是去往南大求学。我记得吴老师并没有帮我做决定，而是仔细分析了两者的利弊。他说，如果留在中大，你可以硕博连读，五年时间拿到博士学位，治学之路会比较顺利稳妥。不过各个大学各有气质，各位老师各有专长，去另一所学校，对于拓展你的学术思维和视野也很有好处，但是三年以后你得自己考博，不确定因素会很多。最后我还是选择了去南京，而三年之后，我真的因为疏于努力，没有考博，也就失去了一生治学的机缘，从此江湖漂泊，与学界渐行渐远，思之愧对恩师。

吴定宇老师辞世已经三年有余，因为当时有远行之约，我未能抽身前往吊喑，这成为我一生的遗憾。如今忆及师恩种种，无以回报，更觉汗颜。唯有以此小文寄托哀思。但能力有限，所述往事不能体现老师的才学风貌之万一，实在惭愧。

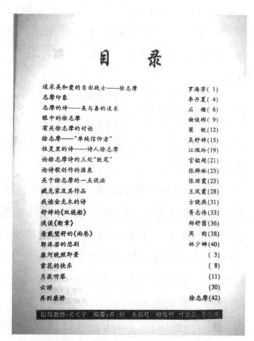

中山大学中文系2000级乙班班刊《潮汐》

2020 年 9 月

追忆恩师吴定宇教授

石晓岩[①]

　　我迟迟不愿交稿，不愿将这篇写给恩师的纪念文字定稿，潜意识中是舍不得与我最敬重的恩师以这种方式郑重地告别。我的内心一直是逃避与吴老师告别的，仿佛只要不写纪念文字，老师就还会如往昔一样，在电话线的那一端，在亲切爽朗的笑声中分享我的喜悦，在温和坚定的语气中提出睿智的建议。多少年来，有成绩时向老师汇报，有困惑时向老师请教已成习惯。而老师总是给我以勇气、信心和力量，鼓励我不忘初心，敦促我奋勇前行。老师的殷殷关爱，就像广州冬日里的暖阳，永远不会热烈耀眼，却温暖明媚，无处不在。而此刻，写下这篇文章的我不得不直面这个残酷的事实——我敬爱的老师确是已经离我远去了，而且，已经三年有余。

　　宫崎骏在《千与千寻》里说，人生就像一列开往坟墓的列车，路途上会有很多站，很难有人可以自始至终陪着你走完，当陪着你的人下车时，即使不舍也该心存感激，然后挥手道别。我很想以这样洒脱从容的态度，面对生命中最珍惜的人与事的流逝。但我终究没有那么坚强，在写下这些文字时，怀着那么多的不舍与不忍，几度泪目。

　　2005 年炎热的 9 月，当我走进中山大学古朴庄重的校园报到时，我并不知道未来会以怎样的方式在我面前徐徐展开。无数次，当我回首自己走过的道路，总是觉得自己如此幸运——来到广州，走进中大，得恩师指教，从此进入人生新的航道，见识更宽广、更高远的世界。平凡渺小如我，也有破茧成蝶的梦想。而如果没有中大润物无声的培养，没有老师和师母的言传身教，这个梦想也许只能是空想。从中大毕业到现在已经 12 年了，然而中文堂里恩师的鞭策鼓励与谆谆教诲，364 栋夜晚此起彼伏的蝉鸣蛙噪、图书馆旁绿意葱茏的参天古树、康乐园里红墙绿瓦的古朴建筑，依然是我心中最难忘的青春记忆。

　　无论何时，回想在中大的时光，心中总是满溢着温暖与感动。犹记得老师在审阅论文时的数次增删、在我答辩前夕的支持鼓励、在我求职时的挂心劳神……老师不仅在学术上对我的学业和研究提出切实可行的意见，而且在思想上和生活上关心我的成长。面对我的种种不自信和胆怯退缩，老师总是帮助我坚定理想、树立信心，教育我做一个敢于超越、勇于担当的人。老师对我的教育不是居高临

[①] 石晓岩，中山大学中文系中国现当代文学专业 2005 级博士研究生，现为海南大学人文学院教授。

下讲大道理，而是从身边的人和事讲起，从自己的亲身经历讲起，循循善诱，让我自己悟出做人做事的道理。做老师的学生很幸福，因为老师不仅在学业上严格要求，在生活上也无微不至地关心我们。对于我们这些家在遥远异地的学生，老师像挂念自己的儿女一样，担心我们在食堂吃不好，一有好吃的，就想着分给我们大快朵颐。我人生中吃到的第一块广州酒家的蛋黄莲蓉月饼，第一次品尝到的刚摘的、带着绿色枝叶的龙眼和荔枝就是来自老师的馈赠。时至今日，对在南方已经生活 15 年、在"日啖荔枝三百颗"的海南已经工作 12 年的我来说，广式月饼和荔枝、龙眼已经不是什么稀罕物，但老师分享给我的那份香甜滋味却永在心头。最为难忘的是写博士论文的时候，老师体谅我夜以继日写作的辛苦，送了我一袋包装精致的五常大米让我煲粥，令我这个来自东北的孩子深深感动。博三的时候，毕业、就业、安家等问题搅在一起，让我压力很大，老师一方面在论文写作上严格要求，一方面又在心理上解压疏导，帮助我直面困难、坦然面对。"在行动上要焦虑，在心态上要放松，不要弄反了"，老师的叮嘱至今犹在耳畔。

"桃李不言，下自成蹊。"老师为人正直、豁达乐观、谦逊友善。我从老师身上学到的，不仅有做学问的规矩，更有做人的态度。老师十分敬业，总是把工作放在首位。我们这一级初入学时，老师因病住院动手术，病情一度十分凶险。但老师并未因此放松对我们的要求。他给我们布置了长长的阅读书目，要求我们定期完成阅读报告并向他汇报。老师不愿因病影响我们的学习，总是在我们探望他时询问我们的学习进展。有一段时间，老师的病房甚至成了我们这一级博士生的临时课堂，这让我们既敬佩又心疼：敬佩的是老师对工作的努力执着和对学生的认真负责，心疼的是老师正在恢复中的尚不强健的身体。现在回想，即便是在病中，也从未见他愁眉苦脸或是唉声叹气，他总是调整好最佳状态迎接我们，甚至还会幽默风趣地与我们谈天说地，这是真正的智者与勇士面对生活的态度——无畏病痛，无惧挑战，永远笑对人生。在这样从容达观的老师面前，病魔也会望而却步吧！做一个知礼诚信、积极向上、勤奋勇敢的人，是老师对我们的期望。而这些，老师往往通过身教而不是言传的方式潜移默化地影响着我们。老师教育我们要知礼懂礼、尊师重教。老师的导师吴宏聪教授的子女不在身边，老师就承担起就近照顾太老师的责任，不仅经常探望太老师，也叮嘱我们做些力所能及的事。每次拜访吴宏聪教授，老师都恭恭敬敬地执弟子礼，这是对我们无声的教诲。在老师的带领下，吴门在校的弟子每年都会到太老师家里拜年，长幼咸集，欢聚一堂，这是吴门弟子每年新春的"保留节目"。

老师早年从事巴金研究和郭沫若研究，闲谈时常常给我们讲起 20 世纪 80 年代巴金研究领域的轶事，热烈真诚的氛围和志同道合的友谊令我们心向往之。老师也给我们讲过他求学时在上海图书馆找资料的故事，为节省时间他常常在图书馆里一坐就是一整天，午饭仅以馒头和白水充饥。"板凳要坐十年冷，文章不写一句空"，这是老师教导我们做学问时要秉持的态度。1996 年，老师曾出版《学人魂——陈寅恪传》，在海峡两岸引起较大反响。18 年之后，老师再一次聚焦陈寅恪，完成撰写《守望：陈寅恪往事》的夙愿。这部著作以大量的一手资料和丰富的历史细节再现了陈寅恪守望"独立之精神，自由之思想"的嶙嶙风骨和难以企及的学术成就。而熟悉老师的人都知道，这部书稿的问世是如何来之不易——这部书是一位年逾七旬的老人，在身体状况不佳、视力下降、操作电脑不熟练的情况下，用"二指禅"（两手食指）一个字、一个字在键盘上敲出来的。50 多万字的书稿，想想看需要付出怎样的精力与体力，又需要怎样的毅力与耐力啊！

　　对我来说，老师是师长，是朋友，更像父亲。即便我毕业后远走天涯，到海南工作生活，老师对我的牵挂和关心依然未减。2014 年我的一本书出版，恳请老师为我作序，老师欣然允诺。因为出版社催得紧，我不得不请老师尽快完成。但同时我又知道，以老师的身体状况，在短时间内读完 20 余万字的书稿并且写序，并不容易。就在我纠结要不要催促老师的时候，六天后我收到了老师的邮件。附件里是老师写好的序——密密的五号字，满满两页，段落格式并不统一，看得出老师输入时的生疏与辛苦。难为老师在六天内完成。读的时候，眼泪一直在我的眼眶里打转，老师总是把学生的事放在最重要的位置。2016 年这本书得了奖，当我把这一消息告诉老师时，老师特别欣慰，比自己得奖还开心。那时老师常说，海南离广州近得很，等他闲下来时到我这里看看。我也非常盼望老师和师母能来海南，就像远游的孩子盼望父母能来一样，让我有机会陪着老师在这个四季常青、花果飘香的小岛转转。然而，物是人非，这个愿望现在永远落空了。思之黯然。

　　云山苍苍，江水泱泱，先生之风，山高水长。雅思贝尔斯说，教育的本质意味着，一棵树摇动一棵树，一朵云推动一朵云，一个灵魂唤醒一个灵魂。业师吴定宇教授就是我生命中摇动我的那棵树、推动我的那朵云、唤醒我的那个灵魂。从来不需要想起，永远也不会忘记。为了写下这篇纪念文字，我再一次打开老师发给我的邮件，阅读老师为我写下的序言，翻出博士论文初稿上密密麻麻的批注，重读老师的著作与论文，在文字中我仿佛又经历了与老师的一场重逢、一次深谈。虽然老师已经驾鹤西去，但是这些文字为我提供了与老师对话的空间。文字给了老师永生的方式，这大抵是对一位学者最好的纪念。想到这里，我对老师的离去少了些许的悲伤，因为我可以随时回到文字里看望我最敬爱的先生。

写于海口海甸岛

2020 年 11 月 23 日

纪念吴定宇先生

宋婷婷[①]

2020 年快到年尾了，广州的温度在经过几轮过山车般的升降骤变之后，终于在满城怒放的异木棉树下释放出初冬的寒意。在如此不平凡的一年之末开始追忆我的老师吴定宇先生，个中滋味一言难尽。

我第一次见到吴老师是 18 年前在中大中文系 1999 级本科生大三的学年论文指导见面会上。

还记得当时吴老师端坐在长长的圆桌一头，两边围满了大三的学生。他看上去身体较为羸弱，但精神矍铄，神情严肃而略带一丝轻松。他让大家轮流谈谈各自关于学年论文的想法，然后逐一指点每位学生。面对大家五花八门的选题和困惑，吴老师侃侃而谈，兴致颇高，见解独到而精辟。

我生性腼腆，口舌笨拙，尤其是在还没有决定好论文题目的情况下与老师见面，更加忐忑不安。而这种紧张的情绪到了老师问我题目是什么时就达到了顶点。

我惴惴地不敢直视老师的眼睛，轻声回答："还没想好。""还没想好吗？那你要抓紧时间喽。"吴老师淡淡地叮咛了一句，就转向其他学生了。

这次见面，吴老师给我留下极为深刻的印象——不苟言笑，学识渊博而显得遥不可及。这种印象如此难忘，以至于大半年后在推荐免试硕士研究生的面试考场上第二次见到神态大异于初次印象的吴老师时，我着实愣了一下。

面试是在中文系的现当代文学教研室举行的，主考官有三位：吴老师、程文超老师和邓国伟老师。吴老师和程老师并肩挨坐在长桌子靠窗的一侧，邓老师则坐在近门口的另一侧。我局促不安地坐在吴老师的正对面，眼前满是吴老师笑意盈盈的注视与程老师慈蔼的目光。如今想来，当时吴老师的喜形于色大概是出于对我——即将成为他的弟子——的期待吧，但很遗憾，面对吴老师的提问"你为什么选择中国现当代文学专业"，在此之前从未认真思考过这个问题的我，脑中一片空白，回答得结结巴巴，不知所云。于是吴老师眼中的期待很快变成失望，微扬的嘴角也随即抿直了，在当时无比紧张的我看来，老师简直要"瞪"起我来了。

但多年后回想起来，这样不假辞色、喜怒易感的吴老师反而不再像初次见面时那么高深莫测且遥不可及了。因为爱之深，则责之切；而"教不严"，则"师之

[①] 宋婷婷，中山大学中文系中国现当代文学专业 2000 级硕士研究生，为广东工业大学通识教育中心教师。

惰"矣。这也是我硕士毕业之后，留在高校执教十余年所得到的最深体会。而吴老师对学生的严格教导与悉心爱护，有口皆碑。在我看来，吴老师对学生的"严"与"爱"还非常讲究方式与分寸。我的保研面试表现虽然一塌糊涂，但吴老师却还是从我支支吾吾的回答中记住了我喜欢的第一位现代作家是鲁迅先生，并且在之后给我们授课时特地对我关于鲁迅先生的看法做出回应，"明示"我应该多读读鲁迅先生之论敌（比如陈西滢）的文章，如此方能对其人其文有全面透彻了解。

2003 年春天，吴老师大病初愈，我拿着寒假宅家"憋"出来的本科毕业论文初稿，第一次独自登门拜访老师。和半年前面试时的心情相比，这一次更为忐忑而沉重。因为早在学校正式开学之前，吴老师重病住院时就已经召唤过我与另一位同级的保研生早点回校报到学习。但我当时论文正写到紧要关头，不愿生生被打断，竟斗胆违抗"师命"，硬是赖在家里写完为止。如此顽劣行径，多年来每每想起时总觉得无地自容，年纪稍长以后，更屡屡为自己当年在老师病重时未能随侍左右而愧疚万分。但出乎我意料的是，当年面对甫进门就躬身连声道歉的学生，吴老师只是平静地看着我，淡淡地吩咐道："坐下来说吧。"我如蒙大赦，挨坐在老师身边。老师对我的"抗命"一事只字未提，随手从桌子上拿起一本书，翻到前面一页只有三四张女性照片的插图，问我觉得哪位女孩子漂亮。我第一次如此靠近老师，心神难定，不敢仔细端详所有照片，只胡乱指了指其中一张。谁知老师马上就跟我急了起来："那个怎么会是漂亮的呢？这个不是漂亮多了吗？"他指着另一张照片对我说。我连连点头称是，他才微微颔首，把书合起来放回去。这次会面是我们师生俩在面试之后第一次较长时间的近距离接触。吴老师谈兴颇高，在细细询问了我的家乡和家庭的主要情况之后，立刻指出我的家乡——雷州有很多石狗，是一种很有意思的文化现象。在我自白颇为自己的内向性格苦恼时，吴老师一再地温言指正我："内向不是毛病！要正确看待自己！"在这个外向者似乎更受欢迎的时代，当时才二十出头的我还是第一次亲耳听到母亲之外的长辈如此辩证地看待人的个性，一时间真有醍醐灌顶之感。

自那之后过了几个月，2003 年暑假开始没多久，我顺应老师的要求，回校参与中大校史的编写工作。身为中大人，能在母校八十华诞来临之际忝入其首部通史之编写团队，实乃三生有幸。之后两年间，借搜集资料之机，我第一次涉足了中大南北两个校区图书馆的某些重要文献部门与南校区档案馆，第一次接触关于自己所负责的"文革"十年史料的爬梳整理、钩稽考订和编写等工作，第一次在课堂之外与同门师兄姐们有了更多的交流，受益良多。尤其是在编写工作中期代为录入吴老师指定的补充内容时，有幸拜读了 1953 年著名学者陈寅恪先生对中国科学院之邀请信所作的复文，从而对吴老师在其遗作——《守望：陈寅恪往事》一书中所着力描摹的"中国现代学术文化之魂"①——"独立之精神，自由之思想"有了具体贴切的体会。不过，这已是后话了。陈寅恪先生毕生躬行不渝的"独立之精神，自由之思想"，这一闻名天下的思想主张，吴老师在2003年秋天开学之后的第一堂课上，就对我们所有的中国现当代文学一年级专业硕士生大力宣讲了。记忆当中，那是吴老师唯一一次在普通教室里站着给我们上课的，比起后来在教研室里坐在长桌子正中央讲授的全部课程，当时站在讲台上，边讲边在黑板上写字的吴老师，在讲到陈先生的治学理念时，在鼓励我们"上穷碧落下黄泉，动手动脚找资料"时，显得格外神采飞扬。

行文至此，脑海中自然而然地涌现出两个场景：一是2003年秋天第一堂课之后，我在电话里请教吴老师关于陈先生所作《王观堂先生纪念碑铭》的全文出处之后，轻声问道："老师，做学术很辛苦吧？"吴老师马上连声答道："不辛苦！不辛苦！"二是2013年教师节前我探望吴老师时，老师说他正在电脑上写书（《守望：陈寅恪往事》）："一看不得了，已经60万字了。"言谈间眉飞色舞，洋洋自得。如今想来，对一位毕生以治学为己任，鞠躬尽瘁、死而后已的学者而言，那个时候大概是他一生中最开心的时刻了。

此时此刻，已是2021年初了。广州的异木棉已凋谢殆尽，但我对吴老师的怀念却如潮水般奔涌不息，无法尽数倾吐于寥寥数千字的篇幅之中。

毕业之际与吴老师合影

2021年初

① 吴定宇：《守望：陈寅恪往事》，中国社会科学出版社2014年11月版。

怀念吾师吴定宇先生

王　兰[①]

　　同门中，赖在中大、让老师关照时间最长的人就是我。一直混到不三不四的年龄，才让老师安心退休。毕业后，仍时不时去叨扰。生活中不顺心的事、工作上想不通的事，总忍不住想找老师一番长谈。先生家中、中大竹园、西区湖边，甚至是电话里，常常和老师一聊就是一下午。先生记忆力惊人，文学界的逸闻掌故信手拈来，一个下午如同看了一本翔实的文学史。有时也会聊聊时事，老师独到的见解常常令人耳目一新。先生研究陈寅恪，也一直以"独立之精神、自由之思想"为信仰追求。不媚俗、不唯上、不趋时，不知不觉中先生的人格魅力感染并塑造了现在的我。

　　先生最令人震惊的是他的勤奋和认真。先生年过 60 才开始接触电脑，打字都是一个键一个键地敲，然而几年后竟完成了一部五十几万字的《守望：陈寅恪往事》。且不说里面多少一手资料是从浩瀚如海的故纸堆中一点点挖掘出来的，单是文字录入就不是一件简单的事。退休后，老师没有去游山玩水，而是全身心地投入到陈寅恪研究中。时不时会听到老师兴奋地说从某某日记或是某人信件中发现了陈寅恪的一段往事。他不用别人的二手资料，都是自己查找原始资料，然后多方印证才得出结论、形成文字。

　　先生不仅对待学术勤奋、认真，对待学生同样不惜力气。犹记得我硕士毕业那一年，老师得了大病住院。在病床上，他每天拿着放大镜看博士生、硕士生的稿子，批改文字写得密密麻麻。大家都劝老师好好休养，先把工作放一放，可他却一点也不听劝。拿到修改过的论文，我们都不禁潸然泪下。眼患白内障、刚做完大手术的先生是以怎样的毅力批改完我们这么多本硕士、博士论文的呀。我不禁懊恼自己为何会将那么粗疏的文字草率交给老师，让他因我受累。

　　老师勤奋，学生自不敢怠惰。考研之前，就听闻吴定宇先生是中文系有名的严师，实际入学后，每次去上老师的课都如临大"敌"。课前要提交读书报告的那段时间，整个书房一片鸡飞狗跳，桌面上乱得惨不忍睹，到处摞满各种资料，每天要花很多时间找东西，恨不得给每本书配一部手机，找不到就给它们打电话。去教室的路上，同班的三人噤若寒蝉，紧张得不得了，害怕被问到什么无言

　　① 王兰，中山大学中文系中国现当代文学专业 2002 级硕士研究生、2008 级博士研究生，现任教于广东外语外贸大学。

以对，或提交的东西被指出硬伤。下课后的心情又是多么轻松，三人如释重负对视一眼，心照不宣："太好了，又过一关！"还有那本可怕的博士论文初稿，被改得满篇红色，体无完肤。自己像个初上手术台的医生一样，战战兢兢举着刀子不知如何下手。把稿子中的内容，像积木一样搬过来、挪过去，重新组合、拆开……横竖都讲不通，不合逻辑，真是快把人逼疯了！然而每次陷入烦恼苦闷，走入死胡同时，先生都会如神兵天降，帮我抽丝剥茧，将问题化繁为简。在这个过程中，先生教会了我治学的方法和技巧，以及面对困境突围而出的勇气和毅力。这些都成为我日后工作、生活中最可依赖的强大支撑。

对待学生，先生不只是负责。他对学生的尊重和关心，使他虽严格却不令人畏惧。先生对人的尊重绝非只是言语上的客气，而是体现在日常交往的每一个细节。记得一日突然接到先生的电话，他非常不好意思地说电脑里打的一大篇文字突然不见了，能不能去帮他看看。从事文字工作的人最怕遇到这样的情况，我当然深知老师的焦灼。去了老师家才知道，他已经折腾了一上午，还是没结果，不得已才给我打了电话。其实，先生大可以早点告诉我，让学生帮这样的小忙，实在无须挂怀。可他还是不断说着"不好意思""麻烦你"。那天，师母刚好不在家。见老师并不进房间，只是站在房门口看着我操作，我有点奇怪地问起，先生才说："你一个小女生来我家，我当然要注意。"平日里，朋友送了他什么好吃的，他常常会分给我们几个硕士生、博士生。怕我们有负担，他总会说："我身体不好不能吃，你们就帮我尝尝吧。"

与先生交往的十几年中，懒惰自私、冲动意气的那个我常常被指正，真诚正直、认真机敏的那个我又时时被鼓励。无论学业还是工作上，每每有新的想法和老师分享，老师都十分认真地倾听。有些观点先生并不十分赞同，却从不曾直接泼冷水，总会先听我把自己的想法完整陈述出来。我知道先生期许我在学术上能有所进益，然而我辜负他的期待去做别的事情时，本以为他会非常失望，不敢与他联系，却无意中从别人口中听到老师虽感遗憾却还是对我支持和肯定。他不会将自己的好恶强加于人，他的开放和包容，让人可以毫无负担地敞开心扉。我想，在先生的心中，最大的愿望也许并非自己的学生能成什么名家大师，而是可以实现自己的价值，在自己认定的路上走得更远吧。

回忆起与先生交往的点点滴滴，我已情难自已。那日，和先生、师母在中大西门喝茶，还约好等我的孩子出生再来探望，没曾想一别竟成永别。竹林路依旧，西湖景如常，再回中大，却再也听不到先生爽朗的笑声、痛心疾首的啧啧声。先生驾鹤而归，于我而言，不仅仅是失去了最尊敬的师长，也是失去了最值得依赖的父兄、最可信任的朋友。

2020 年 10 月

吾爱吴师

肖向明[①]

犹记那年，我的导师吴定宇先生古稀之华诞之际，同门弟子早已纷纷向他表达敬意和感恩。当然，对于一个在他手中调教六年之久的我而言，更应率真、率先献上贺寿致辞。但有时又真有心中万千感慨、下笔无从着手的困窘，或许这也是一种偷懒的托词吧。终于不能再拖延了，我也用拙笔记下那些并不如烟的往事，以献礼于先生寿筵。

老师一词最初是指年老资深的学者，后来将向学生传授知识的人尊称为"老师"。说古道今，吴师既是资深学者，又为我等学生传授知识、教会做人，无愧于"老师"的称号。我每次与吴师通电话、发信息，称呼只有"老师"二字，但其间包含了我有幸投吴师的门下求学六载的深切感悟和对他在我毕业后那始终充满关注的深情眼光的难忘。

早在1996年，我去中山大学读研究生，因为同是现当代文学专业，加之与同宿舍的吴门弟子投缘，较快地就认识了吴师，他给我们开了一门专题研究的选修课。老师给人的感觉是严肃认真、一丝不苟，上课时气氛比较紧张，因为他会不时发问，而且点名回答。但这门课学习的效果就是好，我记得该课作业后来在《广东社会科学》上发表，算得上是我学术研究的第一篇正式的习作。我还参与了老师主编的《走近中大》，撰写中大校史上的学术辉煌，可以说是被格外优待、高看一眼。毕业后，我妻子也来到中大求学，因为学习认真而时常得到吴师的表扬，每一次吴师的表扬都反衬出我的懒散和闲淡。后隔四年，我成为吴师的第二批博士生，他还是要求严格依旧、严肃如昨，我等同学像是在一种"高压"之下学习。在吴师家里上课真不是一件轻松的活，要么要求像小学生一样背诵诗歌，要么问一下某一观点的出处，要么谈谈论文的进度与创新点……真可谓如芒在背、汗不敢出。每次出来都要长舒一口气——终于解放了。不过，下次依然紧张，也依然能够满载而归。

我记得在我博士论文的"后记"里，描述了道德与文章并重的吴师，使我博士三年"学习严肃、充实而又感到如沐春风"。说实话，吴师给我最深的印象是，在我们读书时很严格，一旦临近毕业或毕业后，他又是那样牵挂我们的成

① 肖向明，中山大学中文系中国现当代文学专业2003级博士研究生，现为惠州学院文学与传媒学院教授。

长。的确是这样，吴师"金刚怒目"的表面下蕴藏更多的是"菩萨低眉"的柔情。2008 年我想挪动工作，吴师得知后，极力推荐，可谓不遗余力动用一切资源，让我很是感动。等吴师帮我联系好，诸事安排妥当后，我却不太争气，因求安逸、容易满足现状而放弃了。我告诉吴师后，吴师表示理解，唯感遗憾而已矣。我后来时常碰到中大的教授们，听到他们对我说："你们吴老师对你们好关心啊，而且常常以你们为荣、以你们为骄傲。"成绩平凡如我者，面露愧色之余，更加感到的是一股暖意涌上心头。吴师那里也总是成为吴门弟子在各地消息的发布平台，是吴师这位旗手在引领学生们温暖前行。有师如此，真好！

我想，也许正因为老师如此重要，弟子们才一向将老师看得格外神圣，可与父亲相提并论，曰"一日为师，终身为父"，所以，吴师绝对可以被尊称为"师父"。老师"传道授业解惑"，如同父亲对待子女，只有付出，不求回报。与学子数年师生，学业、工作皆为之"指导"。其道德楷模、学术指引、人生教导乃至一言一行对我等影响极大，甚至可以惠及我们的一生。古人称"人有三尊，君、父、师"。因而，在我的人生经历中，除了常人所拥有的亲情、友情之外，我还拥有一份特殊的浓浓的"师情"，拥有了它，就能让我始终有梦想在前方。

2017 年 10 月

最后的"敬爱"在灵堂说出来

谢　渝[①]

送别吴老师那天，我身着黑衣站在灵堂最后一排，心里默默地说："敬爱的吴老师，愿您安息。"登时双眼模糊，难以自持。前排的人行完告别礼，次第退出，肃穆而克制，经过时却都忍不住诧异地看我一眼。

是的，我在师门中算得上存在感极低的了。师兄、师姐们都是人中龙凤，有天资聪颖、年少成名的；有品貌俱佳，还能在国际研讨会上担任吴老师现场翻译的；还有写小说、发论文，治学勤勉，称得上学术新锐的。而我，既不是吴老师的得意门生，还从不会在老师跟前讨欢心，更不要说有事弟子服其劳了；加之打小内向，不善社交，我与吴老师的往来交流少之又少。对于一个有社恐问题又囿于人情世故的人来说，每年春节打个电话给老师拜年，都是极大的压力。从大年三十开始坐立不安，熬到正月初三，实在躲不过了，才惴惴不安地拿起电话，草草问候两句便挂了。语音交流尚且如此畏缩，若说师母不认得我，那真是一点儿也不出奇。

与吴老师之疏离，除了性格使然，若问别的缘由，那便是，我一直都怕他。

吴老师的课，迟到是要罚站的。多少次临上课，我和小马在康乐路上一路狂奔。回答问题不认真，更是要被当面训斥的。有次讲唐诗，吴老师随口点了一个学生背诗，那人张口就来："床前明月光……"把他气得发抖。

论文没按时写完，我打电话给吴老师说对不起，他只冷冷地说："你对不起的是你自己。"

每年社会上的自学考试，系里都会组织在读研究生改卷，因为有点补贴，大家都十分乐意参加。有次改卷时间刚好和吴老师的课冲突，大家都想，系里应该会和吴老师协调好的吧，就都去改卷了。人还未坐下，吴老师就铁青着脸来了。课室里乌压压一片，全都埋头改卷，但见他的学生鱼贯而出，讪讪地回到另一个课室上课。吴老师气愤地敲着桌子说："没有经过我的同意，谁让你们逃课去改卷的！"

我便更怕他了。

① 谢渝，中山大学中文系 2000 级本科生、中国现当代文学专业 2004 级硕士研究生，现任职于广东海事局。

因为怕他，课后我专门去图书馆查阅大英百科全书"佛教"条目，只为了下次他上课检查作业的时候，我能够坦然举手，外带点小小的骄傲。

因为怕他，我梦见课堂上回答不出问题时的羞赧，梦见他在黑板上写下简简单单的几个字作为期末考试题——诸法空相，可这题太难太难，难到我一下子惊醒了。这个梦奇迹般地被我记了十几年。

可是，果真这么可怕吗？

这样严苛的老人家，讲到鲁迅时会落泪；考试时，学生答卷都不入眼，偏偏还有一颗慈悲心，只好统统打 60 分。有次他做手术，我们在商场买了一盒补品去看他，被他严词拒绝，说："你们还未工作，我不会收你们任何礼品的。"半点情分不讲。

那年，保送研究生要先选好导师，我素知吴老师严厉，思来想去，鼓足勇气打电话给他，话说得磕磕巴巴。他便问："你在年级排第几名？"我怯怯回答："第一。"他听了便不为难我，收了我做学生。

那年考博士，我虽笔试通过，但英语考砸了。同门聚会的时候，我踟蹰不前，他反少有的笑容可掬，表扬我功底不错，专业成绩排名第一。其时我已定主意出去工作，心中有愧，不敢作声。犹豫多日，直到考博面试前一天，我一个人在校园里走了好久好久，终于还是不敢当面说，只好掏出手机打电话告诉他："我放弃面试。"如此重大的决定，没有求教，不曾商量，他亦未有责怪。

那年，太老师吴宏聪先生去世，我离开中大已经数年，与吴老师更加疏于往来，有天他专门发了短信给我："你的诗在今天的《广州日报》刊载了。"我心中疑惑，我从不曾为太老师写诗啊！下了班，我专门去报摊上买了一份《广州日报》。原来我在研究生毕业论文后记里，曾经写了两句怀念太老师的话，吴老师接受记者采访的时候，专门提了这件事。一个老先生，戴着老花镜，一字一字地在手机上摸索着打字，只为了告诉一个素不起眼的学生她的诗登报了，如若他专门致电于我，只怕我会受宠若惊又尴尬无言。他深知我的性格啊！

吴老师曾说："书本上有的，我不讲；别人讲过的，我不讲；我自己讲过的，也不讲。"这是陈寅恪先生说过的话，我当年也曾腹诽吴老师拾人牙慧，殊不知他研究陈寅恪多年，正是陈先生理念身体力行的私淑弟子，治学之道仰之弥高，钻之弥坚。研究生毕业论文开题前夕，我们在他的病榻前报告论文情况，他身体很差，思维却十分敏捷，一个问题便直击我论文的软肋。而他在病床上，反复交代我们的是：多读书。彼时不以为意，而今工作多年，每每梦回康乐园，我最介怀的，竟不是参加社团活动太少，也不是未谈一场校园恋爱，而是流光易逝，读书不足。老师啊，您的话我听得太少太少啊！

博我以文，约我以礼。侠骨柔肠，当年只道是寻常。

缘分太浅，误解太深，这便成了我最深最深的遗憾。

灵堂之上，所有的遗憾都已来不及消解，双泪长流，唯剩最后一句：敬爱的吴师啊，愿您在天堂安息！

2020 年 9 月 30 日中秋节前夜于广州

永远怀念我的老师

谢桂如[①]

我们拼命向前奔跑，却常常忘记了回头看一看伫立守望的您。那么多年过去，想起您总是满怀歉意。还记得珠海校园，现当代文学的课堂，您为我们开启了新的视野；还记得康乐园里，儒、道、佛三家的精彩阐释；还记得医院里病床上，您坚持批改论文，还念念不忘我们的前途去向……

关于老师的记忆，很多是在夏天。记得在珠海校区，每周都有现当代文学课程，夏天的时候老师会执一柄扇子，在炎热的教室里为我们讲现当代文学的源起、流变，讲郭沫若、胡适，讲爱国情怀，讲文人逸事，神采奕奕，而我们也常常随之神游其中，忘记了时间。

在研究生课堂上，老师要求更加严格，每周都会提前写好书单，让我们为下一节课做好准备。我因为看书慢，常常不能完成，上课前总是心情忐忑，怕被老师看穿。只记得风扇呜呜吹着，而我的手心都是汗。不过老师一开讲，又仿佛投身老师恢宏壮丽的知识殿堂，忘记了紧张。

临近毕业时，恰逢老师病中。因为住院日久，老师瘦弱了，脸色也苍白了许多。治疗期间，仍不忘电话询问毕业论文写作的情况。在病床上老师坚持认真看完我们的每一篇论文，写下了修改意见。听闻我有意向到学校工作，还为我写推荐信。当时，看着老师厚重的眼袋、无力而坚持写字的手，心情沉重而复杂。

毕业后，老师身体渐渐康复，而我也渐渐稀疏了看望老师的脚步。一个夏日黄昏，在中大校园操场边偶遇散步的老师，我因疏于看望而满怀羞愧，而老师却喜出望外，开心地笑着说，非常喜欢这样的偶遇，便拉我在茶花树下闲谈，细细问起近来的生活、工作。那时的我初涉社会，正经历艰难的适应和转变，老师感受到了我的压力和迷茫，用自己和师兄、师姐们的事迹启发、鞭策我，鼓励我勇敢面对工作中的各种挑战，给予我信心和力量。那时候的老师还是病后初愈，却与我讲了一个多小时的话。后来，还将自己带在身上预防低血糖的两颗糖果分给了我一颗，那颗糖的滋味，至今记得。

转眼间，老师离开我们已经三年了。从那一年开始，每年的教师节问候再也没有了回复。但是老师的一颦一笑、老师谆谆教导和关爱的话语，都会永远刻印在我们心里。

2020 年 12 月

---

① 谢桂如，中山大学中文系 2000 级本科生、中国现当代文学专业 2004 级硕士研究生。现在广东省生态环境厅工作，任办公室四级调研员。

吴伯伯是我家命运的扳道工

杨　早[①]

　　吴定宇老师是母亲的同级同学，比父亲高一级，本科都毕业于四川外语学院俄语系。

　　我已经不记得头一次见到吴伯伯是什么时候了。或许是在成都的家中？家里不怎么谈爸妈当年的大学往事，倒是关于父亲考研的故事，我听他们说过很多遍。

　　首先是1978年，吴定宇伯伯报考了我现在任职的中国社会科学院的研究生，但是没能考上。可是吴伯伯是个有心人，记性也好，他把大部分考试卷上的题目都默写了下来，寄给了他的同学黄柱宇，黄柱宇又抄寄给了父亲。

　　现在的年轻人可能觉得这是一件轻而易举的小事。可是请你们想想：在1978年，有几个人知道什么是研究生，研究生该怎么考，自己能不能去考……事实正是这样。父亲看到了这份考题，觉得自己好像也能答上一气。于是1979年，父亲报考了华南师范学院（1982年更名为华南师范大学）的现代文学专业研究生。而这一年的考试结果，也证明了考研这件事在1970年代末期的边缘性：听说那年华南师院现代文学专业想招五个人，结果只有父亲一个人考上了，而且当时我才5岁半，他从四川去广州读研，抛妻舍子，岂是易事？所以父亲打算放弃了。

　　父亲后来的导师廖子东教授，正好到四川成都开会，专程绕道去了父亲母亲执教的青神中学，劝父亲读研，并当面面试——今天看起来是不是一个神话？

　　廖老从成都去青神，在眉山下了火车，乘马车到汽车站。因为没有预先订票，只能买站票，从眉山一直站到青神。而我的爷爷、奶奶刚好也在那趟车上。等到廖老在县招待所住下，来青神中学见到爷爷、奶奶，大家才知道廖老是怎么历尽辛苦到的青神。爷爷、奶奶当即决定把我带回富顺，以支持父亲去华南师院读研究生。

　　絮叨这些，是感慨于那年代能够考研读研，是何等超越生活常态的一件事。而这一切的发轫，都不能不溯及吴伯伯那一套默写的试卷。这一次无心的扳道，竟改变了我家的命运。

　　这一年，吴伯伯也如愿以偿地考上中山大学。两个川外学友，一同去了炎热的广州。

---

　　①　杨早，中国社会科学院文学研究所研究员。

父亲毕业后被分回了成都，但由于各种原因，1988年带着全家迁到了佛山。从来都是以成都为最佳归宿的四川人会画出这样一道轨迹，推算起来，其源头不能不说是吴伯伯默出的那套考题。

又过了三年，吴伯伯第二次出手为我家扳道。1991年我参加高考前，吴伯伯有事来佛山，到我家做客，吃了母亲做的麻婆豆腐、口水鸡，然后力劝我第一志愿报中山大学中文系。理由一是中大中文系分配形势很好；二是中文系很走俏，非报第一志愿不得录取；三呢，吴伯伯其时已是中文系副系主任，我如能考上，他可以关照一二。

当年还是高考前就填志愿，家里商量的时候，虽然也北大、复旦、南大各种想象。但现在有一所名校，离家且近，似乎比别的大学都更可得。讨论再三，就将中大中文系填了第一志愿。后来果然如愿录取。

过了两年，才隐约听说，因为高考成绩还不错，中大岭南学院经济系有意将我截下，我同班的广东省文科高考状元便是去了经济系。此时，第一志愿发挥了作用，我就安安生生地到了中文系。

开学报到之前，我跟着父亲去拜访吴伯伯。第一次见到吴家公子吴蔚世兄，还跟他下了一盘围棋。也就是这次，吴伯伯嘱咐我，进了中文系，往后见到他，要叫"吴老师"，不可叫"吴伯伯"。这自然很有道理，虽然我那时年轻不懂事，但也能恪遵教诲，以后每次见他，都是恭恭敬敬叫"吴老师"。

大三的时候，我参加校辩论队，也就和电子系1994级的吴蔚熟识起来。吴蔚的风格跟吴伯伯迥乎不同。吴伯伯脸庞方正，蔼然君子；吴蔚精干鬼马，长发拂肩，让人很佩服吴家风格的多元。有时回家，会听到父母笑谈他们父子的趣事。比如吴伯伯很想跟青春叛逆期的儿子多亲近亲近，儿子整天佩戴一个WALKMAN，老子也去弄一个WALKMAN，想着父子俩可以一同散步，谁知儿子根本不接受："你那里面放的是京剧！"那时吴蔚可是凡中文歌都不听的潮人。

还有，吴伯伯很希望吴蔚能读《约翰·克利斯朵夫》，这部罗曼·罗兰以贝多芬为原型的巨著，称得上是一代文人的"圣经"。每个暑假，吴伯伯都会把这套书放在吴蔚的床头，但每次都被吴蔚"扔"出来。但老子还是锲而不舍地每年都放，似乎从初中到高中，不知道经历了三个还是四个暑假，吴蔚终于扛不住，还是读了这套书。

后来认识吴蔚，也听他讲了许多父子之间的趣事。总之，吴伯伯就是那种"其词若有憾焉，其实深喜之矣"的家长。比如明明儿子读的是电子系，老子还要去报一个电脑培训班，然后到处控诉"这小子没耐心教我"；吴蔚毕业后去了IBM，吴伯伯桌上就摆一本《蓝色巨人传》；吴蔚又去了《南方周末》，吴伯伯一下又对这份报纸关怀备至……

当然还有吴伯伯自己的轶闻。比如他是如何奋发图强，在家里贴张纸条：

"每天不写两千字，晚上不准看电视。"又比如他家怎样在吃午饭的时候，吴蔚突然按下了DVD机的播放键，出来的是《春光乍泄》的著名片头。总的来说，以子观父，吴蔚的性格，很好地说明家庭氛围的民主自由与人文气息。因此，吴蔚虽然出身理科，却成了传媒达人。

大学时候我就是一个自由散漫的人，学的是中文，却整天在哲学系打转，后来又喜欢上历史。对本系的功课，虽未掉队，似乎颇有一些虚无感。对于吴伯伯的学问，反而没有太多关注，也基本上没有亲炙请益，属于"灯下黑"。同班同学如黄嘉怡、黄红梅，都选了吴伯伯做论文导师，听她们偶尔说起，知道导师的温和、宽容与学术上的引领，让她们的本科末期生涯相当愉快，多年后忆及仍记忆深刻。

直到《学人魂——陈寅恪传》出版，才发现吴伯伯学术生命中的遭逢与坚执。对于每个中大人来说，陈寅恪都是绕不过的名字。其时《陈寅恪的最后二十年》大热，朋友送来一本，激动不已地在扉页题词。我看后也相当激动。不过也隐隐有一种"这是太完美的故事吧"的不安，而吴伯伯所著《学人魂：陈寅恪传》就平实多了，"欲采蘋花不自由"（陈寅恪诗），前书重在"不自由"，而后者更关注"欲采蘋花"，难怪会得到陈寅恪弟子季羡林先生的夸赞。

几年后，吴伯伯又在《学人魂——陈寅恪传》的基础上，补充大量新获史料，写成皇皇巨著《守望：陈寅恪往事》，今年我开"先生之风"音频课，此书仍是我写陈寅恪的重要参考。

1997年我辞了职，在中大南门的下渡村租了一套房，复习考研。1998年考完试后，吴蔚捎来吴伯伯正主编的《走近中大》约稿。其时我才毕业三年，还是中大产生的新鲜血液，但眼看就要离开学习、工作了七年的广州。出租屋已经结清了账，家具书籍也都打包准备搬回佛山。心中况味复杂，正好借这篇约稿表达了我对中大的感情。

我觉得我是在两种力量的拉扯中成长的。刚进校时我和大多数人一样，把大学看作进入社会的预备班，目标是"努力掌握技能"，目光时时瞄着外面的世界。能认识许多杰出的师长，面受他们的教诲，亲炙他们的学问，是我最大的幸运。他们的言行给了我"爱智"的方向和动力，让我粗识"大学"一词的真正含义。在离校前，我写下一篇文章《留下一点什么》，反映我其时的认识：

> 大学作为一个摇篮，人才的摇篮，并不单单是一个朝聚暮散的墟市，也不仅仅是一个"鸡犬之声相闻，民至老死不相往来"的集居地。大学需要一个氛围，一个所有人共同营造的氛围，以保持学术空气不致流失。倘若这种氛围一旦匮乏，则大学必将丧失其自身存在价值的依据。而逐渐成为一个社会边缘的松散群落。
>
> 我没有能力撼动一些根深蒂固的东西。但我希冀我的每一位同类，能够

重新释放对我们小小的栖居场域的热爱，并为她做一点什么，让生命在其中的升华成为可能，让诗性的光辉永远闪耀康乐园的晴空。

我曾和我的下铺讨论过一个问题：赚一百万，出一本书，哪个价值更大？如何判定？结果自然是没有结果。现在我不再问这样的问题了，每个人有自己的选择，让它们共存，让它们互相尊重，"须知参差多态，正是幸福的本源"。我只是坚持认为，在大学里，就应该有大学特立的存在方式，应该有与在社会生活中不同的追求、行为和思想。

这种想法，是中大给予我的，是我在中大经过怀疑、动摇、迷惘、自嘲后得出的结论。余秋雨讲"城市的文化灵魂"，他认为，广州的文化灵魂前有陈寅恪，后有王季思。这两位前辈学人，都是中大人引以为荣的资本，但对于一名20世纪90年代的本科生而言，他们实在只是一种象征、一种遥远的回响，真正影响一个人思想的，是他在中大的切身体验。虽然我们对于中大曾有这样那样的不满，对于中大的校园文化曾有过激烈的批判。但是，中大因其价值的多元，为一群青年人提供了各种发展的可能，让他们在各式观念的撞击下，自由地选择心灵流泻的方向。从这个意义上讲，中大是可赞美的。

康乐园的山水固然美妙，但正是在这里遇到的人，决定了我成为一个什么样的人。其中吴伯伯是扳道工，是引路人，最后我又在他主编的书里，为这份少年情怀画了一笔休止符。这种缘分，不能不一生铭记。

我去北大读研，吴伯伯很高兴。他在东山的小洞天川菜馆请我吃了一顿饭为我饯行，席间也不沉闷，我跟吴蔚互相斗嘴，还有广州最好吃的辣子肥肠。吴伯伯没有多说什么，但看得出来，吴蔚与我的子一代交情，他是很欢喜的。

一转眼，离开广州22年了。吴伯伯离开我们也已三年。流年似水，纸短情长，两代的交谊，并没有合适的言辞可以表达。在大学时，我一直遵令叫他"吴老师"。现在，应该可以公开叫一声"吴伯伯"了。

2020 年 10 月

严师慈父吴老师

张贺敏[①]

吴老师一生醉心学术,很希望我们这些弟子能够多写论文、多出成果。很惭愧自己不是个好学生,屡屡让老师失望,但老师给予我的教诲和关怀,是我一直都无法忘记的。在这里记录一些点滴小事,怀念我敬爱的恩师。

好听的男中音

1998年,我从北大保送到中大读研,成为吴老师门下弟子。4月份要来学校面试,提前给老师打电话,老师在电话里细细告诉我到了火车站该坐什么车,下了车怎么走。当时在电话里就觉得老师的声音很好听,温和醇厚,让人一听就很安心。后来跟老师熟了,他告诉我们小时候曾经被川剧团选中,不过没有去。后来同级其他专业的女生也跟我们夸:"你们吴老师的声音很好。"我跟文晖都自豪地说:"那当然,我们老师差点就当了川剧演员了。"

吴门弟子情谊深

记得入校没多久,正赶上太老师吴宏聪先生80大寿,老师专程叫上我们几个学生一块上街去为太老师选礼物,还在贺卡上工整写上:"弟子吴定宇率再传弟子……"老师每次带我们去吴宏聪先生那儿,都是恭恭敬敬,沙发只坐一半。上课之余,谈起太老师当年的翩翩风度、对他的严格要求,语气中充满敬意与感激。遗憾的是,我们三个都没能留在学校,如果伟华师弟或者其他同门带着再传弟子来看老师,相信会是他最开心的时刻。

我独自来面试的时候,老师把李同德、陈双阳师兄都叫来听,还嘱咐他们请我吃饭。得了稿费、阅卷费之类的,老师总要把学生们都叫上,浩浩荡荡地出去吃大餐。每到中秋,老师都要分给我们每人一盒月饼,可惜我毕业以后好像只送过老师一盒月饼,惭愧。印象中老师有两次对我们发火,一次是师兄毕业答辩我们迟到,还有一次是请师妹吃饭没有送她到门口。当时心里暗暗觉得老师小题大做,现在才感激老师用心良苦,让我们的同门之情比别人更深。

---

① 张贺敏,中山大学中文系中国现当代文学专业1998级硕士生,现任职于深圳商报社。

讨厌迟到的吴老师

除了刚才说的，印象中还有一次因为迟到挨骂。有一回，老师请我们三个喝早茶，约得比较早，我和文晖以为老师让我们去占座，他自己会晚来一些，于是慢悠悠地晃过去，没想到老师已经到了，正坐在那儿沉着脸看我们。我俩心想糟了，硬着头皮蹭过去，老师一声不吭，拿手指往上一指，我俩东看西看摸不着头脑，老师才说："你们看看都几点了？"周文军比我们还惨，来得更晚，满脸是汗地道歉。老师余怒未消，那一顿我们三个几乎都没敢吃什么。以后工作的时候，不管是采访还是开会，我几乎都没迟到过。

到老师家"过堂"

老师平时并不是爱发脾气的人，但是在学习方面对我们决不放松。尤其是研二以后，我们三个定期到老师家里去做学习汇报，每次过去都是战战兢兢，我们称之为"过堂"。汇报结束，老师如果点点头说："嗯，还可以。"我们心里顿时松一口气。如果老师面色一沉，半天不说话，我们就知道大事不妙。写得比较好的论文，老师总催我们加工修改，争取拿去发表。无奈我们三个虽然算乖，却都比较懒，经常是拖来拖去也没交，老师着急又无可奈何。

有一次老师讲到他把我们师姐训哭了，"她越哭我越说"。没想到这句话给我们打了预防针，有一次老师批我们比较狠，后来在路上碰到文晖，问她："那天回去你们哭了没有？"文晖老实回答："没有。"

老师想给学生做月老

刚入学时觉得老师很严肃，不怒自威，见到他就想开溜。时间久了发现老师其实很好相处，我偶尔在课上捣蛋，顶两句嘴，老师也不以为忤。

老师很早就提醒我们，不要忙着谈恋爱影响学习，我还是没听话，第一学期就交了男友也就是我现在的老公，时不时地还会被老师敲打两句。等到毕业时和毕业以后，老师反过来为同门中的"单身贵族"操心，还跟我私下讨论过觉得某某跟某某怎么样，要不要撮合他俩一下。

记得有一次系里组织党员师生一块去中山玩，午饭时我们这一桌学生多，吃得也多，席间老师悄悄招手叫我过去，塞了两盘好菜给我，让我端回去跟大家分享。

后来我结婚生了孩子，带女儿回去看师公。席间小家伙吵闹起来，让我又狼狈又没办法，老师笑眯眯地从口袋里掏出一个硬币在桌上转起来，顿时转移了小家伙的注意力。

毕业后我和文晖都曾经想回去跟老师读博，老师很高兴，还特意嘱咐我们博士生名额有限，我俩最好不要同一年来考。可惜因为种种原因，终究没能成行。为人妻为人母之后，琐事缠身，跟老师的联系越来越少了，但彼此的牵挂始终没变。老师七十大寿时，同门都回去给老师庆贺，老师那天特别高兴。拍照时我靠在老师肩上，照片发到朋友圈，大家都说："看你还跟老师撒娇呢。"

这就是我的吴老师，一位可亲可敬可爱的师长。

1998 年 11 月，系里组织党员师生到中山考察，和吴老师合影

2020 年 10 月

我的再生父亲吴老师

张玉涛[①]

　　大学四年级，我们班新来了一个班主任，叫吴定宇。他不上大课，只有选修课，而我没有选他的课，所以对这个吴老师印象一点都不深，甚至完全没有印象。当时我只感觉他就像我的父亲一样，是个脾气很好、很温和的中年人。那会儿，我一点也没想到这位吴老师将给我的一生带来决定性的影响。

　　大学四年级那一年，是我天性得到彻底释放、恣意妄为、放飞自我的一年。那一年，每天晚上，我不是拉着小夏就是阿圆，满校园转悠，随着校园里不知哪里飘来的音乐循声而去，看看哪里又举办舞会，然后溜进去，旋转飞舞一个晚上。或者去演话剧，扮演着资本家刁蛮的大小姐，在舞台上跟"革命者"谈情说爱。

　　四年级我成了中山大学广播站站长，每天都要抽空去广播站朗读一些充满小资情调的诗歌散文，自我陶醉在我那不标准的普通话中；或者播放我最喜爱的校园歌曲，五音不全地跟着哼哼。

　　四年级时，除了写论文，空闲的时候多了，我带着同学们去广州美院和他们毕业班的同学联欢，在那儿认识了我如今的老公。四年级，我还忙着跟其他系的女孩子一起出去给歌厅里的歌手伴舞，记得伴的第一支舞是谭咏麟的《爱在深秋》，伴一次舞是 50 块钱。

　　我还带着广播站的小师弟去广州火车站勤工俭学，卖报纸。晚上回来晚了，学校大门关了，我们还翻墙进去。天啊，现在回想起来，那是多么快乐的一年啊。

　　美好的时光总是转瞬飞逝，一转眼，就临近毕业了，作为文艺委员，脑洞大开的我策划的毕业晚会是一场大型化装舞会。为此我还跑到珠影服装仓库，不费一文向他们借来了一批年代服装。晚会上，我表演了当时最流行的迪斯科独舞，还和黄天骥老师（那时他是我们的系主任）翩翩起舞。

　　以上我所做的一切，全都是自己的喜爱和天性释放的结果，可是有一个人却默默地把我的一切表现都看在眼里，记在心里，他就是我们的班主任吴定宇老师。毕业分配的单位里，他帮我挑选了广东电视台，当时他只说了一句话："这个单位更适合你。"懵懵懂懂的我觉得，听老师的话肯定没错。等去到广东电视

----

① 张玉涛，中山大学中文系 1982 级本科生，现为广东电视台主任编辑、资深导演。

台，我才真正深刻体会到：我是多么喜欢电视记者这个职业啊！这个每天都在接触新的人、新的事情的工作，在每天与社会上上至省长书记、成功企业家，下至田里的农民、看门大爷的采访中，我的专业、亲切赢得了他们的喜爱，使我收获了珍贵的友谊。每天都有未知的挑战在等着我，反而激发了我各种创新策划源源不断地涌现，连在当时中国电视界鲜见的真人秀节目，我导演起来也是得心应手、游刃有余。做的专题和真人秀节目也因为视角独特、创新活力而多次荣获国家级一等奖、省级一等奖等。我也在30岁刚出头的年纪就升任正科级，不到40岁就获得主任编辑的职称。我以为我获得的这一切都是很自然、理所应得的事，直到我最后一次见到吴定宇老师。

那是2016年，我们毕业30周年的师生聚会，那时的吴老师因为经过几次手术已经行动不便了，我扶着他慢慢往中大北门我们订的餐厅走过去时，他说起来了往事。他说，当时毕业分配时，去广东电视台只有一个名额，有一个老师很强势地要求吴老师一定要把这个名额给自己的关系户，可是吴老师坚决不答应。他用很平常的语气告诉我：当时我跟那个老师就一句话："张玉涛更适合这个职位。"听了他的话，我如雷轰顶，这句话不也就是他当初平平淡淡对我说的那句话吗？没想到我如此热爱的电视事业，是吴老师这样坚持下来的。我跟吴老师非亲非故，家庭也没有什么显赫的背景，父母都是老实本分的工程师，而且还没选吴老师的课，连讨好送礼都不会，他完全可以卖那个老师一个好，把名额让给他的关系户。直到这个时候我才幡然醒悟，那个在我心中一直好说话、脾气温柔的吴老师，其实是一个非常有原则，坚守自己内心、有坚定信仰的人。他像老母鸡爱护自己的孩子一样呵护着我们。

与吴老师聚会时合影

他不会知道，他那一刻的坚守，换来的是我多么快乐富足幸福的一生啊！那一刹那，我脑海里想到的就是：父母给了我最初的生命，而吴老师给了我 22 岁以后的生命。以前看影视文学作品，经常看到的一句话是：大恩不言谢。我老是不理解，为什么受了人家的大恩还不好好感谢呢？今时今日我明白了，因为这样的大恩比山高、比海深，即使穷其一生也无以回报啊⋯⋯

在吴定宇老师的葬礼上，我与他的孩子、妻子一直留到了最后，恭恭敬敬地跪下，向他磕了三个头。我最敬爱的吴老师，一路走好！

您的孩子们会一生怀念您！

2020 年 7 月 30 日

年少不知曲中意，读懂已是曲中人

赵梦颖[①]

我一直觉得跟吴老师是有距离的。的确，吴老师的严厉与读博的压力伴随了整个读博生涯。很长的一段时期里，老师留给我的印象居多是近乎苛刻的严厉和不近人情，心中对老师的情感，也总是敬畏中存在一丝疏远。但是，毕业十年，隔了一定的时间和距离回望过去，我惊讶地发现我对过去的记忆竟然发生了惊人的转变。我似乎读懂了吴老师的严厉，那严厉里的确带了一丝令我压抑的气息，其管教方式也不免有些旧派，可是并不能剥夺其中"爱"的本质，作为老师本能的对学生的"爱"。

我今天想说的，是老师身上"坚硬"和"坚硬"躯壳之下"柔软"的一面。

吴老师的"硬气"或者"刚硬"大概为人所周知。提及吴老师，与相熟的和不相熟的提起来，大家的第一个印象总是严格，这种"严格"或者说"严厉"在吴老师治学、从教、生活几个方面表现得淋漓尽致。

吴老师是现代文学研究界最早提出现代文学的"文化特质"并主张从文化角度对现代文学进行研究的学人，上个世纪就写出了《中国现代文学中的忏悔意识》《文化整合：中国文化的故去、现在和未来》等有分量的学界代表作，他的巴金研究、郭沫若研究也很为人称道。吴老师还是国内较早开始研究陈寅恪的学者。在这些研究领域，吴老师充分体现出了一个学者敢为人先、敢于啃"硬骨头"的勇气和担当。他选择郭沫若、陈寅恪作为自己的学术研究重镇，从研究对象来说，这些人都是海纳百川式的人物，被研究界公认是难啃的"硬骨头"，是吃力不讨好但绝对有价值的研究对象。研究这些人物，除了搜集资料外，还要不断补充和完善可以与研究对象对话的知识结构，才能真正理解对象的学科进路和学术创见，是真正要下苦功的。吴老师却有这份学术硬气，他面对这些让人望而生畏的研究对象，不畏惧困难，拿出了《抉择与扬弃——郭沫若与中外文化》《学人魂——陈寅恪传》等著作，给学界交出了一份份漂亮的答卷。吴老师的"硬气"还表现在他能够不臣服于学界权威和已有定见，不哗众取宠，而是敢于大胆、独立地思考，敢于说出被掩藏的真相和事实，吴老师这种尊重学术事实和学术真理的精神，被学界评价为"敢于突破禁区"，这是对老师独立人格和知识分子的底气和硬气的评价。

---

① 赵梦颖，中山大学 2004 级博士研究生，现为新乡学院教师。

吴老师是四川人，脾气和性格里也带了川人式的刚烈、执拗、棱角，在做人做事上均十分认真与不妥协。吴老师不仅严于律己，对于门下学生，也往往同样要求严格。我记得吴老师第一次给我们上课，是拿了《大学》中的一句话"博学、审问、慎思、明辨、笃行"来做发挥和阐释，告诫我们读书治学的态度和路径。这一句话也是中大的校训。后来他给我们上中国文学史、中国现当代文学文化研究的课程。读书那会儿，吴老师经常让我们阅读文献后谈心得体会，告诫我们要学会提问，要有问题意识。吴老师为了督促我们刻苦学习，还规定 15 天一篇小论文，写完之后向他汇报，同学之间互相提问。我因为学科基础薄弱、不得其路，还不怎么用功，一度让老师极为不满。有一次老师直接打电话训斥了我半个小时。我第一次遇到这样的事，感觉有点懵，也深深认识到了老师的严格和严厉。那时候老师经常批评我浪费时间看一些没价值的书，提醒我珍惜有限的时间做更有价值的事，可惜我当时并没有深切体会老师的用意。因为总觉得自己没达到老师的要求，我一度战战兢兢、如履薄冰地读完了博士；读书期间与老师的相处中，也总是多了点敬畏、胆怯与距离。但今天想来，老师"逼着"我用功，其实也是为了我的成长，他的急切里何尝不是良苦用心？老师带学生，心心念念的，一方面是学术传承的责任，另一方面是帮助学生成长的使命，我的老师正是因为有了这份责任，那份看似"不近人情的严厉"就不难理解了。我今天还能够粗略一窥学问门径，有一定的学科积累和知识体系，我想主要得益于老师的教导和馈赠。

老师身体不太好，2006 年接受了一次濒临生死考验的"换肾"大手术。在生病住进 ICU 期间，他也没有甩手自己该承担的工作，主编学报和指导硕、博学生的工作一直在继续。不记得有多少次，我们要穿上防菌服、戴上口罩，在无菌病房里跟老师汇报硕、博论文的选题与进度，当时老师可能就在吸着氧、输着液；也不记得有多少次，见过学报的编辑人员在我们出来后，紧跟着进到病房里与老师讨论学报工作进度与安排。他没有听从医生和护士让他歇一歇的要求，而是把工作和学生置于自己的生命之上，忍受着病痛的折磨，坚守着自己的教师岗位。这份毅力和责任心让人动容，也让人敬佩不已。

严厉如吴师，却也总闪耀着温暖与善意。现在回想起来，这些可能是最打动我的地方。吴老师在不经意的言传身教中，馈赠给作为学生的我最珍贵的品质，教会了我待人处事最基本的品格。

我在中大读博的第一个中秋节，吴老师就带我们去拜见了他的老师，也就是我们的"太老师"吴宏聪先生。太老师毕业于西南联大，曾经师从沈从文先生，是一位很有故事的先生。太老师还做过中大中文系的系主任，对中大中文系的发展成长做出重要贡献，这一点我是后来才知道的。太老师气质温柔敦厚，又睿智明朗，常常不知因为什么就孩子气地哈哈大笑起来。心态不老，又天真烂漫得有点可爱，是太老师留给我的印象。后来每到逢年过节，老师总会带我们去看太老师。孩子气的太老师在这个场合往往会变成谈笑风生的主角，这时屋子里往往会传出他哈哈大笑的声音。平日里严肃的吴老师，这时则安坐一旁，把主场让给太老师，自己则乖巧得仿佛一如当初他跟从太老师读书时的模样，只是眼里散发着温柔喜悦的光，静静地听自己的老师的一言一语。吴老师生病住院后，大家好像约定俗成一样，由大师兄带领大家去看望太老师，照样沿袭着这一师门"礼数"。

太老师的儿女都在国外。现在想一想，吴老师带着我们去拜见太老师，一方面是陪伴，另一方面其实也是把自己的学生带去给太老师检验，与自己的老师一起分享师门传承的喜悦，对太老师有着告慰之情的意思吧。于我们这些学生而言，实在是感谢吴老师给我们一个可以亲近太老师的机会。每次看到太老师，就仿佛在重温那段历史，领略那段历史留下的学者高山仰止的人格。太老师身上有着他们这一代人身上共有的学贯中西的学风，在他身上，你明显可以感觉到他的视野是宽的，学问是高的，性情又是极其包容的，这种让人见之如沐春风的品质真让人神往。吴老师对待太老师是既恭敬又尊敬，还怀着一份热爱亲爱的情感在内，吴老师也用他和太老师的关系，生动地向我们诠释了尊师重道的行为品质。

吴老师不但惦记自己的老师，也经常关心自己的学生。很多个家人团聚的重要日子，吴老师经常选择跟自己的学生一起度过。这个时候吴老师总会自掏腰包请学生们吃饭，点了大家爱吃的菜，聊到很多话题。聊些什么内容已经忘了，但现在想一想，平日里严肃严厉的吴老师，这个时候往往会"善意"地不谈学习、不谈学问。很多节假日，老师总会叫师门中人把水果从家中拿去，跟大家一起分享，月饼和各种各样的水果都有。那些水果的甘美，现在只能留在记忆中了，想来多令人伤感啊。

吴老师最令我感动之处，还是他的"妥协"。我毕业后曾经有很长一段时间未与老师联系，总觉得自己还没有做出可以让老师满意的成绩，也远远没有达到他的要求。老师过世后，有一次跟师妹聊天说到老师，师妹转达老师的话说：其实老师也不像他表面表现出的那样，他确实是希望学生们能在学术上做出一番成绩，但如果不能，他也还是愿意学生们能够好好地生活。我的老师，是因为对学生的那一份爱，才会把他的标准降低吧。

我想，正是因为吴老师的"眷顾"，我的人生才有了这一段不一样的轨迹，有了这一份"幸运"。这一段人生也确实塑造了我后来的人生。师者，传道授业解惑也。吴老师以他的严厉和呵护作为馈赠给学生的财富，让我体会到学问和人品的共同成长，也同时体会到爱、责任与担当，以及我的努力处和不及处。我的老师是无私而伟大的。我怀念我的老师，在泪眼婆娑中，深深体会了人事的无能为力，唯有带着这份期待、宽厚和爱护前行，从此奋发，才不负师恩吧。

2020 年 10 月

生命之光

周文军[①]

一

正月初二给师母打电话拜年，并且预约初七上班后再登门拜访，一起聚聚。师母识大体、顾大局，委婉地说，先缓缓，等疫情过去再说。还说，这个时候，你们在岗在职的同志肯定很忙，先把工作做好，自己也要注意身体。

不曾想，这一缓就是大半年，惯常的节奏、生活的秩序都被打乱。万幸的是，我们率先控制住疫情，一度被封闭的校园，在教师节前也对外开放了，搁置许久的约定也终于可以履行。

那天晚上，我提前电话跟师母约好，要去家探访。担心车辆出入不便，我打车，在西门下，步行进入康乐园，转入园西区，经过中大附小，右转635栋第二个单元，按下熟悉的门铃，静静等候幸福的回应。这条路，我走了20多年，就像回家，闭上眼睛也不会走错路、找错门。

对讲机里传来师母爽朗的声音。循声而上，进到家门，师母一如既往地热情迎接，招呼落座，看茶。跟以前不一样的是，倒上茶水后，师母没有离开客厅，而是陪着我坐下，详细询问工作情况，聊形势，拉家常，就像对待久别回家的儿女一样。

我还是坐在20年来经常坐的沙发上。师母坐在客厅对门单座沙发旁边的凳子上。

那个熟悉的座位，空着。

我恍然惊觉，先生离开我们，已经三年了。

二

与先生的师生之缘，始于23年前。

那时，我正在湖南师范大学读大三。毕业临近，同学们开始各谋前程，或整简历、找工作，或遍寻名师、准备考研。我当时很纠结，从个人打算，我一心想

---

① 周文军，中山大学中文系中国现当代文学专业1998级硕士研究生，现供职于广东省委政法委，任法治建设处处长。

再考个研究生，以弥补高考时没有填好志愿的遗憾。但从家里条件来说，父母为了供我们姐弟几个读书，长年承受超负荷的压力，实在难以为继，面对现实，我应该先参加工作，挣份工资，贴补家用。

我带着自己的想法和困惑回去跟母亲商量，当时，母亲正在伙房做饭。她从烟熏火燎、水汽缭绕的灶台前直起身子，一边捶着腰，一边沉思着。过了好一会儿，才一字一顿地对我说，如果能考上研究生，那就继续去读吧。我和你爹再苦，也就是三年，咬咬牙就过去了，不能因为家里耽误了你的前程。

在低矮昏暗的伙房里，我从母亲坚定和执着的语气中感受到一些温暖，还有光亮背后的艰辛与隐忍。

母亲一贯说一不二，一旦下定决心的事情就一定要做成。

可是，考哪个学校好呢？经过一番权衡，我把目光聚焦在了南方这所历史悠久、声名显赫的重点大学。当时的想法很简单：一是离家近，路费便宜，往来方便，暑假还可以回家帮忙搞"双抢"（抢种抢收）；二是毕业后如能在广州工作，更方便照顾父母。

目标确定，立即行动。我开始联系往届考上中大的校友，收集复习资料，了解导师的研究重点。在中文系的众多专业和导师中，我觉得先生所讲授的现代文学，特别是巴金、郭沫若研究独树一帜，也和自己在本科学习的兴趣更为贴近。于是，我打算往这个方向努力。

我用了两个晚上，兴冲冲地给一位学长写了一封信，详细介绍了自己的学习经历、兴趣方向和创作成果，也表达了想报考吴老师研究生的强烈愿望。信投出去之后，我一边夙兴夜寐、抓紧备考，一边焦急地等待回信。每次走过宿舍楼下的传达室，都要进去溜达观望一番，可是每次都失望而归。

大约过了一个月，有一天早上，楼下传来宿舍管理员的吼声：406 有信，中山大学来的！

舍友面面相觑，不明就里。我一下子像弹簧一样从书桌前蹦起来，嘴角挂着面条，脚上夹着"人"字拖，外套都来不及穿，冲下楼去，"抢"回了那封信。

头顶冒烟，喘息未定，回到宿舍拆开一看，却像被冷水兜头泼下，身心一下子凉了半截。

学长回信建议：最好不要报考中山大学！第一，现代文学招生名额很少，1998 年计划在全国招收五名学生，已经确定从北京大学和本校各招收一名保送生，实际对外招生只有三名；第二，中大的题目很难，而且评卷很严，同样的水平在中大所得的考分会比同一层次的学校低三十分左右，直接影响向其他高校其他专业调剂；第三，吴老师对学生要求很严，即便考入，想要顺利毕业也不容易。

　　三条建议，三瓢冷水，合着深秋长沙特有的凛冽寒风，把我淋懵了。同学们看了信，也劝我放弃报考中大算了。晚上，我辗转反侧，左思右想，突然想到，严师出高徒，严管不就是厚爱吗？不是还有三个名额吗？只要我足够努力，三者我必居其一。

　　这么一想，加上一直以来不服输、不认命的倔脾气，我下定决心，就是中大了，就是这个专业了，而且，就跟定这位先生了！

　　长沙这年的冬天来得早一些，中秋一过就得穿棉袄，元旦开始下第一场雪，而且下得又大又狠，铺天盖地，一个晚上就可以把岳麓山整白了。宿舍和教室既没有暖气，也没有火炉，我们只能一边跺脚，一边呵气，一边看书。冷得受不了就下楼跑几圈，回来接着看书。这样熬到春节前几天，总算考完。走出教室，外面正在下第二场雪，鹅毛飘飞，银装素裹，煞是好看。

　　三月份，笔试成绩出来，我果然忝列第三，进入面试。

　　我放弃了在市里已经找好的工作，一门心思准备面试。为了能增加更多好印象，我提前给先生写了一份信，表达了感谢和仰慕之情，希望能到广州面师求教。

　　没过多久，先生给我回信，祝贺我顺利进入面试，还勉励我要好好复习，复试也不能掉以轻心，但是没有答应我见面的请求。

　　我不死心，农民式的倔劲儿又上来了。心想：不管你愿不愿意见我，我都要见你！

　　当时春节刚过不久，还处在民工返粤高峰期。买不到车票，只好找了一个在火车站做保安的老乡，把我带上一辆加开的闷罐子车，和去广东打工的兄弟们亲密无间、挨挨挤挤坐在车厢地板上。火车按照平均60公里的速度，一路走走停停，气喘吁吁，十多个小时才到达广州火车站。因为坐太久，到站后起不来身，旁边两位大伯一左一右驾着胳膊把我拉起来，然后我一瘸一拐拖着酥麻的双腿挪出车站。

　　辗转到了中大，又在一位同乡宿舍打地铺睡了一晚。第二天早上，估摸着先生用过早餐，我便到楼下电话亭打电话，告诉他，我已经到了中大，想见老师一面，讨教一些学习上的问题。

　　电话那头沉默了好一会儿，先生说话了："你这一路辛苦了，我为你的精神感动，但是，我不能见你！"又停了一会儿，先生继续说："我不见你，也是为了对你们公平。你想，如果你表现特别好，我见了你，对别的考生就不公平。如果你表现不好，第一印象不行，会影响我对你的评分，那对你也不公平。你还是回去好好复习，认真准备，相信一定能如愿以偿。"

　　话说完，电话就挂了，我无可奈何也挂了电话。在回去的路上，我左思右想，又从夹缝中见到了光明：这样铁面无私、治学严谨、爱徒如子的导师，不正是我梦寐以求的吗？我可不能错过这样的好老师，一定要拼尽全力，争取成为吴门弟子。

后来面试的时候，终于见到了传说中的严师。面试也十分顺利，结束后，先生和蔼可亲、笑容可掬，交代同门的双阳、同德师兄请我们新进的三个研究生在东门外的老成都搓了一顿，算是正式纳入吴门，从此开始了20多年的师门情谊。

三

先生1998年招收三名研究生，人少，每个月安排半天时间在家授课。每到月初，我们三人相约，一路说说笑笑，从中二宿舍出发，穿过旁边的小树林、研究生饭堂、西区招待所、田径场，到达先生位于园西区635栋的家里。这时，先生早已泡好茶，摆好场子等候我们。

先生常半开玩笑地说，他这是放羊式教学，也是中英合璧式的培养方法。不同的是，英国导师用烟斗熏，他是拿茶泡。

先生从文化学的角度切入现代文学研究，对我们的教导也从文化学拉开序幕。每个月上课，首先检查上个月的读书情况，上交读书报告，交流心得体会，老师发问，我们接招，师门共同探讨，互相切磋，逐步深入。半天课结束时，我们已经热汗涔涔、战战兢兢，对某个专题的讨论也深入到一定层次，于是开列下个月的必读书单，布置下次讨论的主题。

先生这种别具一格的教学方法，乍一看似乎很宽松，但两轮下来，我们都发现要读完所列书目，非得夜以继日，片刻不能懈怠。偶尔有一两次，因为晚上跟同乡在东门外吃炒螺、喝啤酒，耽误了看书，所列书目只是浏览了大概，在课上讨论的时候，先生连续不断追问了几个问题，我便支支吾吾答不上来，先生马上晴转阴，毫不客气地说，你哪本书没有认真研读，哪个部分只是蜻蜓点水，重来。想敷衍应付、蒙混过关绝不可能。

给先生敲打点化几次后，我们谁也不敢马虎，每次课后喘息未定，赶紧准备下一次汇报，找资料，定题目，连续挑灯夜战，细细准备。有时还在课前模拟问答，互相找茬，把可能想到的问题都先过一遍，待到下次去先生家"喝茶"时心里就淡定多了，被问倒的次数也越来越少，先生脸上的笑容也与日俱增。

于是，我们就在这一道一道的茶水冲泡、文化熏制中渐渐踏进现代文学殿堂，俨然像个研究问题的学生了。

走上工作岗位，每天碰到的都是具体问题，但解决问题的方法路径与多年前先生所教异曲同工。前不久我在《政工参考》上发表一篇小文，交流工作体会，提出机关干部要努力当好"三把手"——办事能手、材料写手、研究高手，平时担纲起草重要文稿，也会常常提醒自己，一定要有问题意识，对文稿涉及的问题要搞准，情况要摸清，对策要管用，在此基础上再总结提炼、行文表述。饮水思源，工作中的一点体会和方法均得益于先生20年前的点化教导。

四

先生与我母亲同岁，而我与先生的儿子也是同年同级，所以，先生常说，在他心中，我们既是学生，也如同儿女。先生对我们的要求，既有导师的严格与严厉，又有父母般的慈爱与包容。先生在教学之余，经常会让我们承担一些约稿任务，或者参与指导一些刊授学员，赚些外快，贴补生活所需。每到中秋，先生都会把往届校友学长孝敬他的月饼分发给我们。对于肚里长年清汤寡水的在校学生来说，每年中秋能分到一两盒月饼，挑灯夜读之余能充饥饱腹，足以幸福好些天了。而这个惯例也成了师门传承，我们毕业后届届相传，一直延续了许多年。

除了分享月饼，先生还隔三岔五带领我们去打牙祭。先生和师母都是四川人，对川菜情有独钟，我们的牙祭自然也以川菜为主了。入学没多久，先生就带着我们把西门外的小辣椒、东门口的老成都、鹭江的老川菜吃了个遍。于是扩大范围，足迹延伸到东山口的小洞天、天河北的陶然居。20年前的广州经常可见一道独特的风景：一位穿着短袖衬衣、戴着黑框眼镜、摇着折扇的先生昂首在前，一群叽叽喳喳、嘻嘻哈哈的学生尾随其后，东奔西走，四处饕餮，灯火阑珊时，相偕捧腹归。

毕业后，每年春节、教师节、中秋，我都会如常去园西区家里探望先生和师母。先生依然烹茶品茗，谈古论今，说得更多的是为人之道、处事之法、从政之德。先生常说："作为国家干部，贡献有大有小，进步有快有慢，但是守住底线比什么都重要，不要忘记你是怎么走过来的。有平台，有资源，要想着为老百姓多做些事。"

多年后，每当在工作中遇到挫折，或者人生陷入低谷，我都会不由自主地回想起先生的耳提面命、谆谆教导。父母有养育之恩，先生有再造之德。先生20多年的教诲与培养，就像一束强劲的生命之光，照亮我们前行的道路，帮助我们打开生命的格局，提升人生的境界，平添应对各种艰难困苦的勇气和底气。

师恩难忘，师道长存，我们也将把先生教会我们的为人之道、处事之法、为政之德传承下去，发扬光大，也像先生一样，努力用自己的生命之光照亮他人前进之路，给身边的人带来更多温暖和力量。

这也许正是先生从中国传统文化切入现代文学研究的初心所在吧。

2020 年 8 月

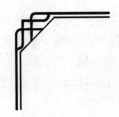

至亲至爱

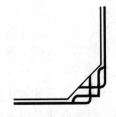

不能忘却的记忆

戴　月①

　　定宇离开我们已三年多了，但我们共同生活几十年的那些场景却时常像电影般一幕一幕在我的脑海中呈现出来。那些点点滴滴，那些大事小情，依然那么清晰，那么鲜活，那是从相识、相知到相濡以沫的几十年。

　　我是 66 届高中毕业生，1966 年夏，我们这批正准备填报志愿参加高考的高三毕业班学生却迎来了一场历时十年的"文革"。

　　大学梦破灭了，我们在参加了一场史无前例的"革命"后奔向了广阔天地，经历了"接受贫下中农再教育""滚一身泥巴，炼一颗红心"的锻炼。经过一次次努力，我终于当上了一名领国家工资的乡村小学教师。于是结婚成家这件大事被提上我家的议事日程。

　　家人和亲友都热心张罗。我的嫂子准备将她姐夫的好朋友介绍给我，说此人在四川垫江县远离县城的一所区中学工作。当时我在万县市（今重庆市万州区）小周公社的乡村学校，两地相距很远。在那个年代，像我们这样的普通教师，工作调动的难度是非常大的，所以经过我们家慎重讨论，知难而退，不予考虑。

　　过了一段时间，有热心人又给我介绍了一位老师，大学毕业后在垫江县工作。介绍人说了很多好话，把他大大地夸了一通，还强调了工作地点是在城里。到了寒假，我们俩约好见了面，彼此印象都还不错。

　　认识之后，才从定宇自己口中知道，之前我嫂子想介绍的人居然也是他。当时我大吃一惊——没想到兜兜转转，人家介绍了好几个，居然还是绕不开这个人，难道这真是缘分吗？

　　就这样我们相识了。

　　寒假见面后，他又匆匆赶回岳池县的家中探望母亲和妹妹。

　　这之后，我们通了几封信，加深了对彼此的了解。

　　1974 年暑假，我们结婚了。

　　我们之间的深入了解是在婚后才逐步完成的。

　　当时我们两地分居，只能在寒暑假才能团聚，在那个年代的每个寒暑假，中小学教师都要集中在区县政治学习十天半月，两地分居的人们也就剩下十来天探亲假，还得匆匆奔走于旅途中。

---

①　戴月，退休前任中山大学党委常委、组织部部长。

我们也尝试调到同一个地方，但两人都算是所在学校的骨干教师，两地的教育局都不同意我们调走。

　　直到 1977 年恢复了高考，我于 1978 年考上大学，定宇 1979 年考上研究生，当时我们的孩子已经四岁。1982 年，我们分别于本科和研究生毕业后，定宇留校任教，我被分配到了广州，才在广州有了真正意义上的家，一家三口才安定下来，在共同生活中相知相守。

　　从 1982 年 9 月我们一家三口在康乐园安家，到 2017 年定宇逝去，这 35 年中的朝夕相处，目睹他的处事为人为学，我对他的了解逐步深化。

　　他对老师的尊重、对学生的关怀、对亲人的深情和朋友的厚谊，使人感受到他的重情重义，难以忘怀！

　　他是孝亲的子。

　　定宇出身于知识分子家庭。他的父亲吴蜀樵早年毕业于广东法政学堂，辗转多地后，20 世纪 50 年代在岳池顾县中学任教，1957 年被打成"右派"，发配到老家武胜县飞龙乡下务农。这位年近花甲、一辈子只会读书教书的老人，顶着"右派"的帽子，备受歧视，只能孤苦伶仃地在农村挣扎度日。年老体弱，工分挣得少，缺粮少柴，只能经常去别人家里蹭柴火。他找来一个罐头盒子，装点粮食放到人家的灶膛边"煮饭"，有时煮得半生不熟也得囫囵吞咽以裹肚腹。1961 年他在饥饿中病逝。

　　1980 年 7 月，岳池县委正式发文，明确"对吴蜀樵的右派分子问题，进行了复查，属于错划，予以改正，恢复其政治名誉"。收到通知，定宇流着眼泪，仰天长叹。

　　当年定宇的父亲出事后，母亲当了小学老师，带着他们三兄妹艰难度日，工资不高，三个孩子上学，有时还要照顾从农村来城里上学的侄男、侄女，经济紧张，日子过得很艰难。但母亲对孩子们的教育和学习却从未放松，既严厉又慈爱，对学习方面的需要尽量设法满足，给他们兄妹订了《小朋友》《少年报》等报刊，而生活上尽量俭省。

　　定宇多次对我说起童年时代的一件事。当时他上小学，那天是他的生日，他向母亲要几分钱，想去小店里吃一碗汤粉，但母亲不给，无论他如何哭求都没要到。定宇对我说，后来他长大一些才知道，母亲不是不给，而是给不出！定宇每每讲起母亲的艰辛、母亲的慈爱都很动容，体会到母亲当年的不易，也更是尽量想方设法孝敬母亲。

　　1985 年，妹妹吴蓉渝来信告诉我们，母亲被确诊出肺癌晚期，已经从岳池老家搬到绵阳妹妹家，正入院治疗。定宇阅信后如遭雷击，神色大变，回家即对我说，他因抽烟多次被母亲批评，并要求他戒烟；儿子曾哭着求他戒烟，并藏匿他的烟，他均未戒掉。现在母亲病了，为了告慰母亲，他一定马上戒烟。从当天开始，他当即扔掉正在抽的半包烟，而且从此再未抽过一口烟。一到暑假，他立即返川照顾伺候母亲。他与妹妹吴蓉渝一起，为母亲喂饭喂汤，端屎端尿，医院的医生护士见过很多家属照顾病人的例子，仍然被他们兄妹俩的用心程度感动了，都赞他们孝顺。到了 1986 年寒假，母亲病情加重，他立即赶到绵阳，在医院陪伴照顾母亲，衣不解带，有时通宵达旦，直至母亲逝世。

他是尊师的生。

定宇 1979 年考入中山大学，师从吴宏聪教授，攻读现代文学硕士学位，从此与宏聪师结下深厚的师生情谊。

从定宇招收第一届研究生起，无论是硕士还是博士，他上的第一课必是带着他们去拜见宏聪师，让他们一字排开，规规矩矩行拜师礼，尊其为"太老师"。这成为他的每一届研究生的必修课。

在定宇的带动下，这些研究生中不少人跟宏聪师建立了直接的联系，比如陈伟华、胡梅仙和周文军等。有时宏聪师有事会找他们帮忙，有时也会请他们饮茶，同时也关心他们的学业和事业，当他们碰到困难时，宏聪师也会伸手相助，这种隔代师生关系也是其乐融融。

定宇一直视宏聪老师为自己的恩人，经常问候，并到家里或医院探望。宏聪师后期身体状况欠佳，视力和听力都出现问题后，定宇定期去他家陪他聊天，一次半天。每次聊天，定宇都做了功课，做好准备，包括专业动态、学界逸闻趣事、朋友近况、学校发展和校内新闻，师生俩笔谈加口述，聊得十分热闹，使宏聪师十分开心。

定宇对他的另外两位导师饶鸿竞教授和陈则光教授（当时是导师组指导他们这届研究生）也很尊重。鸿竞师逝世前的很长一段时间，定宇经常前往探望；则光师病重期间，当时尚无护工这一专门职业，定宇带头，组织中文系的研究生分组轮流去医院守护。

他是爱生的师。

定宇作为教师，对学生不仅是良师，也是益友，有时还像慈父。

20 世纪 70 年代他在四川垫江当中学老师，在垫江四中时，他对学生很关心和照顾，我记得的有赖建军和吴途芳等人。尤其是吴途芳，他父母都是地道的农民，家里兄弟姐妹多，生活十分困难，但本人学习很努力，对班级的工作很主动，尽心尽力，是一个纯朴的品学兼优的好学生。定宇曾到吴途芳家中家访，亲眼见到他家的困难状况，十分同情，很想帮他。对当时的农村孩子来说，想有好的发展和前途，基本上只有升学和参军这两条路。部队是挤破头的大热门，读高中的孩子们纷纷报名，并动员各种社会关系，各显神通，竞争非常激烈。而吴途芳的父母是地道的农民，没有任何路子，十分气馁。定宇知道后，主动到县委武装部去反映这个学生的情况，以老师的身份推荐他，又直接找到县委武装部部长介绍情况，最后吴途芳如愿以偿，应征入伍。吴途芳到部队后很努力，各方面表现好，又被选拔到军事院校学习，毕业后回到部队被提为干部，改变了自己和家庭的命运，走出了一条农村孩子的成功之路。

定宇在中山大学任教后曾当过中文1982级的班主任。他对这项工作很负责，对这个班的学生很有感情，经常参加他们的活动，主动找学生谈心。同学们有事也愿意向他倾诉，所以他对这个班的学生比较了解，一谈起他们来，津津乐道，这个有什么优点，那个有什么长处，如数家珍。到毕业分配阶段，同学们都有些紧张。那时是计划分配，由教育部下达的指令性计划包括政府机关、学校、新闻出版和电视传媒等，给每个毕业生分配一个单位，学生就被派遣到这个单位，今后就基本上在这个单位工作一辈子了。大家都想去一个好单位。系里成立了毕业分配工作小组，班主任也是小组成员。定宇在这项重要而敏感的工作中，坚持公正、公平，他认为这是关系到每个学生一辈子的大事，对学生要公平，也要尽量考虑学生的特点和特长，有利于发挥他们的自身优势。印象最深的是张玉涛的分配，当时有一个名额是广东电视台，而分配小组中有人想安排一个关系户去此单位，但定宇在小组讨论中坚持将相关几个人选摆上桌面比较，据理力争，认为张玉涛才是最合适的人选。最后张玉涛如愿以偿被分配到这个单位。她喜欢这个工作，适合这个工作，也发展得很好。后来她多次提到此事，在毕业后的一次聚会上，张玉涛深情地拥抱了定宇。在7月26日的定宇告别会上，她不仅联系安排了朋友全程录像，自己也全程陪伴我们直到送走定宇。

他是重情的友。

定宇对朋友重情重义。

张明理是定宇的大学同学，也是好朋友，大学毕业被分配到四川的合川县工作。定宇每次回家探亲都要专门绕道去探望张明理，两人总有说不完的话。但张明理不幸英年早逝，定宇闻讯非常难过，曾先后两次去看望张的遗孀和两个孩子，并为明理扫墓。

戴翊是定宇的老朋友，是上海市社科院文学所的研究员。他患肾衰需换肾，因无肾源只能长期透析，2013年因病逝世。2014年，定宇去上海参加学术会议，事先就联系戴翊的夫人王淑珍，表示要去扫墓，后来在淑珍的陪同下到离会议驻地很远的墓园悼唁戴翊。

他坚守内心，对人友善，乐于助人。

定宇在患病住院的初期，从2005年10月到2006年初，他病情危重，因肾移植后巨细胞病毒感染和糖尿病引起的心血管疾病，医生曾两次下达病危通知书。他配合医生，积极治疗，渴望战胜疾病。长时间卧床致腿部肌肉萎缩，无法行走，他以顽强的意志促使自己重新站起来，在别人搀扶下锻炼腿部肌肉，每天坚持锻炼，逐步恢复行走功能。

待到他病情稍缓后，就约学生到医院讨论论文，指导他们完成学业，使他们顺利毕业。他重病住院治疗期间，也一直没有放下他承担的科研工作。当时他主编的《中山大学校史（1924—2004）》已定稿交付给了出版社，他仍然坚持亲自带领并指导编撰组的硕、博研究生做好书稿的校对工作，严格把好校史出版前的最后一道关。

他住院两年多，其间他以自己的诚意和善意交了很多朋友，医生、护士、博士生、工人。

他是接受治疗的病人，同时作为一个老师尽力帮助医护人员。有两位医生的太太考博，他出主意、当参谋、选导师，还协助联系调剂院校，直到她们成功考上博士。护士们则喜欢跟他聊天，向他倾诉困难和苦闷。他鼓励护士们工作之余不要只想着聊天和逛街买东西，要把时间多用来进修学习，提高业务水平。护士小刘、小陈成功通过医院的考核，成为正式编制。负责定宇病例的博士研究生小黄、小陈临近毕业，选择留在医院，但面对激烈的竞争十分紧张。定宇鼓励他们，帮助修改求职述职材料，模拟充当面试考官，让他们练兵，最后通过考核留在医院工作。科室里一位负责杂务的工人萍姐，女儿要考大学也来请教，定宇帮她分析情况，介绍专业，孩子成功上学。诸如此类的事情还有不少，就这样，住院两年多，定宇成了所在病区医、护、研、工都尊重喜欢的"吴教授"。

定宇走了，但他长留在我的心里，时时还想起他多次对我说的："下辈子我们还要做夫妻！"

2020 年 12 月

我的父亲吴定宇

吴 蔚[①]

2017 年 7 月 22 日，父亲低烧的状态已经持续超过一周，还伴随着咳嗽和气喘。

我们都没意识到，这是他心脏出现问题的前兆，家里每个人担心的都是他的肾——距离 2005 年的肾移植手术已超过 12 年，各种不确定的情况都可能出现。父亲预约了下周去住院，对肾部进行彻底检查和调理。

22 日这天上午，父亲的情况特别不好，咳嗽很严重，咳着咳着，痰里还有淡红色的血丝。

看到痰里的血丝，我赶紧打了 120。

没多久，120 的救护车来到中山大学，在学校西门外，找不到家里的地址。我下楼去接救护车。刚接到救护车，手机响了。

电话里，钟点工周阿姨的声音在颤抖：赶紧回来，你爸昏过去了！

我带着医生和护士冲回家里，见到父亲已经躺在床上，双眼紧闭。

医生护士忙着急救，我脑子一片空白地站在旁边，耳边是周阿姨在述说我下楼之后几分钟里发生的事情：父亲又咳了一会儿，然后说"我去床上躺一会儿"，就自己扶着墙，回到卧室床边，躺下，闭上了眼睛。

他再没睁开眼睛。

我从未想过，竟会这样与他永别。

一

我很晚才跟父母一起生活。

父母在"文革"后期结婚，结婚时父亲 30 岁，母亲 27 岁。

结婚时，父亲在涪陵垫江教中学，母亲在万县小周教小学，相隔近 200 公里，聚少离多。他们俩曾试图调动到一起，但两人的家庭成分都不好，调动工作纯属奢望。

7 岁前，我一半时间跟奶奶生活，一半时间跟外婆生活，与父母一起的时间不超过两个月。

---

① 吴蔚，现任职于广州美丽阅读信息技术有限公司。

我两三岁那年，有一次父亲兴冲冲地回奶奶家探亲，一见到我就喊："快叫我！"

据他说，我当时被他的兴奋劲儿吓着了，怯生生地喊了声："爷爷？"

父亲就像当场被一盆冷水当头浇下，怒喝："胡说！再叫！"

"伯伯？"

"再叫！"

"叔叔？"

"再喊！"

"哇……"

我对这段对白没有一点印象，但他那张带着急迫和无奈的大脸，几十年后，仍然印在脑海里。

1978年以后，考学为父母团聚带来希望。

母亲是"老三届"，1978年参加高考，考出了让很多考生羡慕的高分。但当时的政策规定，在职教师只能报读师范院校，她被录取到重庆师范学院数学系读本科，是班上年龄最大的学生之一。

父亲是1963年四川外语学院俄语系的本科生，1967毕业时已经是"文革"时期，被发配到涪陵市垫江县教中学，直到1979年考上广州中山大学中文系研究生。

父亲备考期间，母亲带我去过垫江他教书的地方。我记得他所有时间都窝在一张书桌前，我要过去找他玩，所有大人都会立刻制止我——不要影响你爸复习！到了晚上，父亲那张小书桌会亮起昏暗的灯光，连人影都模糊不清，只能见到他弓背在那里读读写写，完全不理会我的存在。所以那次垫江之行在我记忆里留下的印象非常不好。

父亲读研期间，把我从万县市外婆家接去广州玩。在当时，这是一段漫长而复杂的旅程，要先坐三天两夜的长江轮船到武汉，再转乘三天两夜的火车。乘船时为了省钱，我们买了一张没有床位的五等舱散席船票和一张四等舱的卧铺船票，晚上父亲和我一起挤在四等舱的一张下铺小床上睡觉。当时我五六岁，晚上睡觉翻滚动作很大，第一晚甚至在梦中翻出床外摔到地板上。第二晚半夜，我偶然醒来，发现父亲并没有躺在床上，而是倚靠在床边。为了让我更自在地翻滚，也避免我再摔下床，他一宿未眠。

40年过去了，我还记得拥挤的四等船舱里那张窄床边靠着的胖胖身影。

二

1982年，父母同年毕业，父亲留在中山大学任教。父亲一辈子从未离开过学校，不是读书，就是教书。后来父亲做校史研究时发现，他的父亲吴蜀樵年轻时从四川到广东求学，就读的广东法政学堂后来与广东另外三所学校合并，成立了广东大学，也就是现在的中山大学。说起来，我们祖孙三代都毕业于中山大学，也算是一种缘分了。

我和母亲一起到广州，一家人终于在广州团聚。

刚到广州，母亲带着我在中山大学招待所挤了几周，等待我们的"家"腾出来。

那不是真正的家，而是父亲原先住的男研究生宿舍，等同寝室的同学毕业离校搬出去后，我们一家就暂居在这个房间里。父亲给我介绍，这栋宿舍的名字很美，叫"广寒宫"。广寒宫以前是女生宿舍，所以得名，不知后来为什么变成了男研究生宿舍。

一家人住在男生宿舍，生活很不方便。宿舍没有厨房，做饭只能偷偷摸摸用电炉，怕被查。更不方便的是，男生宿舍没有女洗手间和洗澡间，母亲只能在深夜去楼层的公用洗澡间洗澡，父亲就在门外把守着。每天吃饭、洗漱的事情折腾完往往已是半夜了。

父亲的工作只能从深夜开始，经常通宵读书、写作到天亮，去饭堂给我和母亲打早餐，等我们去上班、上学，他才开始睡觉。

我们住了近半年男生宿舍，终于有了真正意义上的"家"。

新的住处在中山大学西南区 75 号之四的一楼，房型是中山大学的特色"一房半厅"——两家共用一套两房一厅的房子，各占一间卧室，客厅中间用夹板隔开，两家各分一半，两家同时有客人来的时候，会热闹得像菜市场。门外的信箱上赫然写着两家人四个姓"吴戴张廖"，后来张廖家去了深圳，信箱又换成"吴戴冯姚"，从信箱上看，人气很旺。

搬到新家，全家人都很开心，毕竟可以自由地做饭和洗澡了。

在这个刚刚置办起来的家，半厅里放着饭桌和椅子，就在这里接待客人，不吃饭和待客的时候，这就是我做作业的书桌；卧室里有父母的大床、我睡觉的双层木架床、父亲的书桌和椅子、一个高的衣柜、一个矮的五斗橱。家具将房间挤得满满当当的，剩下的空地两个人站着就会互相贴着。

不管多么狼狈，我们终于能一家人生活在同一屋檐下了。

作为家的标志之一，就是我拥有了与父亲嬉戏的时间。

每天中午放学，等待母亲做好饭的间隙，我可以跳上父母的大床，跟父亲打闹。当时父亲很胖，我坐在他的大肚皮上蹦弹，他的肚皮特别有弹性，这是一天中欢声笑语最多的时候。长大后，我自己有了孩子，孩子一二年级的时候，我试过让他坐在肚皮上蹦弹，孩子其实挺重的，肚子很不舒服。

每天下午，邮差会送《羊城晚报》来，父亲这时候就作势与我争抢报纸，我就会抢先冲出去，从邮差手里拿过报纸来先睹为快。让孩子自己争着阅读，肯定比强迫孩子阅读效果要好得多。

我们还发展出一些恶趣味，比如用自己穿过的袜子去捂对方的鼻子和嘴。我得逞的时候，就会特别得意，开心地笑个不停。也是后来自己有了孩子才知道，成人和一二年级小孩子的力气差好远，小孩子肯定没法用自己的力气把袜子去捂成年人的鼻子。

之前七年一直跟奶奶和外婆生活，我从没有过如此放肆的机会。这个新家带来的欢乐远远超过了空间的逼仄和物质的匮乏。

但跟父亲一起生活，也不全是欢乐。更多的时候，会挨他的批评。坐得不端正，他会低喝："坐没坐相！"睡觉晚了，他会质问："你想长成武大郎吗？"考试成绩不理想，他会质问："你长大想去卖猪红汤为生吗？"

他批评人的时候，通常皱着眉头，一副糅合了愤怒与厌弃的神情，用语也尖刻，作为被批评的一方，确实很不好接受，觉得他很凶。

但一起生活以没大没小的嬉戏作为开端，让我有了不一样的感受。毕竟，一位能让孩子坐在肚皮上蹦弹、能被孩子用臭袜子捂嘴的父亲，又能凶到哪里去呢？

渐渐地，我摸索出父亲的表达规律。

对他真正在意的人，他会热切地发表意见，但大多数时候，也就仅限于意见而已，跟他讨论甚至争吵是完全没有问题的；对他真正想决定和影响的事情，他的语调反而会特别平和，心平气和地讨论和分析；对他真正厌恶的人和事，他采取的态度是冷漠和远离。

在骨子里，他非常尊重别人的自主选择。记得小学快毕业的时候，广东最好的中学华师附中给了中大附小每个班一个推荐名额，我当时成绩还不错，有机会获得我们班的这个名额。父亲当然很高兴，也希望我去，但他还是给我分析："华附是军事化管理，你这么自由散漫，去了会垫底的。"这还真把我吓着了，我问他是否可以放弃这个机会。他答应了，于是我就真的放弃了这个机会，去了一所氛围更加自由的中学。当我也为人父，儿子也经历了小升初之后，我才知道，真正把选择的权利交给孩子，是多么不容易的一件事。再后来，我高考填报志愿、就业选择工作、更换工作等重要的选择关口，他都会发表很多意见，措辞也都很严厉，而我的选择基本都跟他的意见不一致，但每次我做出了选择，他就成为那个领域的热心关注者。我报读了电子专业，每次在报纸上看到电子行业的新闻，他就会剪报收集下来给我；我放弃去国企而去了 IBM 工作，他就买了 IBM

的创始人传记来读；我换工作去《南方周末》当文化编辑，他就把所有我发表的文章和编辑的版面都剪下来收藏。

随着年纪渐长，我越来越庆幸自己在成长中所拥有的这样的父子关系。

四

我们一家刚搬进一房半厅时，正是夏天，家里连买电风扇的钱都没有。当时国家刚推行计划生育政策，办了独生子女证能领一笔钱，刚好够买一把摇头风扇。经常有人来做客，父亲邀请对方享受我们家第一件家电时，会重点介绍"这是用我们卖孩子的钱买的"。对此做出了重要贡献的我，自豪了挺长一段时间。

我没想到，家里的第二件家电居然是彩电。当时，父母的工资加起来就100多元，电视距离我们特别遥远。

但是电视对一年级小学生的吸引力就像黑洞。

住我们家隔壁的是父亲的同事李廷锦老师一家，我老往他们家里蹿，因为他们家有台小小的黑白电视机，可以在他们家看电视，有时还有糖吃。有一次晚上，看电视到挺晚了，我半途回家上洗手间，他们以为我回去睡觉了，就锁了门。我推不开门，又不好意思敲门，憋着回到家里的卧室，忍不住号啕大哭起来。

父亲在一旁沉默不作声。

长大以后，跟他提起这一幕，父亲跟我说，"当时我揪心地痛，孩子爱看电视是天性，我却没钱买电视机。"

父亲开始拼命攒钱。

在20世纪80年代初期，一个刚刚毕业的青年教师，能攒钱的机会实在很少。他找到的兼职机会是去广州市电大上课。那时交通不方便，去电大来回得花两三个小时，上一次课，大半天时间就没有了。

后来，中山大学中文系开设了刊授课程，教师指导刊授学员能拿到补贴，父亲又积极争取，指导了不少学生。家里经济上的窘迫状况得到一些改善。我还记得有次跟父亲在校园里散步，他忍不住跟我显摆："你知道吗，我上个月挣了300元。"

到了1984年初，家里买了一台彩电，18英寸的日立牌，花了1700元。

从刚到广州开始，父亲就多次跟我明确：我们家不富裕，如果追求物质享受，肯定无法得到满足，但"我会无条件满足你一切学习上的要求"。

他说到做到。

买书、买杂志、买文具、参加竞赛、参加校外活动、学画画、集邮、练书法、买旱冰鞋、买相声磁带、买音乐磁带、买电影票、买健身器材……在整个中小学阶段，似乎只要开口说"最近有了个新爱好……"，不管家里当时经济有多紧张，新的爱好都能得到他的支持。

1985年，我们家居然拥有了一台电脑。

我一直没想明白，一位中文系的青年教师为什么能在1985年预见到电脑的未来？

但他就是意识到了。1985年的暑假，中山大学搞了一个针对小学生的计算机培训班，父亲偷偷地为我报了名。他担心我嫌累不愿意去上，就问我："你听说过电脑游戏吗？"他找到在学校激光实验室的朋友，带我去玩实验室电脑上的打飞机游戏，然后问我：喜欢电脑吗？要不要上电脑培训班？

我就在1985年开始学习计算机编程，应该算是邓小平说"计算机要从娃娃抓起"之后第一批被抓起来的娃娃。

在1985年学计算机，最头疼的就是使用计算机的机会实在太少了。

我上电脑培训班带回家的一本教材上，有儿童电脑的广告。这本教材被父亲看到了，于是有一天中午放学回家，我看到家里的桌子上摆着一台儿童电脑，Z80单片机，连上电视机作为显示器，可以运行我学习的BASIC语言。

这台儿童电脑还附送了一个培训课程，在离学校很远的沙面小学上课。于是那个夏天，父亲又带着我，坐很久的公共汽车，到沙面去上电脑课。我在课室里，坐在窗户边的位置上，往下望，能看见父亲胖胖的身影。太阳很毒，父亲坐在楼下大树阴凉处的石凳上等我。太阳移动，石凳也被暴晒，他就站起来，在剩得不多的阴凉处站着等。到树下全都被晒着的时候，正好下课，他又带着我坐公共汽车回家。

有时候我在想，父亲一辈子是不是活得太累了一些？

当时他刚毕业留校，正是学术研究动力最旺盛的时候，但年纪已过40岁，为了解决家里经济上的压力，他花费了太多的时间。白天，他会见缝插针地读书。读书一被打断，他就把书页折一角，放下书可以去忙别的事情。那几年，他读过的书里，遍处都是折痕。

只有到了半夜，才有整段的属于他自己的时间，他才能静下心来搞研究。他继续保持着通宵写作的习惯。

时间一长，父亲的身体开始出现问题。他得过一次肾结石，痛得在床上翻滚，那个场面在我看来，实在很可怕。他还中过一次风，当时整张脸都歪了。

长大后，我曾经内疚地想，如果他不是这么看重家人，学术上的进度会不会更快一些，身体会不会更好一些？我拿这个问题问他。他很严肃地跟我说："记住，亲人是最宝贵的，其他事情再重要，也没有家人重要。"

嗯，我记住了。

五

父亲严格兑现了"无条件满足孩子一切学习上的要求"的承诺，但他自己很长时间里连件新衣服都没有。他最正式的衣服是读研前小姨为他做的一件灰色中山装。多年下来，洗得有点褪色，但衣服很平整，遇到重要的场合，他就穿这件中山装。

记忆里第一次见到父亲穿这件中山装，是刚到广州的第一个春节。他带着我去他的导师吴宏聪老先生家拜年。当时天气有点冷，穿中山装不太保暖，他的手有点冷。一路上，他叮嘱我，到了老师家，一定要鞠躬，而且一定要90度。

后来，父亲也招硕士生和博士生了。他也会带着自己的学生，去吴宏聪老师家，一字排开，行弟子礼。估计，路上也少不了叮嘱吧。

父亲去上课，哪怕是去电大上课，也会穿上这件褪色的中山装。

他跟我说：穿上你最好的衣服，表达的是对人的尊重。对老师要尊重，对学生也要尊重。

父亲对师长的尊重，是基于礼的尊重，严格持晚辈之礼。而对学生的尊重，则是平等的尊重，不倚老卖老。

小学时，有一天放学回家，感觉客厅里气氛紧张。他担任班主任的中文1982级那个班上的一位学生，带来了另一个班上的好朋友，说要来跟父亲讨教。新来的这位学生正激动地陈述着自己的观点，脸涨得通红。过了一会儿，我在房间里听见客厅里传来拍桌子的声音，忙伸出头偷看，就见那位学生用手指着父亲："吴老师，你是错的！"而父亲则乐呵呵地笑着。等他们走了，我问父亲："那真是学生吗？怎么用这个态度？"父亲说："他一讨论起问题就激动，我虽然不同意他的观点，但很欣赏他的执着。"

父亲对同辈好友的尊重，则是掏心掏肺程度的。

1980年代，父亲特别欣赏在当时暨南大学教书的殷国明老师，经常请他来家里吃母亲做的麻婆豆腐。有天殷老师做客回去了，我半夜起来上厕所，见父亲既没有写作也没有读书，而是坐在那里发呆。我问他在做什么。他说："你殷叔叔才华横溢，但就是太锋芒毕露，得罪了人，我想有没有什么办法能帮到他。"

想来，有父亲这样的朋友，也是蛮不错的一件事。

六

从小，我对父亲房间印象最深刻的就是两个架子——书架和药架。

在我们的一房半厅里，我睡觉的木架床上层，被父亲用来当了书架。书越来越多，偶然几次，半夜父亲趴在上面找资料的时候，会把木板压得咯吱咯吱响，吵醒了我。父亲会压低声音对我说："对不起吵醒你了，赶快睡，你在长身体。"那个声音，应该是在记忆中，父亲有过的最温柔的声音。

矮的衣柜顶部则用作药架子，上面满满地堆着各种药瓶子，而且与书架子一样，上面也越来越满。当时我偶尔会想：这么多药，怎么能分辨得过来？但对父亲来说，这似乎不是一个问题。每次他都很认真地从各个瓶子里数出几颗药来，组成一小堆，一把抓上，一口吞下。每天见他如是，后来偶然见到别人吃药的样子，与我的父亲一对比，我就觉得别人在吃药这事上很不专业。

父亲年轻时得过肺结核，在跟母亲认识前就治好了。治好的肺结核没有传染性，但父亲对传染性问题的要求特别严苛。他外出时，尽量自带茶杯和筷子，喝水用自己的杯子，吃饭时餐桌上的筷子被他用作公筷，夹菜到自己碗里用自带的筷子吃。这些严苛的自律做法，偶尔外出，坚持起来没问题，但他在家里吃饭还用公筷，就特别麻烦，所以家里就实行了分餐制，哪怕后来他逐步被说服接受自己早就没有传染性的事实，家庭分餐制仍然被坚持了下来。我上小学之前，印象中父亲特别喜欢亲我，但他看过某本书之后，就声称要防止亲吻传播肺结核，所以不能亲了。这可能对他来说是很难接受的事情，所以就发明了自己的方式——先亲自己的手臂，然后用手掌摸着我的脸，嘴里还念念有词"传递亲"。我记得他在跟朋友聊天时，朋友对他这种自我要求很不以为然，但他回应说：你没被传染过，不知道日子有多难过。

记忆里，每年会有一到两次，他会带着我去医院拍 X 光片，拍自己，然后拍我。这样坚持了三四年，每次取到结果，他都长长吐口气，开心地说："未见异常啊！真好！"如是坚持了三四年，直到小学高年级，每年拍 X 光片才被其他项目替代。

替代拍 X 光片的，是血糖检测。

大概在 1988 年左右，父亲被验出患上了糖尿病。糖尿病遗传的可能性很大，所以父亲又很紧张，担心我也有糖尿病。当时科技还不发达，检验血糖靠验尿，用一张试纸，小小的长纸条顶端有一片试纸，沾了尿液之后，不同的尿糖浓度会呈现出不同的颜色。在长达两年多的时间里，我每次在家里上洗手间，都会被父亲喊住，让我去测试，然后把结果告诉他。幸亏两年多，我的检测结果都正常。上中学后，我觉得这种做法有羞耻感，就跟他商量能不能停了。父亲答应了，他说："我真的很担心，担心是自己的原因让你得了病，幸好没有。"

七

确诊糖尿病之后，父亲的生活状态发生了很大的变化。父亲还有几位朋友，也都在那几年先后被诊断出患了糖尿病，他是其中饮食控制得比较好的，糖尿病的恶化速度比较慢。只有家人才知道他为此付出了多大的努力。

在此之前，印象中父亲爱吃并且食量大，吃饭时我和母亲用小碗，他自己用一只搪瓷碗，很大的大碗，小时候对事物的尺寸没有分寸，觉得他是在用脸盆吃饭。

记得有年夏天，父亲的一位朋友来家里做客，大家围坐在一起吃面条。炎热的天气里只有一把摇头风扇，所以大颗大颗的汗珠顺着脸滴下来，但父亲有条不紊地吃着面条，速度不慢，但也不乱，甚至带些节奏感，吃完面连汤汁也不剩下，还一翻海碗，亮出像洗过一样干净的碗底，有礼貌地说：我吃完了，你慢慢吃。那位叔叔看呆了，由衷感慨：你像是把吃饭当作事业来对待。后来我们经常用这句评语来取笑他。

我跟父亲聊到过他对食物的态度。他的说法是"我们这代人，饿怕了"。经历过1959至1961三年困难时期的人，对饥饿的恐惧在心灵深处烙下很深的印记。而父亲的印记可能比同龄人还要重一些。他的父亲、我的祖父吴蜀樵在1957年被划为"右派"，独自被发配去乡下务农，挣很少的工分，换来很少的粮食，靠蹭别人的柴火煮食，经常只能吃到些不熟的米饭果腹。到了困难时期，更是连这点食物都没有了，最终连病带饿而去世。那段时间，父亲正是十五六岁长身体的时候，奶奶在县城用微薄的工资养着他、小叔和姑姑，四个人都长期处于饥饿状态。父亲身为长子，自己主动将稀少的食物分给更小的弟、妹。那三年里，他没真正吃饱过，长期处于饥饿状态，只能喝水充饥。从1957到1961那五年，是父亲人生中最黑暗、最煎熬的岁月。

所以父亲非常反感浪费食物的行为，尽可能让对方多吃也成为他表达爱意的重要方式。小时候，每顿饭父亲会主动承担盛饭的工作，我偷偷观察过他给我装饭，他会打满一碗，然后用饭勺使劲压成大半碗，然后继续加满，再压，再加，如是几轮。我试过把他装的"一碗饭"分出来，能装两满碗还多。

被诊断出糖尿病之后，控制饮食是最重要的事情，父亲从家里最大饭量的人变为最小饭量的人。

他原本有熬夜写文章的工作习惯，但控制饮食后，半夜经常饿得难受，只好早睡，硬生生改变了作息习惯，也影响了他的研究进度。

八

父亲的糖尿病进度控制了20多年。到了2005年前后肾功能严重衰竭，不得不进行了换肾的手术。

换肾的手术来得很突然。

2005 年 7 月，医院通知父亲，有肾源了，让他去配型。

我原以为配型后，要过一段时间才会手术。当时母亲在出差，我被邻居的宠物犬咬了，配型当天正好要按计划去医院打第二针疫苗，就跟他说：我打完疫苗，去看看你配型的情况吧。

谁知到了医院，就被一脸严肃的医生叫去，让我在手术通知单上签字。那时才知道，一旦配型成功，就必须立刻手术，耽搁一点时间都会降低手术的成功率。签字的时候，我的手有点发抖。

手术很成功，但父亲的术后恢复非常不顺利。

换肾之后，他必须终生服药，降低身体免疫力，以免对换上去的肾产生排斥。免疫力一降低，多年病体积压下的毛病都冒了出来。

先是肾移植手术后高发的巨细胞病毒感染，十分凶险，医院下了病危通知书；再是心血管问题造成严重心衰，医院又下了一次病危通知书，需要植入支架；接着又因为免疫力低下造成真菌感染，腿部四个位置手术切开直径近 3 厘米的大洞；随后是眼睛白内障迅速加剧造成眼睛近乎失明。

所以，同时摆在各科医生面前的，有巨细胞病毒感染、真菌感染、心脏支架手术、白内障手术四项彼此之间互相牵制的任务。据负责的医生说，父亲这个复杂病例协助他们写出了好几篇论文。

那段时间，母亲和我都很担心他的心理状态。但出乎意料的是，那似乎是我印象中父亲心情最放松的时候。在医院，从 80 多岁的老教授到 20 出头的小护士，他跟自己身边所有医护人员都成了好朋友。我每天去医院探望他的时候，大部分时间，他都在和医护们聊天。医护们不仅跟他谈治疗，也跟他分享自己的生活琐事。我跟他计算过，这三年他平均每天的说话时间，应该是一生中最多的。病情稳定以后，他开始在病房里给硕士生、博士生上课，当时他还打着点滴，脸上还挂着氧气罩，场景有些悲壮，但他的心情确实是挺愉快的。这之后，他偷偷在病房里审稿、改稿，医护发现之后对他进行了告诫，但还是默许了。后来他还试图在病房里写文章，但刚开始尝试，就被小护士恶狠狠地阻止了，他感觉有些可惜。

我跟他谈起这种放松的心态。他说：多次从鬼门关里回来，生死大关看淡了，很多以前在意的事情都显得更小，却对生命的充实程度有了更大的渴望。

九

出院后第二年，父亲办理了退休手续，然后做了一个让母亲和我都很惊讶的决定：学习用电脑写作。

经过三年住院治疗，还有每日都要服药，他的手指不太灵活，他干脆就放弃学习指法，用右手一个指头笃笃笃地在键盘上敲"一指禅"。比起年轻人的十指如飞，这样的操作显得有点拙，但他说：这比我用笔要快得多，而且改动起来方便，我已经很满足了。

这之后，我每次回家探望他，都会看到他黏在电脑旁。有时，我会偷偷在旁边观察，看见他用"一指禅"的时候，神情放松，有时还会摇头晃脑。我认为经过这样三年凶险的住院治疗，他用电脑写作，更多算是发挥点余热，丰富退休生活，挺好。

2013 年，从零开始学习电脑五年后的一天，他突然跟我说，已经在电脑上完成了一部新的陈寅恪研究书稿，敲了 50 多万字，准备修改以后出版。

当时，我目瞪口呆。

2014 年，父亲 70 岁那年，50 多万字的《守望：陈寅恪往事》正式出版。样书寄来的那天，在我印象中，那是十年来他最开心的一刻。

新书出版以后，父亲雄心勃勃地说，我感觉自己还可以再来一本。

我劝他：还是先顾好身体吧。

他说："哼！我要准备锻炼身体。"

我又是目瞪口呆。

自从我有记忆以来，父亲从不运动，只是在 1991 年被误诊为癌症晚期那段时间，去练过几天标榜能治癌的"郭林气功"，其他时候，如非必要连走路都少。

现在年过古稀，居然要锻炼身体了？

凭着对"再来一本"的期望，父亲真的开始锻炼了。

他从一公里慢步走开始，每天坚持外出走路。他会持续向我更新自己的新里程碑：我今天走了两公里、我今天微信步数在朋友圈排第一了、我今天设计了一条新线路、我今天突破了五公里……

外出锻炼时，他会穿上鲜艳颜色的衣服，头上戴一顶宽沿遮阳草帽，背上双肩运动背包，脚踏运动鞋，精神抖擞。

他去世前几周，还跟我通报了新的里程碑：我从家里出发，穿过校园，沿着江边走到"小蛮腰"（广州塔），然后折返回来，10 公里了！

这条记录没法再被刷新了。

2020 年 12 月

血浓于水的思念

吴　戎①

　　人的一生，必定有几个对你的生命轨迹有着特别重要意义的人，定宇叔就是其中最重要的一个。

　　我的父辈这一代人，经历了从一个时代到另一个时代的巨大变迁，他们身上都有些我们这一代人和我们的下一代人都无法经历、感受和理解的特别之处，比如家族观念、亲情关系、朋友之道、事业命运等等。他们在一个无法自主的时代，承受了无数我们这一代人永远无法感知的动荡和裂变，也在这些动荡和裂变中逐步走完了自己的人生旅程，在极其狭小的生存空间中，主动或被动，偶然或必然，以信念、坚守和看似平淡的切齿忍耐，为自己、为家人耗尽了所有心力，为血脉和家族精神的传承、延续、发展和张扬，砌下厚重的积淀。

儿时初忆

　　定宇叔是我的堂叔，比父亲年纪小。我爷爷排行第三，定宇叔的父亲排行第五。听奶奶和父亲讲，因为疫病，我的爷爷过世很早（大约30岁），我奶奶拉扯父亲艰难度日，孤儿寡母的生活状态可想而知。父亲总说他这一生最感激的是他的五爷（定宇叔的父亲），小时候有机会上学读书，全凭他的叔伯们资助扶持。在县城上中学时，就是住在定宇叔家里，与定宇叔的感情也最为深厚。正是因为读过几年书，父亲才有机会在新中国成立初期顺利参军，并凭着一点初中的文化底子，被选拔进入西南军政大学（父亲在世之时常引以为傲，总说：校长是刘伯承、政委是邓小平），完成了从士兵到军官的跳渡，在改写个人命运的同时，在冥冥之中，也改写了我们家庭的命运。

　　我第一次对定宇叔的印象，极深！当时的音容笑貌、时间场景，甚至说过的话，我现在几乎全记得。

　　那应该是在一个夏天的黄昏，定宇叔到家看望父亲后，父亲送他出来。小时候家住在母亲工作的医院，位置大致在半山腰，离山下的公路还有一段小路要走。我当时大约四岁，正在外面玩着足球，远远看着两个身影谈笑着走近。父亲假意斥责，叫我赶快回家。定宇叔则笑着打趣说我当守门员很玩儿命。印象最深

---

　　① 吴戎，广东省海洋与渔业厅退休干部。

刻的是他的笑声，连贯而清晰，在他圆圆的脸上，满溢着真诚、善良甚至天真的意趣。现在回想起来，他当时应该还在县城的中学教书（大学毕业后因家庭出身问题分配的工作），境遇并不好，然言行之间却丝毫没有窘迫之情态。

另一个深刻的记忆是，定宇叔玩得一手小魔术，硬币、扑克、火柴棍，在他手里都有神奇的表演，这自然引得我们这些小孩子至为崇拜。每次他到家里做客，我都要缠着他玩上几把，每次他都能给我们增添不少乐趣，这也让定宇叔颇为自豪。定宇叔具备乐观、向上、风趣的性格，对生活的艰苦、命运的不公、际遇的逆难，他都能处之泰然，包容自宽。但这种泰然、自宽却绝不是认命或自甘落后，而是从不缺失对理想信念的追求和坚守，一直奋发向上，砥砺前行而终有成就。

父亲对定宇叔佩服之极且终身引以为骄傲，常说定宇叔学问好，酷爱读书学习，成绩一直优异。考大学时的成绩在全县都名列前茅，却在那个讲究出身的年代，因为政审的限制，仅能在为数不多的可选专业中，读了一个普通高校的俄语专业。毕业之后也无法留在大城市工作，只能去一个边远的山区县城的中学教英语。要知道在 20 世纪六七十年代，特别是"文化大革命"以前，一个有着大学本科学历的人，完全就是一个让人梦想的存在。这样通过艰苦努力奋斗所带来的实力与含金量，却依然没能跨越家庭出身的冰冷障碍。很多年以后，等我考大学报考军事院校时，父亲仍然说，我已经不会像定宇叔一样，被家庭出身限制了（因我父亲是国家干部，转业军人）。

这些，都是我们的上一辈人，以自身的苦难为我们拼来的权利。

家族荣耀

父亲不算个读书人，但新中国成立之初能读过初中的人，也绝对算是有文化的。所以参了军、提了干，但后来由于军队整编，加上出身不好，又转业到了地方。历次政治运动，少不了受牵连影响，再加上个人的脾气禀性，一直混得并不算好。但上溯到我的爷爷辈，在新中国成立前应该都算是正经上过学读过书的，只是到了父亲这一代人，正赶上了沧桑巨变的时代。对于升斗小民来讲，在时代变迁的洪流之中，个人的命运也就如浮萍一般了。而如浮萍般的个人命运的沉浮挣扎，却与家庭、家族这些看似缥缈的概念有着让人慨叹的关联。

定宇叔从乡村中学的英语教师考上中山大学的中国现当代文学研究生，大致是在 1979 年，是中国经过"文化大革命"后刚恢复高考的第三年，恢复研究生招生的第二年。彼时，我才不过 9 岁，也是我第一次知道还有比大学生更高一级的学历，叫研究生。在当时这绝对是一件光宗耀祖的大事。若干年后，这一件大事不仅仅体现了定宇叔个人奋发向上、不甘命运摆弄的精神，而且成了家族的荣耀，成了激励家族复兴的象征，并由此影响了很多人的命运。

父亲的家族观念一直根深蒂固，对于家族中有出息的人和有出息的事都有着发自内心的关注和热情。定宇叔考上研究生，我依稀记得父亲当时欣喜若狂的样子。他不断地感叹吴家人的出息，并一直以此为绝佳的案例，来教育鞭策我家三个兄弟要奋发图强，苦学上进。这一方面来自他个人的大志未酬，另一方面也是对改变家族命运的无比期盼。

定宇叔在广州攻读研究生并留校任教的很长一段时间，父亲都经常把他的这个兄弟挂在嘴边，成了长期自豪的资本。父亲乐于交友，在我的印象中，很长一段时间家里来访的一些客人，有很多事都是与定宇叔有关的。比如，公安局的某位领导，写了公安题材的小说，来托父亲帮忙请定宇叔斧正修改的；父亲的朋友中有小孩要考大学，想来报考中山大学的；甚至在改革开放初期，父亲的朋友有到广州跑生意做买卖，都或多或少免不了要关联到定宇叔。这些事情的结果如何我不得而知，但在我当时的心灵之中，定宇叔在"吴家"这个大概念中，已经成了一个无比成功的标志，也成了我向往追求的目标。自然而然，在我作为小孩子的朋友交往中，我的"宇叔叔"是大学教授，也让我获取了不少艳羡的表情和目光。

从后来我到广州工作之后与定宇叔有了更直接的交流，我才了解当时定宇叔报考中山大学的硕士研究生，全国仅招生四名！这再次震撼了我！也深深感知了我们的上一辈人为了改变自己的命运，到底付出了怎样艰苦卓绝的努力，这些努力伴随着血泪，伴随着屈辱，伴随着无比坚强的意志。这些感受彻底地影响了我，让我后来的人生多了很多追求与坚持、执着与忍耐、豁达与包容。

血浓于水

定宇叔讲得最多并让我记忆最深的一句话：血浓于水。并且在其身体力行之中，体现得最为深刻明显。这四个字，诠释了一个家庭、家族互相依靠，互相扶持，互相支撑，共同面对艰辛苦难、命运不公、人祸天灾时的天然意志和深沉内涵。

我的大哥生于20世纪50年代末期，正值世道艰难之时，命运多舛，不但从小落下了胃病的病根，而且由于父母彼时身处逆境，没能好好读书，学习成绩也一直不好。父亲万般无奈之下，将大哥托付与定宇叔调教（定宇叔当时正在中学任教）。我曾经问过大哥对这段寄养游学经历的回忆和感受，大哥说了四个字：慈父严师。从"慈父"而言，大哥说在乡村的学校，与定宇叔吃住在一起，竟然还能经常吃上肉，伙食与营养都不错，一年下来，人长胖了，身体也好了很多。在那个连吃饱肚子都颇为困难的年代，可想而知，定宇叔给予了他怎样的关爱。从"严师"而言，定宇叔是做学问的人，自然对我大哥的学习抓得紧绷绷的，一根韧性极强的木条经常抓在手里，书背不出来，作业没完成，少不了要挨抽的。大哥说，伤肉不伤骨。结果我大哥一个插班生，成绩竟然排到了前几名，也成为我大哥十数年学习生涯最辉煌的一段"学霸"经历。只可惜后来又回到父母身边，少了人管教，学习便荒废了，成了大哥这辈子的天大遗憾。而我后来也惊奇地发现，我定宇叔只要一谈起我大哥，必定会眉飞色舞，欢喜之情溢于言表。甚至后来我大哥有很多不好的表现，定宇叔也总说大哥这人心好，本质不坏的……

我们这一家，因为父亲在他的同辈人中排行较前，同时也是离家出外打拼较早的，自然也承担着同辈大哥应有的责任。在少小的记忆中，父亲念叨我定宇叔是最多的。后来听母亲说过，定宇叔大学毕业分配工作在乡村中学，离老家也远，生活环境和工作条件都不好，如成家立业这种人生大事，都是需要人来帮忙考虑和处置的，父亲自然而然地扮演了这样的角色，想方设法一直张罗着、运筹着、奔走着，从工作调动、介绍对象、家庭生活等等，应该都是用心在做，用力在帮！20 世纪 90 年代初，定宇叔就医检查被疑罹患肺癌，父亲忧心不已，多次与我书信交流，言辞悲切痛心之极。直至后来证明是误诊，父亲又转至悲为大喜，这其中一波三折，犹如劫后余生，让我深深感受到了父亲与定宇叔之间的兄弟真情，至今犹让我感慨难忘。

定宇叔所尊崇的"血浓于水"，还体现在一个"孝"字上，他也常说的一句话："我老吴家以忠孝传家。"我们这一代人，父母大多有工作，至少经济上不用我们太操心。而我们的上一辈人，大多从农村出外打拼谋生，除了为自己的人生努力奋斗，大都有养亲送老的责任。而且从小受传统教育的影响，骨子里深怀"修齐治平"的儒家思想，将履行孝道奉为至上，负重而行，其品格风骨足以令我们这辈汗颜不已，遑论现在的所谓"啃老"一族了。定宇叔对我的奶奶一直尊崇不已。我爷爷年轻时患疫病不幸早逝，当时我父亲才三岁。自此后我奶奶守寡终生，将父亲养大成人。父亲离家在外工作数十年，奶奶也多数时间独自一人在老家农村生活，其艰辛不可尽数。我定宇叔对我奶奶自强自尊的精神品格感怀不已，每次到家里来都要拉着奶奶说很久的话，嘘寒问暖，关切尊重之情真真切切。我们当时尚年幼，并不知这其中深意，直到后来与定宇叔闲聊到这些情景，定宇叔仍然发自内心地感慨，夸赞我奶奶虽一介普通农妇，却有着超越常人的忠贞德行，可为吴家之楷模。定宇叔自己也是一个典型的孝子，他的父亲也去世较早，母亲独自一人生活，他又在外面打拼，等条件稍有改善，欲尽人子之责时，母亲却又病患缠身，没安享几天好日子便撒手西去了。这令我定宇叔抱憾不已，很长一段时间，定宇叔一直将母亲的遗像张挂在广州的家中。

定宇叔在广州工作以后，对吴家这个大家族的关照就更多了。后辈中多有求学、求职、谋事及其他繁杂事务，也多得到定宇叔的悉心关照，定宇叔都视若己事。长辈们对亲人、家庭和家族的深厚感情，传承孝道亲情的德行示范，为我们后辈人树立了榜样，也激发了吴家后代人自立自强、奋发向上的动力和精神。

人生灯塔

我与定宇叔叔侄之间感情的深化，是我在广州工作生活期间。

有一段时间，我在军队的工作状态并不好，遭遇了很多挫折，对前途感到深深迷茫。一个人最困难的状态，估计就是无法寻找、明确自己的未来行动目标，并且能够笃信之、力行之、坚守之。简单来说，就是"我应该做什么？怎样做？做下去会好吗？"

有一次我向定宇叔倾诉了自己的困惑。定宇叔给我的建议至今犹在耳边：找不到方向，那就去读书吧！至少不会浪费光阴和生命。这句话很平实却如惊雷般炸开了我的认知，我开始认真反思自己的人生道路。应该说，定宇叔的人生逆袭，还是通过刻苦读书完成的，加上自身长持的人生理想，让他不断地向上攀登并成就自我。反观自己，缺乏远大志向并无长期努力的坚持，是人生迷失的最根本原因。我能在 20 世纪 80 年代顺利考上军校，成为一名大学生，并不算是人生失败者，大学毕业后进入军队工作，职业生涯也还过得去。但仅将此作为人生目标却显得太浅薄，也并不能很好地引导人生，一旦遭遇磨难，便失之于困惑、迷茫和彷徨之中。

定宇叔的话让我重新开始规划并实施自己的人生目标和努力方向，并坚定地走了下去。之后，我用两年的时间，认真下了一番功夫，考上并攻读了中山大学的公共管理硕士，一边工作一边求学，全新的领域和视角逐渐激活了我的人生动力。读书、学习、追求更多未知、完善已往既知，本身就是人生意义之所在。这段经历与感悟，将伴随我的余生。

进一步增进叔侄之间感情的、也是让我终生难忘的事，是在 2006 年定宇叔生病住院期间。定宇叔身体一直不算太好，总有病患缠身，他很早就患上了糖尿病，一直要靠打胰岛素维持。后来因为糖尿病发展导致了尿毒症，最终做了肾移植。定宇叔又因肾移植引发了真菌感染、巨细胞病毒感染，加上高血压、冠心病等，数病齐发而紧急住院了。

彼时我正好处在从部队转业等待安排工作期间，空闲时间较多，眼看着定宇叔重病加身，婶子、兄弟一家人阴云压顶，忙乱不堪。我见自己帮不上什么实质的忙，为调理好定宇叔的伙食，帮助他加快身体恢复，便主动承担了为定宇叔做饭、送饭的任务。那是一段令人难忘的经历！虽是些微小事，但我每天满脑子考虑的都是做什么菜，煲什么汤，有什么忌口，如何翻新花样，如何调剂口味等问题，把在部队学的那点烹调知识用到了极致（厨艺水平也在那段时间大幅提高了）。每天按时奔波在送饭的路上，陪定宇叔吃饭聊天，前后坚持了数月。

在此过程中，我目睹了定宇叔病情的辗转反复甚至危险重重，感受了定宇叔乐观地与病魔抗争的心路历程。随喜而喜，同忧而忧，真实感觉到自己与定宇叔的心跳在了一起，血融在了一起，融入了"血浓于水"的真实场景。而犹令我动容并深受震撼的是，在整个过程中，反复手术、病危通知、突发抢救、无休止地吃药打针，这些足以让普通人崩溃的高压画面，我却从没在定宇叔的脸上看到过害怕与绝望，他呈现给我们的永远是淡定、随意与近乎天真的笑脸，是在直面病痛、灾难、生死等重大考验时，所表现出的雍容自尊、豁达乐观与不屈不挠、永不放弃！

从那以后，哪怕是曾经作为军人的我，也彻底不认为定宇叔是一个文人，而是一条真正的汉子！

记得那年因为定宇叔被误诊引致我父亲伤心悲切时，我安慰父亲并感慨过的话：死非死者之不幸，而为生者之悲哀。定宇叔已离开我们近四年了，但血浓于水的思念与记忆，却从没有离开过。随着年龄的增长，老之将至的现实恐慌已无时不在，但定宇叔的音容笑貌和教诲训导似乎总在提醒我，要怎样面对尊长、面对亲人、面对家庭、面对生活和生命。

我深信自己会有正确的选择！

小侄：吴戎

2021 年 1 月 9 日

血浓于水的思念

285

忆定宇叔（七绝二首及挽联）

刘琴宜

其一

一生风骨赋辞章[1]，几绝遗编[2]夜漏长。

明月不知人已去，每来依旧照书窗。

[1] 赋辞章：定叔生前为中山大学中文系教授，曾任《中山大学学报（社会科学版）》主编。

[2] 遗编：定叔退休后潜心学问，自学电脑著 50 多万字陈寅恪传《守望》。

其二

康乐园中菊径[3]长，书囊溢透药囊[4]香。

家山已远名山在，共看朝阳[5]与夕阳。

[1] 菊径：典出陶渊明《归去来辞》"三径就荒，松菊犹存"。定叔退休后摒弃俗务，隐居康乐园著书。

[2] 药囊：定叔晚年被病魔所困，长年服药。

[3] 家山：定叔是四川岳池人，1979 年考入中山大学攻读硕士学位并留校任教。

[4] 名山：典出《史记·太史公自序》："藏之名山，副在京师，俟后世圣人君子。"指著书立说。此处指定叔一生的学术成就。

[5] 朝阳：此处指子侄孙辈等后辈，定宇叔晚年十分幸福，虽有病痛折磨，但有老伴戴月阿姨细心呵护，吴蔚、吴戎、怡平等子侄辈年富力壮，正当有为时。斯悠、子童、邱爽等孙辈活泼可喜，常绕膝下。每逢节日聚餐，热闹无比。

侄媳琴宜

于庚子年十月初五

---

① 刘琴宜，现就职于中华诗词学会，任诗教委员会副主任。

悼定宇叔 （挽联）

学人风骨，比子[1]冰心承严训，
叔氏深恩，犹儿风木[2]悲斯文。

[1] 比子、犹儿：定宇叔、戴月阿姨从来视内外诸侄一如己出，其严厉恳切之辞、关爱呵护之心令安家广州的我们深感大家庭之温暖。

[2] 风木：见成语风木之悲、风木含悲，出自〔汉〕韩婴《韩诗外传》卷九："树欲静而风不止，子欲养而亲不待也。"比喻人子不能奉亲的永恒之痛。

侄媳琴宜
于丁卯年七月初一

遥望往事

——忆伯父吴定宇

吴　双①

2017 年 7 月的一个下午，刚刚去新单位报到的我，随手拨通了吴老师的电话，那是我每到学术上遇到困难，论文写得卡壳时最常拨打的"求救"号码。那时的他，许是正在珠江边散步，声音听上去十分爽朗。我按照惯例向他汇报了近期的工作状况，有一点忐忑不安地向他讲述了新接到的工作任务，对于自己是否能够胜任这份新的工作，心里实在没底。记得那一天，一向非常严厉的他耐心听完我的不安，语重心长地对我说，"我希望三年之内，你一定要努力完成学校交给你的任务，争取在新的平台上做得更好"。可是不曾想到，几天之后却接到老师突然离世的噩耗，那一次珠江边的对话，竟成了他对我最后的嘱托！三年过去了，每每我感到挫败和无助，都会回想起那一天的对话，那一段殷切的希望都无时无刻不在鼓励着我继续前行。

"认亲"

严格说来，我不算是吴门弟子，但是因为也姓"吴"，所以吴老师给予了我"特殊"的关照。我从小便从家人那里听说，在广州有一位教中国文学的伯父，在中山大学任教授。然而对于生活在四川、偏安一隅的我而言，"广州""伯父"都是遥远而陌生的概念。后来，我也上了中文系，读了研，还考了博士，却没有踏出西南这个范畴。2009 年的一天，接到导师的电话说，"你认不认识中山大学的吴定宇教授？我们打算请他到重庆来做个讲座，你也来见一见"。一听到这个消息我就激动万分，因为学校邀请的这位教授，正是我敬仰多年却素未谋面，只能从图书馆的藏书中去了解的伯父。讲座那天，我早早去会议室坐在第一排的位置，这不同于以往听过的任何一场讲座，有一点"认亲"的感觉。第一眼见到的伯父，是十分威严的，他穿着一件红色的夹克衫，眼神里透露着犀利的光。他讲座的题目是"中国现代文学研究的若干思考"。他不仅详细阐述了"史料的发掘在中国现代文学研究中的重要意义"，还告诫同学们做现当代文学研究要有"存疑的精神"，"有大疑必有大获，有小疑必有小获，无疑则不会有获"。后来

---

① 吴双，东莞清澜山学校人文教师，成都大学高等研究院特聘副研究员。

印证这些话都是他时常挂在嘴边，用来指导要求学生的至理名言。随后，他又阐释了"找寻新的突破口与闪光点在现代文学研究中的重要意义"。他谈到，"在学术研究的过程中，要有属于自己的问题意识，找到学术研究的突破口，其学问才可能越做越大、越做越深"。对于当时才刚刚才跨入研究生大门的我而言，那一次讲座无疑让我醍醐灌顶，如获至宝，有一种"相逢恨晚"的感觉。讲座结束之后，我上前自报家门，他打量我一番，说："你就是吴双?"想必他也是知道我这个四川来的晚辈的吧，这门"亲"算是认下了。

四川之行

2010年，在成都举行了全国现代文学年会，伯父也应邀到成都出席了这次会议。那应该算是我和伯父的第二次见面。当时主办方把会址选在了成都东郊三圣乡的一个农家乐，距离市区还有相当一段距离。那时伯父说，多年没回四川了，想借这个机会在成都多待几天，去会会老友，再去尝尝成都的小吃，还要去看看巴金故居。当时正在川大读书的我，义不容辞地担起了"导游"的角色。我们一起去逛川大的校园，在望江公园喝茶，去春熙路吃龙抄手、肥肠粉。说起成都的小吃，伯父总是如数家珍，他还热情地给随行的老师和同学们介绍起他当年非常喜欢的猪肝面、炸酱面、牛肉面。他讲起年轻时因为清贫，友人请他吃了一碗牛肉面，至今感恩。"人要学会感恩，感谢自己的师长，感谢那些在困难中帮助过你的人"，这也是他时常挂在嘴边的话。可见，让人念念不忘的并非山珍海味，而是记忆中的乡情。熟悉的味道平实无华，往往最能勾起与故土、与友人紧紧相连的一部分。这样的感觉，也是我后来在四处漂泊的经历中，渐渐更深地体会到的。

在成都停留的那几日，我有机会更近距离地接触了解这位伯父，对他的认识逐渐鲜活、亲切起来。印象最深的是我们在川大的红瓦寺一起吃早餐。红瓦寺是川大的地标，往往从外校来参加会议，做讲座的老师们都会被安排住在那里。虽然日久经年，很多设施都显得有些陈旧，却因为地理位置和独特的人文氛围深受川大人的喜爱。我记得那日早上，在红瓦寺二楼的窗边，我们一边吃早餐一边谈我的博士论文选题。伯父说他看了我粗撰的草稿，为我的选题想了整整一夜。因为我的研究方向是中日文学关系比较，所以他建议从两国最具特色的文学类型当中，找到合理的切入点，去挖掘新的文献史料。他肯定了我想去日本留学查资料的想法，也为我初步指引了"武侠小说"与"民族主义"关系研究的方向。回想起来，那一日伯父彻夜未眠的思考，不仅为我指明了前行的道路，更成了我日后赴日留学，完成博士论文，申请到各项国家和教育部课题的基石。

中大再会

在我撰写博士论文期间,曾经多次到广州去拜访伯父。记得我第一次坐飞机去广州,在机场按照伯父的短信指引乘坐机场大巴到了中大西门。我在夜色中找到他的家,伯父和伯母热情地接待了我。他们的家不大,却有一间很大的书房,四面墙都放满了书。6 月的广州,正是梅雨季,空气有些潮湿而闷热。伯父拿出早就买好的荔枝让我尝鲜。所以关于广州最初的记忆,便是荔枝清甜的滋味,以及浓郁的亲情。他带我参观了中大的校园,陈寅恪故居,图书馆的现代文学、日本文学藏书库以及他曾经工作过的中文系办公楼。从西门到北门,他很是自豪地讲起他的大弟子在中大读书期间,从未踏出北门的故事。埋头苦读、刻苦钻研,这在伯父看来是做出成绩的必经之路。随之而来,我也体会到了"严厉"的滋味。

伯父总是说,"幸好你没有成为我的研究生,不然不知道你会被骂哭多少回呢"。据说伯父教过的不少学生,还真都被骂哭过。深藏不露如慈父般的关切,视学生如己出,当面训斥,背地里褒扬,是伯父的育人之道。虽然我不是他的研究生,但是他却在我的论文写作上花费了不少心血,我能够顺利完成博士论文的写作,离不开伯父的悉心指点。所以我对他的严谨与严格心存感激。我带去的论文初稿上面被圈上了红色的各种印记,大到标题、文献、引述,小到标点句读,他都一一改过。而后在提交外审前的那个春节,他都还在为我的论文费心校对。我至今仍然珍藏着那本留着各种批注和圈点的初稿。他在留白处提出的问题和建议,都让我不断地思考。

伯父不仅对学生要求严格,对自己的要求更可谓严苛。熟悉他的人都知道,伯父多年来因为血糖问题,身体健康状况一直不佳。但是他却为了撰写专著《守望:陈寅恪往事》,硬是一字一句自己练习用电脑输入,完成了这部多达 500 多页的论著。回想当年面对 20 万字的博士论文就觉得苦不堪言的我来说,伯父的这种以身立德的做法,也是对后辈一种鞭策与激励。

往事如烟,我在这困顿混乱的 2020 的秋天,在客居异国他乡的公寓中回望故人。多想再去广州他的墓前鞠一个躬,为他扫扫墓,再献上一束花;多想再去逛逛中大的校园,在珠江边聆听他的教诲。那份嘱托仍在心里,激励着我继续前行。

2020 年秋

音容宛在，缅怀不泯

邱　馨[1]

吴定宇教授是我的亲舅舅，作为他唯一的亲外甥女，我虽不曾直接在他门下学习，却因为这层特殊的血缘关系，获得过他深厚的关爱和教诲。他的治学精神和人文素养，我自小耳濡目染，留下了不少鲜活生动的回忆。舅舅去世三年以来，其音容笑貌仍历历如在眼前。对于我，他的严厉教诲，言犹在耳；他的长辈亲情，感铭难忘。

舅舅其人

我母亲和舅舅出身于四川省岳池县一个知识分子家庭。外公、外婆是中小学教师，外婆长期担任岳池师范学校附小的校长。母亲和舅舅他们兄妹原有四人，舅舅排行老大，小舅、二舅不幸分别在20世纪50年代初和60年代末去世。舅舅小时候生得俊俏、聪明机灵，深得大家喜爱，当时县川剧团还一度想把他作为小演员召入，最终未成。舅舅因为出生在成都，所以长辈们都亲切地叫他"锦生"。

1947年，我外婆与幼年的大舅和二舅拍摄于成都

舅舅1963年考入四川外语学院俄罗斯语言文学系就读，毕业后被分配到四川垫江县四中、一中任教。1979年，他考取中山大学中文系现代文学专业硕士研究生，毕业后留校担任教师，在中山大学中文系从事教学和研究35年，直至去世。

舅舅一辈子都生活在校园里，他的一生主要就只有四件事：读书、教书、编书和写书。母亲和舅舅们的家安在外婆任教的学校里。舅舅四五岁时就喜欢搬个小凳子带着二舅坐在教室后面，安安静静跟随那些比他大好几岁的学生听外婆和其他老师讲课，成为一个像模像样的"编外小学生"，他发蒙早，识字多，是一颗"读书的种子"。外公、外婆很重视对子女的教育，外婆经常从微薄的薪资

① 邱馨，现任绵阳师范学院教师。

里面省出一点钱为三兄妹订购《少年文艺》《儿童时代》《小朋友》等杂志。这对于 20 世纪五六十年代初期的平民家庭来说是非常不容易的。后来，这些杂志已经满足不了舅舅强烈的求知欲了，因为家境拮据不能买更多的书，舅舅就常与其他小朋友换书看或者到图书馆借书看。学校图书馆的藏书读完了，每逢周末假期，他都会到新华书店看新书。有时去早了书店还没开门，他就在门边等候。经常看入迷了，中午都不回家吃饭，宁肯饿肚也不舍弃读书，很多时候是因为书店关门才回家。他是书店里的常客，书店管理员叔叔阿姨们都很喜欢这位爱看书的小朋友，凡有新书到必会通知他，还给他一个小凳子，让他坐下来慢慢看。舅舅上小学时，曾因为借看别人的书着迷而不小心跌下沟渠，他竟然不知道疼痛，反倒伏在沟底继续阅读。"书痴"和"书迷"的雅号由此传扬开来。10 岁时，他曾将一本连环画上的抗日故事改编成话剧《赵德武宁死不屈》，自创自导自演，得到学校老师和同学们的赞赏。自己的文艺才华得到展示，也更激发了他对文学艺术的兴趣。

小学毕业时，他的课外书籍阅读量在同辈小伙伴中绝对是榜首。不仅读安徒生、格林童话，伊索寓言等等，他还读过高尔基、泰戈尔、普希金等作家的小说、诗歌。一本《千家诗》，他竟能背得滚瓜烂熟。小朋友都喜欢和他玩，特别喜欢听他把"脑袋里装满了的故事"绘声绘色讲出来。

幼年时的我母亲、大舅和二舅

这种喜欢读书、爱好写作的良好习惯，一直伴随舅舅终身。

进入中学后，舅舅各科成绩都很不错，而文科尤其突出。但在 1957 年整风运动中，外公不幸被错划为"右派"，被开除公职，并被下放到农村进行劳动改造。家里仅靠外婆一人的微薄收入，支撑一家五口人的生活。零花钱自然没有了，也不能攒钱买书了。又因为长期的营养不良，舅舅从小身体都很差，初中和高中都曾因病休学。家庭的灾难、贫穷和疾病，都没磨灭他读书求知的意志。养病期间，他边治病边锻炼身体，仍然坚持不懈看书学习。家庭变故反倒促使他立下大志：一定要上大学，以后要成为作家或学者。明确的志向激励着他更加勤奋努力。没钱买到心仪的书，他就向有书的人借阅。能有的课余时间，舅舅几乎都泡在中学和县图书馆里。他如饥似渴地阅读了大量近现代中外名著，还能背诵全本《唐诗三百首》、半本《唐宋名家》以及《古文观止》《中华活页选》等。多年来看书时坚持写下的读书笔记，保存至今。1963年高考，舅舅的古汉语之所以考了99.5的高分，就在于他平时下的苦功夫。1961年，外公因饥饿患上浮肿病去世，他的"右派"问题在1980年终被甄别，政府发文宣布摘掉其"右派分子"的帽子。听我母亲回忆当时的情景，舅舅是脚穿草鞋，身着土白布衬衫和缀着补丁的裤子，挑着简单的行李去上大学的。那时家贫，舅舅在大学里，常有交不起伙食费的窘境，川外的一些同学和老师都曾为他伸出援助之手，他才避免被食堂停掉伙食。冬季里学校也借给他棉衣，助他度过严寒。为减轻家庭负担，节约5元钱的车费，舅舅一连几个寒暑假都没回家，图书馆就是他最爱去的地方。"文革"期间，外面一片斗争批判、打打杀杀，舅舅一概不参与任何派别之争。他和两个要好的同学找了两间僻静的房子，闭门看了几个月的书。

1965年春节，我外婆、大舅、二舅和我妈于四川岳池合影

1977年中国恢复了高考，随即又启动了研究生招考。为实现多年来梦寐以求的理想，1979年，舅舅决定报考中山大学的研究生，那时舅妈和我母亲都还

在读大学。他上有老母需侍奉，下有幼子需抚养，在垫江一中身为中学外语教研组长，每周还要上六个毕业班的共 24 节英语课。舅舅把我外婆和年幼的表兄接到他工作的学校里来亲自照顾。他一边工作，备课上课改作业，一边还要加紧读书、翻阅资料，为考研做准备，常常熬到半夜三更。研究生考试那几天，正遇上垫江一带暴雨涨水，居所离考场很远，中间还隔着一条河，他是打着伞，顶风冒雨，抓握着桥栏杆，脚踩深水，一步步蹚过河水漫过的危机四伏的小桥赶去考场的。全身湿透了的衣服，后来竟靠自己的体温焐干了。坚持考完所有科目后，他生了一场大病。最终，他以优异的成绩在中山大学现代文学专业 300 多名考生中脱颖而出，成为被录取的四人之一。当年他在垫江一中所教的学生，外语高考成绩也列全县第一，实现了人生双赢。这一年，舅舅已经 35 岁了。

从小学到中学，再到大学和研究生，舅舅从没有因为家中的变故和时代的动乱而消沉、荒废学业。从在中小学漫无目的地凭兴趣读书，到在川外自觉地、有选择地、有系统地读书，追求知识的广度和深度，寻求知识的金山，再到在中山大学的书海里淘金，得到点石成金的"金手指"，提炼出自己的观点，阐发自己的学术理念，这就是舅舅读书的三重境界。他这一生如饥似渴地读了大量的书，熟稔中外名家的经典作品，钻研过文学泰斗们的理论专著，为自己将来的文学理论探索之路和在大学讲台上旁征博引、应付裕如的课堂教学打下了坚实的基础。

在中山大学攻读现当代文学研究生时，有两位学界巨匠对舅舅产生了思想上的巨大影响：一位是陈寅恪，一位是胡适。陈寅恪"自由之思想，独立之精神"和运用资料以证明自己观点的思想方法，对他启发极大。胡适"大胆假设，小心求证"和"拿证据来""有几份证据说几分话"的实证方法，亦为他研究所常用。为了寻找巴金早年所写的几篇政论性的杂感文章，他踏破铁鞋，找遍成都、北京、天津、济南、南京、上海等地的图书馆和重点高校图书馆，废寝忘食地翻阅和摘抄，终于找到了急需的珍贵资料，写出专著《巴金与无政府主义》，获得了 1987 年广东省优秀社科论文奖。这段经历使他充分体验到治学研究的苦与乐。任教中大中文系期间，他一直勤恳工作、踏实做人，指导培养了众多的博士生、硕士生和本科生。中央电视台的"百家讲坛"、广东电视台的某栏目和凤凰卫视的"风范大国民"等栏目都曾经邀请过舅舅讲文化名人陈寅恪、傅斯年和沈从文。

舅舅的一些科研成果广受赞誉和重视。比如《学人魂——陈寅恪传》出版后，季羡林先生说："我觉得有几个问题，别的传上都没有说明白，独有大著言简意赅，透彻明白，甚佩甚佩！"中国社科院学部委员、文学研究所所长兼少数民族文学研究所所长杨义说："这部聚功力和机遇之长的书，于质朴中含博识，于稳健处见功夫，令人读来时有惊喜，时受启迪。"海内外也相继发表书评几十篇，社会好评如潮，影响极大。

舅舅外表温文尔雅，内心却倔强执拗。一旦他认定了目标，就会去努力，并会坚持到底，十头牛也拉不转。这股子韧劲，恰当地用在了学业的精进上，所以成就斐然。往昔，在求学途中，由于家贫，也由于家风熏染，他对于物质的要求甚少，他一生孜孜以求的主要事情就是：读书求学探真知。他常说："图书馆是我的天堂，在那里可以忘掉人世间一切烦恼。"对他而言，沉浸在书海中，与古今中外的贤者进行思想、心灵的交流，是他最幸福的事。

同许多颇有建树的学术大家一样，舅舅信奉"大巧若拙，大智若愚"，因而处世低调，不喜张扬。但是，他又并非迂腐的书呆子。初中时他就练笔写出不少散文、杂文，还写电影文学剧本。他也喜好文艺表演，爱好唱歌、演剧和欣赏美术，可以一个人表演独幕剧。高三毕业前夕他还和高中同学们一道表演活报剧，在川外的舞台上活跃过一阵子。他平时喜欢和三五好友一起谈天说地，分享精神的盛宴。志同道合者的聚会，其乐融融。大学里他学的专业是俄语，二外是英语。毕业后他先被分配到垫江四中教书，既教英语，还要教音乐等课程，各科教学他都能胜任，是个多才多艺的老师，很受学生的喜爱欢迎。2013 年，垫江的同事和学生得知他回岳池参加高中毕业 50 周年聚会，还专门派人派车来接他回阔别 34 年的垫江。

2015 年 4 月，舅舅与堂舅吴岳生、表叔周一平，拍摄于四川广安市武胜宝箴寨

2015 年 4 月，舅舅与堂舅吴岳生，拍摄于四川广安市武胜县

　　舅舅的为人很值得称道，同他的治学一样，真诚实在。他对至亲非常孝顺，对晚辈十分关爱。他 1982 年毕业留校，有了住所后，第二年就将外婆接到广州亲自侍奉。一年后外婆因水土不服才回川。1985 年外婆在家乡生病，他带着全家赶回四川探望，陪着外婆享受天伦之乐的温暖。经济上他更是尽其全力，还购买了很多贵重药品寄回给外婆治病。1986 年 1 月，外婆病重，住在绵阳九院的汉江医院。他专门请假赶到绵阳，衣不解带、夜以继日，不怕脏不怕累，在病榻旁服侍外婆四十几天，直到外婆故去。他的行为感动了医院住院部所有医务人员。他们常常以他的例子教育其他的病人家属："看看人家吴老师还是名牌大学教师，对母亲多么孝顺，值得你们学习！"第二年，他又亲自回川将外婆的骨灰送回老家与外公遗骸和二舅遗物共入一坟墓，并立碑铭。多少年来，只要回四川或重庆，他一定会抽时间赶回老家，去祭奠逝去的亲人。在他去世前两年，还带着全家人飞回老家给我外公、外婆和其他长辈上坟，虔诚地跪在坟前磕头。同他从小一起长大的堂舅吴岳生，对舅舅有个中肯的评价："幼时聪慧，青年才俊，老来大成。男星的面，学者的范，一生勤奋俭朴，孝悌忠信堪称我辈楷模。"

我外婆与舅舅

　　1987 年 11 月，舅舅亲自将外婆的骨灰与外公、二舅的遗骸和遗物合葬于四川广安市武胜县飞龙老家祖坟。此后多次携家人不远千里回老家祭拜祖坟

舅舅与我

　　1985 年，舅舅与幼年的我拍摄于四川绵阳九院

　　1985 年 8 月，舅舅、母亲、表兄吴蔚和我拍摄于绵阳九院

当亲人突然离开这个世界时，那种撕心裂肺的痛苦是难以言说的。一个人成长中的点点滴滴都渗透着亲人深切的教诲和影响。因而，他们的音容笑貌，永难从我们的脑海消泯。他们的溘然离世，仿佛将我们生命中的一部分精髓也抽了去。舅舅生前与我相处的每一个细节，至今回想起来，都倍觉亲切、鲜活。行文至此，泪眼蒙眬中，那些栩栩如生的回忆，油然而至，他仿佛还在我和家人身边。

舅舅一直活在我们的记忆里。

大前年的7月下旬，舅舅是在与母亲通完电话后第二天中午辞世的，一切都来得那样突然。当母亲和我从舅妈打来的电话中得知这个消息，瞬间惊呆，顿时哭成了泪人。舅舅在晚年有个习惯，隔三岔五的晚上，总要从广州给我母亲打电话，嘘寒问暖，家长里短，谈天论地，调侃打趣。偶尔也会拌两句嘴，或者"严厉"地责问一下我的近况，督促我好好学习、努力工作、孝顺父母。他和我的母亲兄妹情深，每次从广州来绵阳见面时，舅舅总会不辞辛苦地带上大包小包的特产之类的贵重物品送给我们。每年中秋节之前，我们总会接到他寄来的独具广州风味的蛋黄莲蓉月饼。自打我记事起，舅舅就一直如此，即便是他年事已高，疾病缠身，行动多有不便，仍坚持这满溢深切挂念之情的例行馈赠。他寄来的每一件物品都散发着那个年代特有的悠长而执着的气息，每每收到这些礼品，我内心都升起一股甜甜暖意。

舅舅对我说过一句话："你不要考我的研究生，我是个很严厉的老师。我若顾念了亲情，就无法严格要求你；我若对你严加管教，又势必会把你骂哭，影响我们之间的亲情。"这句话，粗听之下似无情，细品之中有深味。这是在严谨治学和亲情牵绊之间的两难选择！舅舅是除了我父母以外对我人生影响最大的人。他在世的时候，就像一株大树，总想尽一己之力来荫蔽我。

我四五岁时，就开始和舅舅通信了。他会仔细给我修改每封信中的错别字和一些似通非通的语句。有一次看到我在信中把"莫名其妙"写成了"莫明奇妙"，他指出来之后，又夸赞我"是个有点文采的丫头"，这些话，曾令我产生过小小的得意。

对于我在成长之路上的每一次重大的迈步，他都不遗余力地支持、指点、帮助。难忘的2008年，那一年我考上成都电子科技大学的研究生，同时母亲重病住院，四川又发生了"5·12"特大地震，好事坏事并行而来。舅舅心情跌宕，彻夜难眠。他当即给我和母亲寄来慰问金和治病药物，在妈妈手术期间，特别让舅妈从广州赶来绵阳慰问。地震发生那几天，他反反复复给我家里打电话。由于大地震后通信线路被破坏，一直打不通，他焦急得坐立不安，直到两天后通信畅通，他第一句话就是问我们的安危，听到一家人平安无事，才长舒一口气。

我的求学从教之路，都离不开舅舅的谆谆教诲和指导。我当年考上重点大学的研究生时，舅舅极为开心，在电话里语重心长地对我进行了一番教诲。他说道：

> 治学之路，贵在勤勉不懈，贵在坚守内心。不论在哪里，学习终归是自己的事，专注于自己的内心热爱，是最幸福的事。你所选择的媒体研究之路免不了要与广袤的社会、复杂的人间打交道，应当跳出自己原先过于封闭的书斋氛围，学会学习和生活，开眼看世界。独学而无友，则孤陋而寡闻。要学会多与师长和同学们互动交流，多多了解世事人情，拥有为人处世的历练，这也是一种学习。

在我读研期间，舅舅常在电话里跟我谈心，要我同他切磋、交流学习经验和体会。文学和传媒领域有相通之处，作为文学领域的大家，他自然对我的研学经历十分关心，对于我求学探索中遇到的困惑，他总能站在文化学者的角度，高屋建瓴地提出不少指导性的意见，这常常使我茅塞顿开。

后来我顺利完成学业，拿到硕士学位，并通过国家公开招聘考试进入绵阳市一所省属高校，成为一名高校教师。舅舅在祝贺我之余，也经常与我畅谈心得。他叮嘱我要牢记"站稳讲台，当好老师"的三重境界："先学着说，再照着说，最后自立新说。"要我放下教师的架子，与学生做"亦师亦友"的好伙伴；同时还要我切莫轻视工作中的任何一件小事，学会吃苦，学会耐得住寂寞，学会向任何一位身边的人学习。他以过来人的身份和他在中大的从教经历对我进行引导，常常娓娓道来，令我如沐春风。我看到了这份职业的崇高背后所必须付出的艰辛，也明白了自己应当如何走好这条孤独而荣耀的路。我每一次的研究课题的设想方案和论文写作，舅舅都会不厌其烦地进行指点和开导，直至论文发表。我在教学中遇到难解的结，也会经常向他求教良策。若不是有舅舅的鼎力相助，我职业生涯的开端不会如此顺利。

诚然，谁都知道，求知做学问是一件枯燥、艰苦的事，想要长久地在学海泛舟，需要持久如一的热爱与坚守，更需要逆流而上的吃苦精神。我在教学生涯的发端阶段，不止一次地遇到大大小小的挫折，也时有过打退堂鼓的念头。每当此刻，舅舅都会劝我静下心来，博采众长，踏踏实实地做学问。他的诤言使我在被触动之际懂得自省，渐渐地去除浮躁之气，学会了谦逊治学，友善待人，学会了享受教与学带给我的无比快乐。

做过舅舅学生的人都知道，他在教学上对学生的严厉要求是出了名的。他经常严格地督促学生按时保质完成论文，学生论文中的每一句话、每一个字，他都一丝不苟地审阅、推敲。也许正因为这样严谨负责的态度，学生对他爱戴有加。他是一个非常尊师爱师的人。当了硕士生导师后，他从不忘记带领自己的弟子去他自己的导师——著名现代文学研究专家吴宏聪教授（他让学生们喊吴教授"太老师"）那里，登门拜访、行叩拜之礼。礼尚继承，薪火相传，在他生日时，学生们自发地与他聚会,恭敬而热情地送上祝福。师生之谊,感人至深。

我每次到广州,几乎都能看到他在中大校园蒲园路并不宽敞的家中冒着暑热,挥汗如雨,伏案笔耕。家里最显眼的摆设是书籍,最占地方的也是书籍。这些藏书,他都特别允许我任意翻阅。作为学者,舅舅在世的每一天,都没有停止过对学问的求索。在这个功利的信息化社会,他治学的毅力和恒心并未改变。为了方便写作,重病手术出院后,70岁高龄的他从零开始学习电脑。《守望:陈寅恪往事》这本研究国学大师陈寅恪的著作,50多万字,竟是他用"二指弹"(左右手的食指)在电脑键盘上硬生生敲击出来的。舅舅去世的前一天还在为一个学术会议撰写文章,只写了一半内容的会议材料,如今只能静静地躺在电脑里了。

舅舅正是以他"博学、审问、慎思、明辨、笃行"的治学之风和对中国文化的热爱感染着我、熏陶着我,使我笃定了自己的行路方向。只可惜,这样的倾心长谈,这样的肺腑之言,只在我进入高校任教之后持续了很短的时间,随着他的离开,这一切终止了。如今想听到舅舅的教诲已再无机会,斯人逝去难留,令人黯然神伤!

在整理舅舅的遗物时,从层层叠叠的书籍中,我发现了一张舅舅于1963年高中毕业前夕拍摄的肖像照,照片背后,是一首他自己作的励志小诗:

> 大鹏展翅意为何?
> 咨嗟前途路坎坷。
> 望断东海振翼起,
> 逆风更比顺风多。

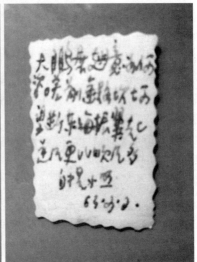

舅舅高中毕业前夕的留影

熟悉的笔迹，有如舅舅音容宛在；诗句字里行间，透露出他老人家年轻时的风发意气和不畏磨难、勇于前行的理想志气。大学校园和高等学府，正是因为有舅舅这样的老一辈学人怀抱理想、不懈探索，才焕发出无限生机，才值得配以"神圣"二字的光环。

斯人已逝，踪迹难觅。对已经身在高等学府的我而言，唯有沿着他老人家的道路继续往前跋涉、求索，才是对他最好的怀念。

舅舅，愿您在天国里徜徉学海，依然欣欣自得，一切安好！

2021 年 3 月

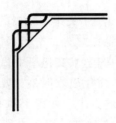

至真至性

一部客观真实的陈寅恪传记

张荣芳①

中国社会科学出版社 2014 年 11 月出版了吴定宇教授的新著《守望：陈寅恪往事》（简称《守望》）。该书除自序、结语之外，分五章，共 50 多万字。陈寅恪是 20 世纪中国学人的杰出代表，为中国学术文化事业做出了卓越的贡献。读懂了陈寅恪就读懂了 20 世纪的中国学术文化史。但是，要读懂陈寅恪不是一件容易的事。本书叙述了陈寅恪曲折坎坷的人生，展现了他不同寻常的求学经历、治学生涯、治学方法、终身守望"独立之精神，自由之思想"的学人风骨和难以超越的学术成就。作者运用大量有关陈氏的档案文献、私人日记、书信、回忆、口述史料等第一手资料，在历史细节中，还原出一个真实的陈寅恪，为读懂陈寅恪提供了入门津梁。其真实性主要表现在下列几个方面。

第一，真实地记录了陈寅恪守望中华民族优秀传统文化的光辉人生。

陈寅恪出生于 19 世纪末，他的学术事业开始并完成于 20 世纪。这个时期是中西文化大碰撞、大融合时期。他出身于书香世家，幼承家学，从小生活在陈氏家族文化圈中，苦读中国传统文化经典，对传统文化有深厚的感情。他的祖父陈宝箴、父亲陈三立对外来文化又持开明态度，有助于他形成开放的文化心态。他走出国门，在外留学十四五年，形成了百科全书式的知识结构。但终其一生，他始终坚持"中国文化本位论"的基本立场。他总结中国思想史的发展，认为"其真能于思想上自成系统，有所创获者，必须一方面吸收输入外来之学说，一方面不忘本民族之地位。此二种相反而适相成之态度，……二千年吾民族思想接触史之所昭示者也"②。这是陈寅恪关于"中国文化本位论"的著名诊断。本书对陈寅恪一生的学术成就，都是居于这种认识而加以探索，用通俗易懂的文字，记录了陈寅恪怎样一方面吸收输入外来之学说，又不忘本民族之地位的生动事例。例如他对佛经的研究，他不是研究佛教的义理，而是审视这种与中国传统儒学文化相冲突的外来文化如何在中国扎根和传播，如何被中国本土文化所选择、消化、融合与吸收，成为中国本土文化的一部分。

第二，他经过欧风美雨的洗浴，结合中华优秀传统文化之精华，发现了人的自我主体价值，提出"独立之精神，自由之思想"的主张，认为这是学术的灵

---

① 张荣芳，中山大学历史系退休教授，曾任中山大学副校长。

② 陈寅恪：《冯友兰中国哲学史下册审查报告》，见《陈寅恪集·金明馆丛稿二编》，生活·读书·新知三联书店 2001 年版，第 285 页。

魂。本书忠实地反映了陈寅恪一生坚守并践行这一理念，因而对学术不断创新，推动文化发展。

1929年6月2日，为纪念王国维逝世两周年，清华国学研究院师生集资建立"海宁王静安先生纪念碑"，约请陈寅恪撰写碑铭。其词曰"士之读书治学，盖将以脱心志于俗谛之桎梏，真理因得以发扬。思想而不自由，毋宁死耳"。"惟此独立之精神，自由之思想，历千万祀，与天壤而同久，共三光而永光。"碑铭对王国维留下的精神财富做了最深刻、最科学的总结。陈寅恪一生守望着摆脱俗谛，精神独立、思想自由、发扬真理的治学灵魂和处世行事准则。1953年底，他在"对科学院的答复"中重申了这一精神，他要请的人，要带的徒弟，"都要有自由思想，独立精神。不是这样，即不是我的学生"；"从我之说即是我的学生，否则即不是"。可见他的信仰是何等坚定。晚年他研究《再生缘》，主要是因为作者陈端生不为"三纲五常"传统束缚的自由思想引起他的共鸣，在《论再生缘》一文中说：《再生缘》之文"为宋四六体中之冠"，"此等之文，必思想自由灵活之人始得为之"。"由于端生之自由活泼思想，能运用其对偶韵律之词语，有以致之也。故无自由之思想，则无优美之文学，举此一例，可概其余。"他对具有绝世才华的女性陈端生给予很高的评价，"端生此等自由及自尊即独立之思想，在当日及其后百余年间，俱足惊世骇俗"，"陈端生亦当日无数女性中思想最超越之人也"。由此陈寅恪论到"就吾国数千年文学史言之，骈俪之文以六朝及赵宋一代为最佳"。其原因是"六朝及天水一代思想最为自由，故文章亦臻上乘"①。晚年写《柳如是别传》，在第一章《缘起》中，明确谈到写此书的目的，是为"表彰我民族独立之精神，自由之思想"，为"婉娈倚门之少女，绸缪鼓瑟之小妇"的柳如是辩诬。②陈寅恪笔下的柳如是，虽然身为妓女，但深明大义，其才华、性格和儒气侠风，均为当时一般读书人所望尘莫及。陈氏通过大量的追踪考证，揭示出柳如是坚持独立精神、自由思想、民族气节、道德情操以及反清复明的本来面目。

第三，学术是陈寅恪的生命，作者进入他的学术领域，反复钻研其著作，把生活与学术糅合起来写，真实地反映传主的学术品格和人格魅力。陈寅恪的学术研究大致可分为三个时期。作者分"初探硕果""再探硕果""三探硕果"三节，分析探讨其学术成果。

陈寅恪1926年7月至清华国学研究院报到，到1937年卢沟桥事变爆发被迫离开北平，正好11年。在国学研究院，他与王国维、梁启超、赵元任被称为"四大导师"。这个时期，他生活最安定，基本上不受外界干扰，专心治学，读

一部客观真实的陈寅恪传记

---

① 陈寅恪：《陈寅恪集·寒柳堂集》，生活·读书·新知三联书店2001年版，第73、72、66、63页。

② 陈寅恪：《陈寅恪集·柳如是别传（上）》，生活·读书·新知三联书店2001年版，第4页。

书最多，思维最活跃，著述最勤，发表论文50多篇（包括各种序、跋）。其学术见解得到学术界的认同，赢得了良好的社会声誉。胡适评价说："寅恪治史学，当然是今日最渊博、最有见识、最能用材料的人。"① 这个时期，他完成了学术研究的第一次转型，即由对佛经版本、文字、源流的考订，转到把重点放在中华民族历史研究上，尤其注重魏晋历史的研究。为他的学术研究增加了新的兴奋点和增长点。同时为了中国学术的独立，他提出了学术研究应具有"独立之精神，自由之思想"的主张。

1937年11月，陈寅恪举家逃避日寇离开北平，到1949年1月进入岭南大学，正好12年，完成了他学术研究的第二次转型。这个时期，正是国家多难、家庭多事、他本人多病的年代。他颠沛流离，在贫病交迫的艰苦环境中，克服图书资料匮乏、视力衰退乃至双目失明的重重困难，以惊人的毅力，完成了《唐代政治史述论稿》《隋唐制度渊源略论稿》《元白诗笺证稿》三部不朽的传世之作和30多篇论文及许多感人肺腑的诗歌。这是他在国难当头之时，用生命之水浇灌出的学术之花。史学与文学是两个不同的学科，陈寅恪以诗证史、以史释诗、诗史互证，在上述三部著作中互相参照、互相释证，在隋唐史研究中提出许多新鲜、深刻、独到且自成体系的见解，超越前人，极富启发性，对中外学人确实起到指导作用。《剑桥中国隋唐史》的主编崔瑞德在该书的导言中，称陈氏为"伟大的中国史学家"。"他提出的关于唐代政治和制度的一个观点，远比以往发表的任何观点扎实、严谨和令人信服。"② 可见陈氏的研究成果也是世界的文化瑰宝。

1949年1月他进入广州，至1969年10月逝世，在岭南大学、中山大学生活了20年。除了继续在魏晋隋唐史领域发表论著之外，还拓展了新学术领域，明清史成为他新的学术增长点，写出了《论再生缘》《柳如是别传》等传世之作，实现了第三次学术研究内容、研究重点的转移。

本书作者吴定宇是一位中文系的教授，他深入陈寅恪的史学研究领域，并且结合陈寅恪的生活经历和内心世界，分析其作品，展现其学术品格和人格魅力，其叙述是成功的。他1996年分别在大陆和台湾出版过《学人魂——陈寅恪传》。本书是对前一书的扩大和深化。周一良先生在病中对前一书有过较高的评价，说"此书将生活与学术糅合起来写，颇为成功，对了解陈先生很有用"。（本书第500页）以此来评价《守望》也是适用的。

第四，真实地记录了陈寅恪的教育理念、教育实践和对教育做出的卓越贡献。

---

① 胡适：《胡适日记》，山西教育出版社1998年版，第240页。
② ［英］崔瑞德编：《剑桥中国隋唐史》，中国社会科学出版社1990年版，第11页。

以往对陈寅恪的研究，对其学术研究成果关注较多，而对其在教育上的贡献的研究则相对薄弱。其实陈寅恪一生表明，他首先是老师，其次才是学者。他先后任教于清华大学、西南联大、香港大学、广西大学、成都燕京大学和广州岭南大学、中山大学等多所大学。他将中国传统私塾、书院和西方学校教育学生的长处加以熔铸，形成自己的教育理念和独特的教育方法。把自己广博无涯的学问融入教学内容之中，注意培养学生独立思考、自由发挥的创新能力，把学生从应试教育中解放出来，甘当人梯，全力扶掖后学。因而培养了众多日后贡献卓著的文史大家，如季羡林、周一良等。本书对此均有详细记述，弥补了学术界对这方面研究之不足。

　　第五，真实生动地记录陈寅恪在中山大学的故事，澄清了一些不实的传闻。

　　1943年，陈寅恪在桂林广西大学任教。6月30日，陈氏作为国立中山大学文科研究所特约教授，冒着被日机轰炸的危险，前往临时迁至广东北部山区坪石的中山大学讲学。在坪石停留一个星期，讲了五个专题："五胡问题""清谈问题""魏晋南北朝读书方法之'合本事注'""南朝民族与文化""宇文泰及唐朝种族问题"。这自然给迁到山野的中山大学送来了学术大餐。他当时大概没有想到，以后会在中山大学度过后半生。

　　1949年1月19日，陈寅恪应陈序经之聘来岭南大学任中文、历史两系合聘教授。1952年高校院系调整，岭大与中大合并，陈氏改任中大教授，直到1969年10月逝世，在广州生活了20年。康乐园的风风雨雨，影响着他的生活、教学和研究。

　　一方面，他享受着"国宝"级礼遇，国家领导人毛泽东、周恩来以及广东省的领导陶铸、中山大学领导冯乃超以及广东省负责高校思想工作的杜国庠等的关注与安排，担任中国科学院哲学社会科学部委员、一级教授，《历史研究》编委、中央文史馆副馆长、第二届全国政协委员、第三和第四届全国政协常委、中山大学校务委员等职务。生活上享受着最好的待遇，配备他满意的学术助手，在三年经济困难时期，还给予各种特殊照顾，陶铸还指示有关部门为他配备最好的收音机，以便收听他最喜欢的戏曲节目，在其跌倒骨折之后，由国家出钱请三个护士在家里日夜值班照料等，这些待遇在中大乃至全国学术界被传为美谈。陈寅恪在康乐园深居简出，在家里接待来自京城的高官，如林伯渠、陈毅、朱德、康生、胡乔木、周扬、郭沫若等；也接待了不少来自北京、上海、香港等各地的老朋友和学生，如章士钊、李四光、张奚若、陈君葆、吴晗、季羡林、蒋天枢等。此时他的心情是舒畅的，1957年春节，他撰一副春联贴于住宅东南区一号：万竹竞鸣除旧岁，百花齐放听新莺。

　　陈寅恪有"教授之教授"之称，对此有真实的记录。历史系每年迎新会上，系主任刘节向学生介绍陈寅恪，都恭敬地说："陈先生是全国知名学者，教授中的教授。"这一称谓名副其实。当时历史系许多老师如梁方仲、戴裔煊、蒋湘泽、端木正、谭彼岸、陈锡祺、全应熙、周连宽等，当时已是成名的学者，都来听陈先生的课，与同学们坐在一起，认真听课记笔记。比如著名的中国社会经济史研究专家、二级教授梁方仲，从1953年至1955年，先后听了陈寅恪"两晋南北朝史"和"元白诗证史"两门课，记下两大本长达百页的笔记。笔记"笔迹工整，极少涂改，讲课人脱口而出的引文和诗句，一一照录，准确度极高"。"每堂课均标明听讲月、日和星期，因事缺课必注明原因。"足见其听课之认真。中国近代史及孙中山研究专家陈锡祺在迟暮之年，对儿子回忆一段难忘的往事："我跟学生一起听陈寅恪上课，……陈寅恪学问很好，人也很好。"

另一方面，1957年夏天，"反右"运动席卷全国，陈寅恪昔日的朋友、同事、学生或助手被划为"右派"，他自己被划为"中右分子"。1958年开展史学研究必须"厚今薄古"，马克思主义要占领史学阵地，要压倒资产阶级学者的运动。陈寅恪被推到了被批判的前列。首先从中山大学学生贴大字报开始，席卷到全国的一些报刊公开发表批陈的文章，全盘否定陈氏的史学思想、治学方法及举世公认的学术成就。对这种胡乱的批判，一些老师是不满的，如梁方仲公开说，"乱拳打不倒老师傅"，要青年老师不要跟风起哄。又例如历史系要批判陈氏的大会，刘节冒着风险到陈家通风报信，使陈氏有思想准备。这场风狂雨骤的政治运动，使陈寅恪的精神受到严重的伤害。鉴于有些大字报说他"贻误青年"，他向校方提出："教书30多年，不意贻误青年，现在心有余而力不足，决定不再开课，准备迁出中大。"助手黄萱劝他复课，他沉痛地说："是他们不要我的东西，不是我不教的。"这是多么令人伤心的话啊！

1966年开始"文化大革命"，陈寅恪像全国许多知识分子一样，精神上、肉体上受尽了虐待，晚景十分凄凉，家中只留下体衰多病的两位老人。他预先给妻子唐篔拟一副挽联："涕泣对牛衣，册载都成断肠史。废残难豹隐，九泉稍待眼枯人。"陈寅恪夫妻同甘共苦，相濡以沫，清贫一生。他虽欲远离政治，而"四人帮"的政治却不放过他，最终受迫害而死。

陈寅恪逝世后，在国内，真正从学术文化的方位来认识、了解、研究陈寅恪，起步于20世纪80年代初。中山大学在这方面做出了应有的贡献。1988年、1994年、1999年三次召开纪念陈寅恪的国际学术研讨会，分别出版了三本论文集。在陈寅恪故居（东南区1号，现东北区309号）建立了"陈寅恪纪念室"。胡守为在历史系开了"陈寅恪著作研读"的课程，让青年学子认识、了解和学习陈寅恪。2001年由陈寅恪女儿、我校化学系副教授陈美延编的《陈寅恪集》13种14册，由生活·读书·新知三联书店出版。2003年6月19日（农历五月十七日），是陈寅恪113岁诞辰，江西庐山植物园在新建的陈寅恪夫妇墓前举行了简朴的落成仪式。中山大学在发来的贺信中说：先生的爱国主义精神和"研究学问，终生坚持'独立之精神，自由之思想'，严谨治学，显示出中国知识分子的风骨和气质"，"先生的学识与人品均堪称后人之典范"，"先生的事迹为中山大学的历史增添了浓重的一笔。我们为拥有先生这样大师而感到无上光荣"。

第六，客观地辨析了坊间流传的关于陈寅恪的"可爱而不可信"的传闻。

对于陈寅恪由谁推荐进入清华国学研究院任教授，坊间有三种说法：一是胡适推荐说；二是梁启超推荐说；三是吴宓力荐说。前两种说法，固然可爱，却未必可信。作者根据《吴宓日记》《吴宓书信集》和各种来往文件中，考证出是吴宓力荐陈寅恪到研究院任导师，"是吴宓生平最得意的杰作"。这可以成为定论。

陈寅恪究竟通晓多少种外语。坊间流传着陈寅恪精通或者掌握十几门外语的说法。其实这是把语言和文字的意义混为一谈。作者通过各种资料和陈氏好友的回忆，对陈氏的外语能力做了考证。毕树棠认为"陈氏学习多种文字，主要是为了阅读而不是用来写作"。程千帆说"寅恪先生花很多工夫学外语，主要是为了阅读"。在众多的外语中，他的日语、英语、德语的口语水平高，阅读能力强，但用这些文字写作未必得心应手。陈氏能运用梵文、藏文、巴利文等文字来考订佛经，至于其他西域文字和中亚文字，恐怕只能认识或者借用词典能查阅资料而已。陈氏侄子陈封雄说："一般说来，他能读懂 14 种文字，能说四五种语言，能听懂七八种语言，是大致不差的。这些成绩基本上是在他 38 岁以前取得的。"而且随着研究重心的转移，他使用这些语言文字的机会越来越少，外文水平亦应有所退化。这些考证和分析是比较客观的。

1949 年，在历史的转折关头，在去留问题上，坊间有多种传闻，甚至有说后来陈寅恪后悔没有去台湾。作者根据已经发现的史料，分析当时的主客观条件，认为陈寅恪慎重地权衡去留的利弊因素，最终决定留在康乐园从事教书和学术研究工作。这种分析有充分的史料做根据，因而其结论是有说服力的。

20 世纪 50 年代，坊间有一个美丽的传说，斯大林在著作中引用过陈寅恪的文章。毛泽东第一次访问苏联的时候，斯大林就向毛泽东询问过陈氏的情况，毛随即吩咐国内有关部门调查了解陈寅恪何许人也？经作者查阅过多种版本的《斯大林全集》，根本没有这回事，完全是以讹传讹的坊间传闻。

学术界都知道，1953 年底，汪篯带着郭沫若、李四光签署的信来广州，请陈寅恪赴北京出任中国科学院中古史研究所所长。陈寅恪写了《对科学院的答复》，婉谢到中国科学院工作。其实这是陈寅恪第四次婉谢北上。在此之前有过三次：1949 年 10 月 25 日，婉谢叶企孙、吴晗电召他进京返清华大学任教；1950 年第二次、1952 年第三次、1953 年第四次。后三次是关于到中国科学院任职事。许多人或者不知道有过四次的事实，把一些事情混在一起，以讹传讹。本书把这四次的时间、人物、事实梳理清楚，有利于学术界的进一步研究，功莫大焉。

　　陈寅恪在中山大学生活了 20 年，为中山大学的发展做出了卓越的贡献。本书是中山大学教授写的至今为止最详尽、最客观真实的陈寅恪传记，很值得向读者推荐。尤其是吴定宇教授带病坚持写作，推出如此厚重的作品，其敬业精神，令人钦佩。

2015 年 7 月 20 日

（原载《中国史研究动态》2016 年第 1 期）

把心交给文学的学者

——纵观吴定宇先生的文学研究

杨剑龙[①]

  吴定宇先生是中国现代文学研究的著名学者，他于 2017 年 7 月 22 日 13 时 15 分因病在广州逝世，享年 74 岁。提及吴定宇先生，我便想到曾经数次与吴先生一起参加学术会议，并曾在一个房间同居，看见吴先生给自己注射胰岛素，因为吴先生患有比较严重的糖尿病。吴定宇先生做过肾移植手术、做过几次心脏搭桥手术、曾因肺部感染住院，在如此身体状态下，吴定宇先生仍然兢兢业业、克勤克俭地从事文学研究。2010 年 10 月，吴定宇先生在因病住院期间，还给文学爱好者作了题为"把心交给读者的作家——巴金"的学术演讲，将其最初阅读巴金后来研究巴金的心得生动地告诉了读者。在此化用该题回眸吴定宇先生的文学研究，吴定宇先生是一位把心交给文学的学者。

杨剑龙教授与吴定宇教授合影

  吴定宇先生是以巴金研究步上学术论坛的，这奠定了吴先生以中国现代作家

---

  ① 杨剑龙，文学博士，现上海师范大学二级教授、博士生导师。

研究为取向的基本特征，在对于史料的梳理与文本的细读中，探究与分析中国现代著名作家的思想与创作，在鞭辟入里、条分缕析中展开分析与研究。吴先生的中国现代文学研究涉及了鲁迅、胡适、巴金、郭沫若、老舍、张闻天、陈寅恪等，其中对于巴金、郭沫若、陈寅恪的研究，成为其重要的研究成果，先后出版了《巴金与中国文化》（合著，副主编，山东文艺出版社 1995 年）、《抉择与扬弃——郭沫若与中外文化》（中山大学出版社 2004 年）、《学人魂——陈寅恪传》（上海文艺出版社 1996 年）、《守望：陈寅恪往事》（中国社会科学出版社 2014 年），分别对于巴金、郭沫若、陈寅恪做了深入肯綮的研究。在中国现代作家研究中，吴定宇先生还常常以作家之间关系与比较的角度展开研究，成为吴先生作家研究的特色。诸如《论鲁迅与胡适》《浅谈鲁迅与胡适的关系》《先驱者与跋涉者：论鲁迅与巴金》《现代中国史学的双子星座：论郭沫若与陈寅恪》《论郭沫若与巴金》，从作家之间的关联与比较研究中，突显该作家的特性，呈现作家交往对于作家成长和文学创作的意义。在对于中国现代作家的研究中，吴先生还从更为开阔的视阈，从中外文学的角度展开分析与研究。诸如《巴金与无政府主义》《巴金与〈红楼梦〉》《巴金与宗教》《熏陶与熔铸：郭沫若与中国古典诗歌》《追慕与疏离：论郭沫若与屈原》《论郭沫若与东方文学》《来自英伦三岛的海风——论郭沫若与英国文学》《郭沫若与克罗齐、柏格森》，呈现出吴先生在更加开阔的中外文学视野中，对于中国现代作家研究的拓展与深入。

吴定宇先生于 1993 年撰写了《文化学与中国现代文学研究》一文，提出"中国现代文学研究与文化学的关系至为密切"，认为"作为一种思想体系和方法论系统，现代文化学对中国现代文学研究起到积极的促进作用"。吴先生在中国现代文学研究中，努力以现代文化学的视野和研究方法展开研究，呈现出其研究的独特性和重要贡献。吴先生从中国文化的角度研究中国现代作家的创作，诸如《振聋发聩的一声春雷——论〈狂人日记〉的文化价值》《巴金创作的文化意义》《现代意识与传统观念相撞击的火光——论巴金〈家〉的文化价值》《开辟研究中国上古文化的新天地——论郭沫若对上古历史文化的究本究源》《论乡土文化对郭沫若文化心理的润泽》《自然与逍遥——郭沫若与道家文化》《推崇与诘难——郭沫若与墨家文化》《论宗法伦理文化在郭沫若文化心理的积淀》《论郭沫若爱国主义思想的文化内涵》《论儒家文化在郭沫若文化心理的积淀》，从中国文化传统的角度研究现代作家，使吴先生的作家研究更具有历史的纵深感。吴先生还从外国文化及中外文化方面，对于中国现代文学的创作进行更为复杂丰富的研究。诸如《西方忏悔意识与中国现代文学》《中西文化交融的最初硕果——〈女神〉与〈尝试集〉文化价值比较》《中国现代文学的文化特质与文化研究》《郭沫若对中西文化的整合探索》《世纪的风：巴金的文化整合探索》《论〈女神〉的文化价值——兼论郭沫若在五四时期的文化心态》，在东西方文化视阈中，对于中国现代文学与现代作家的研究，呈现出吴定宇先生文学研究的开阔视野与深入探究。

吴定宇先生的中国现代文学研究，呈现出其鲜明的问题意识与探究精神。吴先生在《〈狂人日记〉是浪漫主义作品吗?》中，不赞同《狂人日记》是浪漫主义作品，认为是塑造典型环境中的典型人物的现实主义作品。《西方忏悔意识与中国现代文学》一文，从跨文化的角度，指出中国现代作家受西方忏悔意识的影响，形成中国式的忏悔意识。《巴金与无政府主义》就如下问题展开研究：巴金究竟从无政府主义中接受了哪些思想因素的影响? 他怎样运用这一思想武器来进行反帝反封建的斗争? 在对于中国现代作家的研究中，吴先生将对于作家思想和精神的分析与对于文学作品的探究融为一体，在分析不同作家不同特性的基础上，突出不同作家不同的性格特征，尤其强调该作家精神特质与心理性格。在写作《学人魂——陈寅恪传》时，吴先生的构想为："勾画陈寅恪先生的学人精神，多方面反映他的学习、生活、教学和研究工作情况，力图凸现一个真实的陈寅恪，这是本书的写作宗旨。"吴先生评价陈寅恪："他严谨的学风，渊博的学识，刻苦勤奋的学习精神，锲而不舍的追求和坚韧不拔的毅力，深邃的学术眼光，以及卓越的学术成就，建立了独立、自由研究学术的风范，成为二十世纪中国学术界一座难以超越的高峰。"从学人精神探究陈寅恪的人生与学术。在《五四：作家文化心理的嬗变与新文学的走向》一文中，吴先生提出："……我们把活跃在'五四'时期的一代作家当作文学革命运动的主体，从文化学和人格心理学的方位去细细观察，就会看到一个有趣的现象：正是这一代作家文化心理的

吴定宇教授在澳门大学讲学

嬗变，发现了自我的价值，才使得文学革命运动蓬蓬勃勃地展开，而作家的自我实现与超越，便是新文学的走向。"从文化心理分析新文学的走向、鲜明的问题意识与探究精神，使吴定宇先生的中国现代文学研究往往独辟蹊径、深入肯綮。

在中国现代文学研究的发展中，吴定宇先生是第三代学人的佼佼者，他不仅在现代作家研究方面有着卓越的成就与贡献，还在教书育人、主编学报、研究校史等方面有着重要的成就与影响。吴定宇先生是一位把心交给文学的学者，他拓展与深化了中国现代作家研究的范式，他推进和深化了从文化学视阈展开现代文学研究的途径，他突显了中国现代文学研究的问题意识与探究精神，吴定宇先生在中国现代文学研究方面的成就与奉献，已经给文学研究的史册添上了重要的一页。

郭沫若： 从传统走向现代

——读吴定宇著《抉择与扬弃——郭沫若与中外文化》

袁盛勇①

在 20 世纪中国文化发展史上，郭沫若无疑是最为复杂且颇有争议的人物之一：他以其在文学、艺术、史学、文字学和考古学等多方面的卓越成就而为人所景仰，但也以其人格的缺陷和身上散发出的鄙俗气而为人所唾弃。因此，如何对郭沫若这样一位复杂的存在者进行客观而公允的评价，如何在新的历史条件下对他在文学、艺术与学术等各方面的成就与缺失进行不断深入的探讨，就成了学术界必须予以严肃正视的问题。从这个意义上说，吴定宇先生所著《抉择与扬弃——郭沫若与中外文化》（以下简称《抉择与扬弃》）无疑为我们深入探讨郭沫若浩瀚深邃的文学与文化世界提供了新的视野，也提供了新的起点。

郭沫若所处的时代，是中国社会从传统走向现代的转型时期，也是中国文化从传统走向现代的嬗变时期。在这个社会制度和文化格局发生大变动的历史时期，以宗法伦理为本位的中国传统文化无疑遭到了西方现代文化的强力碰撞与挑战，中国现代文化人的灵魂无疑也遭遇了亘古未有的新的磨砺。那么，在此种历史境遇中，郭沫若到底呈现出一种怎样的历史文化状貌？作为一个文化人，他在整个历史文化漩涡中到底经历了怎样的沉潜与飞扬？毫无疑问，吴定宇先生正是在这里显现了他的睿智眼光，也显现了他把握郭沫若的独特研究方位，这个方位既是历史的，更是文化的。本来，吴先生在立足以往郭沫若研究成果的基础上撰写本书的旨趣，即在于从文化学的角度探讨郭氏的文学创作和学术成就的文化特质与价值，再进而探讨其文化特质与价值形成的中外历史文化因缘。因此，郭沫若的文学创作与学术成就的展开并不是在一个静止的单一层面上进行，而是在一个多维的或立体的复杂文化场域中予以动态呈现的。吴先生在《抉择与扬弃》中为我们凸现的正是这样一幅切合郭沫若从传统走向现代的斑斓图画：在纵向上，探讨他如何把自己的文化之根深深地埋进中国传统文化之中，并且表现了对宗法伦理文化的自觉不自觉的积淀与认同，表现了对乡土文化的热爱与张扬；在横向上，揭示他对西方近现代以来的文化表现出了一种兼容并蓄的、热诚而开放的态度，并且力图在中西文化的契合点上开始新的彻悟与创造性整合。这种在对

---

① 袁盛勇，河南大学文学院教授。

中西文化的深刻领悟之上所进行的创造性整合无疑鲜明体现在郭沫若式泛神论的创制上。

　　吴先生在《抉择与扬弃》中准确指出，经过郭氏改造过的泛神论已经成为他"五四"时期占主导地位的文化思想，而形成郭沫若泛神论观念的思想来源主要有如下三个方面：一是由明代心学大师王阳明导引的中国儒家、道家文化思想；二是通过歌德的著作认识了荷兰哲学家斯宾诺莎，从而对西方泛神论有了较为独特的理解；三是由泰戈尔导引接触了古印度《奥义书》中的梵我同一说和中世纪印度教虔诚派代表人物伽毕尔的思想。郭沫若正是在对上述不同思想来源的深刻理解上，尤其是在立足于对王阳明心学的独特理解上，创造性地形成了自己独特的泛神论思想，并且把它出色地表现在他的文学创作之中。因为此种泛神论思想已经打上了郭沫若自身的心灵烙印，所以毋宁称它为郭沫若式的泛神论来得更为直捷而妥帖。问题是，面对潮水般涌来的西方现代文化思潮，为何郭沫若对泛神论情有独钟呢？吴先生在论著中对此追根溯源，并且富有眼光地把它追溯到了郭沫若早年生存其间的秀丽自然环境和特异的乡土人文历史。指出，正是家乡乐山秀丽如画的景物和独异的乡土人文历史点化了郭氏幼小的心灵，使他很早就对人与自然的和谐关系产生了一种具有生命魅力的想象和朦胧的体悟，而这，正是郭氏后来倾心于泛神论的基本根由之所在。我认为，这样深入来探讨郭氏泛神论的形成是非常独特且富有说服力的。此外，关于郭沫若的思想变迁，学术界曾经普遍认为，从1920年下半年开始到1924年，他的泛神论思想进入了逐渐削弱和消失的阶段，后来，他通过确立对马克思主义的信仰而完全告别了他的泛神论思想。对此，吴先生在对郭氏后期著作做了精深研究之后，指出：郭沫若并没有在信仰马克思主义之后就把泛神论完全扫地出门，因为他曾经还在斯宾诺莎的泛神论和马克思的哲学思想之间寻找着内在的联系，故而我们只能说郭沫若的泛神论从中心走向了边缘，而不能说它已经消失殆尽了。事实上，在他后期的不少诗作中，泛神论作为一种富有生命力的观念正在潜隐地存在着。我认为，这个判断同吴先生上述一系列看法一样均是非常富有见地，也是非常符合郭氏创作和思想实际的，无疑是深入探究郭氏思想之后所取得的积极成果之一。

　　探究像郭沫若这样复杂多变且与马克思主义在中国的传播紧密相连的人，尤其是探究其文化观念的形成，是断然少不了现代文化发展与郭氏之文化命脉或走向之关系的探讨的。以郭沫若而言，他始终具有渊博的知识，但在"五四"时期他不仅是一个现代文化人，也是一个现代知识分子，他敢于反抗权威，反对一切偶像。这让我想起鲁迅来，也让我想起那位风骨铮铮的历史学家陈寅恪来，郭沫若跟他们都曾有过这样那样的过节，郭沫若跟他们又确乎是多么不一样的两类人啊。在我看来，吴先生在《抉择与扬弃》中不是没有看到这一层面的问题，而是明确暗示了这一类问题的存在。比如，吴先生在书中多次慨叹郭沫若学术研究中存在的主观性问题，指出他在历史文化研究方面，由于受到"左"的错误思潮的影响，而出现了一厢情愿的主观臆测和不实事求是的缺陷，甚至伪造历史文物。我认为，这其实就是一个现代历程中知识分子人格萎缩的问题，一个现代文化人的求真品格被某些虚幻性场景所遮蔽所扭曲的问题，也是一个传统士人的负面因素在新的历史境遇中不断被激活、被张扬的问题。

我在上文指出，郭沫若身上散发着一种浓厚的儒生意识，其实，这个判断也是吴定宇先生在其论著中启示给我的。吴先生在书中用了很大篇幅来谈郭沫若的传统文化意识，尤其是儒家文化从他小时候就开始产生的深刻影响，郭沫若从小在其内心深处就形成了一种根深蒂固的孝悌情结，并且对宗法伦理文化表现了一种自觉不自觉的认同。正是由于此种认同心理，所以尽管他在 20 世纪 30 年代对儒家文化进行过较为激烈的抨击，但在总体上对儒家文化仍然是褒大于贬，而且总是站在现代文化思潮的前沿对儒家文化采取一种尽可能沟通的态势，即在所信奉的现代文化思潮与儒家文化之间寻找一种历史与现实的契合。这主要表现在郭沫若信奉泛神论的"五四"时期和 20 世纪 40 年代评判先秦诸子学说时期。众所周知，"五四"时期是一个最为激烈反传统的时期，更是一个在新文化先驱者那里高呼"打倒孔家店"的时期，但颇有意味的是，郭沫若不仅没有加入挞伐孔子和批判儒家文化的队伍，反而为孔子大唱赞歌，认为孔子是中国哲人中足可与歌德相媲美的天才人物，因而弹奏出了与新文化先驱者如陈独秀、鲁迅等人不同的音符。其原因正是在于郭沫若站在泛神论的观点来看，孔子及其开创的先秦儒家学说中有不少本可与现代文化思潮相契合之处。所以，郭沫若才会认为孔子是一个中国的泛神论者，是一个尊重并发展个性而非如新文化先驱者所言压抑个性的圣人。当郭沫若在 40 年代评判儒家文化的时候，他已经对马克思主义的方法论观念有了非常老练的了解，不仅如此，他对延安时期正在营构的新的意识形态理论话语也有着敏锐的理解。因此，他才会又不失时机地站在"人民本位"的价值立场上，站在马克思主义历史文化观念所许可的高度，对孔子及其学说在中国社会由奴隶制向封建制嬗变的历史时期所发挥的革命性作用给出了相当高度的肯定，并且认为孔子推行仁道的过程，正是一个高扬人道主义的过程。在这点上，郭沫若好像又回到了欢呼"马克思进文庙"的 20 年代中期。他在那时不仅认为孔子的人格堪与马克思、列宁相媲美，而且认为孔子及儒家学说所构建的大同世界正是马克思的共产主义社会，因而孔子就是一个"王道的国家主义者，也就是共产主义者"（见其《讨论〈马克思进文庙〉——我的答复》）。显然，郭沫若对孔子及其学说不论在"五四"时期还是 40 年代，都采取了一种认同孔子及其学说的态度，但究其底里仍是一种实用主义的态度，他从泛神论阶段走到马克思主义阶段看似变了，但实质并没有改变，他在骨子里无论如何是一个认同"修齐治平"人生模式和内圣外王之道的儒生。

（原载《广东社会科学》2005 年第 4 期，节选）

附：

蔼然长者永存

作者谨记：

记得 2017 年 7 月某日下午，我头天还在上海出差，又听说湖南老家有事，遂从上海又匆匆回到湖南乡下，这时吴定宇先生的弟子邓伟君打来电话，说他老师刚刚去世了。我听后怅然良久，慨叹人生的急促和无常。吴先生是我见过的非常温厚蔼然的学界前辈之一，作为后学，曾经在学术上得到过他的肯定和提携，他的热情，他的对于人世和学界的乐观，都曾给我留下了深刻印象。他的著述也总是能给人诸多启迪，充满了历史之同情的理解。在不少偶然的夜间，我也喜欢透过窗口看那天上的星星，天上一个星，地上一个丁。有些人尽管在无尽的时空悄然远去，但其灵魂会在宇宙和人的心间永存。吴先生就是这样一位飘然而去的长者，他因曾经拥有如此洁净优雅的灵魂，所以即使在那风雨如晦之时，也能给缅怀他的人们以温暖。正是：

> 人间定有真情在，
> 世事随缘寰宇中。
> 学界群星多璀璨，
> 汲汲名利也枉然。

2021 年 1 月 13 日于嘉木斋

沉稳叙事，人史互证

——读吴定宇新著《守望：陈寅恪往事》

胡梅仙[①]

读完吴定宇先生的大作《守望：陈寅恪往事》（中国社会科学出版社 2014年 11 月版），有很多感触。吴定宇先生在二十几年的辛勤爬梳积累资料中，用大量的史实、独具匠心的思考写成了此部大作。在阅读中，我常常感到收获连连，不仅有来自史实的，还有来自心灵的。陈寅恪特立独行、桀骜不驯的自由灵魂一直是本书的主旋律，但并不是唯一的旋律。中国近现代出现多种学术文化派别，作者通过陈寅恪与师友的交往，让我们可以看到中国近现代文化圈的不同面貌，更让我们看到一部中国近现代的学术文化史。从一部传记看到更多的文化人以及他们的态度，这样的历史人物传记让我们想起《世说新语》、金朝的《归潜志》等著作，史实有时比观点更重要。我们需充分体会史实的魅力，留住历史中的人和事，留住历史的面貌和身影，有时比对历史发言更有价值。

吴定宇先生此部新著的写作思路包含三个层次：一是从大量的有关陈寅恪的档案文献、私人日记、书信、笔记、口述史料中辨析考证、纠谬存真、增补缺失；另一个写作的线索是进入陈寅恪的学术，了解其学术思想以及其中所包含的自由思想、独立精神；其三是进入陈寅恪的心灵，通过陈寅恪的人生历程，让我们了解和体会到陈寅恪的自由独立、品行高洁、勤奋不倦的学人精神。

本文主要就三个方面来谈谈我读吴定宇先生新著的体会：一是陈寅恪对中国传统文化的守望和对自由之思想、独立之精神的坚持；二是史实的魅力；三是作者用第一手材料澄清了一些坊间可爱而不可信的传说。

一是陈寅恪对中国传统文化的守望和对自由之思想、独立之精神的坚持贯穿在吴定宇先生的这部新著中。在很多人眼里，似乎中国传统文化和自由思想、独立精神是冲突的，其实不然。作者在一种顺乎人情事理的自然陈述和阐释中让我们感受到了陈寅恪即是这样一个把对中国传统文化的守望和自由思想、独立精神浑然合一的学术大家。

陈寅恪一生坚守中国传统文化。在西风东渐的近现代中国，陈寅恪在西方游学十四五载，夜以继日的阅读，足以成就一个世纪大师。甚至有人说几百年才有

① 胡梅仙，文学博士、博士后，现为广州大学人文学院副教授。

一个陈寅恪。浮躁的时代产生不了陈寅恪这样的大师。中国近现代史上主张坚守中国传统文化的人大都是对西方文化非常了解的人，只有了解了西方，才能深知中国传统文化的博大精深、中国文化的包容伟大。陈寅恪用近乎白话的文言文写书并要求以繁体竖排出版固然似乎有些不能与时俱进，但他思想的目光是深远的，他超越了当代，看到了未来的中国对于文化的选择和态度，看到中国传统文化在世界文化中应处的位置以及中国文化本身所具有的潜力和魅力。

吴定宇先生的这部新著可以给我们很多启示，即从陈寅恪的身上，我们可以看到大师是怎么对待中国传统文化的，又是怎样和自由思想、独立精神融汇在一起的。我们可以从作者的历史事实和人物心理的勾勒中，不仅丝毫感觉不出陈寅恪这个个体是矛盾的，而且他是可以给我们崭新的思想曙光的，即怎么融合调节中国传统文化和自由思想、独立精神，让它们成为中国新的文化设想和蓝图。

学贯中西的陈寅恪把中国传统文化与自由思想、独立精神融洽地汇于一身，而且不是故意为之，因为这对他而言不是难事。当陈寅恪了解了西方，他反而对中国文化生出了无穷的崇拜。他并不因中国的失败遭遇而否定中国传统文化，也并不因此拒绝西方的自由思想、独立精神。吴定宇先生在新著中条分缕析地给我们描绘和呈现了一个现代的思想巨人。冷静凝望历史和现实，穿梭于历史、现在和未来之间，目光如炬，似乎能洞悉一切。不因政治、风尚、时俗而改变他心中对于中国文化的坚守和理想。

另外，陈寅恪的自由思想、独立精神除了来自西方的影响，中国传统文化资源中有没有一些自由的思想？或者说，陈寅恪的自由独立思想除了西方思想资源外，还有没有中国传统文化的来源？陈寅恪的自由独立思想又是怎样和坚守中国传统文化本位融合无间地集于他一身的？从陈寅恪身上，我们不由得要去思索这种奇异独特但又是确乎存在的融合，而这种融合又正好可以给我们中国文化新的出路的启示：中国传统文化与自由思想、独立精神的结合或者说这两者本身并不是相悖的。这些都是吴定宇先生此部新著带给我们的启示和思考。

陈寅恪与新文化运动的主将胡适的思想以及学术研究领域、研究方法都不同，但他们互相欣赏，可以想见，陈寅恪并不排斥一度鼓吹中国文化全盘西化的胡适，胡适也并不排斥一直坚持中国文化本位论的陈寅恪。双方的包容正好反映了他们坚持的自由思想、独立精神品质。陈氏交往的文化圈，不仅有坚守中国传统文化的学人，同样有胡适、傅斯年、罗家伦等这些新文化运动的主将。陈寅恪本身即是一个意味深长的存在，他本身的思想和经历也是一个文化现象，即思想自由、独立精神与中国传统文化本位论可以融合无间。当时在美国不同学校留学的中国学生形成两大派别，一是以胡适为代表的哥伦比亚学派，主张全盘输入西方学理，取代中国固有的传统观念，再造中华文化。另一派是以陈寅恪、吴宓和梅光迪等为代表的哈佛学派，他们以白璧德的新人文主义为指导思想，坚持中国文化本位论，主张输入外来文化，取长补短，以西方的新鲜血液充斥中国古老的躯体，让其充满生机和活力。① 陈寅恪看到西方基督教文化与政治紧密联系的血腥的一面以及其排斥异己的不宽容，而对中国传统文化之家族伦理道德制度以及中国文化注重精神的一面则认为需传承发扬，以纠偏西方的功利、物欲主义。这不能不说是一种卓识，历史也会证明陈寅恪这种思想坚守的意义和价值。陈寅恪比较注重西方文化的中国本土化过程，认为西方文化必须经过中国本土的吸收、改造、转化，才能对中国思想产生影响。"窃疑中国自今日以后，即使能忠实输入北美或东欧之思想，其结局当亦等于玄奘唯识之学，在吾国思想史上既不能居最高之地位，且亦终归于歇绝者，其真能于思想上自成系统，有所创获者，必须一方面吸收输入外来之学说，一方面不忘本来民族之地位。此二种相反而适相成之态度，乃道教之真精神，新儒家之旧途径，而二千年吾民族与他民族思想接触史之所诏示者也。"②

陈寅恪之父陈三立曾是一小小离职京官，却敢诛位高权重的大臣，可以想见其家缘，皆是敢说敢做的无畏之辈，其间又何尝不包含着自由思想、独立精神的品格？

作者从陈寅恪为王国维而写的《清华大学王观堂先生纪念碑铭》、在香港沦陷期间拒绝接受日本人送来的食物到四辞进京之邀，以及他不因朋友的被批判而疏远淡漠他们等，看出陈寅恪作为一个具有独立思想的学人的铮铮风骨。陈寅恪写给王国维的碑铭，寥寥几百字，字字千钧，发人深思，令人回味不尽。吴定宇先生在新著中也是用事实沉稳说话，令人回味。有些虽不作评价，正好可以给读者一个自己去体会的空间。吴定宇先生在对陈寅恪的自由思想、独立精神的史实论证中，也可以看出作者对陈寅恪那几百字的深深赞赏："士之读书治学，盖将以脱心志于俗谛之桎梏，真理因得以发扬。思想而不自由，毋宁死耳……惟此独立之精神，自由之思想，历千万祀，与天壤而同久，共三光而永光。"③

二是史实的魅力。现在很多学术著作都是东抄西袭，少有属于自己的思想见解，而在吴定宇先生的这部新著中，我们可以看到传记写作的巨大价值。当很多学者都在慨叹无选题可写时，我提议更多一些人来写传记和史实，将会比那些无

---

① 吴定宇：《守望：陈寅恪往事》，中国社会科学出版社 2014 年版，第 54 - 55 页。（下文引文标明页码未注明出处的均引自该专著）

② 陈寅恪：《陈寅恪集·金明馆丛稿二编》，生活·读书·新知三联书店 2001 年版，第 284 - 285 页。

③ 陈寅恪：《陈寅恪集·金明馆丛稿二编》，生活·读书·新知三联书店 2001 年版，第 246 页。

沉稳叙事，人史互证

321

新颖观点的论著更有价值。现在越来越感觉到传记写作的重要性、史实的重要性和它的魅力。这种魅力来自人们对真实的无穷探究兴趣。回到历史真实中，后人可以去摸索历史人物的神经和脉络、骨骼，留住历史中人的面貌、身影和思想，远比那些空话、套话的著作更有价值。

　　人们有时希望你不评判，只希望你呈现。如果你呈现了，又加入你的精神和灵魂，让人物生出色彩、态度、光辉，这当然更好。如果你能理智地描述、评析你的人物，将会更好。人们会因此信任你笔下的人物。吴定宇先生二十几年来在图书馆里辛勤爬梳，挖掘有关陈寅恪的一些不为人知的资料，只希望能呈现给人们一个血肉丰满、真实可信的陈寅恪。作者希望利用中大有关陈寅恪的材料，写出一部最好、最值得信赖的陈寅恪传记，给后人留下一笔研究陈寅恪的可靠财富，功莫大焉。早在1996年，吴定宇先生就出版了《学人魂——陈寅恪传》，新著在以往传记的基础上增加了二三十万字，资料翔实，而且都是第一手宝贵资料。陈寅恪晚年的20年在中山大学度过，其间的辛酸荣辱不必说，留下的踪迹在作者的爬梳材料和采访当事人中给了我们一些非常宝贵的历史"血肉"。

　　吴定宇先生本着学者的严谨态度，没有一味把陈寅恪写成一个神。陈寅恪的铮铮风骨是作者一直都颇为赞赏和敬佩的，可是作者也引用了外语系梁宗岱的夫人甘少芬的一句话，犹让我们深思。她说："历史系一级教授陈寅恪双目失明，他胆子小，一听见喇叭喊他的名字，就浑身发抖，尿湿裤子。就这样，终于活活给吓死。"（第416页）作者认为此话未必准确。此话虽有一定的依据，但只看到了事情的一个方面。即使躯体害怕，陈寅恪的思想意志仍是不倒的。躯体和意志有时是不能放在一起评判的。躯体可以因为生理等的原因出现症候，可精神和意志足以显示出灵魂的坚贞不屈和高贵昂扬。面对着高音喇叭的干扰和折磨，陈寅恪坚强地挺受了两年才去世。作者并不对甘少芬这句话作过多评价，它可以让读者去思考，他只想呈现一个真实的陈寅恪，一个具有自由思想、独立精神的陈寅恪，一个在狂风暴雨中被摧残的身躯，意志仍然那么坚定，目光仍然那么无畏如炬。在一个全民狂热、思想混乱的时代，巨人只有叹息、沉默、低头，心中意志的火焰仍然不熄。

　　刘节以尊师、仁义作为自己终生的准则，即使为了老师头戴高帽，胸前挂着黑牌子挨批斗，他也仍然骄傲地说："我能代表老师挨批斗，我感到很光荣！"（第418页）从刘节身上，我们也可以看到陈寅恪传承给学生身上的自由独立意志。有自己做人做事的基本准则，不管时代怎么变换，守住自己内心的准则，即使是挨批、挨打、被压迫、迫害或者面临死亡，都不会畏惧，反而心中会得到一种安宁和美好的感受。

除了赞叹陈寅恪博而无涯的才学外，吴定宇先生对陈寅恪的学术研究以及一些学者对陈寅恪的学术研究成果特别是《柳如是别传》的选题的批评也给予恰当的评价。不虚美，不隐恶，真正做到了史传的真实、公正、可靠。作者对陈寅恪每一个阶段的研究成果都做了细致的总结和分析，对于我们了解陈寅恪的学术成果非常有帮助和启示。特别是对于陈寅恪以诗证史、以史释诗、诗史互证的研究方法，作者更是给予了精辟的阐述和分析。作者对自己提出的每一个观点，都条分缕析，让人信服。

　　三是吴定宇先生澄清了一些坊间的不实传闻。作者并不因为敬佩陈寅恪就不去纠正一些坊间可爱而不可信的传闻。比如坊间传闻斯大林曾在著作中引用过陈寅恪的文章，作者通过阅读斯大林涉及中国的文章以及此间陈寅恪所发表的文章，证明这是不太可能的，也是不实的。坊间传闻梁启超推荐陈寅恪入清华大学国学院任教，作者通过爬梳资料、分析、考证，认为陈寅恪入清华大学国学院任教是其终生的知己好友吴宓推荐的，让人觉得信服。最为重要的是，作者非常赞赏清华聘用陈寅恪的举措，并且举出很多例子来说明清华聘用陈寅恪时前有古人，后有来者，让人欣欣然于学术界不拘一格招人才的自由氛围，读者也能感受到作者的欣喜和舒畅心情。1925 年春天，清华学校经外交部批准，创办国学研究院和大学部，向全国招收第一届新生。吴宓任清华国学研究院筹备处主任，兼清华大学筹备委员，负责国学院一切筹备工作。陈寅恪连高中都没毕业，无学历、学位，又无成果问世，虽然他被留学欧美的中国学生誉为"中国最有希望的读书种子"，但陈寅恪只是埋头读书，从没想到拿一个或几个文凭，厚积薄发的他也并没急着出成果。作者通过考证、辨析论证了胡适、梁启超推荐陈寅恪入清华大学当国学院导师传闻的谬误和不实。作者细梳吴宓日记，认为此事之功当推吴宓。作者提出此观点依据来源于《吴宓日记》《吴宓书信集》。据《吴宓日记》记载，吴宓去找校长曹云祥，以自己留还是离开清华来摊牌，终于争取到曹校长聘请陈寅恪来清华国学院任导师。吴宓对曹校长说：陈寅恪"仅就一九二三年八月《学衡》杂志第二十期所节录的《与妹书》，寥寥数百字，已足见其学问广而深，识解之高而远"。（第 75 页）这与蓝文徵的学生陈哲三的回忆文章其实有着相同的意思，据陈哲三回忆文章，梁启超对曹校长说："我梁某也没有博士学位，著作算是等身了，但总共还不如陈先生寥寥数百字有价值。"（第 71－72 页）作者并没彻底否定梁启超对陈寅恪褒奖的可能性。此事还有可能的地方，也许是陈寅恪家人也不清楚的。可能梁启超说过这话，但不一定是在推荐陈寅恪时说的，还有待考证。

　　作者在新著中特别提到陈寅恪教学方法的自由、创新和所具有的强烈责任心，这让我们尤其感受到陈寅恪人格的伟大，他说，他要对得起拿的那点工资。作者对陈寅恪教书育人付出的心血和贡献进行了细致的阐述，弥补了这方面研究材料的不足。

在"后记"中，作者提到了年轻时曾和吴宓的一次见面，也可能是这次会面触发了作者写陈寅恪传记的一些契机。几十年研究陈寅恪，陈寅恪的灵魂已化入吴定宇先生的骨髓。吴定宇先生常常教导他的学生做学术、写文字必须要有自己的创见，不因循旧人。我想，这也就是陈寅恪所提倡的自由思想、独立精神吧。只要有种子，必定会发芽、生根、长成大树，陈寅恪的精神，也是中华民族的精神，守望着我们一路走来的，拥抱着我们一路走来的，在坚守中创新，让古树发出新芽，长出新枝。让中国知识分子走过的艰难历程成为历史的一面最好的镜子，让自由思想、独立精神渐渐长成一棵中华民族大树上必结的果子。就像吴定宇先生在《自序》中所说："没有灵魂的学术文化，肯定不是真的学术文化；缺乏自由精神的思想，何来学术的创新？"（第 3 页）

一部传记，除了对陈寅恪的人生经历和学术成果的了解外，印象最深刻的莫过于陈寅恪的独立自由意志一直贯穿他的全生。"各种荣誉和优待，也未能夺其志、改变其守望。"（第 280 页）清废帝溥仪赏王国维一个小小的五品京官虚衔（南书房行走），王国维就受宠若惊，陈寅恪不会因为得到特殊待遇就改变自己的初衷，也不想涉及政治，怕自己会身不由己失去自己的独立思想。陈寅恪曾经于 1927 年和吴宓一起相约不参加国民党，即是怕失去自己的个人思想精神的自由。

作者认为："虽然以诗证史的观点，是前人提出来的，也有学者把它作为一种方法运用到文史研究中，但将其娴熟运用并推进到成熟境地的，却是陈寅恪。"（第 241 页）一本《柳如是别传》即是一部明末清初的历史，一部《守望：陈寅恪往事》也是一部近现代中国知识分子的精神历程和心灵史。以人证史、人史互证和以诗证史、诗史互证如出一辙，通过形象、具体的人物和事件、情节标示时代，通过时代表现人物的灵魂和品格，这无疑应该成为学术研究、写作的重要一维，也是一种重要的学术研究、写作思路。

此部新著中还有一个显著的特色是以陈寅恪的诗歌阐释陈寅恪的心理和思想，让我们看到一个情感丰富，同时具有诗人气质风范的陈寅恪。陈寅恪的诗歌就像日记，从中可以窥探到其心路历程，其对人和事、国家政策、时局等的看法，从中我们反而能真正看到陈寅恪的自由意志和独立精神，更能看到一个知识分子在抗战中流离失所的尴尬和尊严的受伤，在坎坷命运前的无奈和坚强，以及政治高压下的委屈和心酸。

陈寅恪受到德国兰克学派的影响，兰克学派主张史料至上，论从史出。吴定宇先生的这部新著也同样受到了陈寅恪史学思想和治学方法的影响，用史实说话，得出观点。

陈寅恪提出王国维殉中国传统文化说，在吴定宇先生的笔下，我们在陈寅恪的身上也可看到王国维的影子，陈寅恪作为一个纵览古今历史的智者，他在社会、文化转折时代的忧和愁，对于传统文化的留恋和对新的潮流文化的对抗，我们同样可看到一个中国传统文化托命之人的坚守和冷静睿智目光。与王国维不同的是，陈寅恪没有以肉体去殉中国传统文化，而是以一生的自由独立意志去坚守中国传统文化。

（原载《海南师范大学学报（社会科学版）》2015 年第 11 期）

沉稳叙事，人史互证

蜕变： 文化撞击中的陈寅恪

——读吴定宇《学人魂——陈寅恪传》

龙其林[1]

　　"蜕变"在词典中通常有两个基本意思：一是指人或事物发生质变；二是用于科学领域，指原子核自发放出粒子或 γ 射线，同时自身转变为另一种核的过程。在《学人魂——陈寅恪传》一书中，吴定宇从家学渊源、负笈远游、清华岁月、战乱年代、岭南晚景等几个部分向我们展现了陈寅恪先生的生活、学术、思想画卷；作为 20 世纪中国学术研究学院派的杰出代表，通过对陈寅恪学习、生活、教学和研究情况的记载，"力图凸显一个真实的陈寅恪""勾画陈寅恪先生的学人精神"，显然是该书超越一般人物传记的地方。置于 19 世纪晚期到 20 世纪中期这一中西文化的撞击和交汇时期，我们从陈寅恪的思想历程中更能体味到新旧文化的交替，从某种意义上说陈寅恪代表了这一大变动时代的"蜕变"典范，即依托于传统文化又汲取异质文明的养料而达到自身转变为另一种核的过程。

　　吴定宇作为一名潜心研究转型期中国文化与文学的专家，其阔远的学术视野、文化研究的理论维度和对传统文化的熟稔，使得本书具有了回眸近现代中国历史与知识分子精神历程的档案、文献的价值。在《学人魂——陈寅恪传》中，作者历时性地勾勒了诞生于传统知识分子家庭的陈寅恪，怎样扎根传统、汲取西方而终于成为一代宗师的心灵轨迹；其历晚清、民国和新中国三个时代及社会变迁、人生动荡、思想衍变，亦让该书成为近现代知识分子"精神史"中一个令人深长思之而重要的个案。《学人魂——陈寅恪传》以翔实的史料、理性的思考、学术的思维和凝练的笔墨，让我们得以领略这位 20 世纪中国学术界难以超越的高峰的思想与神采。

　　幸耶否耶，陈寅恪的一生都处于中国社会急剧更迭、中西文化不断冲突的时期。从 1890 年诞生于长沙到 1969 年病逝于中山大学，陈寅恪始终与中国的社会大变动时期联系在一起。书香世家的陈氏家族，让陈寅恪幼承家学，从小就打下了深厚的传统文化根基；此后又有过前后长达十余年的负笈东瀛、欧美留踪的经历，欧风美雨的洗礼使其基于现实生活、社会动荡体验形成的文化思考逐渐形

---

　　① 龙其林，中山大学中文系中国现当代文学专业 2007 级博士研究生，现上海交通大学人文学院长聘副教授、博士生导师。

成，即如何以"中学为体，西学为用"来挽救中华民族的危难与文化命运。吴定宇将该书命名为《学人魂》其实是有其深意的。此"魂"不唯指读书人的品性、追求、学问，更指其学术灵魂得以形成且贯穿人生的成因、表现及其对后世的巨大影响。陈寅恪之学人魂形成的过程，既是他沉浸于传统文化、为其所化，又是他超脱于外，以理性精神审视之后的客观、冷峻与睿智。"士之读书治学，盖将以脱心志于俗谛之桎梏"一说，亦是此学人精神的夫子自道。毋庸讳言，尽管中国传统文化中就有"朝闻道，夕死可矣"之说，但是儒家文化的实用理性使得中国文化缺少一种独立的、自由的终极关怀。陈寅恪的学人精神显然是中西合璧、碰撞交融后的产物。他作为一个从旧封建家庭走出来的知识分子，经历了西方文化的洗礼，才更有可能摆脱民族文化因循守旧的基因制约，找到真正的文化灵魂——融汇中西于一炉，兼顾古今于一体。在经过留学日本、负笈哈佛、拜学柏林的精神洗礼之后，陈寅恪身上的学人之魂愈加清晰地显示出来，那就是要"独立之精神，自由之思想，历万千祀，与天壤而同久，共三光而永光"。正是这种发自内心深处的对文化的敬畏、对学术的热爱，使得他能够在变动不居的社会环境中保持冷静的心态、理性的头脑，以自己的所见所闻所感来决定自己的行动。在如此寻找灵魂、塑造灵魂的过程中，陈寅恪身上的独立、自由气质与精神更加稳固，并逐渐内化为其为人处事的内在精神维度。

陈寅恪学人魂的精髓，实质上是一种文化之魂，对于人类文化、民族文化的热爱与兴趣，对于世道人心的思考，成为他研究历史、文化的内在驱动力。这样一种内在的文化凝聚力，能够使人获得勾连历史、文化的精神力量，即便社会动荡、人生颠簸亦能坦然处之。在《学人魂——陈寅恪传》中，我们读到了王国维与陈寅恪面对自己所坚守的文化信念遭受现实摧残时的迥异表现，令人深长思之。在一代大师王国维自沉颐和园昆明湖之后，陈寅恪曾这样分析他自杀的原因："盖今日之赤县神州值数千年未有之巨劫奇变；劫尽变穷，则此文化精神所凝聚之人，安得不与之共命而同尽，此观堂先生所以不得不死，遂为天下后世所极哀而深惜也。"陈寅恪从王国维身上汲取了卓然独立的人格精神，而舍弃了其对文化的悲观命运，将此学人精魂加以拓展，视中国文化为生命之核。"文革"中，虽遭受肉体的摧残、人格的侮辱以及精神的痛苦，陈寅恪先生并未轻易地选择王国维先生维护文化的方式，而是顽强地生活下去。吴定宇认为，陈寅恪先生"活着，就是对中国历史文化的爱护，就是对企图毁灭它的奸佞的反抗。正是出自这种坚定的信念，使他'譬如在死囚牢'中仍无所畏惧"。

感谢吴定宇的这本书，让读者能够更透彻地进入陈寅恪先生伟大而坎坷、历经曲折而潜心学术的学人精神、文化之魂。大师的特立独行，往往成为世俗断章取义、擅自增添或隐匿事实的工具，但在吴定宇笔下，更多的是厘定谬误、直达精神的一种清澈。世人多了解陈寅恪先生拒绝中国科学院哲学社会科学部第二历史研究所所长之事，却对先生拥护新政权、成为全国政协委员及与中共高层的交往所知甚少。关于陈寅恪留学及学术思想的成长、发展，某些传记作者因为自身学术功力不逮而寥寥数笔带过，相反对其"怪异""酷毙"之举着墨颇多，惜乎难以触摸到大师之为大师的根本所在。吴先生既将自己作为文化学者、教授的特长发挥得淋漓尽致，以理性、学术的眼光看待陈寅恪的生活、思想经历，同时又以洗练、丰富的笔墨，通过一些细节再现历史的某些真实瞬间和片段。与一般人物传记迥异的是，吴著对陈寅恪友朋、亲人、晚辈相关的材料了然于胸，在叙述陈先生的某些经历时往往引（友人之）经据（史料之）典，别开生面，令人信服。此严谨之精神，于时下人物传记中，亦少有出其右者。

　　该书内容涉及传主生平的重大事情，也留下一些对其生活细节的刻画，但并非猎奇访幽、故弄玄虚之作。在吴定宇笔下，有的是陈寅恪"西山亦有兴亡恨，写入新篇更见投"的世道沧桑之叹，和"人间从古伤离别，真信人间不自由"的家国兴亡之忧，以及"改男造女态全新，鞠部精华旧绝伦"中对丧失气节、歌功颂德的知识分子的讽刺。这些看似无关紧要的闲笔其实都无意间流溢出陈寅恪先生的"学人魂"，更是作者对潜藏于诗歌中的历史事件、情感的重新发掘，颇有传主以诗证史的风范。

　　《学人魂——陈寅恪传》是吴定宇从事文化研究之余，铺衍另一种笔墨而成，值得品味、涵泳之处颇多。在这本传记中，我们看见的绝对不限于陈寅恪先生兼涉近现代中国的经历、特立独行的性格风采，也不止于其学术成就、文化贡献，更在于他热爱民族文化、关心国计民生、崇尚独立自主之精神、绝不放弃自由思考之权利、之灵魂。"温旧梦，寄遐思"，这是陈寅恪先生关于写作《柳如是别传》的心理。数十载后，聆听学人魂，我们又能够"温"到什么、"思"到什么呢？

2008 年 5 月 5 日

（原载龙其林《拒绝在沉默中遗忘》，上海三联书店 2020 年版，第 66－69 页）

转型期文化的探索与知识分子精神的叩问

——吴定宇的学术研究和特质

龙其林[①]

　　近代以来，中国传统社会的超稳定状态逐渐被打破，绵延几千年的中国文化面临着一次新的冲击和整合。对中国传统文化进行整理，汲取外来文化的养料，并进而进行扬弃、整合是中国文化急需解决的问题。"这就规定了中国近现代文化整合的性质也是从传统到现代，任务是通过中外文化的整合，建构一种具有中国特色的、适应现代社会需要的现代文化。"[②] 这是中国文化所遭遇的际遇和挑战，亦是中国学人必须承载的历史使命和文化责任。毫无疑问，在中国社会拨乱反正走入新时期之后，这种使命和责任首先是由中国现当代文学的第三代学者来肩负的，吴定宇先生即是其中的代表之一。

　　吴定宇先生的研究涉及现代文学与文化的诸多领域，而其中最为引人瞩目的学术建树则集中体现在转型期中国文化与文学的探索、郭沫若研究、陈寅恪研究以及现代文学史的钩稽等方面。吴定宇先生对中国转型期文化与文学的宏观把握和独特判断及对于文化整合方式的梳理，奠定了他在该领域的学术地位；相应的，他提出的"转型期中国文学"的概念超越了"现代文学""新文学""20 世纪中国文学"等诸多概念存在的缺陷，为百余年来中国文学研究和文学史书写提供了新的视角和切入点；而吴定宇先生在巴金研究、郭沫若研究等方面亦做出了重要的贡献，并以视野的开阔、文化整合的观念，促进了这些研究的进步和发展。除此之外，吴定宇先生还以陈寅恪研究闻名学界，其对史学大师的研究不仅很好地体现了他关于文化整合与转型的设想，而且还对独立、自由的学人精神进行了追述，为当代学人的学术研究注入思想的活力和自由的意识。同时，他对现代文学史上一些日渐模糊的史实的爬梳和发掘，厘清了现代文学研究中的一些盲区，具有重要的文献价值。

　　吴定宇，1944 年 3 月出生于四川省岳池县一个普通知识分子家庭，1963 年至 1967 年就读于重庆四川外语学院俄罗斯语言文学系，毕业后被分配到四川垫江县从事教学工作。1979 年至 1982 年就读于广州中山大学中文系中国现代文学专业，其导师为毕业于西南联大的著名学者吴宏聪等教授。1982 年，吴定宇先

---

　　① 龙其林，中山大学中文系中国现当代文学专业 2007 级博士研究生，现上海交通大学人文学院长聘副教授、博士生导师。

　　② 吴定宇：《文化整合：中国的过去，现代与未来》，载《上海文化》1993 年第 1 期，第 32 页。

生获中山大学文学硕士学位并留校任教至今，历任中文系副系主任、教务处副处长、《中山大学学报（社会科学版）》主编、中山大学编辑学与出版研究中心主任等职务，中山大学中文系中国现当代文学专业教授、博士研究生导师，担任的主要社会职务有中国现代文学研究会理事、中国郭沫若研究学会理事、广东省高校学报研究会会长等。

　　吴定宇先生攻读硕士学位期间，正好是中国拨乱反正之后的最初几年，这一时期的文学研究重点在于清理极"左"路线造成的认识偏差。吴定宇先生的学术研究主要集中于对于文学历史真相的探究，努力还原现代文学史的真实面目，在此期间他发表了《张闻天的文学活动散论》《〈狂人日记〉是浪漫主义作品吗?》《论胡适在五四文学革命运动中的地位和作用》《论鲁迅和胡适》《一部现实主义的杰作——重读巴金〈憩园〉》等十余篇论文，多篇被《新华文摘》、人大复印资料《中国现代、当代文学研究》转载，引起较大反响。留校任教之后，吴定宇先生的学术研究获得了更大的发展空间，他积极汲取此时文化知识界涌动的思想养料，探究文学研究的新方法、新视角。20世纪80年代中期，吴定宇先生的注意力主要集中在两个方面：一是对于现代文学史料的钩稽和补充，一是对于现代著名作家的重新认识和深入发掘。

　　在现代文学史料的钩稽方面，他相继撰写了《抗战期间香港关于文艺大众化和民族形式的讨论》《反法西斯侵略战争的宣言——读〈中国文艺作家给欧美文化界的一封信〉》等文章，对于抗战期间一些散佚的文学历史进行了聚焦。《反法西斯侵略战争的宣言——读〈中国文艺作家给欧美文化界的一封信〉》从1941年7月7日香港《华商报》文艺副刊《灯塔》中发掘出郭沫若、许地山、巴金、胡风、茅盾、夏衍、许广平七位中国作家联名给萧伯纳、罗曼·罗兰、海明威、U·辛克莱等三十多位欧美文化界人士写的一封信。虽然这封信曾在当时国统区和抗日民主根据地的各个报刊上发表过，但只有香港《华商报》的编者把这封信的英文稿译成中文，所以熟悉这一文稿的人并不太多。加之战争影响和国民党对新闻出版界的控制，《华商报》在国内少有人见到，此信遂鲜为人知。吴定宇先生结合历史背景，分析了这份抗战文艺运动期间的珍贵文献，这不仅对于研究七位作家在抗战中的思想与活动具有重要的意义，而且对于完善人们对于香港文化界在抗战中的作用是一份颇具分量的史料。

　　而在现代作家的重新认识和深入发掘方面吴定宇先生亦用力颇勤，《巴金与无政府主义》《巴金的家庭题材小说探胜》《论胡适何时投向敌对营垒》等影响颇大的论文即发表于这一时期。在《巴金与无政府主义》这篇文章中，吴定宇先生系统地考察了巴金思想中无政府主义来源、吸收、影响以及对无政府主义观点的扬弃和思想发展的复杂历程，勾勒出巴金在不同历史时期的人生抉择和思想脉络。在分析克鲁泡特金的学说对于巴金思想的影响时，作者进行了详尽的分析："克鲁泡特金的学说，无疑滋长了巴金反专制的精神。但是巴金分不清无产阶级专政和封建专制在本质上的区别，他说，这二者'名称虽不同，实质却无差别'。巴金援引柏克曼《俄罗斯的悲剧》中的材料，抨击苏联无产阶级专政：'布党专政下的俄罗斯已成了屠杀革命党的刑场，执政的共产党便是行刑的刽子手。'在另一篇文章中，巴金进而指出，无产阶级占人类的大多数，'要用大多数人专政来压制少数人是做不到的'，因此'真正的无产阶级专政，是做不到的'。他天真地认为，有产阶级利用政权来压迫无产阶级，无产阶级也利用政权来压迫有产阶级，无产阶级取得政权后，'原来的有产阶级一变而为无产阶级，……这样反复循环下去，阶级斗争定会没有停止的时候'。由此推断出无产阶级专政是'压制无产阶级的工具'、'不能消灭阶级'、'不能消灭国家'的错误结论。"[①] 这段分析鞭辟入里，如今读来仍然具有振聋发聩的效果。这篇文章旁征博引，细致分析，将巴金"由一个否定一切国家、政府、政党、军队、法律和专政的无政府主义信仰者，成为了共产党的战友和新中国的热情歌手"[②] 的历程生动地揭示出来，从而再现了一代优秀的知识分子为寻找社会解放的真理所历经的艰苦、曲折的思想道路及其浓郁的悲壮精神。此外，《论胡适何时投向敌对营垒》《先驱者与跋涉者——论鲁迅与巴金》等文章也分别对现代文学史上的著名作家进行了分析，探究了他们的人生道路、思想嬗变与文学创作的关系，深化了学术界对于相关问题的认识。

如果说这一时期吴定宇先生的学术研究更多的是对于现代文学史的重新认识与资料的发掘的话，那么进入 20 世纪 80 年代后期之后，他的研究则由微观的作家作品研究、文学史料的钩稽转向于转型时期中国文化与文学整合的宏大领域，并以其作为第三代学人所具有的敏锐眼光、严谨理性做出了许多令人激赏的研究。1989 年，吴定宇先生发表了《西方忏悔意识与中国现代文学》一文。在这篇文章中，他从跨文化研究的角度出发，对比研究中西文学的文化特质，对源自中西文化语境的忏悔意识和内省意识进行了对照分析，既指出了两者在文化背景和表现方式上的差异，又对中国现代作家受西方忏悔意识影响而形成的中国式忏悔意识进行了深入的分析。吴定宇先生分析了西方忏悔意识与中国传统的内省意识之间的文化落差，指出西方忏悔意识是以个人为本位的一种宗教观念，而中国的内省意识则是以群体为本位的伦理观念，这种文化落差在中西文学作品中表现得极为突出。在吴定宇先生看来，中国现代作家的忏悔意识突破了中国传统内省意识固有的框架，但并未机械地硬套西方忏悔意识的模式，而是吸取二者的长处，显示出中国式的特色。这主要表现在："中国现代作家显然是把忏悔意识当

---

① 吴定宇：《巴金与无政府主义》，载《中国现代文学研究丛刊》1984 年第 3 期，第 133 页。
② 吴定宇：《巴金与无政府主义》，载《中国现代文学研究丛刊》1984 年第 3 期，第 146 页。

作人类的美德和推动社会发展的内在热力而移植过来的”，“中国现代作家的忏悔意识带有功利性，却几乎没有西方忏悔意识那种基督教文化的宗教色彩”；同时由于中国现代作家生活在充满忧患的时代，“他们在进行反省时，忧患意识也往往掺兑在忏悔意识之中，所以，他们的忏悔录也带着浓厚的忧患色彩。这种忧患色彩在西方文学家的《忏悔录》中，是不多见的”。① 不仅如此，吴定宇先生还对现代文学史上的中国式忏悔意识的类型进行了概括，从而揭示出其中与西方文学、中国传统文化的渊源关系：“鲁迅和郁达夫的忏悔小说，代表了中国现代叙事文学的两种忏悔模式。鲁迅通过对艺术形象的精心镂刻，从艺术形象身上体现出作者的忏悔意识。郁达夫却是直抒胸臆，通篇展现出作者的忏悔过程，流溢着率真的忏悔情感。这两种忏悔模式经过后来的巴金、倪贻德等现代作家的继承和发展，从而形成中国现代叙事文学的忏悔特色。”② 不难看出，经过对于现代作家的全面认识以及文学史料的钩稽，吴定宇先生关于转型时期文化与文学整合的思想逐渐建构起来。

在《文化整合：中国的过去、现在与未来》一文中，吴定宇先生明确提出了中国文化整合的四个时期，在学术界产生了广泛的影响。在他看来，几千年的中国文化一直在进行着整合：“所谓文化整合，就是两种或两种以上的文化交流时，所经历的一个协调、融合的过程。在这个过程中，强势文化会对弱势文化进行选择、适应、调整、吸收、创新，从而使文化相似性不断增加，最终使弱势文化成为强势文化的一部分。”③ 在此基础上，吴定宇先生认为中国历史上曾经出现过四次大规模的文化整合：第一次肇始于春秋，基本完成于西汉；第二次起于魏晋，经南北朝而止于初唐；第三次发端于北宋，完成于明；第四次则始于鸦片战争，经近现代而至于现在，并将持续相当长的一段时间。从文化整合的视野出发，人们可以很容易发现中国传统文化与西方现代文化整合的必然性，“这就规定了中国近现代文化整合的性质也是从传统到现代，任务是通过中外文化的整合，建构一种具有中国特色的、适应现代社会需要的现代文化”④。对于近现代以来中国文化的整合与历史上的文化整合的差异，吴定宇先生做了如下描述：“这次文化整合由于不是以中国传统文化为主体去兼容统摄西方现代文化，居于弱势的中国传统文化的某些固有的特质也因落后和不合时宜而会被淘汰，习以惯常的传统价值观念被撞碎，某些千百年‘从来如此的’规矩和风俗遭到破坏，

---

① 吴定宇：《西方忏悔意识与中国现代文学》，载《中山大学学报（社会科学版）》1989 年第 3 期，第 112 页。

② 吴定宇：《西方忏悔意识与中国现代文学》，载《中山大学学报（社会科学版）》1989 年第 3 期，第 114 页。

③ 吴定宇：《文化整合：中国的过去，现代与未来》，载《上海文化》1993 第 1 期，第 29 - 30 页。

④ 吴定宇：《文化整合：中国的过去，现代与未来》，载《上海文化》1993 第 1 期，第 32 页。

旧有的文化习惯被打破，民族自尊受到损害，注定了整合的过程不是一帆风顺，而是非常艰难，甚至是非常痛苦的历程。"① 在很长一个时期内，对于中西文化以何为主体的争论不绝于耳，中体中用、中体西用、全盘西化、西体中用、儒学复兴等概念均有着明显的局限。为此，吴定宇先生明确指出："我们不可能停留在过去对'体''用'的理解和研究水平上。既然现代化的文化整合在中国文化土壤中进行，就应当以中华民族及其优秀民族精神为体，传统的与外来的文化为用，在新的基点上整合形成一种既是世界性的、又富有中华民族特色的现代文化。"② 吴定宇先生从文化整合的角度重新审视了中国的现代化进程，敏锐地察觉到了中国文化的现代化与中外文化相互撞击、选择和融合的关系，从而为中国文化的现代化及转型期文学研究指明了方向。

于吴定宇先生而言，作家作品专论、史料发掘与转型期文化整合的研究是相互依存的、由具体而抽象的关系。在 20 世纪八九十年代之交，他撰写了许多的作品分析，通过微观的深入探究和个案分析的方式，考察了单个作家作品的文化价值，丰富了他对于文化整合具体形态的感知，也使其对于现代文学史有了新的认识。像《现代意识与传统观念相撞击的火光——论巴金〈家〉的文化价值》《论女神的文化价值——兼论郭沫若在五四时期的文化心态》《中西文化交融的最初硕果——〈女神〉与〈尝试集〉文化价值比较》等论文，就代表了吴定宇先生此类研究的特色。《现代意识与传统观念相撞击的火光——论巴金〈家〉的文化价值》从人类文化学的方位审视巴金小说《家》中的人物心理，充满了文化探究的创新精神。该文从新旧时代转型期的异质环境与小说人物文化心理的嬗变着手，分析了五四时期中外文化碰撞的文化背景对于作品形象塑造的影响，探究了小说中家族悲剧的根源，在于家族宗法制的钳制和封建文化在心理上的积淀，这种病态文化心理造成了青年一代的畸形、羸弱性格。而作家论则以宏观的视野体现了吴定宇先生对于文学作品中的文化价值的追求，他基于中外文学发展历史的了解形成了以文化立场解读文学的研究方法。吴定宇先生从文化的视角分析、评论作家作品的同时，也逐渐形成了独具一格的文学观念和研究风格，《巴金创作的文化意义》《巴金与宗教》《论郭沫若与巴金》《中国现代文学的文化特质与文化研究》等文章即属于此类。其中《巴金与宗教》一文从宗教角度犀利地捕捉了巴金思想的微妙变化及其对于文学创作的影响，体现了吴定宇先生学术研究的严肃与锐利品格。在他看来，虽然巴金并不是一个宗教信徒，对于宗教也一贯持批评和否定的态度，但是他又赞成和接受部分基督教教义，因而对于宗教呈现矛盾而复杂的文化心理。吴定宇先生认为，"考察巴金的文化心理，不难看

---

① 吴定宇：《文化整合：中国的过去，现代与未来》，载《上海文化》1993 第 1 期，第 32 页。

② 吴定宇：《文化整合：中国的过去，现代与未来》，载《上海文化》1993 第 1 期，第 34 页。

到，他在人生征途的跋涉中曾遇到许多艰难险阻。这种种复杂的经历，激发了巴金文化心理深层的'宗教感情'。他所信仰的无政府主义思想，以及无政府主义者为理想而英勇献身的事迹，也在他心中涌起一种为信仰而奋斗的神圣感和庄严感。所以，尽管巴金不是宗教信徒，但在这种'宗教感情'的驱动下，对基督教某些教义产生了强烈的共鸣，显示出他的宗教文化心理的另一面"①，这种创见确是发人所未见；而在论及巴金作品中的原罪意识时，吴定宇先生指出："巴金在向人民赎罪的同时，也对内心进行自我审察，从而萌生出忏悔意识。巴金的忏悔，不是向基督教的上帝忏悔，而是向他自己的上帝——人类进行忏悔。因此，直到耄耋老年，他在写作中都一直坚持'把心交给读者'。"② 不难发现，吴定宇先生是从人类文化学的角度考察现代作家的创作活动与作品的，他彻底摆脱了庸俗社会学和浅层次的直觉批评，把握住了文化的深刻内涵与内在品质，从更深的层次上思考着现代文学与文化的命运及价值。这种对具体作家、作品文化价值的探究，可谓吴定宇先生文化整合研究的有益积累和补充，为他的宏观研究奠定了坚实的基础。

1996 年，上海文艺出版社和台湾业强出版社同期推出了吴定宇先生的学术评传《学人魂——陈寅恪传》。作为国内第一部由学术界专家撰写的陈寅恪传记，《学人魂——陈寅恪传》立足于文化整合的理论，通过对历史现场的还原和文献资料的爬梳，为读者重新展现了这位史学大师的学术风采和人格魅力。该书出版后受到了广泛的好评，不仅被评为 1996 年度上海文艺、文化、音乐出版社十大优秀图书，而且还得到了文化界的高度评价。该书凭借阔远的学术视野、文化整合的理论维度和对知识分子精神的叩问，再现了以陈寅恪为代表的近现代知识分子在社会动荡不安与文化变迁的氛围中，如何坚守文化的信念与学术的精神，勾勒出中国知识分子的精神历程与命运浮沉，具有重要的文献价值。《学人魂——陈寅恪传》以翔实的史料、严谨的分析，钩稽史料，还原历史现场，纠正了长期以来人们对于陈寅恪的某种似是而非的印象。过去人们通常认为陈寅恪是最反对政治干涉学术的，因而认为他只倡导精神之自由、人格之独立，对于政治毫无感兴趣，这是与历史不符的。对于陈寅恪于 1931 年春进入法国巴黎高等政治学校社会经济部学习的原因，该著认为"他之所以挑选这所学校学习社会经济，恐怕与他读过《资本论》之后对政治经济学的兴趣不无关系"③，从而纠正了人们关于陈寅恪不问政治、厌恶政治的错误认识。事实上，陈寅恪对于政治并非没有追求："应当看到，从小就深受儒家文化思想濡染的陈寅恪，一直服膺儒家的伦理纲常，儒家的'内圣外王'的人格设计、孟子所说的'穷则独善其身，

---

① 吴定宇：《巴金与宗教》，载《中国现代文学研究丛刊》1993 年第 3 期，第 30－31 页。

② 吴定宇：《巴金与宗教》，载《中国现代文学研究丛刊》1993 年第 3 期，第 34 页。

③ 吴定宇：《学人魂——陈寅恪传》，台湾业强出版社 1996 年版，第 33－35 页。

达则兼济天下'影响了他的文化心理深层，成为他处世行事的准则。他不是没有萌发过治国平天下的志向"①，只是由于时代、机遇等多种因素的限制，陈寅恪将学术研究作为自己的终身事业。吴定宇先生将该书命名为"学人魂"是有其深意的。此魂不唯指读书人的品性、追求、学问，更指其学术灵魂得以形成且贯穿人生的成因、表现及其对后世的巨大影响。陈寅恪之学人魂形成的过程，既是他沉浸于传统文化、为其所化，又是他超脱于外，以理性精神审视之后的客观、冷峻与睿智。毋庸讳言，儒家文化的实用理性使得中国文化缺少一种独立的、自由的终极关怀，而陈寅恪的学人精神显然具有弥补传统文化缺陷的重要作用。正如著名学者、当代学术大师杨义先生所评价的，该著"紧扣'学人魂'的命题之处，是它在探寻传主人生踪迹之际，分阶段地、相当系统地剖析其学术渊源、治学动因和形成学术体系的关键所在，这就把'学'与'人'融为一体，而以一个'魂'字点醒其精神特征了"②。

在完成了对于陈寅恪的学术研究和思想探究之后，吴定宇先生将自己的注意力转向了现代文学史上另外一位重要的人物郭沫若。实际上，早在 20 世纪 80 年代中期，他便开始了对郭沫若的研究，相继撰写了《论〈女神〉与〈尝试集〉的历史地位》《论女神的文化价值——兼论郭沫若在五四时期的文化心态》等文章。从 20 世纪 90 年代后期开始一直到新世纪初，吴定宇先生对郭沫若与中外文化进行了重点研究，陆续撰写和发表了十余篇研究郭沫若的文章，内容涉及中西文学、乡土文化、历史研究等诸多方面，这些研究成果被收录入《抉择与扬弃——郭沫若与中外文化》一书中。他从郭沫若与中外文化的关系着手，系统地阐释了宗教伦理文化、乡土文化、儒家文化、道家文化、墨家文化以及东方文学和西方文学对于作家创作的不同影响，以郭沫若为个案，分析了中西文化整合在其思想与创作中的具体表现。吴定宇先生将郭沫若的人生经历、思想观念置于中外文化整合的视野中进行思考，从作家面对不同文化时的吸收、转化、冲突、变异的细微思想入手，揭示了中西文化整合过程中所必然经历的冲突、调整、平衡、吸收、代换及创新过程。不难发现，吴定宇先生对于文化与文学整合的研究经历了一个螺旋式上升的过程。如果说 20 世纪 80 年代初中期的作家作品研究增进了他对于现代文学史的认识，并从微观方面积累了中西文化整合的材料与知识，那么到了 80 年代后期至 90 年代中期则是其文化整合理论的形成、定型阶段，《西方忏悔意识与中国现代文学》《文化整合：中国的过去，现代与未来》等文章从宏观上考察了中西文化与文学整合的可能途径与新质的产生。而在 90 年代末期开始的郭沫若与中外文化的研究，则意味着吴定宇先生的学术研究经历

①　吴定宇：《学人魂——陈寅恪传》，台湾业强出版社 1996 年版，第 57 页。
②　杨义：《稳健博识铸学魂》，载《光明日报》1996 年 10 月 31 日第 7 版。

了具体—抽象—具体的渐进式发展之后，重新开始朝着具体的文化整合方向进行，他不是从宏观上勾勒中西文化整合的途径与类型，而是从微观上考察不同文化对于中国作家可能产生的或明或隐的影响。这既是对这一研究方法的不断实践，又是对文化整合理论的补充和探索。

2004 年，吴定宇先生发表了《为"转型时期的中国文学"正名》一文，这可视为其对文化与文学整合思想的延续和发展。在这篇文章中，他从中国文学的发展实际出发，结合语言符号理论对"中国现代文学""新文学""20 世纪中国文学"等学科称谓进行了论析，认为它们不具有唯一确定性和不可再现性，因而也无法明确这一时期中国文学的特质。在吴定宇先生看来，人们最为常用的"现代文学"这个概念存在如下缺陷："第一，从时间坐标看，由于'现代'这个符号能指的时间维度具有不确定性，因此无法正确描述这一阶段文学的起讫；第二，由中国古典文学时期之后的中国文学实况看来，在相当长一段时期内，存在着新旧文学共存的局面，用'现代'标称之，未能涵括其全部；第三，'现代'是一个相对的概念，无法定位具体时空。"① 与此相似地，他还对"新文学""某某年之文学""新中国文学""共和国文学""20 世纪中国文学"等概念所存在的问题进行了厘清。作为替换，吴定宇先生主张采用"转型时期的中国文学"来指称近代以来的中国文学，认为该指称同时具备理论模式和历史视阈："我们认为，中国现代文学之所以异于中国传统文学，根本在于其拥有异于传统的文学，拥有新的观念、规范、标准和惯例"②；而中国近代以来的文学无论从创作主体还是创作客体来分析，都处于不断发展之中："用一个词来概括其共性，即'转型'。亦即，旧的平衡被打破，新的平衡尚未形成，处于一种将定未定的混沌状态。"③ 这种对于"转型时期的中国文学"概念的探究，显现了吴定宇先生自觉的学科建设意识，他从中外文化的碰撞、适应、选择和融合的过程中感受到了异质文化整合的可能与途径，并使之与文学史的编撰、教学及学科设置联系起来，对于学术界有着重要的启示意义。

作为一位严谨、创新、锐利的转型期文化学者，吴定宇先生始终对学术研究保持了一份可贵的热情和虔诚，他高度关注学术界的最新研究动态，不停地翻阅相关研究专著和期刊论文，并抓紧时间对其著作《学人魂——陈寅恪传》进行大幅度的补充、修订，并与学术界同行保持着密切的交流。吴定宇先生的学术研

① 吴定宇、陈伟华：《为"转型时期的中国文学"正名》，载《中山大学学报（社会科学版）》2004 年第 5 期，第 61 页。

② 吴定宇、陈伟华：《为"转型时期的中国文学"正名》，载《中山大学学报（社会科学版）》2004 年第 5 期，第 62 页。

③ 吴定宇、陈伟华：《为"转型时期的中国文学"正名》，载《中山大学学报（社会科学版）》2004 年第 5 期，第 63 页。

究已经沉淀为现代中国文学史和学术研究史的一部分，在中国现代文学研究界产生了广泛而持久的影响力。他缜密严谨的学术风格，博采众家之长的智识，优美流畅的文章辞藻，对于民族文化的热爱与忧患，已融入他的学术研究血脉之中。作为中国转型时期文学和文化整合领域的研究者，吴定宇先生的学术成就、研究方法、治学思想以及学人精神，都将是一个值得后来者学习和铭记的所在。

［原载《湖南工业大学学报（社会科学版）》2012 年第 1 期］

转型期文化的探索与知识分子精神的叩问

附录一 吴定宇教授传略

陈伟华

　　吴定宇先生（1944年3月4日—2017年7月22日），男，汉族，生于四川岳池县一个普通知识分子家庭。他从小爱好文艺，写过小说、诗歌和剧本。1967年，他在重庆市四川外语学院俄罗斯语言文学系完成了大学本科学业。毕业后，他先后在四川垫江县第四中学、第一中学任教。

　　1979年，吴定宇先生考入中山大学中文系，成为中国现当代文学专业的研究生。导师组有吴宏聪、陈则光、饶鸿竞、金钦俊等老师。他在学期间发表过《〈狂人日记〉是浪漫主义作品吗?》《论胡适在"五四"文学革命运动中的地位和作用》《论鲁迅与胡适》《一部现实现主义的杰作——读巴金〈憩园〉》等十余篇论文。1982年，吴定宇先生研究生毕业，获文学硕士学位，并留校任教。吴定宇先生在中山大学执教直至2008年退休。其间，他先后被聘为讲师、副教授，1996年晋升为教授；2001年被遴选为博士生导师；担任过中文系副系主任、教务处副处长、《中山大学学报（社会科学版）》主编、中山大学学报编辑部主任、中山大学编辑学与出版研究中心主任等职务；同时还被推选为中国现代文学研究会理事、中国郭沫若研究会理事、广东省高校学报研究会会长。

　　吴定宇先生的主要研究领域是中国现当代文学，他对大学校史也颇为关注。他在研究转型时期的中国文化与文学、20世纪中国文学等方面取得了丰硕成果，在海内外学术刊物上发表论文100多篇，出版专著、合著10余部。其代表性著作和论文有《学人魂——陈寅恪传》《抉择与扬弃——郭沫若与中外文化》《守望：陈寅恪往事》《中山大学校史（1924—2004）》、"巴金与中外文化"系列论文、《巴金与宗教》《西方忏悔意识与中国现代文学》《中西文化交融的最初硕果——〈女神〉与〈尝试集〉文化价值比较》《儒家文化与中国文学》《文化整合：中国的过去，现在和未来》《五四：作家文化心理的嬗变与新文学的走向》等。他主持完成了"中国现代文学的特质与文化价值（1991年—1994年）""儒家文化与中国文学"等国家级科研项目，曾应中央电视台《百家讲坛》邀请，主讲"一代宗师陈寅恪"，获得过广东省优秀社会科学研究成果奖等荣誉。

　　在中山大学任教近30年中，吴定宇教授为本科生开设了"中国现当代文学史""20 世纪中国文学史"等课程；为硕士生开设了"中国现代文学思潮研究""中国现代文学名家研究""儒家文化与中国文学""中国现代文学的文化特质与文化价值""中国现代文学专题研究"等课程；为博士生开设了"鲁迅研究""中国文化与中国文学""中国现代文学研究史"等课程。他自 1993 年起开始招收硕士生，自 2002 年起开始招收博士生，总计培养硕士、博士研究生近 40 人。

附录二　吴定宇生平大事年表

戴月　吴蔚

1944 年

3 月 4 日，农历二月初十，出生于四川省成都市。父亲为吴蜀樵，母亲为钟仁秀，兄妹共四人，排行老大。

1950 年

入读四川省岳池县岳池师范附属小学。

1956 年

小学毕业，考入岳池中学初中部。

1959 年

初中毕业，考入岳池中学高中部。

1961 年

9 月，父亲吴蜀樵在四川省武胜县飞龙乡下逝世。

1962 年

因病休学半年。

1963 年

9 月，考入位于重庆市的四川外语学院俄罗斯语言文学系。

1965 年

1 月，弟弟吴定寰初中毕业，因家庭问题未能进入高中，下乡到岳池县东板公社插队落户，后作为分散的知青被统一集中到岳池县茶场。

1967 年

9 月，从四川外语学院俄罗斯语言文学系本科毕业，因"文革"延迟毕业分配。

1968 年

1 月，等待毕业分配期间，与好友张良春、杨序科一道，偷偷邀请当时被打为"牛鬼蛇神"的西南师范学院教授吴宓教授聊天并向他请教，从而得知陈寅恪其人其事，并被吴宓教授讲述的陈吴之谊感动，并由此埋下后来研究陈寅恪的种子。

2 月，被分配至四川省垫江县（今重庆市垫江县）的国营农场劳动锻炼。

1969 年

4 月，妹妹吴蓉渝高中毕业，下乡到岳池县西溪公社插队落户。

5 月，弟弟吴定寰在岳池茶场无辜被武斗人员打死，经反映申诉，1983 年岳池县政府发文"岳府函（1983）75 号"决定："根据中发（1978）74 号文的有关规定，由县劳动局发给丧葬费 150 元。"

1970 年

5 月，被分配至四川省垫江县（今重庆市垫江县）第四中学，从事英语教学工作。

1974 年

7 月，调动至垫江县（今重庆市垫江县）第一中学任教。

7 月，与戴月女士在四川省万县市（今重庆市万州区）结婚。

1975 年

5 月，儿子吴蔚出生于四川省垫江县（今重庆市垫江县）医院。

1979 年

10 月，考入广东省广州市中山大学中文系，攻读中国现当代文学硕士学位，导师组由吴宏聪、陈则光、饶鸿竞、金钦俊组成。

1980 年

7 月，岳池县委函（1980）103 号《关于对吴蜀樵右派分子问题的改正通知》发出，对其父吴蜀樵的右派分子问题"进行了复查，属于错划，予以改正，恢复其政治名誉"。

论文《〈狂人日记〉是浪漫主义作品吗?》发表于《中山大学研究生学刊》

1980 年创刊号，中国人民大学书报资料中心编辑出版的复印报刊资料《鲁迅研究》1981 年第 2 期全文转载。

1981 年

论文《张闻天的文学活动散论》发表于《中山大学研究生学刊》1981 年第 1 期，中国人民大学书报资料中心编辑出版的复印报刊资料《中国现代、当代文学研究》1981 年第 9 期全文转载，《新华文摘》1981 年第 8 期摘载。

论文《论鲁迅与胡适》发表于《中山大学学报（哲学社会科学版）》1981 年第 3 期，中国人民大学书报资料中心编辑出版的复印报刊资料《中国现代、当代文学研究》1981 年第 19 期全文转载。

1982 年

9 月，完成硕士学位论文《论巴金小说的艺术风格》，获文学硕士学位，并留校任教于中山大学中文系现代文学研究室。

9 月下旬，戴月、吴蔚来到广州，一家人于广州团聚，暂居于当时的男研究生宿舍"广寒宫"。

论文《一部现实主义的杰作——读巴金的〈憩园〉》发表于《中山大学研究生学刊》1982 年第 2 期，后被中国人民大学书报资料中心编辑出版的复印报刊资料《中国现代、当代文学研究》1982 年第 21 期全文转载。

1983 年

2 月，分配到中山大学西南区 75 号之四一楼住房，与另一青年教师家庭共享两房一厅。

1984 年

论文《论巴金在抗战期间的思想和创作》发表于《抗战文艺研究》1984 年第 1 期，中国人民大学书报资料中心编辑出版的复印报刊资料《中国现代、当代文学研究》1984 年第 13 期全文转载。

论文《巴金与无政府主义》发表于《中国现代文学研究丛刊》1984 年第 3 期。论文《论巴金小说的艺术风格》收录于中山大学中文系、中山大学学报编辑部 1984 年 11 月编辑的《中山大学学报论丛·现代文学论文集》，中国社会科学院文学研究所、《中国文学研究年鉴》编辑委员会编《中国文学研究年鉴》（1985）介绍了本文主要观点，香港《文学世界》1988 年第 2 期介绍了该文。

1985 年

论文《一部现实主义的杰作——读巴金的〈憩园〉》被收入李存光编《巴金

研究资料（下）》（海峡文艺出版社，1985），同年被收入贾植芳等编《巴金作品评论集》（中国文联出版公司，1985）。

1986 年

1月，晋升为讲师。

2月，母亲钟仁秀因病去世，享年75岁。

论文《巴金的家庭题材小说探胜》发表于《中山大学学报（哲学社会科学版）》1986年第2期，中国人民大学书报资料中心编辑出版的复印报刊资料《中国现代、当代文学研究》1986年第6期全文转载。

论文《论胡适何时投向敌对营垒》发表于《贵州大学学报（社会科学版)》1986年第2期，中国人民大学书报资料中心编辑出版的复印报刊资料《中国现代史》1986年第10期全文转载。

参加编写《中国现代文学自学手册》（中山大学中文系中国现代文学研究室编，湖南文艺出版社，1986年3月出版）。

1987 年

论文《巴金与无政府主义》获1984—1985年度广东省优秀社会科学研究成果奖（青年奖），《学术研究》1987年第3期刊登了获奖名单，《中山大学学报（哲学社会科学版)》1988年第1期对该成果作了简介。

参与国家教委"七五"规划项目"中西文化交融与中国现当代文学"，负责人为吴宏聪。[①]

参与国家社科基金项目"台湾文学发展史"，负责人为王晋民。[②]

1989 年

11月，参加在上海青浦举行的"首届巴金国际学术研讨会"，并前往探望巴金先生。

1990 年

9月18日，任中山大学中文系副系主任（中大干字〔1990〕011号）。

1991 年

3月，晋升为副教授。

---

① 据《中山大学"七五"期间项目》电子文档。
② 据《中山大学"七五"期间项目》电子文档。

5月，任中山大学第四届学位评定委员会中国语言文学分委员会委员。

独立承担国家社科基金项目"中国现代文学的特质与文化价值"（1991年—1994年）。[1]

1992 年

12月，任中山大学第五届学位评定委员会中国语言文学分委员会委员。

独立承担广东省"八五"社会科学研究规划青年项目"鲁迅与中国文化"（1992年—1995年），项目编号：9205013。

1993 年

6月，任硕士生导师。

1993年7月12日（中大干字〔1993〕016号）起不再担任中山大学中文系副系主任。

11月4日，任中山大学教务处兼职副处长（中大干字〔1993〕021号）。

作为负责人承担国家教委"八五"社会科学研究规划项目"儒家文化与中国文学"（1993年1月—1995年12月），项目批准号：93JA750.11－44093。

论文《强化写作训练，着眼提高素质》在5月获广东省人民政府批准的普通高等学校优秀教学成果省级一等奖，9月获中山大学优秀教学成果奖。

1994 年

承担中山大学教学研究课题"文科课程评估方案的研究"。

论文《五四：作家文化心理的嬗变与新文学的走向》收入吴宏聪主编《中国现代文学与民族文化》，首都师范大学出版社1994年3月出版。

论文《文化学与中国现代文学研究》收入黄修己编《中国现代文学研究方法论集》，首都师范大学出版社1994年10月出版。

1995 年

6月，余思牧、唐金海、汪应果主编，吴定宇、戴翊副主编的《巴金与中外文化》（山东文艺出版社）出版。

1996 年

8月，学术专著《学人魂——陈寅恪传》简体中文版由上海文艺出版社出版。

---

[1] 据《中山大学文科"八五"期间承担研究项目一览表》电子文档。

11 月，学术专著《学人魂——陈寅恪传》繁体中文版由台湾业强出版社出版。

12 月，晋升为教授。

作为主要参加者，承担国家社科基金重点项目"'五四'后中国新文学史研究史"，负责人：黄修己，项目批准号：96AZW013。

作为主要参加者，承担国家社科基金"九五"规划课题"中国现代文学论争史"，起止时间：1996—2001，负责人：刘炎生，项目批准号：96BZW008。

承担中山大学教学研究课题"文科教学改革与课程设置"，起止时间：1996—1998。

1997 年

10 月，作为负责人承担的"八五"国家教委社科基金项目"儒家文化与中国文学"通过国家教委鉴定，予以结项。

论文《为大中华创造新文学——胡适与"五四"文学革命》《冲出大家庭，描写大家庭——巴金的家和〈家〉》《开小饭馆的大作家——李颉人的"大河小说"》《随笔写历史，史笔著小说——传记文学家唐德刚》被收入黄修己主编《百年中华文学史话》（香港新亚洲文化基金会有限公司 1997 年 8 月出版）。

1998 年

7 月 2 日，任中山大学学报编辑部主任兼社会科学版主编（中大干字〔1998〕008 号）。

8 月，参与编写的《20 世纪中国文学史（上卷）》在中山大学出版社出版，主编黄修己。

2000 年

1 月，主编《中华学府随笔·走近中大》在四川人民出版社出版，撰写其中的文稿《眼望东南区一号——陈寅恪教授故居前的遐想》。

论文《云昏雾湿春仍好——陈寅恪在香港》被收入胡守为主编、中山大学历史系编《陈寅恪与二十世纪中国学术》（浙江人民出版社 2000 年 12 月出版）。

2001 年

3 月，任博士生导师。

10 月，应中央电视台"百家讲坛"栏目邀请，主讲"一代宗师陈寅恪"。

2003 年

3 月 24 日，任中山大学编辑学与出版研究中心主任（中大社科〔2003〕2

号）。2011 年 11 月 21 日，该中心因负责人退休而撤销（中大社科〔2011〕20 号）。

2004 年

8 月，学术专著《抉择与扬弃——郭沫若与中外文化》在中山大学出版社出版。

2005 年

2 月 24 日，免去学报编辑部主任职务（中大组〔2005〕2 号）。

7 月，因患肾病，在中山大学附属第一医院行肾移植手术。

9 月起，因肾移植手术后的巨细胞病毒感染、糖尿病、高血压、冠心病等多种疾病，两次收到病危通知书，两次植入心血管支架，住院时间长达两年多，至 2007 年底才出院。

2006 年

为翁奕波、汪小珍、曾建平的著作《中国文科学报的当代化研究》（中国文史出版社 2006 年 1 月出版）作序。

论文《福泽谕吉与黄遵宪：〈文明论概略〉与〈日本国志比较〉》被收入顾也力、陈多友主编的《全球地域化语境下中国文学与日本文学研究前沿文存：2005 年广州国际学术研讨会纪要》（汕头大学出版社 2006 年 4 月出版）。

4 月，吴定宇主编，陈伟华、易汉文副主编的《中山大学校史（1924—2004）》在中山大学出版社出版。

2007 年

6 月 21 日，辞去《中山大学学报（社会科学版）》主编职务（中大组〔2007〕9 号）。

为陈伟华著作《基督教文化与中国小说叙事新质》（中国社会科学出版社 2007 年 4 月出版）作序。

为肖向明著作《"幻魅"的现代想象——鬼文化与中国现代作家研究》（光明日报出版社 2007 年 7 月出版）作序。

2008 年

12 月，办理退休手续。

学术演讲《把心交给读者的作家——巴金》被收入王晓玲主编《羊城学堂第一辑》（广州出版社 2008 年 9 月出版）。

2009 年

为邓伟著作《分裂与建构：清末民初文学语言新变研究（1898—1917）》（中国社会科学出版社 2009 年 1 月出版）作序。

为胡梅仙著作《中国现代自由主义文学话语之建构（1898—1937）》（中国社会科学出版社 2009 年 7 月出版）作序。

为陈伟华著作《鲁迅郭沫若研究札记》（中国社会科学出版社 2009 年 11 月出版）作序。

论文《巴金与无政府主义》被选入《丛刊》编辑部主编的《中国现代文学研究丛刊 30 年精编：作家作品研究卷（上）》（复旦大学出版社 2009 年 10 月出版）。

论文《郭沫若与屈原》被收入李怡、蔡震编《郭沫若评说九十年》（文化艺术出版社 2009 年 12 月出版）。

2010 年

论文《一部现实主义的杰作——读巴金的〈憩园〉》被选入李存光编《中国文学史资料全编·现代卷·巴金研究资料（下）》（知识产权出版社 2010 年 1 月出版）。

2012 年

论文《郭沫若对中西文化的整合探索》和《推崇与诘难——郭沫若与墨家文化》被收入杨胜宽、蔡震总主编，陈晓春、王海涛主编《郭沫若研究文献汇要：1920～2008·卷五·思想文化卷（下）》（上海书店出版社 2012 年 7 月出版）。

2014 年

11 月，学术专著《守望：陈寅恪往事》由中国社会科学出版社出版，该书被评为中国社会科学出版社 2014 年度好书。

11 月，应邀参加"纪念巴金诞辰 110 周年系列活动暨第 11 届巴金学术研讨会"。

论文《陈寅恪的 1958 年》发表于《粤海风》2014 第 2 期，后被收入徐南铁主编《学人与学堂》（粤海风文丛）（暨南大学出版社 2017 年 5 月出版）。

2015 年

随笔《走近黄修己先生——贺黄修己先生八十大寿》，收入陈希、姚玳玫编

《一个人与一门学科——黄修己教授的学术旅程》（中山大学出版社 2015 年 1 月出版）。

2017 年

7 月 22 日中午 13 时 15 分，因突发心肌梗死，在广州逝世。

（陈伟华校对）

附录三　吴定宇主要著作简目

（以出版时间为序）

戴月　吴蔚　整理

1. 中山大学中文系中国现代文学研究室编：《中国现代文学自学手册》，湖南文艺出版社，1986 年。该书撰写人按姓氏笔画排名为：王剑丛、王家声、邓国伟、李伟江、陈幼学、吴定宇、吴宏聪、饶鸿竞、黄渭扬。

2. 中山大学学报编辑部、中山大学中文刊授中心编，吴定宇参编：《中国现代文学作品选　学习文选》，中山大学学报编辑部编辑出版，1988 年。

3. 中山大学中文系现代文学教研室编，陈则光、邓国伟、王剑丛、陈幼学、吴定宇、黄伟宗、陈衡、王晋民撰写，王晋民编审、定稿：《中国现当代作家作品研究》，广州文化出版社，1988 年。

4. 中山大学中文系编，吴定宇参编：《中国现代文学作品　学习文选》（内部材料），1992 年。

5. 余思牧、唐金海、汪应果主编，吴定宇、戴翊副主编：《巴金与中外文化》，山东文艺出版社，1995 年。

6. 吴定宇著：《学人魂——陈寅恪传》（简体中文版），上海文艺出版社，1996 年。

7. 吴定宇著：《学人魂——陈寅恪传》（繁体中文版），台湾业强出版社，1996 年。

8. 黄修己主编，黄修己、张海元、吴锦润、邓国伟、吴定宇、李伟江、艾晓明等撰写：《20 世纪中国文学史（上卷）》，中山大学出版社，1998 年。

9. 吴定宇主编：《中华学府随笔·走近中大》，四川人民出版社，2000 年。

10. 吴定宇著：《抉择与扬弃——郭沫若与中外文化》，中山大学出版社，2004 年。

11. 吴定宇主编，陈伟华、易汉文副主编：《中山大学校史（1924—2004）》，中山大学出版社，2006 年。

12. 吴定宇著：《守望：陈寅恪往事》，中国社会科学出版社，2014 年。

（陈伟华校对）

附录四　吴定宇主要文章简目

（以发表时间为序，仅含已发表的署名文章）

戴月　吴蔚　整理

1. 吴定宇：《〈狂人日记〉是浪漫主义作品吗?》，《中山大学研究生学刊（文科版）》，1980 年创刊号；人大复印报刊资料《鲁迅研究》1981 年第 2 期全文转载。

2. 吴定宇：《试论胡适在"五四"文学革命运动中的历史地位和作用》，《中山大学研究生学刊（文科版）》，1980 年第 2 期。

3. 吴定宇：《张闻天的文学活动散论》，《中山大学研究生学刊（文科版）》，1981 年第 1 期；人大复印报刊资料《中国现代、当代文学研究》1981 年第 9 期转载；《新华文摘》1981 年第 8 期转载。

4. 吴定宇：《论鲁迅与胡适》，《中山大学学报（哲学社会科学版）》，1981 年第 3 期。

5. 吴定宇：《一部现实主义的杰作——读巴金的〈憩园〉》，《中山大学研究生学刊（文科版）》，1982 年第 2 期；李存光编：《巴金研究资料（下卷）》，海峡文艺出版社 1985 年。

6. 吴定宇：《论文艺为人民大众服务——学习《在延安文艺座谈会上的讲话》的一点体会》，《中山大学研究生学刊（文科版）》，1982 年第 3 期。

7. 吴定宇：《关于老舍留美的真正原因》，《中山大学研究生学刊（文科版）》，1982 年第 4 期。

8. 吴定宇：《论巴金小说的艺术风格》，1982 年上半年硕士毕业论文，中山大学中文系档案室收藏。中山大学中文系、中山大学学报编辑部编：《现代文学论文集》，1984 年。

9. 吴定宇：《浅谈鲁迅和胡适的关系——〈论鲁迅与同时代人〉之一节》，《中山大学研究生学刊（文科版）》，1983 年第 1 期。

10. 吴定宇：《论巴金在抗战期间的思想与创作》，《抗战文艺研究》，1984 年第 1 期。

11. 吴定宇：《神形皆似栩栩如生——略谈〈藤野先生〉中的人物描写》，《刊授指导》，1984 年第 2 期。

12. 吴定宇：《巴金与无政府主义》，《中国现代文学研究丛刊》，1984 年第 3 期。

13. 吴定宇：《抗战期间香港关于文艺大众化和民族形式的讨论》，《学术研究》，1984 年第 6 期。

14. 吴定宇：《论〈时代文学〉对抗战文艺运动的贡献》，《抗战文艺研究》，1985 年第 2 期。

15. 吴定宇：《雾海灯塔，战斗号角——抗战期间香港〈华商报〉文艺副刊琐谈》，《抗战文艺研究》，1985 年第 3 期。

16. 吴定宇：《反法西斯侵略战争的宣言——读〈中国文艺作家给欧美文化界的一封信〉》，《四川大学学报（哲学社会科学版）》，1985 年第 3 期。

17. 吴定宇：《浅议赵树理的小说创作》，《电大教学辅导（语文、干部专修版）》，1985 年第 4 期。

18. 吴定宇：《一部反封建的力作——谈〈家〉的思想和人物》，《刊授指导》，1985 年第 12 期。

19. 吴定宇：《画出一个刚强的灵魂——〈石青嫂子〉分析》，《刊授指导》，1986 年第 1 期。

20. 吴定宇：《巴金的家庭题材小说探胜》，《中山大学学报（社会科学版）》，1986 年第 2 期。

21. 吴定宇：《论胡适何时投向敌对营垒》，《贵州大学学报（社会科学版）》，1986 年第 2 期。

22. 吴定宇：《论〈女神〉与〈尝试集〉的历史地位》，《阜阳师院学报（社会科学版）》，1986 年第 3 期。

23. 吴定宇：《描写细腻　心态跃如——〈我的两家房东〉分析》，《刊授指导》，1986 年第 3—4 期合刊。

24. 吴定宇：《先驱与跋涉者——论鲁迅与巴金》，《中山大学学报（哲学社会科学版）》，1986 年第 4 期。

25. 吴定宇：《欧洲文艺复兴时期的巨星——简谈莎士比亚剧作思想艺术成就》，《刊授指导》，1986 年第 6 期。

26. 吴定宇：《气势宏伟风格奔放——雪莱〈西风颂〉浅析》，《刊授指导》，1986 年第 7 期。

27. 定宇：《搏击命运的音乐家——浅析约翰·克利斯朵夫的形象》，《刊授指导》，1986 年第 8 期。

28. 吴定宇：《从奥涅金到奥勃洛摩夫——"多余人"形象系列简析》，《刊授指导》，1986 年第 9 – 10 期。

29. 吴定宇（署名"吴葳郅"）：《近年来国内关于郁达夫研究综述》，《刊授指导》，1987 年第 2 期。

30. 吴定宇：《胡适与"五四"文学革命运动》，《徽州社会科学》，1987 年第 3 期。

31. 吴定宇：《老牛拓荒喜新获，近代文学终有史——读陈则光〈中国近代文学史（上册）〉》，《学术研究》，1988 年第 1 期。

32. 吴定宇：《现代意识与传统观念相撞击的火光——论巴金〈家〉的文化价值》，《中国现代文学研究丛刊》，1988 年第 2 期。

33. 吴定宇：《论女神的文化价值——兼论郭沫若在五四时期的文化心态》，《郭沫若学刊》，1988 年第 2 期。

34. 吴定宇：《狂态·人生·赤子情——访台湾作家林今开先生》，《同舟共进》，1988 年第 5 期。

35. 吴定宇：《巴金小说创作简析》，《刊授指导》，1988 年第 9—10 期合刊。（原纸目录为"巴金小说创作简介"，正文首页为"巴金小说创作简析"）

36. 吴定宇（署名"吴卫护"）：《精辟的论述 深刻的见解——学习列宁对〈安娜·卡列尼娜〉的论述》，《刊授指导》，1988 年第 8 期。

37. 吴定宇：《论五四文学革命运动的文化原因》，《刊授指导》，1989 年第 8 期。

38. 吴定宇：《〈小二黑结婚〉分析》，《刊授指导》，1994 年第 1 期。中山大学学报编辑部、中山大学中文刊授中心编：《中国现代文学作品选 学习文选》，中山大学学报编辑部编辑出版，1988 年；中山大学中文系编：《中国现代文学作品 学习文选》，1992 年。

39. 吴定宇：《西方忏悔意识与中国现代文学》，《中山大学学报（哲学社会科学版）》，1989 年第 3 期。

40. 吴定宇：《"五四"的晨星——胡适博士》，台湾《新闻早报·海峡副刊》，1989 年 5 月 4—5 日。

41. 吴定宇：《巴金创作的文化意义》，《社会科学》，1990 年第 3 期。

42. 吴定宇：《五四：作家文化心理的嬗变与新文学的走向》，吴宏聪主编：《中国现代文学与民族文化》，首都师范大学出版社，1994 年。

43. 吴定宇：《试析〈家〉的主题和人物》，《刊授指导》，1990 年第 1 期。

44. 吴定宇：《浅析祥子的悲剧及〈骆驼祥子〉的艺术成就》，《刊授指导》，1990 年第 1 期。

45. 吴定宇：《浅析〈小二黑结婚〉的艺术特点》，《刊授指导》，1990 年第 1 期。

46. 吴定宇：《简析〈憩园〉》，《刊授指导》，1990 年第 3 期。

47. 吴定宇：《简析〈田惠世〉和〈寒夜〉》，《刊授指导》，1990 年第 3 期。

48. 吴定宇：《简析〈激流三部曲〉》，《刊授指导》，1990 年第 3 期。

49. 吴定宇：《中西文化交融的最初硕果——〈女神〉与〈尝试集〉文化价值比较》，《郭沫若学刊》，1990 年第 3 期。

50. 吴定宇（署名吴锦生）：《论现代中国文艺的灵魂——〈在延安文艺座谈会上的讲话〉新探》，《中山大学学报（社会科学版）》，1991 年第 3 期；中山大学中文系编：《探索与争鸣》，中山大学出版社，1992 年。

51. 吴定宇：《论现代文化人的人格》，《两岸合论文化建设》，台湾新学识文教出版中心，1991 年。

52. 吴定宇：《挣扎在社会底层的流浪汉——〈山峡中〉分析》，《刊授指导》，1992 年第 3 期。

53. 吴定宇：《巴金与宗教》，《中国现代文学研究丛刊》，1993 年第 3 期。

54. 吴定宇：《扶持广东文学创作的断想》，《南方日报》，1997 年 8 月 31 日。

55. 吴定宇：《〈狂人日记〉研究概述》，《刊授指导》，1993 年第 3 期。

56. 吴定宇：《试析〈家〉的反封建主题》，《刊授指导》，1993 年第 3 期。

57. 吴定宇：《试评祥子形象及其典型意义》（正文标题为"试析祥子形象及其典型意义"），《刊授指导》，1993 年第 3 期。

58. 吴定宇：《试析觉新的病态文化心理》（目录标题为《试析觉新的病态文化心理》，正文标题为《试析觉新的病态心理》），《刊授指导》，1993 年第 4 期。

59. 吴定宇：《儒家文化与中国文学》，陈平原、王守常、汪晖等编：《学人》（第四辑），江苏文艺出版社，1993 年。

60. 吴定宇：《文化整合：迈向中国未来的必由之路》，香港《亚洲研究》，1993 年第 6 期。

61. 吴定宇：《文化整合：中国的过去，现在与未来》，《上海文化》，1993 年创刊号。

62. 吴定宇：《〈狂人日记〉的人物与艺术特色》，《刊授指导》，1994 年第 1 期。

63. 吴定宇：《论郭沫若与巴金》，《郭沫若学刊》，1994 年第 2 期。

64. 吴定宇：《一部巴金研究力作——读宋曰家的〈巴金小说人物论〉》，

《大众日报》，1994 年 9 月 22 日。

65. 吴定宇：《当代马克思主义文艺思想的发展——邓小平文艺思想探索》，《学习〈邓小平文选〉论文选集》（下册），中山大学学报编辑部编辑出版，1994 年。

66. 吴定宇：《文化学与中国现代文学研究》，黄修己编：《中国现代文学研究方法论文集》，首都师范大学出版社，1994 年。

67. 吴定宇：《中国现代文学的文化特质与文化研究》，《学术研究》，1994 年第 6 期。

68. 吴定宇：《新视野与新特色——读宋曰家的〈巴金小说人物论〉》（目录标题为《新视野与新特色》，正文标题为《新视野与新特色——读宋曰家的〈巴金小说人物论〉》），《文学世界》，1994 年第 6 期。

69. 吴定宇：《论重建人文精神》，《当代文坛报》，1995 年第 2—3 期。

70. 吴定宇：《一部跨学科的力作——评陈明芳的〈中国悬棺葬〉》，《考古与人物》，1995 年第 3 期。

71. 吴定宇：《文化整合：从边陲走向世界——兼论岭南现代文化发展的历程》，郑达主编：《南粤文化论丛》，广东高等教育出版社，1995 年。

72. 吴定宇：《论华南抗战文艺运动的历史地位和作用》，《中山大学学报（社会科学版）》，1995 年第 3 期。

73. 吴定宇：《论抗战期间的桂林文化——对一种文化现象的思考与评价》，魏华龄、曾有云主编：《桂林抗战文化研究文集（三）》，广西师范大学出版社，1995 年。

74. 吴定宇：《巴金与〈红楼梦〉》，《中山大学学报（社会科学版）》，1996 年第 1 期。

75. 吴定宇：《巴金小说创作一瞥》，《刊授指导》，1997 年第 1 期。

76. 吴定宇：《浅谈老舍小说创作》，《刊授指导》，1997 年第 1 期。

77. 吴定宇：《一曲感人肺腑的悲歌——浅析〈寒夜〉的人物和主题》，《刊授指导》，1997 年第 1 期。

78. 吴定宇：《简析〈家〉中高老太爷形象》，《刊授指导》，1997 年第 1 期。

79. 吴定宇：《不采蘋花即自由——陈寅恪定居岭南考》（目录标题为《不采蘋花即自由》，正文标题为《不采蘋花即自由——陈寅恪定居岭南考》，《东方文化》，1997 年第 1 期。

80. 吴定宇：《郭沫若与惠特曼》，《刊授指导》，1997 年第 5 期。

81. 吴定宇：《郭沫若与海涅》，《刊授指导》，1997 年第 5 期。

82. 吴定宇：《为大中华造新文学——胡适与"五四"文学革命》，黄修己主编：《百年中华文学史话》，（香港）新亚洲文化基金会有限公司，1997 年。

83. 吴定宇：《冲出大家庭，描写大家庭——巴金的家和〈家〉》，黄修己主编：《百年中华文学史话》，（香港）新亚洲文化基金会有限公司，1997 年。

84. 吴定宇：《开小饭馆的大作家——李劼人的"大河小说"》，黄修己主编：《百年中华文学史话》，（香港）新亚洲文化基金会有限公司，1997 年。

85. 吴定宇：《随笔写历史，史笔著小说——传记文学家唐德刚》，黄修己主编：《百年中华文学史话》，（香港）新亚洲文化基金会有限公司，1997 年。

86. 吴定宇：《论乡土文化对郭沫若文化心理的润泽》，《郭沫若学刊》，1997 年第 3 期。

87. 吴定宇：《春风化雨育桃李——陈寅恪教授的教学生活》，《教学与教材研究》（现名《中国大学教学》），1997 年第 5 期。

88. 吴定宇：《儒家的人格设计与中国历代文学》，中山人文学术论丛编审委员会主编：《中山人文学术论丛（第一辑）》，高雄复文图书出版社，1997 年。

89. 吴定宇：《论宗法伦理文化在郭沫若文化心理的积淀》，《郭沫若学刊》，1998 年第 1 期。

90. 吴定宇：《自然与逍遥——郭沫若与道家文化》，《郭沫若学刊》，1998 年第 2 期。

91. 吴定宇：《世纪的风：巴金的文化整合探索》，《中山大学学报（社会科学版)》，1998 年第 4 期。

92. 吴定宇：《论郭沫若爱国主义思想的文化内涵》，《郭沫若学刊》，1998 年第 4 期。

93. 吴定宇：《陈氏家族——海内奇士　家学渊源》，《光明日报》，1999 年 2 月 1 日。

94. 吴定宇：《编好教材教好课——建设〈20 世纪中国文学史〉的体会》，《中山大学学报论丛》，1999 年第 1 期。

95. 吴定宇：《陈寅恪与吴宓毕生情谊》，香港《文学与传记》1999 年第 2 期，1995 年 5 月 15 日。

96. 吴定宇：《陈寅恪与周恩来》，香港《文学与传记》1999 年第 2 期，1999 年 5 月 15 日。

97. 吴定宇：《振聋发聩的一声春雷——论〈狂人日记〉的文化价值》，《中山大学学报（社会科学版)》，1999 年第 3 期。

98. 吴定宇：《魏晋名士风度与魏晋文学》，中山人文学术论丛编审委员会主编：《中山人文学术论丛（第二辑）》，广东高教出版社 1999 年。

99. 吴定宇：《劫灰满眼看愁绝——陈寅恪与香港》，香港《文学与传记》1999 第八期，1999 年 12 月 15 日。

100. 吴定宇：《开辟研究中国上古文化的新天地——论郭沫若对上古历史文化的穷本究源》，《郭沫若学刊》，1999 年第 3 期。

101. 吴定宇：《论儒家文化在郭沫若文化心理的积淀》，《郭沫若学刊》，1999 年第 4 期。

102. 吴定宇：《郭沫若对中西文化的整合探索》，《郭沫若学刊》，2000 年第 2 期。

103. 吴定宇：《推崇与诘难——郭沫若与墨家文化》，《中山大学学报（社会科学版)》，2000 年第 6 期。

104. 吴定宇：《熠熠闪光的双子星座——陈寅恪与王国维》，《东西方文化》（香港），2000 年第 11 期。

105. 吴定宇：《郭沫若对中西文化的整合探索》，《郭沫若学刊》，2000 年第 2 期。

106. 吴定宇：《熏陶与熔铸——郭沫若与中国古典诗歌》，《郭沫若学刊》，2000 年第 4 期。

107. 吴定宇：《追慕与疏离——论郭沫若与屈原》，《郭沫若学刊》，2001 年第 3 期。

108. 吴定宇：《论郭沫若与泛神论》，《郭沫若学刊》，2002 年第 3 期。

109. 吴定宇：《新闻报道的写作与史传文化传统》，《中山大学学报论丛》，2002 年第 2 期。

110. 吴定宇：《来自英伦三岛的海风——论郭沫若与英国文学》，《中山大学学报（社会科学版)》，2002 年第 5 期。

111. 吴定宇：《郭沫若与克罗齐、柏格森》，《郭沫若学刊》，2003 年第 3 期。

112. 吴定宇：《论郭沫若与东方文学》，《中山大学学报（社会科学版)》，2003 年第 6 期。

113. 吴定宇：《陈则光教授传略》，《刊授指导》，2005 年第 1 期。

114. 吴定宇：《回顾与沉思：广东学报界工作的发展和展望》，《中山大学学报论丛》，2005 年第 2 期。

115. 吴定宇：《〈易经裸舞〉序》，谭大樵：《易经裸舞：周易智慧哲学》，吉林文史出版社，2005 年。

116. 吴定宇：《福泽谕吉与黄遵宪：〈文明论概略〉与〈日本国志〉比较》，顾也力、陈多友主编：《全球地域化语境下中国文学与日本文学研究前沿文存：2005年广州学术研讨会纪要》，汕头大学出版社，2006年。

117. 吴定宇：《文科学报的当代化研究是编辑学研究的新收获》，《汕头大学学报（人文社会科学版）》，2006年第1期。

118. 吴定宇：《把心交给读者的作家——巴金》，王晓玲主编：《羊城学堂（第一辑）》，广州出版社，2008年。

119. 吴定宇：《现代中国史学的双子星座（之一）——论郭沫若与陈寅恪》，《郭沫若学刊》，2012年第3期。

120. 吴定宇：《陈寅恪的1958年》，《粤海风》，2014年第2期。

121. 吴定宇：《陈寅恪先生身后事》，《粤海风》，2014年第3期。

122. 吴定宇：《走近黄修己先生》，《羊城晚报》，2014年8月28日。

123. 吴定宇：《走近黄修己先生——贺黄修己先生八十大寿》，陈希、姚玳玫编：《一个人与一门学科：黄修己教授的学术旅程》，中山大学出版社，2015年。

124. 吴定宇：《青史青山入梦多——论陈寅恪抗战时期的诗歌创作》，《重庆师范大学学报（哲学社会科学版)》，2016年第1期。

（陈伟华校对）

后　记

　　为纪念和缅怀吴定宇教授，我们特组织编辑出版《追忆与守望——吴定宇教授纪念文集》，并向社会各界人士征稿。

　　经过吴定宇教授的硕士、博士弟子和吴定宇教授的妻子戴月女士、儿子吴蔚先生等人一年多时间的努力，此书得以编成。

　　纪念文集的稿源主要分为五个部分：一、吴定宇教授中山大学中文系同仁的文章；二、社会各界人士的文章；三、吴定宇教授所指导的本科生、硕士生和博士生的文章；四、吴定宇教授家属及亲友的文章；五、吴定宇教授著作书评文章。

　　衷心感谢中山大学中文系、中山大学学报编辑部、中山大学出版社等单位以及各界朋友的支持。

《追忆与守望——吴定宇教授纪念文集》编委会

2023 年 2 月